斯人　　1910　　斯土

# 费孝通的一生

1928
1930

张冠生 著

1949

1979
1980

2003
2005

生活·讀書·新知 三联书店

Copyright © 2025 by SDX Joint Publishing Company.
All Rights Reserved.

本作品版权由生活·读书·新知三联书店所有。
未经许可，不得翻印。

图书在版编目（CIP）数据

斯人斯土：费孝通的一生 / 张冠生著. -- 北京：
生活·读书·新知三联书店，2025.4. (2025.7重印)
ISBN 978-7-108-07982-4

Ⅰ．K825.4

中国国家版本馆 CIP 数据核字第 2025N675Q4 号

| | |
|---|---|
| 责任编辑 | 唐明星 |
| 装帧设计 | 春　雪 |
| 责任校对 | 曹忠苓　张国荣 |
| 责任印制 | 卢　岳 |

出版发行　生活·讀書·新知三联书店
　　　　　（北京市东城区美术馆东街 22 号 100010）

| | |
|---|---|
| 网　　址 | www.sdxjpc.com |
| 经　　销 | 新华书店 |
| 制　　作 | 北京金舵手世纪图文设计有限公司 |
| 印　　刷 | 河北松源印刷有限公司 |
| 版　　次 | 2025 年 4 月北京第 1 版 |
| | 2025 年 7 月北京第 2 次印刷 |
| 开　　本 | 635 毫米 × 965 毫米　1/16　印张 27 |
| 字　　数 | 401 千字 |
| 印　　数 | 6,001－9,000 册 |
| 定　　价 | 79.00 元 |

（印装查询：01064002715；邮购查询：01084010542）

# 题　记

　　事实上，我一生的主要目的、唯一目标，就是了解中国和中国人。这个目的从1930年开始就明确了。我要努力去了解中国，为的是想解决中国的问题。

——费孝通

# 代　序

张冠生先生：

您好！日前拜读您为费先生写的传记，我花了整整一天工夫，将六百多页大文全部看完。阅读过程中心情激动，常常感觉天下之事，如此不平：费老这般如此重要的学者，居然遭受如此多的挫折。

同时，我对大作结束时，您提到我的那一段文字，既感觉诧异，也觉得激动。我在费先生面前，差了整整一代。我十三岁在重庆读《观察》杂志，他就是我非常佩服、崇拜的大人物。当时年纪轻，很多关于自由的思想，以及我们对自由思想的期待和梦想，都是由费先生启发的。所以，费先生于我而言，是进入社会的启蒙者之一。此外，我终身的学习，总是觉得社会学、经济学和历史学无法分开——社会科学中必须要处理的问题，没有一个可以脱开上述"三角形"的"差序格局"，而彼此独立开展。

所以，费先生《江村经济》整个的讨论，对于我这个江南人而言，阅读过后既得到一份新的体会，还可以重新获得的观点，看待正在发生的江南的经济事物。无锡四周围多是"江村"一样的村落、一样的集镇。而这个一层层接排上去，也就是我们看见的各种社区、各种社群，聚合为一个大的集体结构。这个想法留在我的头脑中，终生没有改变。

我在《西周史》里所讲的，就是各个层次的社会、社区，以亲缘及政治的等级化连接在一起；而以周人虚设的"天"，当作一切大大小小社会结构的终结点，或者起始点。我在《汉代农业》里特别设想的，是汉代精耕细作的农业，以及国家所收的丁税、人头税，这两个因素配合在一起。这些构成了一个基本的论点：汉代精耕农业，才会有时间做非农业的事业（Non Agricultural Activities）——织布、搓绳子、修理农具、烧砖、盖屋等等，甚至出产农副产品，像后来的德州扒鸡、黄山蟹壳黄烧饼等。

我觉得中国传统农村，不是一个单一的农业社会，而是多元化的生产单位，也参与了全国或区域性的贸易与商业。从农村到国家几个层次，比如村镇一级一级往上去，从县、郡、州到中央政府。这不单是政治结构，产品的交换、流转都在同样的上升下降的网络上进行。所以再更上一层，我就想到汉代董仲舒提出的"天人感应"，将人间和自然编制成为一张无远弗届、层层嵌套的大网，于是我的脑子里逐渐形成了一个巨大的网络。

这都是我在阅读费先生的文章后，得到的启发。杨庆堃先生长期在匹兹堡大学社会学系任教，我们共同讨论的时候，从他的市集研究，我得到了证实。所以，我虽然不是社会学家，我的历史研究深受社会学的影响，尤其深受吴文藻先生领导之下的燕京这四位社会学家（费孝通、杨庆堃、林耀华、许烺光）的影响。

所以，看了您的大作，我心里不但激动，而且感慨，甚至到最后是感伤。因为我与费先生匆匆一见，是在他来匹兹堡大学那次，讨论重建中国社会学的事业。但我是在历史系，虽然也参加了会议，只因人多无缘谈话。只有一次，我与费老都去洗手间，他在前面走，我从后面跟上去。本来盼望在那个情况之下，我可以向他做自我介绍并请教，但后面有位先生快步赶了上来，导致我们无法交谈。我觉得这不是偶然发生的事情。后来在香港还有一次机会，那次也是在众人之中，我无法单独趋前请教。那张与费老的合影，是主人将我们聚在一起所拍摄的。

我终生的遗憾是，对于费老这位我所崇拜的前辈，居然没有当面向他请教过。看了您的书以后，特别感伤。如果有费老的灵位，或者您有机会去他坟前祭拜时，请替我说：未入门的后学许倬云，向他致敬。

我跟着他的路线走，到现在也92岁了。还能有多少年走下去？我不知道。但我的幸运是：从13岁到92岁，我没有断过工作。费先生这样的大才，从50岁不到，就居然不能如愿做他自己想做的事，这是人间的损失啊！

谢谢您！

许倬云

（历史学家、美国匹兹堡大学荣休讲座教授）

2022年7月29日于匹兹堡

# 卷　前

费孝通，一位学者，一生传奇。其学术生命三个段落，天然三部曲。

第一部：1928年学医，1930年弃医从文，专攻社会学、人类学。1949年参与新中国建设。从瑶山调查起步，以江村调查资料为素材，写出博士论文，实现人类学史上一次重大转折。留学归国后在昆明、北平执教、研究，作"云南三村"调查，进入学术高峰期。加入中国民主同盟，政学两栖。学术成就发生政治影响，学术声望促成政治参与。

第二部：从1949年到1979年，陵谷翻覆间，怀抱富民强国愿望，热忱参与新中国筹建。接续实地调查，继续书生议政，连续经历政治运动和社会震荡，因言获罪，沦入另册，失去正常教学和研究条件。早年目标一度幻灭，学术研究长期空白，人生落入低谷。对社会治乱、人生荣辱、人性善恶（神兽之间）的观察、体验异常丰富。

第三部：从1980年"改正"到2003年实地调查收尾，"第二次学术生命"中，学术研究和政治参与并行。主持社会学重建，恢复实地调查，见证"草根工业"成长，追踪农村工业化、城镇化进程，撰写系列报告，参与国是咨询，思索全球问题，辅以学术反思，连发长文，高调呼吁"文化自觉"，瞩望"各美其美，美人之美，美美与共，天下大同"。

费孝通1910年出生，1928年读大学，选志向。悲悯阅世，负重启程，是序幕。

2003年冬，住院治疗。2005年春，人生落幕。心事浩茫，殷忧难解，是尾声。

# 目　录

代序　1
卷前　1

序　幕　命运的赠礼（1910—1928）　1
　　一　"中国社会也开始变迁了"　3
　　二　古镇世家　8
　　三　爱的教育　13

第一部　费孝通与中国农村（1928—1949）　25
　　一　使命与服务：从燕园到清华园　27
　　二　悲恸与振作：从瑶山到江村　45
　　三　文野鸿沟的跨越：从江村到伦敦　80
　　四　里程碑的延续：从伦敦到云南　108
　　五　书生议政与"民主教授"　154

第二部　费孝通与"东方的小康生活"（1949—1979）　191
　　一　从清华园到西柏坡　193
　　二　"大课"与"改造"　210
　　三　院系调整与知识分子调查　235
　　四　重访江村与科学体制　256
　　五　"早春"之后　270

第三部　社会转型与文化自觉（1979—2005）　281
　　一　重建社会学与三访江村　283
　　二　"草根工业"与小城镇　305
　　三　古稀余年，行行重行行　316
　　四　文化自觉，落叶归根　346

尾声　这叫我去问谁呢？　385

代后记　传灯人　409
参考文献要目　419

序　幕

# 命运的赠礼
# （1910—1928）

# 一 "中国社会也开始变迁了"[1]

## （一）

1910年，费孝通出生于中国苏南一个水乡小镇。

1911年，中国大地发生辛亥革命。费孝通生逢一场大变局。

辛亥革命触发的中国社会历史变迁，改变了中国，影响着世界。

这一变迁由中国国民党人发起，中国共产党人接手，前后相续，迄今未辍。

费孝通亲历、见证、记录、思索、参与、反思这一进程，断续绵延九十五年。

他天资充盈，热情充沛，摸索现代知识分子经世致用之道，尝试政学两栖，得失自知。暮年里，他表达过"退出政治"的意愿，希望"回归"，自认"老来依然一书生"。

1946年7月21日，费孝通在昆明写《评李公朴之死》一文，起句"这是结束的开始"。"结束"指李公朴们对抗的独裁政权之瓦解。其时，他和李公朴同为民盟成员。

1947年1月30日，费孝通在伦敦政治经济学院做学术演讲。他判断，"当前的中国正在变迁的中程"[2]。"中程"阶段，国共或作政权易手。他对中国社会发展段落、主题、路径……的见识、主张，将陆续出现在本书逐渐展开的历史现场。

他也曾看不透政治迷雾。迷雾中某些经历，完全出乎其意料，其中

---

[1] 费孝通：《生育制度》，天津人民出版社1981年5月第1版，第61页。
[2] 费孝通：《乡土重建》，观察社民国三十七年八月初版，第1页。

有他"开始的结束"。[1]

1948年，费孝通以学者身份在清华园参与"接手"。[2]此前他处于学术高峰状态，佳作迭出。他在政论、时评中表达的热忱和洞见，引发广泛的社会影响，有"民主教授"之誉。

他对"中程"后续过程充满期待，做了相当充分的学术准备。[3]

事实上，这位知识分子对中国社会变迁的亲身参与还将绵延近六十年，直至生命终点。其间山重水复，柳暗花明，一代知识分子的命运轨迹隐现其中。

临近生命终点，《费孝通文集》编竣。他在"前记"中说："作为一个以研究中国社会和文化为一生兴趣的人，我以己度人，想到我身后也许还会有和我一样有此同好的人，我愿意把我要留下的这本文集提供他们做研究中国这段历史的素材。"[4]

费孝通一生著述，留下丰富的文化历史信息，是百年中国社会变迁的费氏记录。

循其一生行迹，留意社会变迁过程中个人与社会的交集、互动，可看到时势如何影响一介书生，这位书生又是怎样回应"中国这段历史"对他的要求的。

1910年，是国际人类学史上值得纪念的一个年份。

这年10月，英国现代人类学创始人之一哈登教授为他的《人类学史》写序言说："这本小册子……是人类学历史的第一次尝试性研究。"[5]

《简明不列颠百科全书》"哈登"词条中说，他"历三十年之久，曾

---

[1] 参见本书"里程碑的延续：从伦敦到云南"一章中关于传主一生三次田野调查的相关文字。
[2] 1950年3月，清华大学与中央人民政府燃料工业部关于《合设燃料研究室合约》的文件文头处、文末签名处，清华大学的正式全称都是"国立清华大学"。政权鼎革前后，校名延用一致，是国共接手的事实。该合约书见《清华大学史料选编》第五卷（下）第658—660页，清华大学出版社2005年11月第1版。该卷第669页有1951年7月31日由叶企孙、吴晗代表清华大学签署的一份文件，落款仍是"国立清华大学"。国名已改，校名未改，"接手"过程的细节使历史生色，引人回味。
[3] 费孝通所做准备，指他写在《云南三村》序言中的"多做一些准备工作"，"科学地去认识中国社会"。本书相应章节有较充分的介绍。
[4] 费孝通：《文集前记》，《费孝通文集》第1卷，群言出版社1999年10月第1版，第1页。
[5] ［英］A.C.哈登著，廖泗友、冯志彬校：《人类学史》，山东人民出版社1988年9月第1版，序言。

是剑桥大学讲授人类学的唯一学者。主要是由于他的贡献，特别是他的教学工作，人类学在观察科学中才取得了它的地位"[1]。

这年11月2日，费孝通出生于中国江苏吴江松陵镇（今苏州市吴江区松陵街道）。

冥冥中，《人类学史》是他的降生礼物。这本书评介的二百多位"著名人类学作者"，都是学界先驱。他们的专业职志和学术成果，为费孝通提供了一种文化身份选择方向。他一生的学术实践，为"观察科学"增添了丰厚的东方素材和东西汇通的思想成果。

1939年，费孝通在英国出版《江村经济》一书，宣告了人类学史上另一项"第一次尝试性研究"，为人类学发展史书写了转折性的一页，树起一块里程碑。

更多年后，费孝通说："人类学的这个转变逮着了我。当然我也逮着了这个机遇。"[2]

这一机遇，是命运赠予费孝通的无上礼遇。

1911年，柏林博物馆的历史学家弗里茨·格雷布纳在其《民族学研究方法》中发表"文化圈论"，推动"德国人类学开始了一个新的阶段"。[3]

1911年，法国社会学家马塞尔·葛兰言开始了在中国的生活和实地调查研究，预示着中国文明在西方汉学界的研究和传播，将获得巴黎高等研究实践学院的学术平台。

1911年，美国人类学家博厄斯出版《原始人的心灵》一书。该书"使得对被认为正在迅速消逝的土著文化的经验研究成为人类学的优先对象。田野调查成为这类研究的关键"[4]。

对费孝通的出生，这类学术资讯和动态，是紧随《人类学史》的后续礼物。

---

[1] 中国大百科全书出版社《简明不列颠百科全书》编辑部译编：《简明不列颠百科全书》第3卷，中国大百科全书出版社1985年8月第1版，第578页。

[2] 费孝通：《简述我一生的写作》，《费孝通文集》第15卷，群言出版社2001年12月第1版，第88页。

[3] [挪威]弗雷德里克·巴特、[奥]安德烈·金格里希、[英]罗伯特·帕金、[美]西德尔·西尔弗曼著，高丙中、王晓燕、欧阳敏、王玉珏译，宋奕校：《人类学的四大传统——英国、德国、法国和美国的人类学》，商务印书馆2021年8月第1版，第117页。

[4] 同上书，第341页。

费孝通的这份命运赠礼，意味着中国学界、中国社会的受益机会。

在费孝通的信念、主张和实践中，"社会科学应该在指导文化变迁中起重要的作用"[1]。他在一生学术进程的不同阶段，承担不同课题，提出大量命题，都在尽力为此做出示范。

## （二）

1911年，中国历史出现重大转折。清王朝结束，中华民国继替。方死方生之际，在《江村经济》中的描述是："中国人民已经进入了世界的共同体中。西方的货物和思想已经到达了非常边远的村庄。"[2]

此前一年，中国社会和知识界已有相当密集的信息，印证费孝通这一描述。一些名士自述、年谱、传记等史料中，清末民初时代气息扑面。

1910年，马寅初取得美国耶鲁大学经济学硕士学位，赴哥伦比亚大学攻读经济学博士学位。

1910年，陈寅恪就读于德国柏林大学，其兄长陈衡恪留学日本毕业回国，兴办新学。

1910年，丁文江在英国葛拉斯哥大学主修动物学、地质学和地理学。

1910年，胡适入美国康奈尔大学主修农科，后转入该校文理学院改习文科。

1910年，梁漱溟在北京顺天中学堂接受洋文总教习和汉文教习的双重训练。

1910年，顾颉刚和叶圣陶在苏州公立中学接受军训，持新毛瑟步枪跑步、冲锋、埋伏、变换阵势等一一熟习。

1910年，钱端升在上海一位圣约翰毕业的塾师指导下读国文、数学、英文、史地等科目。

1910年，辜鸿铭出版英文版《中国牛津运动故事》一书，纵论中西文明，畅销一时。

---

[1] 费孝通著，戴可景译：《江村经济》，江苏人民出版社1986年10月第1版，第3页。
[2] 同上书，第6页。

1910年，蔡元培留学德国时撰写的《中国伦理学史》，由商务印书馆初次出版。

1910年，梁启超在上海创办《国风报》，向国民传输立宪政治常识，力促健全舆论。

1910年，张伯苓在天津基督教青年会会所演讲，题目是《圣经为立宪之本》。

1910年，张謇敦促清廷着手立宪改革，主持江苏省谘议局通过决议，联合各省谘议局代表共同赴京请愿。费孝通的父亲费璞安随张謇组织联合请愿活动，进京面见段祺瑞，力促变法立宪。

……

上述种种，证明"人类学历史的第一次尝试性研究"恰逢其时。

对社会和文化变迁，知识分子足够敏感，热情投身。可称为大知识分子的人物，往往得风气之先，引潮流于后。

新时代到来之际，新风气起于青萍之末，兴于山河之间。风起云涌过后，沉淀于历史，影响后世。中国历史上，治乱兴衰周期搬演，迄未衰歇。其中，有芸芸众生无可逃避的悲欢离合，有人类学、社会学者眼中精彩纷呈的连台大戏。

费孝通的出生，正逢这样一个时代转换关口。这场转换，是人类社会进入20世纪初叶时分，在东方古国举办的一场启动仪式。

这场仪式中，费孝通带着他的家庭背景和古镇熏陶，带着他后来意识到的"整个民族的'过去'的投影"，迎着西学东渐的思想潮流，在辛亥革命前夜到世间，睁眼看世界，梦想认识社会，改造社会，为此付出一生心力，留下了尽可能翔实的长篇记录。

## 二　古镇世家

### （一）

费孝通的老家在吴江同里古镇。镇里一座古桥柱上，有石刻楹联，"一泓月色含规影，两岸书声接榜歌"。1990年代中期，字已斑驳，仍可辨。这方水土，文风悠长，学人辈出。

《吴江县志》（1994）记载，从宋淳化三年（992）到清嘉庆十五年（1810），同里镇先后出过三十八个进士，八十个文武举人。[1]

费孝通的祖父喜欢研究算学，家里置有田产，镇上开了当铺，经济上是小康人家，社会身份属于士绅阶层。因祖父去世较早，费孝通没有来得及留下印象，甚至不知他的名字。

祖父故去后，大伯当家。费孝通晚年回忆说，这位大伯有点不务正业，开烟馆，有恶行，惹众怒，生意失败，导致家道中落。

费孝通的外祖父杨敦颐，1904年考中甲辰恩科举人，国学根基扎实，精于文字学，曾参与《辞海》编纂。杨家田产较多，在镇里开有米行，在苏州十全街还开有织布厂。杨敦颐曾任职学台，掌一省教育行政。他心在学问，不久即辞官而去，供职于商务印书馆。

当年同里镇上，有"杨柳松柏"四大户之说。"杨"指杨敦颐；"柳"是柳亚子，南社首领，名诗人；"松"指金松岑，曾与蔡元培共事于中国教育会，费孝通早年的国学教师；"柏"是张伯儒（"伯""柏"同音），曾任孙中山秘书。一个水乡小镇，一时多少豪杰。

费孝通的祖父和杨敦颐是好朋友，乡谊深厚。费孝通说："在我父亲还小的时候，费杨两家就结下了儿女亲家，杨敦颐答应把女儿嫁给我

---

[1] 参见吴江市地方志编纂委员会编：《吴江县志》，江苏科学技术出版社1994年7月第1版。

父亲并且要经常关照费家。祖父去世后，杨敦颐依照诺言，把我父亲接到他家，同他的孩子一道上学；嫁女儿的时候，又考虑到费家经济状况不好，所以在女儿的嫁妆里有一份田产，外祖父想用这份田地来保证女儿婚后的生活。"[1]

费孝通的父亲费玄韫，字璞安（以字行世），幼年读私塾，在中国历史上最后一次科举考试中考得生员功名。

1905年，清政府废科举，设学部，办新学，命各省选才出国深造。费璞安中选，于当年东渡日本，专修教育学。学成归国后，他在家乡创办新学。同时，他也参与地方民主自治的政治事务。

费璞安有回忆文章说："上海、苏州、吴江等地光复以后不久，……遂和杨千里、徐怡堂、冯瑞生几个人商议筹办'民国法律学校'。……学校校址是借上海北四川路离外白渡桥不远的一座巨厦，推伍廷芳为校长，聘请当时名法学家如钱崇固、章士钊等为教员，我和杨、冯、徐四人管理校务。学员三百余名，各省籍贯都有，以广东籍为最多。"[2]

费孝通在《学历自述》中说到父亲办的另一所学校。"我父亲曾是由吴江县的公费到日本去学教育的留学生。返国后即提倡新学，闹革命。在吴江县城开办第一所中学。"[3]

南通张謇，是光绪年间状元，清末民初著名改良派实业家和教育家。张费两家交情很深。1903年，张謇在家乡创办中国第一所独立设置的师范学堂——通州民立师范，聘请王国维等名家到校执教。费璞安归国后，也接受聘约，于1909年到该校任教。费孝通名字里的"通"，来自费璞安对执教南通的纪念。"孝"字则取用于张謇儿辈的辈分用字，铭记两家友好。

费璞安和妻子杨纫兰养育四子一女。长子费振东，女儿费达生，次子费青，三子费霍，幼子费孝通。这是一个十分重视教育的家庭。

夫妇都是有旧学熏陶和新学经历的现代知识分子，都以教育安身立命。他们投身社会进步活动，同开风气，各有天地。丈夫办学教书，视学

---

[1] 费孝通：《暮年漫谈》，《费孝通全集》第17卷，内蒙古人民出版社2009年10月第1版，第470页。
[2] 费璞安：《吴江光复前后回忆》，见费孝通著：《爱我家乡》，群言出版社1996年6月第1版，"卷前·先父遗稿"第6页。
[3] 费孝通：《学历自述》，《费孝通学术精华录》，北京师范学院出版社1988年6月第1版，第605页。

督学。妻子创办蒙养院，把幼儿启蒙、养育作为社会发展的长远寄托。国家如此，族群如此，家庭也是这样。对儿女的养育，他们有通盘考虑，要在家境并不宽裕的情况下，想方设法使儿女们都能受到正规教育。

费孝通幼年时，父母兄姐之外，家人还有祖母姐妹。1994年，费孝通回忆说："一家九口的生活全靠父亲微薄的工资来供养。母亲在家以有限的收入经营管理这个小集体。当她病重时，曾要我和几个哥哥根据历年的日用账进行统计分析，按各项支出画成曲线并列在一张表上。用红线表示的教育费用高高居上。她指着这张表说，她的理财原则是量入为出，先扣除教育费用然后以余额安排其他项目。……我母亲按这个原则把五个子女都培养成才。"[1]

五个子女都接受正规教育，若以本科教育为基准，费家收入负担不起。杨纫兰的办法是，五个孩子里，老大、老三读本科，老二、老四读专科，交叉安排，借助专科学校免收学费的便利，缓解家中经济困难，确保儿女都受到正规教育。

按照这个办法，费振东就读于上海南洋大学，成为南洋一带著名的华侨教育家。费达生读江苏省立女子蚕业学校，后留学日本，成为国内知名蚕业专家。费青自东吴大学法学院毕业，留学德国，成为著名法学家，北京大学教授。费霍毕业于苏州工业专科学校，成为一名建筑工程师。费孝通从蒙养院开始，小学、中学都是新学课堂，大学后更是一路名校，东吴、燕京、清华、LSE[2]，经历了正规教育从基础到顶端全过程，受到严格、充分的学术训练，且有幸在清华园和LSE先后师从名师史禄国（Shirokogrov）[3]和马林诺夫斯基（Malinowski）[4]，为后来取得非凡学术成就打下扎实基础。

---

[1] 费孝通：《我的第二次学术生命》，《费孝通文集》第13卷，群言出版社1999年10月第1版，第192页。

[2] LSE是英国的国际名校 The London School of Economics and Political Science 的简称缩写，中译名为伦敦政治经济学院。

[3] Shirokogorov是国际著名的俄罗斯籍人类学家，费孝通1933年至1935年在清华大学社会学及人类学系读硕士学位的导师。汉译通用名字是史禄国。费孝通说："这个汉名是否由他自己起的，我不清楚。但是至少是他认可的。""他所出版的著作署名时名尾不用v而用ff。"关于史禄国生平和学术有关情况，可参看费孝通《学术自述与反思》一书中《人不知而不愠——缅怀史禄国老师》和《从史禄国老师学体质人类学》等文章。该书由生活·读书·新知三联书店于1996年9月出版。

[4] Malinowski是国际著名的波兰籍人类学家，费孝通在LSE读博士学位的业师。汉译通用名字是马林诺夫斯基。本书相关章节对他有较多介绍，此处从略。

## （二）

1916年到1920年，费孝通读吴江初等小学，校址是原先的雷震殿，通常叫雷震殿小学。当时课程有国文、算术、地理、修身、作文、理科、体操、乡土志、历史、图画。

费孝通不是个处处循规蹈矩的孩子。他曾用"顽劣"形容自己儿时，但他乐于求知，最喜欢听讲"乡土志"。他说，"讲这门课程的老师，是这个小学的校长。我记得他是姓沈，名天民。……他会拍拍我的小脑袋，微微带着笑容问我这一阵身体可好些了？原因是我这些年常常生病请假，……我敬爱沈校长，也喜欢他讲的乡土志。他在课堂上讲给我们听的，都是些有关我们熟悉的地方，想知道的地方。他讲到许多有关我们常去玩耍的垂虹桥和鲈香亭的故事。至今我每每想起'松江鲈鱼肥'这句诗时，这些桥亭的画面，悠然在目，心旷神怡；同时浮现着沈校长那样摇头吟诵的神态，更引人乡思难收。"[1]

幼年费孝通对"乡土志"课程的喜爱，是他乡土情感的早期萌芽和流露。成年后，他写出脍炙人口的《乡土中国》，远见卓识的《乡土重建》，以及"第二次学术生命"中《行行重行行》的大量篇章，都来自沈校长"乡土志"课上栽下的根苗，来自费孝通一生沉潜其中的乡土情感。他说过，《江村经济》也可以当一本"乡土志"看。

2000年5月20日，费孝通为"社会变迁与现代化国际学术研讨会"写书面发言。他在谈毕生观察和体验时说："我们还是生活在传统传下来的文化和社会之中"，"我从小学到的传统生活方式还是我这一生遵循的生活方式的主流，传统的思想模式还一直是我进行思考的基础"。[2]

晚年费孝通多次说到自身"东方的底子"。"东方"概念里，有他对人类文化下一步发展中东方角色的寄托，也有他对自己一生学术经历和体验的反思及领悟。

他说："我做出了乡土经济的文章，同时也被乡土文化束缚住了。"[3]

---

[1] 费孝通：《忆小学乡土教育》，《逝者如斯》，苏州大学出版社1993年8月第1版，第8页。
[2] 费孝通：《要对时代变化做出积极有效的反应》，《费孝通文集》第15卷，群言出版社2001年12月第1版，第239页。
[3] 张冠生记录整理：《费孝通晚年谈话录》，生活·读书·新知三联书店2019年5月第1版，第499页。

他又说:"中国是'被土地束缚的中国',我是'被乡土束缚的费孝通'。"[1]

费孝通一再表达传统对他的重要性,在他晚年学术反思过程中给人以深刻印象,甚至引来嘲讽。有人说他"一个曾经标准的英美自由派知识分子到老了倒有了雄心大志,他要做孔子了"[2]。

对传统怎样评价,见仁见智。传统仍在,是事实。传统有功能,是事实。传统功能中有局限,有变化,有未来可资借鉴的思想资源,也是事实。对传统给予承认、尊重、研究,在民本立场上,适应社会变化,积极探索改造方案,是认知和理解费孝通的一个关键。他晚年曾提出的一个概念和主张,叫"保旧创新"。他说自己是改良主义者,既保守,也趋新。

---

[1] 张冠生记录整理:《费孝通晚年谈话录》,生活·读书·新知三联书店2019年5月第1版,第502页。
[2] 余世存:《托命者——读张冠生〈费孝通晚年谈话录〉》,刘梦溪主编:《中国文化》2016年秋季号,第119页。

# 三 爱的教育

## （一）

1945年9月，费孝通《爱的教育》一文在苏州振华女校四十周年纪念刊发表。

这篇文章语言朴素，气息温馨，在中国抗战胜利前后的时日里，流露出作者对早年学校教育的怀恋，对回归正常社会心理秩序的期待。

费孝通说："在这把人性愈抛愈远的世界里，大家在想做项羽、张良，或是上月亮去探险时，我回想起了二十五年前操场角里的所领悟到的一种模糊的直觉。"[1]

这种模糊直觉的形成，主要源自三位女性。

第一位是费孝通的母亲，杨纫兰。江苏吴江第一所蒙养院创办人。

杨纫兰从小承教于庭训，后来"毕业于当时最'新潮'的上海务本女学，可以说是中国第一批接受西方教育的女学生里的一个，后来她一直是站在了当时社会潮流的前边"。[2]

金松岑是杨纫兰的同乡，曾和邹容、章太炎、蔡元培等在上海爱国学社共事。1903年，金松岑著作《女界钟》刊行，据说是近代中国最早阐发妇女解放的论著。书中用天赋人权、民主自由等观念讨论妇女问题，主张男女平等。金松岑请费璞安、杨纫兰夫妇为书作序，费璞安让妻子单独执笔，一抒胸臆。

杨纫兰写序文说："女子者居社会之半部分，以平权之理论之，女子亦居国民之半部分。国民者何也，有国际思想政治思想者也。悲哉，

---

[1] 费孝通：《山水·人物》，江苏人民出版社1987年12月第1版，第147页。
[2] 费孝通：《暮年漫谈》，《费孝通全集》第17卷，内蒙古人民出版社2009年10月第1版，第471页。

我女子乃闺阃之外无思想乎！悲哉，中国男子乃功名富贵之外无思想乎！……蠢蠢须眉，尘尘巾帼，两俱沦于黑暗世界，以有今日之时局也。同邑金君著《女界钟》约三万言，掊击现在之社会，而提倡新中国、新国民，将以警醒我同胞，……而登之于平权自由之乐土。其文章则流丽芬芳，语长心重，其议论则惊心动魄，一字千金。"[1]

字里行间，可见一位心忧家国沉浮的女性，一个关注同胞命运的母亲。

杨纫兰注重生活教育。有段时间，她要求少年费孝通记录家里每天支出账目。当年所记，费孝通晚年还能回忆。"每天可以买七个铜板的肉，花十几文钱买米，一个铜板十文钱，再加上买蔬菜，一天的伙食费大约十多个铜板"。他据此说："我们不是有钱人家，但是靠父亲的工资，每天都能吃饱饭，还可以有肉吃，属于中等家庭。"[2]

对当年时局，杨纫兰在上述序文中以"悲哉"论，和她亲身经历有关。当时军阀混战，社会动荡，费孝通早年常有逃难经历，都是跟随母亲从县城逃回老家。

兄弟姐妹中，费孝通最小，身体羸弱多病。家里从小镇搬到苏州时，他十岁，该读高小。杨纫兰的居所靠近振华女校，校长又是她的朋友，考虑到女生一般不像男生那样喜欢欺负人，她把费孝通送进了这所学校。

## （二）

第二位是振华女校校长王季玉，学生们称呼中的"三先生"。

1905年，王季玉的母亲王谢长达和友人在苏州严衙前创办振华女校。1917年，王季玉从美国学成归来，接替母亲任职校长。1920年，费孝通成为这所学校难得一见的男生。

冬天的苏州，冷冽难耐。教室里没有暖气，"孩子们穿得像泥菩萨般供在课桌旁"，谁都不愿被老师唤起写板书，双手袖着，不肯露出来

---

[1] 杨纫兰：《〈女界钟〉序》，费孝通：《爱我家乡》，群言出版社1996年6月第1版，卷前第9—10页。

[2] 费孝通：《暮年漫谈》，《费孝通全集》第17卷，内蒙古人民出版社2009年10月第1版，第471页。

挨冻。

三先生知道孩子们的心思,自己写板书给他们读。某日,黑板上的字特别大,也不如平时整齐。费孝通敏感,发现"三先生的手肿得像一只新鲜的佛手"。

听说那冻疮是因为每天早上洗衣服,十岁的费孝通心有不解,何必冬天大清早冷水洗衣?既生冻疮,又何必去写黑板?那该多疼?这又何苦?又听说,有人请她到上海做事,她不去。费孝通替她想:那不是可以不必自己洗衣服了吗?他眼前总有那只"佛手",觉得心疼。

校园操场角落里,几个同学闲谈。一个说,将来要做大事业,像项羽那样,大英雄,惊天动地。一个说,要发明飞机,上月球探险。另一个表示,想做三先生。

立刻引来嘲笑。教书?教孩子们书?我不干!有什么意思?

也引来发问:可是三先生为什么不去发明探险,不去做项羽,而是教我们书呢?

费孝通也觉得,她该去做大事业。留了学回来,在这小学校里看着孩子们拼生字,真是的。

又有人问:你真的愿意她离开我们吗?

没有人再说话。他们谁都不愿三先生离开学校。沉默中,似乎有了共识。在三先生来说,在这里看孩子们拼生字,比月球探险更称心。拼生字的孩子将来去月球,比她自己去更开心。

算学课上,每次做练习,费孝通总把6写成8、把2写成3。同学们玩"捉逃犯"游戏,"逃犯"费孝通从操场冲进走廊,在转角处撞进三先生怀里。抬头看,三先生满脸笑意,拍着他的肩膀说:留心些,不要冲到墙上。

费孝通稳住神,看到三先生正看壁报。她从来不许孩子们浪费一张纸,听说他们想出壁报,随即拿出一沓。壁报上有费孝通的作品,三先生鼓励说:孝通,你也能作诗,很好。

## (三)

第三位也是杨纫兰的朋友,振华女校教师沈骊英。费孝通称她"沈先生"。

入读振华女校前,费孝通读了四年初小。印象里,老师形象有点可怕。训斥、罚站、打手心、关禁闭……不太讲理,永远也不明白孩子的心情。

沈先生是另一模样,手里没有戒尺,会拉着费孝通的手,笑着说话,语调温存。算学课上,费孝通出错再多,她也不生气,只说一句"这样一个粗心大意的孩子",更不会有打手心、关禁闭的事。费孝通说:"她望着我匆忙的神色,忙乱的步伐,微微的摇着头:'孩子们,你们什么时候才会定心做一个算题?'"[1]

费孝通眼里,沈先生属于什么都懂、什么都能的人物,尤其懂孩子的心情。他愿意用"伟大"来形容这位老师。为了这样的老师,他虽自觉不宜于算学,却乐意为她花费时间。他"牺牲了一个可以夏游的暑天",用于做算学作业。

从振华毕业后,费孝通考入东吴大学,曾在校门前偶遇沈先生,以后就似乎断了联系。他感慨:"多少小学里的教师们,一天天、一年年把孩子们培养着,可是,培养了出来,向广阔的天地间一送,谁还记得他们呢?孩子们的眼睛望着前面,不常回头的。小学教师们的功绩也就这样被埋葬在不常露面的记忆之中了。"[2]

多年后,在昆明,费孝通听中央农业实验所的徐季吾说,沈先生曾到这个所工作。"她已是一个一群孩子的好母亲,同时也成了我们种麦农民们的恩人了。华北所种的那些改良麦种就是她试验成功的。她从南京逃难出来,自己的衣服什物都没有带,可是,亏她,我们所里那些麦种却一粒不漏的运到了重庆。我们现在在云南所推广的麦种,还不是她带来的种子所培植出来的?所里的人都爱她。"[3]

这时的费孝通已是云南大学教授。沈先生的故事,他听得"皮肤上起一阵冷"。"一个被认为早已'完成了'的小学里的老师,我们分离的二十多年中,竟会生长得比她的学生还快。她并没有停留,她默默的做成了一件中国科学界里罕有的大事。改良麦种,听来似乎很简单,可

---

[1] 费孝通:《山水·人物》,江苏人民出版社1987年12月第1版,第143页。
[2] 同上书,第144页。
[3] 同上。

是，这是一件多繁重的事？麦子的花开得已经看不清楚，每朵花要轻手轻脚的包好，防止野蜂带来了野种。花熟了，又要一朵朵的把选择好的花粉加上去。如果'粗心大意'，一错就要耽搁一年。一年！多少农民的收入要等一年才能增加？"[1]

费孝通早年时光里，爱的教育是书中道理，也是生活经验；是言教，也是身教；是学龄阶段的教育，也是绵长延续的终身教育。从家庭到学校，从校园到社会，从杨纫兰、王季玉到沈骊英，父母从未望子成龙，教师也没有培养"精英"的意识和偏好。母亲指导他记家庭流水账，帮助他免受欺负。校长安心守着校园，看孩子拼生字。老师和颜悦色，多鼓励，少训斥……所有这些，都在常识层面，都合常理，都是好的熏陶，是爱的教育。

早年教育的平实、浅近，没有妨碍费孝通青春期的远大抱负和成年后的高远视野。他在早年教育环境中形成的"模糊的直觉"，和他中年学术研究的科学理性相辅相成，通往他暮年里时常对学生和助手说起的"意会""凌空""神游冥想"，使他一生的学术思考和表达切实又高蹈，通俗又深刻，每每有如神助。

## （四）

费璞安在通州师范学校任教时，教员室有一副对联："求于五洲合智育体育，愿为诸子得经师人师。"[2]这是张謇办学初衷，也是该校同人共识。

费孝通读小学时，费璞安在江苏省教育厅担任视学一职。他不再执教于讲台，却可以通过视学事务推动更多学校改进教务，助益于更多学子。他尽职于"为诸子得经师人师"的公职，每年多半时间巡视省内各地学校，做教育现状调查。回家后，写调查报告。

每当此时，家里书桌上总堆着费璞安从各地搜集的材料，还有他的

---

[1] 费孝通：《逝者如斯》，苏州大学出版社1993年8月第1版，第21—22页。
[2] 张孝若：《南通张季直先生传记》，中华书局民国十九年九月初版，第93页。张謇先生还做有一副对联，挂在通州师范学校礼堂。上联：极东西万国推崇为教育大家，先圣亦云：吾学不厌，诲人不倦。下联：合周秦诸子受裁于狂狷一体，后生有志：各尊所闻，行所知。

三　爱的教育　17

巡视记录。对于这些，费孝通自有孩童的好奇，会趁父亲不在时偷偷翻阅。与搜集来的材料相比，费孝通更喜欢看父亲的笔记。其中有随班听课现场记录，有对教师教法、效果的评语。这些笔记文字真实、具体、生动，有现场感，是父亲调查报告的特点，对费孝通的语感和文字品质发生了早期影响。

从费璞安遗墨看，他的毛笔字相当见功力，但他自觉不够水准。每完成一篇调查报告，他都会请本乡一位书法家抄写出来。抄毕，费孝通的二哥、三哥就被父亲指定做校对，一人念原文，一人核对抄本。费孝通敬陪末座，在旁观看。

费孝通后来写《乡土教材和社会调查》（1991）一文，回忆当时情景："这也许是我父亲有意教我们这几个孩子怎样认真写作的方法。校对过后他自己还要阅读一遍，如果发现有未校对出来的错字，就要责备我的两位哥哥，说他们校对得不够认真。"[1]

许多年后，费孝通说："他的视察实在就是在做有关当时教育的实地调查。他并没有料到在他的儿子中后来会有人继承了他的调查工作。他并没有在我面前讲过要了解社会必须亲自去看去问的道理，但是他做出了身教，身教显然比言教更起作用。"[2]

费璞安每次外出调查，都会顺便带回沿途搜求的地方志书，逐渐积满一个书架。这类书中的地理、历史、名胜、人物、民俗等，对费孝通也有潜移默化的影响。他的学士学位论文，就是广泛利用全国各地志书中有关婚姻风俗的资料，写出《亲迎风俗的地理分布》（1933）。在伦敦政治经济学院完成博士学位论文后，他说这篇论文"实际上是一本开弦弓村的乡土志"[3]。

1996年，是费孝通江村调查六十周年。他为此接受采访时表示，自己六十年里的所有学术成果，都不妨看作"现代乡土志"。

从出生起，乡土就是费孝通的文化环境。他的一生，是热忱、知识、智慧、劳作与"乡土中国"交融的一生。了解费孝通，需了解乡土。理解费孝通，需理解乡土。体悉费孝通的生命意义，需体悉乡土文

---

[1] 费孝通：《爱我家乡》，群言出版社1996年6月第1版，"代序"第3页。
[2] 同上。
[3] 同上书，"代序"第4页。

化内涵。多年里,多场演讲中,费孝通多次用From the soil作题旨,讲述自己对中国社会和文化的理解。

## (五)

早年在费孝通的耳濡目染中,行不言之教者,父亲身旁,还有姐姐。

费家从吴江县城迁居苏州当年,费达生赴日本留学,专攻缫丝和蚕丝业技术改革。她看到日本政府扶助农桑,研究、推广科学养蚕,新法缫丝,促进日本蚕丝业蒸蒸日上。回顾国内,蚕丝业衰退状况令人忧虑。

1923年,费达生学成归国,回到曾经就读的江苏省立女子蚕业学校,立志把毕生精力用于家乡和中国蚕丝业改革与振兴。

吴江一带,蚕桑、丝绸历史可上溯到春秋时代。直到清末,还有"风送万机声""晴翻千尺浪"的规模。仅盛泽一个镇,就"日产万匹"。据费孝通研究,1907年,中日两国蚕丝出口量相等,1909年,日本超过中国。到1930年代后期,日本出口几近中国的三倍。[1]

《吴江丝绸志》有另一组数据,可作对照。"民国十五年(1926)华丝输出已不及日丝之三分之一。在当时最大的生丝市场——美国,日丝占80%以上,而华丝仅占6%,且降为杂用丝(制作丝线及排须用),更有甚者,纽约生丝交易所不许华丝加入拍板(卖)"。[2]

纽约丝业公所派员来华调查,陶蒂博士写《论中国丝业之改良》说:"以制丝发明最早,古代丝业最发达之国,至于今日,丝业衰退,相形见绌,竟至屈伏日本欧洲之下,此何以故,则以人民保守旧法,未知科学之研究,机械之利用。"[3]

1923年冬,费达生所在蚕校校长郑辟疆组织该校师生,雇船两艘,满载改良蚕丝用具,向家乡蚕农推广丝业改革。每到一地,郑辟疆皆立船头,向民众演说,讲述科学养蚕和土法养蚕的差别,费达生则以指导员身份配合演说,用改良丝车做缫丝表演。据说岸上民众围观如堵。

---

[1] 参见费孝通著,戴可景译:《江村经济》,江苏人民出版社1986年10月第1版,第11—12页。
[2] 吴江丝绸工业公司编,周德华主编:《吴江丝绸志》,江苏古籍出版社1992年9月第1版,第52页。
[3] 同上。

1924年春,费达生带着改良蚕种和养蚕新技术到达开弦弓村,告诉乡亲"蚕病可以毁家,消毒可以丰收",得到村民响应。吴江现代蚕业改良运动开始起步。

1925年,费达生等五人每人入股五百元,在吴江合办友声蚕种场,专业生产五星牌蚕种。

1926年,费达生任学校推广部主任,她带领师生再赴开弦弓村。蚕农闻讯,围住他们,争相购买改良蚕种,学习科学养蚕和缫丝方法。

日本同业人士闻讯,报界载文报道:"中国有一批身穿学生装的女子在农村指导蚕农,促进丝业改革,势将成为日本之劲旅。"[1]

费达生投身的丝业改革如火如荼时,母亲病故。病重时,她的心思还在孩子们的教育上,牵挂着"最小的一个"。费达生承续母亲遗愿,从此当家作主。出则推进丝业改革,入则打理家务,竭力帮助最小的弟弟费孝通完成中学学业,进入大学读书。

1929年1月5日,费达生为蚕农筹划的开弦弓生丝精制运销合作社正式成立。

同年5月,该社机器丝厂开工投产。《吴江县志》说:"开弦弓丝厂是我国历史上第一个农村合作丝厂。"[2]为当时国内外同行所瞩目,被日本学者称作"现代中国极有价值的试验"。[3]

费达生主导的这场试验,对费孝通即将开始的学术生涯具有重大影响。她无意中为弟弟准备下"一个公民对自己的人民进行观察","一个土生土长的人在本乡人民中间进行工作"[4]的调查基地,对费孝通的学术建树、学界立身发生了重大影响。

七年后,费孝通听从姐姐建议,到开弦弓村养伤,被村里的现代缫丝机器所吸引,进行实地调查,本属无心插柳,却长出国际人类学界的一棵常青树。

费孝通说过,他的一生,一直是跟在姐姐后边走。姐姐是为民众做

---

[1] 吴江丝绸工业公司编,周德华主编:《吴江丝绸志》,江苏古籍出版社1992年9月第1版,第54—55页。
[2] 吴江市地方志编纂委员会编:《吴江县志》,江苏科学技术出版社1994年7月第1版,第299页。
[3] 吴江丝绸工业公司编,周德华主编:《吴江丝绸志》,江苏古籍出版社1992年9月第1版,第59页。
[4] 费孝通著,戴可景译:《江村经济》,江苏人民出版社1986年10月第1版,"序"第1页。

事情,他是把姐姐做事的意思讲出来。他说:"我总是感到我姐姐一直是走在我的前面,我想赶也总是赶不上的。她自律之严在我同胞骨肉中是最认真的,我不敢和她相比,但是我尽管自己做不到,对能这样做的人是从心底里佩服的,做人应当这样做。抛开为人处世之道不提,如果仅以所从事的事业来说,我确是在她后面紧紧地追赶了一生。"[1]

姐弟同心同德的这项"事业",是为中国农民谋福利,改善他们的生活。

# (六)

1923年,费孝通从振华女校毕业,升入该校附中。

1924年,他转入东吴大学第一附属中学。这年,他第一次在刊物发表作品。

读小学时,费孝通已有看书喜好。他的姑父为他订阅一份《少年》杂志。每期送到家里,他都从头到尾看得很细。看得多了,不满足于只当读者,他开始尝试写作、投稿。

一个新年里,《少年》杂志如期到手,成为最好的新年礼物。费孝通当时印象之深刻,一直延续到他晚年。"我照例按篇章次序,直到最后的'少年文艺'栏,突然惊呼起来,一时不知所措。原来我发现寄去的那篇《秀才先生的恶作剧》已用铅字印在了白纸上。这种深刻的激动,一生难忘。它成了一股强烈的诱导力,鼓励着我写作又写作。我写给《少年》杂志的稿子,在该刊的地位,从此也逐步从书末向前移动,直到开卷第一篇。"[2]

那期《少年》封面,费孝通记得很清楚。他说:"我最早向《少年》投稿是鼠年,因为我记得开始登载我的文章的那本封面上画着几只老鼠,推算起来应是甲子年,即1924年。"[3]

1926年,费孝通写了《一根红缎带》。一只小猫,脖颈上围着红缎带,带给人们很多快乐。后来误解了它,说它偷吃了小鸡,把它赶走

---

[1] 费孝通:《逝者如斯》,苏州大学出版社1993年8月第1版,第60—61页。
[2] 费孝通:《忆〈少年〉祝商务寿》,《逝者如斯》,苏州大学出版社2001年12月第1版,第24页。
[3] 费孝通:《山水·人物》,江苏人民出版社1987年12月第1版,"自序"第4页。

了。等到人们发现它受了冤枉,手边只有那根红缎带了。写到故事结尾,费孝通为小猫蒙受不白之冤难过、痛心。

青少年时期,费孝通文字中常有悲悯,伴着人性温热。对世道人心的敏感、易感,对不幸人事的伤感,在其多篇"少作"中,都可见到。人间生死,草木枯荣,心底哀乐,梦里甘苦,母亲的针线,清明的纸灰……都是他留意、叙说的题材。

《新年的礼物》写于1925年。费孝通说:"新年的快乐,本来不是少数人的,应该使全人类都快乐。尤其是穷人和老人,因为他们辛苦了一年,在一年的开始,应该特别的使他们快乐……"[1]

1928年,费孝通写了多篇文章。写《冬》,为"嘶了声,哑了喉的鸟们"伤感;写《死》,表示"十分不愿意那些天下最悲惨的事情,会不断的呈现在我眼前";写《年终》,说"我很怕提起过去的事。过去的事究竟是悲多乐少,这是人人都能体会的"。[2]

心中怎样想,笔下怎样写。如实说话,平实叙述。费孝通说,他的文风此时已大体定型。

《山水·人物》一书,有"少作附篇"。其中落寞、萧索、低沉的气氛,是当年社会、民生实况的折光。

从少年向青年过渡的费孝通,已生成较自觉的意识,希望从生活现象看社会本质。他在《圣诞节续话》(1927)中,明确表示担心:"我很怕在我'为人'的最后一刻时仍和现在一般的未认识人类究系何物,因为我实在为了人类的行为双目已眩了。"[3]

让费孝通"双目已眩"的人类行为都有哪些,是个值得研究的题目。从其文字记录看,近处,有他幼年里跟随母亲历次逃难,有他目睹"多少母亲把女儿卖给人家作婢作妾"[4],有他遭遇的恃强凌弱,有他描述的白发老人雪天出门冻僵在树下……远方,有"二十年代后期的政治形势"。他曾追随兄长参加革命活动,反对军阀割据,"欢迎国民党北伐,也欢迎共产党人",后来"苏州的许多同志被当地的政府关进监狱或被

---

〔1〕 费孝通:《山水·人物》,江苏人民出版社1987年12月第1版,第196页。
〔2〕 同上书,第220页。
〔3〕 同上书,第214页。
〔4〕 同上书,第222页。

杀害"[1]。

1928年1月1日,费孝通的母亲病故。直面阴阳两隔,悲恸之余,他也在思考。"迂阔的性子,随处不能去迎合他人,去招社会的忌刻,小小的人,已蒙了社会的毒刺了。"[2]费孝通这段心理活动,说出了他不乖巧圆滑招致的刺痛,也可知他"悲多乐少"的部分原因。

1928年,是费孝通成年之年。多愁善感的同时,他禀性不乏刚直。他说:"我哪有这许多心情来回味酸苦!……人们本来有多少岁月供你不尽地虚空的回忆的消磨呢?"[3]

青年费孝通将撇开往日酸苦,走上心愿中的学术救国之路,且隐然有了紧迫感。他写道:

"过去的过去罢!不住的勇敢向着坟墓奔去,就是人们唯一的道路。在这荆棘蔓蔓的人生道上,随处都给你看见许多值得留意的事情,同时启示你了解宇宙人生的意义。我这愚蠢的笔,固不能在道上随处记出一些给后面很努力赶来的同类们作一些参考,但是我却又不愿这许多值得留意的东西,在未经人注意的时候,随着无名无声的浪花流星般的熄灭。我自己认为这是我唯一的责任。"[4]

"唯一的责任",表明费孝通此时已高度自觉地确定自己一生的写作目的。

这段文字里,责任感得到明确表达,历史感蕴含其中。这段文字的书写,是这世界上"许多值得留意的事情"之一,也是费孝通一生中许多值得留意的事情之一。

费孝通从早年到暮年的文化自觉漫漫之旅,从此启程。

---

[1] 费孝通:《从实求知录》,北京大学出版社1998年6月第1版,第443页。
[2] 费孝通:《山水·人物》,江苏人民出版社1987年12月第1版,第220—221页。
[3] 同上书,第220页。
[4] 同上书,第220页。

第一部

# 费孝通与中国农村
（1928—1949）

# 一　使命与服务：从燕园到清华园

## （一）

1928年，费孝通就读东吴大学医预科。这里有良好的科学专业训练，有明确的"良医"前景。费孝通把学医动机归结为"好的职业"选择，相信医术对众人有助，对社会有益。

费孝通之所以学医，也有政治因素起作用。辛亥革命中，他父亲参与其中，任吴江县议会议长。长兄曾和早期共产党人共事革命活动。父兄影响下，费孝通萌发政治热情，积极参与学潮。1920年代后期，党争引发恐怖手段，学潮中有人遭遇厄运，"不少人被关被杀"。凶险局面下，费家兄弟"由政治斗争中退隐到学业里"。[1]哥哥修法学，他学医。

1929年，也是政治因素，导致费孝通放弃医学训练，改学社会学。

当时他是学校学生会秘书。一个同学被一名校医殴打，校方袒护校医，学生愤而罢课。他们平时就有排斥帝国主义的情绪，在罢课中爆发为"非基"（反对校方的基督教教化）运动。个人冲突转成文化冲突，变成政治事件。学校要开除闹事者，费孝通在名单上。因他平时学业优异，一向受教师称许爱护，故得免于开除，变通为转学离校。转学过程中，费孝通不能转去协和医学院，只好转至燕京大学。

费孝通说："我对国家的关心又复活了。我不再满足于仅仅帮助个人，治疗身体上的疾病这个目标。人们的病痛不仅来自身体，来自社会的病痛更加重要。所以我决心不去学医为一个一个人治病，而要学社会科学去治疗社会的疾病。"[2]

---

[1]　费孝通：《从实求知录》，北京大学出版社1998年6月第1版，第443页。
[2]　同上。

西学东渐,辛亥革命,五四运动,国共党争,国家贫弱,内忧外患……都是费孝通选择学术方向的社会背景因素。作为知识分子,他和许多前辈、同辈一样,具有强烈的救国心志和强国梦想。他表示:"我这一代,即五四运动过后的一代人,追求的是能不能够从科学上面找到一条比较符合实际,能够发展中国的道路。这也是我一生追求的目标,到现在没有变。这是我的根本观念的出发点。我们这一代人把自己投身到学术里面去,寻求爱国、救国的道路,就是从这个观念出发的,是当时帝国主义压迫出来的结果。"[1]

二十岁的费孝通,别苏州,往北平。当年路线是先走沪宁路,乘渡船过长江,再上津浦线,最终抵达北平。一路上,两条铁路沿线地区经济发展的明显差异,给他以触动,留下较深印象。

沪宁线是从上海到南京,沿线有无锡、常州、镇江、南京等一连串大中城市,它们周围还有一些环绕着的卫星城和小城镇,形成层次分明的城市群,一层辐射一层,带动周边地区经济发展。津浦路沿线则欠缺中心城市带动腹地乡村发展,经济水平明显偏低。

半个世纪后,费孝通"第二次学术生命"初期,当年北平求学、假期回乡的往返路线,成为他外出调查、频繁穿梭的常规路线。当年经济发展差距也延伸到了他的晚年。

早年的内心触动和民瘼印象,转化成他晚年长期关注、长年奔波的实地调查课题。当年在北平燕园选择的社会学专业,后来经历的训练,催生的才智,积累的经验,萃取的见识,成了他晚年服务民众、回报社会的本钱。

农民收入怎么增加,农业里怎么"长出来"工业,传统手工业怎么衔接现代工业,中心城市怎么带动腹地,周边地区怎样接受辐射,东部地区怎样向中部西部扩散,东部和中西部发展步调怎样协调……费孝通心中这盘大棋上,每一子、每一步,都可以从他当年北上求学途中找到最初的伏笔。

初入燕京大学,费孝通考虑过心理学专业方向。他在燕园住下后的

---

[1] 费孝通:《我对中国农民生活的认识过程》,《费孝通文集》第15卷,群言出版社2001年12月第1版,第11页。

第一周里,遍访各系的系主任,了解情况,交流想法,权衡自身兴趣和条件,最终确定进社会学系。

许仕廉是当时社会学系的主任,他对社会学的解说吸引了费孝通。费孝通说:"我判定社会学于我相宜,它似乎那么广泛,任何东西都可包括在社会学之内。因此我注册为社会学系的学生。……事实上我一生的主要目的、唯一目标就是了解中国和中国人。这个目的从1930年开始就明确了。我要努力去了解中国,为的是想解决中国的问题。"[1]

"相宜"的判定,来自他已有的医预科综合训练。当年医学院教学体制规定,医科须读七年,其中两年预科,五年本科。费孝通说:"预科就是打底子,包括自然科学的底子,如物理、化学,主要是生物、心理。还学哲学、逻辑、外文、国文,国文里还有版本学。我是在这个基础上转入社会学的。"[2]这一"基础"赋予费孝通一种潜在的、大陆社会科学家群体中罕见的自然科学家气质和眼光,使其总是保持着尊重实际、坚持实证、推重实效的状态。

## (二)

1930年到1933年,费孝通在燕园修习社会学本科课程。一位中国老师,一位美国老师,一位中国同学,为他的学术生涯带来终身影响。

中国老师是吴文藻,美国老师是罗伯特·派克(Robert E. Park)[3],中国同学是王同惠。

燕京大学社会学系成立于1920年代初。到费孝通注册就读之前,"上课的时候都用英文,讲的都是一些外国的东西"[4]。社会学是舶来品,燕京大学是教会学校,学系初建,学科初设,用外国语讲外国书,应属自然。但既入中国水土,它自然会起适应性变化。费孝通正赶上这一变化。他坐进社会学课堂时,恰好是吴文藻教授开始用汉语讲课时。

---

[1] 费孝通:《从实求知录》,北京大学出版社1998年6月第1版,第445页。
[2] 费孝通:《社会调查自白》,《费孝通文集》第10卷,群言出版社1999年10月第1版,第7页。
[3] Robert E. Park是国际著名的美国社会学家,汉译名罗伯特·派克。派克和本书"书香子弟"一节注释文中提到的史禄国、马林诺夫斯基三位大师级学者,是对费孝通产生终身影响的三位外国老师。费孝通晚年所写《补课札记——重温派克社会学》(2000)以大量文字讲述派克其人,可参阅。
[4] 费孝通:《我对中国农民生活的认识过程》,《费孝通文集》第15卷,群言出版社2001年12月第1版,第10页。

费孝通是"有缘见到吴老师初次上台讲'西洋社会思想史'的一个学生"。他读教会学校多年，对外语授课十分熟悉和习惯。转入燕京大学后，吴老师的第一堂课，说的是汉语普通话，和费孝通过去习惯的课堂语言不一样。他觉得是件"怪事"。后来，他逐渐理解了老师的用心，意识到这是"社会学中国化"的第一步。

吴文藻迈出的这一步，是费孝通学术生命萌发、成长的前提和空间。

1995年，费孝通为《社区研究与社会发展》一书写序说："六十五年前在燕京大学讲台上有人用中国语言讲西方社会思想是一个值得纪念的大事，在中国大学里吹响了中国学术改革的号角。""如果置身于六十五年前的历史条件里，要想把当时的学术怪胎改造成一门名副其实能为中国人民服务的社会学，却并非一项轻而易举的工作，吴老师当时能做的只是用本国的普通话来讲西洋社会思想史。这一步也不容易，因为西洋社会思想所包含的一系列概念，并不是中国历史上本来就存在的。要用中国语言来表达西方概念，比起用中国衣料制造西式服装还要困难百倍。"[1]

当年燕园，像一方专供清读的出尘之地。学生的生活范围大体是未名湖畔，偶尔出校园，是乘校车来往，基本接触不到外部世界。相关描述中，燕园近似孤岛，校园幽静迷人，实验室装备精良，馆藏书籍丰富，来自西方、受过西式训练的教授，少数出身社会中上层的学生……环境如此，正合费孝通发奋读书的心情。他说，"我在这个新环境里不愿表现自己"，"我变成了一个书虫。真的，我花了三年时间跟吴文藻先生学习"。[2]

三年时光里，费孝通几乎读遍了吴文藻书架上所有的书。

燕京大学的校训，是"因自由，得真理，以服务"。从求学求知讲，自由是途径，真理是工具，服务是目的。"服务"之意，费孝通自幼熟悉，父亲有示范，母亲有实践，姐姐是表率，又经燕园校训强化，吴文藻现身说法，从此深深植入费孝通心底，成为他持续终身的自我要求。

吴文藻用中文讲课，有既定背景。"当时，社会上人们都在为中国未来的出路找答案，究竟中国怎么办？总是这样下去是不行的。这种风

---

[1] 费孝通：《开风气 育人才》，潘乃谷、马戎主编：《社区研究与社会发展》，天津人民出版社1996年8月第1版，"序"第3页。

[2] [美]巴博德：《经历·见解·反思——费孝通教授答客问》，见《从实求知录》，北京大学出版社1998年6月第1版，第444页。

气在社会学领域中反映很强烈。"[1]

吴文藻的学术改革,在燕园内外,酝酿已久。

费孝通就读社会学系之前,许仕廉曾在《社会学杂志》(第2卷第4号)发表文章,申说当时社会学教学流弊,提出改进主张。1926年,他开始主持系务,实施改进办法,其中有"注重社会调查,使学术明了中国社会现实","课程设置和教材搜集要结合本国的实际,要多用'国货',不尽用'洋货',要符合中国现实社会的需要"等要求。

吴文藻把"社会学中国化"正式提上日程。初始,需把中国社会的事例、数据充实到社会学内容中。李景汉在《定县社会概况调查》中说,这项调查"自民国十五年至十九年可以说是准备时期"[2]。很巧,"十五年"许仕廉主持系务,"十九年"吴文藻中文讲课,其间有李景汉实地调查,地点不同,事务有别,社会学界在做同一题目。《定县社会概况调查》(1933)出版时,李景汉自序之外,晏阳初、陶孟和、陈达、何廉、陈翰笙皆作序言,阵容如此,可见人心。

更早些,1923年,陈达曾指导清华学生做过成府村九十一户人家调查。1924年至1925年,甘博、孟天培、李景汉对北京一千位人力车夫、二百处出赁车场和一百个车夫家庭做过调查。大体与李景汉定县初期调查同时,陶孟和对北平四十八个手工业工人家庭、十二位小学教员家庭做了调查,其《北平生活费用之分析》一书,于1930年出版。这类调查[3],都属于"社会学中国化"的早期尝试。

作为中国第一代社会学者,他们出校门,入社会,观察现实,统计数据,做出记录。理论和生活、书本和实际,在费孝通的师辈学者那里,源流合一。国际同行评价说,"中国社会学界已独立自发地组织起一场对文化变迁和应用人类学的真正问题进行学术上的攻关"[4]。

从这场攻关中,可以观察到中国知识分子知行合一的历史传统,也可以见证这一批中国社会学者对方法论的现代探索。吴文藻在美国哥伦

---

[1] 费孝通:《从人类学是一门交叉的学科谈起》,《费孝通文集》第14卷,群言出版社1999年10月第1版,第128页。
[2] 李景汉:《定县社会概况调查》(重印本),中国人民大学出版社1986年3月第1版,第790页。
[3] 李培林:《社会学于中国社会巨变》,社会科学文献出版社2020年11月第1版,第85页。
[4] [英]马林诺夫斯基:《江村经济·序》,见费孝通著,戴可景译:《江村经济》,江苏人民出版社1986年10月第1版,"序"第3页。

比亚大学求学时，已"初步意识到人类学与社会学之间密切的关系以及把这两门学科结合起来进行研究的必要性"[1]。这是他回国后组织学术攻关的思想准备和方法准备。

当时，"中国的社会科学和中国社会的实质并没有靠拢。因为社会科学里面所供给的知识并不能直接在中国的实际情况中表证它的正确性，以致这套知识一直被关在图书馆和课堂里"[2]。

课堂里的知识概念，从西方到东方，从书本到社会，有个融入过程，包括每一个原生学术概念的恰切转译。费孝通举例说："最初community这个字介绍到中国来的时候。那时的翻法是用'地方社会'，而不是'社区'。当我们翻译Park的community和society两个不同的概念时，面对'co'不是'so'成了句自相矛盾的不适之语。因此，我们开始感到'地方社会'一词的不恰当。那时，我还在燕京大学读书，大家谈到如何找一个贴切的翻法，偶然间，我就想到了'社区'这么两个字眼。后来大家采用了，慢慢流行。这是'社区'一词之来由。"[3]

在吴文藻启发和指导下，"社区"概念进入现代汉语的同时，燕京大学社会学系的学生们也出了一批研究成果，"如杨庆堃的《山东的集市系统》，徐雍顺的《河北农民的风俗》，林耀华的《福建的一个民族村》，廖太初的《动变中的中国农村教育》，李有义的《山西土地制度》，郑安伦的《福建和海外地区移民的关系》等等"[4]。

吴文藻的学生中，费孝通、林耀华、瞿同祖、黄迪四人同年出生，后来都有非凡建树，曾被吴文藻夫人谢冰心戏称"吴门四犬"。

## （三）

1932年，燕京大学社会学系邀请美国芝加哥大学派克教授到校讲学。

---

[1] 高增德、丁东编：《世纪学人自述》第1卷，北京十月文艺出版社，2000年1月第1版，第394页。
[2] 费孝通：《真知识和假知识——一个社会科学工作人员的自白》，《费孝通文集》第5卷，群言出版社1999年10月第1版，第527页。
[3] 费孝通：《二十年来之中国社区研究》，《费孝通文集》第5卷，群言出版社1999年10月第1版，第530页。
[4] 费孝通：《行行重行行——乡镇发展论述》，宁夏人民出版社1992年8月第1版，"前言"第6页。引文中的"林跃华"真正为"林耀华"。

这年暑期,派克于9月初至12月中旬在燕京大学社会学系授课,主要讲授"集合行为"和"研究指导"两门课程。时间不长,是正式开课,有学分,须报名注册,按时听课。

派克人未到,名声先到。同学传说中,这位教授头衔很多,芝加哥学派创始人,美国社会学界祖师爷级别的人物,德高望重的学术泰斗……待派克站上燕园讲台,果然名不虚传,第一堂课就震撼了听课的年轻人。他们听到了"这一批学生在大学里最令人兴奋的课程"。

费孝通说:"他在课堂上第一句话是:'在这门课程里我不是来教你们怎样念书,而是要教你们怎样写书。'这句话打动我们的想象力,开了我们的心窍。""他说我们应当从生活的具体事实中去取得我们对社会的知识。他又用具体例子说明从具体生活中看到的生动事实要经过分析和归类,进一步去理解其意义。"[1]

派克的话语,尤其合乎费孝通的理念和口味。在派克引导、带领下,费孝通和同学们走出校门,接触到真实、丰富、生动的社会生活。跟着派克,他们在永定门一带,在天桥的地摊、戏棚、店铺、酒楼,看市井社会的流浪艺人、贩夫走卒的真实人生。他们也到过八大胡同、清河监狱,看到了社会角落和高墙里面的囚犯生活。

和校园课堂相比,社会课堂对学生们的触动是深刻的。费孝通曾回忆,他第一次为犯人测量身体数据的时候,看到有人肢体上有很多黑点,那是吸毒扎针所致,他感到触目惊心。

派克的教法,把费孝通和同学们带入求学新状态。燕园社会学系兴起了一股"派克热"。

1933年,费孝通和同学杨庆堃合作翻译了派克论述中国的一篇文章。费孝通为译文写按语:"他所给予他学生的印象绝不单是一个诲人不倦的教授,亦绝不单是一个学识渊博的社会学家。……他所给予人们的不是普通的知识而是生命,一种能用以行动的知识。他生平没有任何惊人的巨著行世,就是那一本用以授课的 *Introduction to the Science of Sociology*(《社会学导论》),还是多以参考资料汇集而成,大半又假手于

---

[1] 费孝通:《补课札记——重温派克社会学》,见《从实求知录》,北京大学出版社1998年6月第1版,第138—139页。

他的同事伯吉斯（Burgess）。他所以能享受着芝加哥社会学派正宗的尊荣，实是因为他有一种魔力，能把他的学生从书本上解放出来，领到一个活的世界中去领悟人类生活的真相。这是他在社会学界中树下百年基石的工作。"[1]

如此一位国际顶级教授，没有任何大牌做派，这一点，费孝通印象也很深。

派克到燕园讲学授课时，已近古稀之年。知名教授，客座身份，还带着自己的研究课题，讲授的题目驾轻就熟，信手拈来，完全有条件轻松其事，但派克却像是初出茅庐。

费孝通记得他备课的情景。他站在图书馆书架前，寻找、浏览相关资料，预备教案，全神贯注，半天不落座。平日上课，派克非常守时。冬天某日，大雪当中，他迟到了十几分钟，一进门就向学生深深地道歉，像是欠下了无法偿还的债。

每个星期，派克都要为每个学生修改二三十页不通畅的英文卷子，不厌其烦，不改其乐，按时退还。一次，他带着学生们实地参观中国法庭庭审现场。他看到法官们懒洋洋、心不在焉的样子，回身对同学们说："要是光阴值钱的话，中国是世界上的首富了。"这句话，费孝通和同学们"听得耳热脸红，滋味难言"。这一幕、这一刻，他记了很久，直到晚年。他总觉得时间不够用，曾有过"再给我二十年"的内心呼喊。

费孝通修社会学入门未久，遇派克铺就"百年基石"，是他的幸运。他遵循老师教诲，响应其教法，实地观察形态不同的社区，思索实际生活的意义，同时也对派克的学术经历发生了兴趣。他留意派克就读哈佛时的师承，体会他接受哲学训练、选择追求科学的心志，也就更深地理解了派克的科学概念。他欣喜于自身向往和老师思路的合拍。

燕园授课期间，派克曾说："所谓科学，并不是什么了不得的东西，只是能讲出来，讲了人家懂得，可以试试的一种个人经验罢了。"为"科学"做这样不循规蹈矩的解释，费孝通听得入耳入心，且能知行合

---

[1] 费孝通：《社会学家派克教授论中国》，《费孝通文集》第1卷，群言出版社1999年10月第1版，第125页。

一。走出燕园后，他入清华，上瑶山，进江村，读伦敦政治经济学院，回国执教云南……到1949年前，写出一篇篇、一本本"能讲出来，讲了人家懂得"的著作，受到不同阶层读者的喜爱。此后又经几十年历练，其研究、言说、书写进入炉火纯青境界时，他在《行行重行行》一书前言中说："我所看到的是人人可以看到的事，我所体会到的道理是普通人都能明白的家常见识。我所写的文章也是平铺直叙，没有什么难懂的名词和句子。而且，又习惯于想到什么就写什么，下笔很快，不多修饰……"[1]

派克读过哈佛后，转去德国留学，有了新的人文视野。一方面是欧洲学术传统，一方面是欧洲大陆的农民生活，对派克社会学思想的形成补充了重要资源。他先在课堂上听到农民生活的描述，后来访问黑森地区，实际接触农民生活，懂得了德意志的农民。这其中，既有学术思想，也有研究方法。他把这些从德国带回美国，从美国带到中国，从芝加哥大学带进燕园，从自己的课堂带到吴文藻的课堂，为正在寻找出路的中国学者和学生启发了思路，为"社会学中国化"提供了方向和方法借鉴。

1932年12月16日，燕园临湖轩有一场欢送会，是为派克举办的。这位美国学者对中国社会学的进步表示乐观，对社会学推动社会进步寄托厚望。

派克说："我在中国的时候，的确认识了很多学生。……我在他们中间所见的，不是昨日的中国，也不是今日的中国，而是明日的中国，是将来的中国。……中国已经生活在它过去中这样的长久了，现在可以开始生活在将来之中了。"[2]

## （四）

1933年暑期，费孝通在燕京大学社会学系毕业，获得学士学位。他

---

[1] 费孝通：《行行重行行——乡镇发展论述》，宁夏人民出版社1992年8月第1版，"前言"第1—2页。

[2] 费孝通：《社会学家派克教授论中国》，《费孝通文集》第1卷，群言出版社1999年10月第1版，第123、125页。

的毕业论文《亲迎风俗之研究》发表于《社会学界》第八卷。编者按语说："本文是费君用了三年的工夫，经过吴文藻、顾颉刚、潘光旦、王佩铮、派克及史禄国诸位先生的指导及批评，五次易稿而成的，审慎经营，确值得向读者介绍。"[1]

这篇论文用文言文写成，其中运用大量地方志资料，追究中国民间亲迎风俗的形成、分布和演化，从社会环境角度对风俗传播与移民的关系给予解说。有趣的是，文中显示，作者对史禄国有关著述相当熟悉[2]，做文化分析时有明确的功能学派倾向[3]。这两个特点，冥冥中，似有通往清华园史禄国和LSE马林诺夫斯基门下的前缘。

1933年，吴文藻出任燕京大学社会学系主任。经他引导和派克启发，该系学风已发生明显变化。为持续推进"社会学中国化"要做的事，包括在北平郊区建立清河调查实验区，还有在理论和方法上为"社区研究"做准备工作。

费孝通积极参与其间，他加入吴文藻主持的学术团体，下乡做田野调查，同时研究理论，写文章。1933年，他写有《人类学几大派——功能学派之地位》《中国文化内部变迁的研究举例》《派克及季亭史二家社会学学说几个根本的分歧点》《社会变迁研究中的都市与乡村》《社会研究的程序》《我们在乡村建设事业中的经验》等，另有译文、书评多篇，都在当年发表。这些成果，标志着他在社区研究准备工作阶段的集中发力，也显示出较开阔的学术视野。

吴文藻当年在哥伦比亚大学读社会学时，旁听过人类学课程。派克在燕园的授课和引导，有助于吴文藻确认人类学方法对推进"社会学中国化"的非凡价值。为费孝通接受人类学训练，他说服了清华大学社会学及人类学系，在1933年招收人类学研究生，又带爱徒面见史禄国，经

─────────
〔1〕燕京大学社会学系编：《社会学界》第八卷，第155页。
〔2〕《亲迎风俗之研究》第六节"亲迎婚俗起源之假设"中写道："北部之满洲及通古斯民族史禄国教授曾有详细调查。所论满洲民族及驯鹿通古斯Reindeer Tungus人民之婚俗颇类于本文所谓亲迎。""史禄国教授讨论驯鹿通古斯之俗时，曾列举他族之风俗相比较。"参见《费孝通文集》第1卷，第186—187页。
〔3〕《亲迎风俗之研究》第五节"亲迎婚俗之传播"中，费孝通从婚俗传播申论文化传播说："一地之文化并非为一堆不相关涉而独立之文化特质所聚成，乃一错综复杂，有整体之结构也。……是故欲于一文化结构中，引入一新文化特质实非易事。以个人言，凡对于自己毫无功用者，多不加以注意，不愿学习。个人如此，社会亦然。一风俗一习惯，欲于甲族甲地传入乙族乙地，必须对于乙族乙地之民，有相当功用。"参见《费孝通文集》第1卷，第177—178页。

笔试、面试，如愿地把费孝通送至史禄国门下。

费孝通走进清华园，和燕园仍保持密切联系。恩师吴文藻，师妹王同惠，都在念中。他说："我的学籍虽然从燕京改成了清华，但是我的社会关系实际上并没有多大改变。未名湖和清华园本来只有一箭之遥。加上当时自行车早已是学生们通行的代步工具，两校之间，来往便利。这些社会和物质条件注定了我当时结识王同惠的因缘。"[1]

王同惠是河北邯郸人，1912年出生。她父亲受过高等教育，曾任省议员和县长。王同惠毕业于北平笃志女中，1932年考入燕京大学社会学系，师从吴文藻。费孝通和她同门读书，相隔两班，同学一年，结下缘分。

费孝通记得，两人结缘，是在一次燕京社会学系聚会上，他和王同惠讨论人口问题，有争论。为说服她，费孝通在1933年圣诞节赠她一本讨论人口问题的新书。王同惠被这件礼物打动，觉得费孝通"不平常"，乐于继续交往。"两人相识时似乎并没有存心结下夫妻关系，打算白头偕老，也没有那种像小说或电影里常见的浪漫镜头。事后追忆，硬要找个特点，也许可以说是自始至终似乎有条看不见的线牵着，这条线是一种求知上的共同追求。"[2]

当时，费孝通刚译毕一本奥格朋著英文版《社会变迁》，王同惠则在翻译一本法文著作《甘肃土人的婚姻》。他们的交往因译事而密切。王同惠要读费孝通的译稿，费孝通建议她找来原版书，边阅读边校对，日后作为两人合译本出版。王同惠欣然同意，提出对等原则，即费孝通像她一样，将她的译稿和原版一起阅读、校对，将来也作为合译本出版。

费孝通读硕士学位，毕业要考第二外语。他学法语刚入门，有点吃力，正犯愁，碰上此事，正巧利于强化。书为媒，同求知，英法双语并举，穿梭于燕园和清华园，岂不快哉。费孝通回忆这段带着爱情萌芽的学业和生活的文章，笔致动人。

"1934年至1935年，在她发现我'不平常'之后，也就是我们两人

---

[1] 费孝通：《青春作伴好还乡——为〈甘肃土人的婚姻〉中译本而写》，《费孝通散文》，浙江文艺出版社1999年4月第1版，第533页。
[2] 同上书，第534页。

从各不相让、不怕争论的同学关系,逐步进入了穿梭往来、红门立雪、认同知己、合作翻译的亲密关系。穿梭往来和红门立雪是指我每逢休闲时刻,老是骑车到未名湖畔姊妹楼南的女生宿舍去找她相叙,即使在下雪天也愿意在女生宿舍的红色门前不觉寒冷地等候她。她每逢假日就带了作业来清华园我的工作室里和我作伴。……有时一起去清华附近的圆明园废墟和颐和园遨游。"[1]

费孝通的工作室在清华园生物学馆二楼东侧。据《清华大学史料选编》第2卷下册记载,"生物学馆,位于园西河旁,碧瓦红墙,……馆高四层,占地二亩有二,……实验室及讲堂,多在第二层。每一实验室,足够二十余人同时实验之用"。

1930年代初期,人类学在中国少有人知。能指导专业训练的,史禄国是唯一导师。师从他求学的,费孝通是唯一学生。平时,他独占实验室,静心作业。王同惠到来,舒心交流,两情相悦,志同道合。室内有温馨情感,窗外"有乔木,有流水,有芳草,有弦歌,校园广阔,水木清华"[2]。对此,费孝通当年快慰,后来忧伤,晚年曾感慨:"回想起来,这确是我一生中难得的一段心情最平服,工作最舒畅,生活最优裕,学业最有劲的时期。追念中不时感到这段生活似乎和我的一生中的基调很不调和,甚至有时觉得,是我此生似乎不应当有的一段这样无忧无虑、心无创伤的日子。这些日子已成了一去不能复返,和我一生经历不协调的插曲了。"[3]

(五)

史禄国是一位杰出的俄国人类学者。费孝通出生之年,史禄国大学毕业,是国际人类学界后起之秀,不到三十岁,已成为俄罗斯帝国科学院院士,是研究通古斯人的权威。1917年后,他的学术命运突然逆转。

---

[1] 费孝通:《青春作伴好还乡——为〈甘肃土人的婚姻〉中译本而写》,《费孝通散文》,浙江文艺出版社1999年4月第1版,第536页。

[2] 邓云乡:《文化古城旧事》,中华书局1995年1月第1版,第20页。

[3] 费孝通:《青春作伴好还乡——为〈甘肃土人的婚姻〉中译本而写》,《费孝通散文》,浙江文艺出版社1999年4月第1版,第536页。

特殊经历，加上天才人物异于常人的性情，或许还有政治因素，史禄国平时很少与人交往，有点落落寡合。费孝通说，俄国十月革命时，他正在西伯利亚和中国东北研究通古斯人。他不愿回革命后的俄国，斯大林也不准他回，就留在了中国，后来进了"中央研究院"。因为与同事合不来，傅斯年安排他到了清华大学。

清华园里，史禄国遗世独立。他每星期到教室讲一两堂课之外，整日闭门写作。傍晚，他会和妻子出门，携手散步，绕清华园一周即返。每天如此，极少和人交往。

史禄国收下费孝通做学生后，制定了指导计划，六年学程，三个阶段，每段两年，依序修习体质人类学、语言学和社会人类学三门功课。

费孝通的第一个教本是 *History of Humanbody*，其中有从单细胞生物发展到人类的过程中各种类动物的典型解剖，以实验观察认识动物体质结构的发展。对生物实验室，费孝通曾经熟悉，那是在东吴大学医预科时期。在清华园，他又进实验室，这是他进入人类学领域的第一步。

费孝通说："在我一人独占的实验室里有两张堆满了零散的人骨和头颅的桌子，旁边站着一个人体骷髅的实物模型，显示桌上那些散骨原在人体骨骼中的位置。目的是要我对人体骨骼既有个整体的概念，又有对构成这整体的各个配件的具体认识。以上是史老师为我学体质人类学准备下的基础设备。"[1]

史禄国对费孝通的训练十分严格。他从不把着手教，更不一般性地解说学科内容、性质、特点、功能等。人类学者的田野劳作，需要独自解决复杂问题的能力，只能自己修炼。更重要的是，人类学的综合性极高，其立场、观点、方法等，都牵连着一定的时代、社会主流哲学和政治因素，想做出口头或文字解说并非易事。即便勉力做出概括或提示，对初学者也未必有效。他欠缺如实理解其中复杂意蕴的知识背景和学术训练。

在史禄国经验和观念里，费孝通要面对的问题，只有在实践中体

---

[1] 费孝通：《从史禄国老师学体质人类学》，见《从实求知录》，北京大学出版社1998年6月第1版，第301—302页。

会、领悟。在费孝通看来，老师不做耳提面命，学生避免亦步亦趋，才是教学正道。各人研究的实践会有差异，从中得到的看法自然会多样，互相切磋、补益，正可丰富学科内容，推动学术进步，这是务实的思路和做法。费孝通用"高明"一词形容史禄国的教法，用欣赏、幽默的笔调描述过师徒二人的教学现场。

费孝通说："他从来不扶着我走，而只提出目标和创造条件让我自己去闯，在错路上拉我一把。他在体质人类学这一课程上从没有做过一次有系统的讲解。他给了我几本他自己的著作，……并用示范的方法教会了我怎样使用人体测量的仪器。……他为我向生物系借了一间实验室，实验室的门有两个钥匙，他一个，我一个。他就让我独自在实验室工作。我们在工作室里见面的机会并不太多。因为他这两年主要的工作，是在编写和刊印他的《通古斯人的心态》巨著。每天主要的时间是在他自己的书斋里埋头工作。可是每天傍晚总要和他夫人一起绕清华园散步一周。当他经过生物馆时，就可以用身边带着的钥匙开门进入我的工作室。我这时大多已回宿舍去了。他正好可以独自查阅我堆在桌上的统计纸，看到错误时就留下'重做'的批语。我一看到这字条，就明白一个星期的劳动又得重来了。"[1]

费孝通的案头工具，史禄国只准许用算盘和算尺，所有的数据资料分析，都如此做。费孝通问老师：为什么不可以用比较先进、节约时间的计算工具？史禄国答：你得准备在最艰难的条件下，还能进行你的工作。

对文字表达，史禄国也有很高要求。他邀请费孝通到他家里去，要费孝通把自己的文章逐句分析给他听，一个字都能不含糊。这种严格的科学标准，对费孝通一生学术实践有深刻影响。

史禄国有言教，有身教。他的著述常运用多国文字，皆讲求措辞用语的确切和精要。他用英语写作时，从不肯苟从习惯用法，尤其注意避免被用滥了的说法。他会抛开通用词，采用拉丁文原字，使其不染附义，再做改造，注入新义。即便因此导致读者不易读懂，他也坚持自己的标准，做出科学意义上的准确表达。

---

[1] 费孝通：《人不知而不愠》，见《从实求知录》，北京大学出版社1998年6月第1版，第286页。

测数据、打算盘、拉算尺、爬方格之外,费孝通另有广泛的阅读和思考。

他写于1933年的文章里,有对马林诺夫斯基的介绍,称其"出自波兰望族,研究人类学于英伦,……私淑于《金枝》之作家弗雷泽,能得各家之长"[1];有对美国移民心志的关注,赞许"他们追求的是善良的生活,不是物质的享乐,他们耐苦工作,并不是想多得酬报,而视作为人的责任"[2];有对中国前景的忧虑,担心"素来没有宗教训练的中国人,使他不能在血液中散发出一种不为自己打算而为人服务的热忱,或是中国前途最大的一个障碍"[3];有对派克老师授课内容的回味,如"上海是靠海,生命活动的方式和欧洲的都市无异。……北平就不然了,在那里我们依旧在旧中国,中国旧有的秩序照旧的流行"[4];还有派克对青年中国的瞩望,"我曾在中国的青年中去寻求中国的将来,……青年中国已在急速的生长,抛弃了他们传统的学究主义"[5]。

1935年暑期,费孝通完成了史禄国安排的第一期训练计划,本该依序进入第二期,却遇到变化。依清华惯例,教授工作满五年,可由校方出资,到欧洲休假一年。这个暑期后,正逢史禄国休假期。他确定这次欧洲休假后不再回清华任教。

什么因素导致史禄国如此决定,迄未见到确证史料。费孝通有段文字提供了一种可能性——

> 一次我在他家座谈,突然看见他神色异常,因为隔帘见到了几个外国人走向他家门。接着又见他夫人匆匆出门去把来人打发开了。他当时那种紧张的表情,给我留下了难以忘怀的印象。后来有位朋友私下同我说,苏联的克格勃是无孔不入的。我当时也不大明

---

[1] 费孝通:《〈野蛮人之性生活〉书后》,《费孝通文集》第1卷,群言出版社1999年10月第1版,第86页。

[2] 费孝通:《杨宝龄的〈美国城市中俄籍摩根宗派之客民〉》,《费孝通文集》第1卷,群言出版社1999年10月第1版,第98页。

[3] 费孝通:《我们在农村建设事业中的经验》,《费孝通文集》第1卷,群言出版社1999年10月第1版,第107页。

[4] 费孝通:《社会学家派克教授论中国》,《费孝通文集》第1卷,群言出版社1999年10月第1版,第123页。

[5] 同上书,第124页。

白这句话的意义,但模糊地理解到我这位老师这时的表情是有点大祸临头的味儿。我怎敢多问呢?[1]

史禄国心在学术,竭力躲避政治,终于没有躲开。这一幕,印在费孝通心里。六十多年后,在一次私下谈话里,他以毕生体验做出回应,留待后叙。

1935年5月9日,费孝通做毕业考试。应考学科为:理论社会学、应用社会学、人类学。考试委员会成员为:陶孟和、吴文藻、吴景超、冯友兰、赵人隽、陈达、潘光旦、史禄国。考试成绩为"上+"。

1935年6月6日,费孝通做论文考试。考试委员会成员和毕业考试委员会相同,考试成绩为"上"。[2]

1935年7月16日,清华大学校长梅贻琦向教育部呈报文件,陈明清华研究院当年应届毕业者有"社会学部研究生费孝通"等人,经"先后组织毕业初试委员会,暨论文考试委员会,分别举行考试,得有及格成绩,并本校教授会审核,准予毕业"[3]。

至此,费孝通正式毕业于清华大学研究院社会学部,获得硕士学位。

费孝通学业成绩优异,毕业并获得硕士学位的同时,还得到了由庚子赔款的退款提供奖学金的出国留学机会。

1936年11月3日,梅贻琦校长为费孝通写了留学推荐信。

November 3,1936

London School of Economics and Political Science

London University

London

England

---

[1] 费孝通:《人不知而不愠》,见《从实求知录》,北京大学出版社1998年6月第1版,第295页。
[2] 清华大学校史研究室编:《清华大学史料选编》第2卷(下),清华大学出版社1991年3月第1版,第664—665页。第664页还载有费孝通在清华研究院社会学部的"历年选修学分"如下:第一年学程:初民社会,成绩:超。学分:6。体质人类学,成绩:超,学分:8。学分总计:14。第二年学程:人类学,成绩:超。学分:8。城市社会学,成绩:上-。学分:3。专题研究,成绩:超。学分:3。第二外国语考试,成绩:及格。学分总计:14。
[3] 清华大学校史研究室编:《清华大学史料选编》第2卷(下),清华大学出版社1991年3月第1版,第656页。

Dear Sir:

I have the pleasure to recommend Mr. Fei Hsiao T'ung a student who has done graduate work in this University in the Department of Sociology. During all the time Mr. Fei has been with us, he has proven himself in scholarship and an ability for independent recearch.

Any facilities extended to Mr. Fei in connection with his plans for study with you will greatly appreciated by us.

Very truly yours,

Y. C. Mei,

PRESIDENT.[1]

《清华大学一览》(1937)介绍该校"研究院各学部及研究生概况",关于"社会学部"的全部文字如下:

> 本部原名社会学及人类学部,于廿二年度成立,录取研究生费孝通一名,在校研究两年,于廿四年研究期满,其论文题目为:Anthropology of Korea ( An Analysis based on T. Kubo's Anthropometric Matsrial and a Preliminary Analysis of the Anthropology of Hopei Criminals )。于廿三年度起暂停招生。[2]

这则史料,是当年清华园人类学专业仅有"一师一徒"的档案证明。《清华大学史料选编》第3卷上册第102页收录《清华研究院1933—1943年授予硕士学位人数报告》。从中可知,费孝通是这十多年里从该院社会学部获得硕士学位的唯一一人。

两年清华园求知,费孝通从燕园校训中领略的"服务"意识得以继续强化。

1934年9月,梅贻琦嘱咐清华学子:"吾们在今日讲学问,如果完全离开人民社会的问题,实觉太空泛了。在现在国家处于内忧外患紧迫的

---

[1] 该信原文文件系自伦敦政治经济学院图书馆所藏档案原件复印得来。
[2] 清华大学校史研究室编:《清华大学史料选编》第2卷(下),清华大学出版社1991年3月第1版,第595页。

情形之下，特别是热血青年们，怎能不关心？怎能不着急？但是只有热心是不能于国家有真正补助的。诸君到学校来正是为从学问里研究拯救国家的方法，同时使个人受一种专门服务的训练，那么在这个时期内，诸君要拿出恳求的精神，切实去研究。思想要独立，态度要谦虚，不要盲从，不要躁进。"[1]

应该说，费孝通两年清华求知及后续事功，当得起校长的期待和推荐。

---

[1] 清华大学校史研究室编:《清华大学史料选编》第2卷（上），清华大学出版社1991年3月第1版，第229—230页。

## 二 悲恸与振作：从瑶山到江村

### （一）

当初拟订的费孝通六年训练全程，史禄国没有如愿完成。他做出变通，确定费孝通以实地调查方式做后续学习，到国内少数民族地区做一年实地调查，尔后到欧洲进修社会人类学。

费孝通写过"我在清华园和瑶山里从事学习体质人类学的经过"[1]。在他的认知中，瑶山调查和清华园课程前后相续，是他学习体质人类学的田野课堂。

吴文藻持续关注着费孝通的学业。史禄国不得不放手之际，他随即接手。当时，广西省政府设有研究当地"特种民族"的课题，需要合适人选。吴文藻找到张君劢斡旋此事，设法接通广西当局，促成国民党桂系首脑李宗仁同意费孝通到大瑶山做实地调查。

费孝通把此事告诉王同惠，王同惠表示要和费孝通一起去瑶山做调查，去实现学术梦想。她的梦想产生于翻译《甘肃土人的婚姻》一书。该书是一位外国神父写的，她边译边想："为什么我们中国人不能自己写这样的书？"费孝通听她如此说，确认吴文藻"社会学中国化"的主张已影响到王同惠的学术志向。

吴文藻也十分关注这位女生。他说："我得结识王同惠女士，是在民国二十三年的秋季，我的'文化人类学'的班里。二十四年春她又上了我的'家族制度班'。从她在班里所写的报告和论文，以及课外和我的谈话里，我发现她是一个肯用思想，而且是对于学问发生了真正兴

---

[1] 费孝通：《从史禄国老师学体质人类学》，《从实求知录》，北京大学出版社1998年6月第1版，第285页。

趣的青年。等到我们接触多了以后,我更发现她不但思想超越,为学勤奋,而且在语言上又有绝对的天才,她在我班里曾译过许让神父(La P.L.Schram)所著的《甘肃土人的婚姻》一书(译稿在蜜月中完成);那时她的法文还不过有三年程度,这成绩真是可以使人惊异。"[1]

吴文藻这段文字,为世人了解王同惠留下难得的史料和线索。

费孝通赞成王同惠的想法,希望两人同往瑶山。他说:"我们两个人一起去做调查工作,对工作太有利了,进行社会学调查,有个女性参与有很多方便,因为有许多事,单是男性是不容易调查到的。"[2]问题是,若以同学身份去,路上是否方便,社会能否认可,山中习俗又怎样,会不会引起非议、带来困难,都是未知数。为解决这问题,他和王同惠确定成婚。王同惠申请休学,保留学籍,拟待调查结束,返校续读。

吴文藻和史禄国得知他们打算结伴去瑶山,都表示赞同和支持。史禄国为他们装备了人体测量全套仪器,从德国订购一套高质量照相机(不用胶卷而用胶版),给费孝通使用。同时,还专门为费孝通、王同惠各自定制一双长筒皮靴,用以防止西南山区一种专门叮咬人体下肢的吸血蚂蟥侵害。

1935年暑假伊始,费孝通和王同惠的婚礼在燕园未名湖畔临湖轩举行。

临湖轩是燕京大学校长司徒雷登住宅。庭中玉兰,门前修竹,雅致,安静。据《燕大文史资料》(1992)记载,轩名是谢冰心所起,匾额是胡适所书。司徒雷登校长常将此宅借作校友或教职员的结婚大喜所在。[3]

费孝通、王同惠的恩师和师母吴文藻、谢冰心的婚礼,曾于1929年夏在临湖轩举办。六年后,吴文藻器重的学生费孝通、王同惠也在这里举办婚礼,何等佳话!师生缘、学术缘、夫妻缘,都由临湖轩、未名湖

---

[1] 吴文藻:《吴文藻先生导言》,见费孝通、王同惠:《花篮瑶社会组织》,江苏人民出版社1988年11月第1版,"导言"第1—2页。
[2] 费孝通:《青春作伴好还乡——为〈甘肃土人的婚姻〉中译本而写》,《费孝通散文》,浙江文艺出版社,1999年4月第1版,第538页。
[3] 参见燕大文史资料编委会编:《燕大文史资料》(第6辑),北京大学出版社1992年3月第1版,第224、294页。

做了见证。

吴文藻说,王同惠"和费孝通由志同道合的同学,进而结为终身同工的伴侣。我们都为他们欢喜,以为这种婚姻,最理想,最美满。他们在蜜月中便应广西省政府的特约出发去研究'特种民族'。行前我们有过多次谈话,大家都是很热烈、很兴奋。我们都认为要充分了解中国,必须研究中国全部,包括许多非汉民族在内,……我们互相珍重勉励着便分手了"[1]。

费孝通的姐姐费达生专程从家乡赶到北平,参与主持婚礼。此后,她带着弟弟、弟妹回到家乡,到太湖鼋头渚小住。蜜月期间,费孝通和王同惠延续着燕园和清华园的恬适、安宁,享受新婚幸福,共同完成了《甘肃土人的婚姻》一书译稿。

随后,夫妻俩告别太湖美景,离无锡,经上海,转香港,过广东,于1935年9月18日到达南宁。费孝通向广西省政府提交了调查研究计划书。

该计划书称:"广西省,依其民族所操之语言,似可分为三大区,即官话区、白话区(即粤语)及土话区(即壮话及平话)……余此次尚属初次南来,粤语犹未能通晓,故拟择官话区为范围。人种研究之目的,除以正确数量规定人种体形类别外,尚可借以明了中国民族扩张、迁移之大势,及各族分布交融同化之概况。其方法则赖人体测量术……无分汉、苗,均应搜集……至于特种民族社会组织及其他文化特性之研究,则拟首重行政组织,即省县政府治苗实况,与土司对苗之统治情形。因此次研究期限急促,不能不择其与省行政上有密切关系之问题为主,并拟以客观态度贡献对待特种民族之意见,以备采纳。方法除与相关政府询问调查考核外,并拟介绍诸可靠之瑶酋土司。俾得直接住其地,更以局内观察记录其人民,家庭,市集之组织,与夫风俗、习惯、美术、宗教及其他种种文化特性。"[2]

这份计划书,全称"广西省人种及特种民族社会组织及其他文化特性研究计划",如今已成历史文献,有特殊史料价值。仔细研读,从"各

---

[1] 吴文藻:《吴文藻先生导言》,见费孝通、王同惠:《花篮瑶社会组织》,江苏人民出版社1988年11月第1版,"导言"第2页。
[2] 费孝通:《桂行通讯》,见《费孝通民族研究文集》,民族出版社1988年10月第1版,第4—5页。

二 悲恸与振作:从瑶山到江村

族分布交融同化"可见费孝通晚年"多元一体"概念萌芽；从"期限急促，不能不择"可见其自知局限；从"客观态度"可见其科学立场；从"贡献……意见，以备采纳"可见其自身定位……这些因素，从费孝通做瑶山调查到暮年各地走访，在断续绵延近七十年的田野工作中一以贯之。1987年，他和美国人类学者巴博德做长谈，说自己"去伦敦政治经济学院之前就是一个功能主义者"。1935年的这份计划书可做一个证明。

1935年10月8日早晨，细雨中，费孝通和王同惠搭乘长途汽车离南宁，赴柳州。他们要从柳州沿柳江南下到象县，从大瑶山西部进山。

大瑶山位于柳江之东，桂江之西。山区中心是主峰，海拔1900多米的圣堂山，山区周围是平川，分别隶属于其南部的平南、东部的蒙山、北部的修仁、西部的象县和西南的武宣。据费孝通当年进山沿途所写《桂行通讯》记载，这片山区"十几年前，还是旅行隔绝，不受统治的区域。现在已经沟通，住在山中的瑶民，亦已受编制，加入全省行政系统，由旧有瑶头充作乡长村长。但是实际上还是一个自足自治的区域。我们预定由象县入山"[1]。

## （二）

费孝通说："我一生从事人类学和社会学研究工作中真正称得上田野调查的只有三次，一是瑶山调查，二是江村调查，三是禄村调查。"[2] 1935年10月10日，他学术生涯中的田野调查正式启动。他晚年领悟到的"应是鸿蒙借君手"所指那股无形而强大的力量，此时助他起航。他暮年说起的"还在船上做事情"，这一天是开端。

像个暗喻，他要做的事，关乎民生福祉、时代转折、制度转换、文化变迁，属于社会发展中心议题。他要走的路，从脚下开始，崎岖不平，颠扑不断，兢兢于荒远，往往处在社会边缘。

从柳州到象县，费孝通、王同惠乘小火轮沿柳江而行。10月10日近

---

[1] 费孝通：《桂行通讯》，见《费孝通民族研究文集》，民族出版社，1988年10月第1版，第12页。"由象县入山"的具体原因，是到柳州后才知原预定路线（由柳州北上经融县到三江）不久前有匪徒联合土人起事作乱，虽已平息，仍有不测之虞，故临时改变路线。可见当时调查环境之不太平。

[2] 费孝通：《芳草茵茵——田野笔记选录》，山东画报出版社1999年10月第1版，"序"第1页。

午时,他们离开柳州。达到象县时,正值午夜。

途中所见,抵达情景,费孝通都做了记录。"由柳州到象县的水道极老,曲折甚烈,近弯处,山壁峭立,竟疑无路。河床不平,水花打旋,小船不易航行。""到象县正是半夜,月色千里,鸡犬声中抵埠。轮停江心,有渡船来接,但是为时已晚,仰望山顶城楼,已深睡紧闭,所以只能借宿在码头上的大帆船中,'不知今夜宿何处'的内地旅行,从此开始矣。"[1]

从象县县城开始,费孝通和王同惠这次广西特种民族实地调查进入规范程序。依靠县政府和镇公所帮助,他们做沿街抽样,测量当地人的身高、头形等数据,共测量132人。其中年龄过老和20岁以下者除外,数据有效者116人。经计算,他们得出"体高"和"头形指数"平均数和变量指数,结合体质人类学知识,可做初步判断,当地人除土著外,大多来自中原和沿海一带。

在瑶区附近县份的人体测量,有助于研究移民来源、路径及与瑶民的混杂程度。

象县县城的人体测量现场,对费孝通和王同惠有重要意义。费孝通因此得有一生科学意义上田野调查的破题,王同惠因此成为"现在中国作民族考查研究的第一个女子"[2]。

这项调查持续了一个星期,象县县城的人体测量告一段落。费孝通和王同惠于10月18日继续行程。广西省教育厅科员唐兆民、象县教育科员张荫庭陪同他们入山。

王同惠记录了途中见闻和心情。"我们上道坐了轿,在全巷注目中出了县城,向西进发,天阴,微雨。孝通向我说:'结婚时没叫你坐轿,今天补上罢。天还代你挂灯。'……往前,尽是难走的山路,我的一顶轿,走得快,当先赶过了后面的轿子和挑夫很远,天雨旷野,绝无人迹。四顾只是荒山,真使人提心吊胆,想不到还有回到人群中的一天了。"[3]

进山途中,没有水路,没有公路,只能这样挑担、坐轿、步行。百

---

[1] 费孝通:《芳草茵茵——田野笔记选录》,山东画报出版社1999年10月第1版,第12页。
[2] 吴文藻:《吴文藻先生导言》,见费孝通、王同惠:《花篮瑶社会组织》,江苏人民出版社1988年11月第1版,"导言"第4页。
[3] 费孝通:《芳草茵茵——田野笔记选录》,山东画报出版社1999年10月第1版,第16—17页。

二 悲恸与振作:从瑶山到江村

余里路程,他们在雨里走了两天。第二天傍晚,费孝通一行先后到达目的地——百丈村。

对山里村民来说,外部世界来人是新奇的。一进村,轿子就被一群孩子围观。随着轿夫前行,他们跟着轿子跑,兴奋得直叫嚷。到了乡公所门前,轿子停下,立时被重重围住。有小孩子把头伸进轿子里看新鲜。王同惠第一次经历这种场面,躲无可躲,感慨"离了人群难受,进了人群更难受"。

对费孝通、王同惠来说,山里世界是新奇的。10月20日,王同惠写《桂行通讯》说,他们刚刚进门,"六十余个小学生,就跟着进了屋。天既阴,又近晚,黑压压的只见满院满屋的人头。这时候我们因坐了一天的轿,又累又倦,进了一间办公室,是特为我们预备下的房间。打开行李,刚想在木板上躺一下,猛抬头,看见窗棂外、梁头上,都是乌黑黑、好奇而静默的眼睛,弄得我们哭笑不得。"[1]

百丈村的乡民,观念不如县城开通,对他们的调查有顾虑,怕因此被作为征兵用。费孝通和王同惠两天里只测得33个人,其中还有未满20岁者4人,不计在内。从29人数据中,费孝通和王同惠发现,"相差只60里,体质上已经如是分别,广西人种之复杂可见了"。

百丈村离瑶区只有几十里路。这里三天一墟,每逢墟期,就有瑶人赶墟做交易。他们在南宁见过的瑶人,说官话,穿中山装。在百丈,他们第一次见到了穿瑶装、说瑶话的瑶人。

10月21日,费孝通、王同惠走进真正的瑶区。

途中更加难行,有时有路,有时没有路。时而沿着河走,时而需横穿田地。翻越界顶山时,费孝通说,先是"低着头,只知道一级一级地爬,好像是走着一个没有尽头的路程"。下山时"屡次颠仆滑跌,才到得山脚。山水细流,潺潺不息。我们就席石而坐,涉足清流,凉爽可喜,可是同惠的脚已在山道上擦破了。就轿再行,所经俱系峻恶难行之路,忽而缘峭壁,忽而过独木,下轿不止十余次,一路只觉得造物的着意真是无美不备,无奇不有了"[2]。

---

[1] 费孝通:《芳草茵茵——田野笔记选录》,山东画报出版社1999年10月第1版,第18页。
[2] 同上书,第21页。

王桑是进入瑶区的第一站。行路艰难的同时，他们也见到了值得称许的山区农耕设施。依着山势重叠、盘旋的梯田，当地的灌溉方法十分独特。瑶人祖先找到了巧法，用纵向剖开的半片竹管接通泉源，一直连到田里，形成自流灌溉，代代相传。

费孝通把观察和感想写进《桂行通讯》中的"王桑三日"，说："很多人以为汉人在文化上一切都比苗、瑶为高，处处用着'开化'二字，叫他们什么都学汉人，连服装发髻都觉得不如汉人，谁知道在瑶山中可以使汉人学的地方还多着呢！"[1]

离开北平时，费孝通、王同惠和吴文藻有约定，调查途中见闻，以《桂行通讯》方式随时发回，以利学界分享、传播。到广西后，才知"随时"不易。未进瑶山，在象县时，已知当地通信不便。最近的邮局距离他们的住处有二百余里。进山后，连投递也不可能了。他们只有尽量设法，托人带到山外，再付邮递。

当年的《北平晨报》，在"社会研究"专版连载《桂行通讯》系列文章，引起社会关注。

吴文藻说："行后常常得到他们的'桂行通讯'和报告，字里行间充满了快乐，勇敢，新颖，惊奇的印象，读完了总使我兴奋。社会人类学在中国还是一门正在萌芽的学问，一向没有引起国内学者的注意。我自己数年来在悄悄地埋头研究，常有独学无友，孤陋寡闻之感。这一对'能说能做'的小夫妻，真鼓起了我不少勇气。"[2]

## （三）

瑶山里，瑶人同属瑶族，内部则有"盘瑶""茶山瑶""花篮瑶""坳瑶""板瑶"等多个分支。王桑是花篮瑶聚居的村落。

从这里开始，门头、古浦、六巷……费孝通、王同惠进入了花篮瑶世界。

村民淳朴，热诚，知有客人来，"带着米来问讯，客人所用的米是

---

[1] 费孝通：《芳草茵茵——田野笔记选录》，山东画报出版社1999年10月第1版，第22页。
[2] 吴文藻：《吴文藻先生导言》，见费孝通、王同惠：《花篮瑶社会组织》，江苏人民出版社1988年11月第1版，"导言"第2页。

全村人供给的。那时天已经黑了,他们没有灯,就用松木条燃着火取光。松木条就放在铁片或铁丝结的网上。松木燃着时,放出一种令人想到年景的香气。融融一室,主客欢笑。"费孝通说:"多年没有回过乡的我,更觉得人情的深厚了。"[1]

夫妇二人和村民团坐在一起。主人温了酒,表示欢迎,要倾杯一饮。猜拳行令更使现场气氛升温。客人为表示好感,也应一饮而尽。在一见如故的氛围里,费孝通看着杯盏,想起史禄国多次劝他学会喝酒,以利田野调查,如今实地感受到了善饮的好处。在生人面前,不能开怀豪饮,无形中会在主客间留下一道心理上的隔膜和不爽,不利于即刻热络,打成一片。微醺中的费孝通,切身体验了老师屡次劝勉的良苦用心。

为养成费孝通较强的田野工作适应能力,史禄国督促他学喝酒,也教他学绘画。费孝通的绘画作品,目前可见的存品极少,但他确有人类学调查所要求的绘画能力。进瑶山后,费孝通带着的铅笔、水彩和图画簿,在王桑派上了用场。

村里的房子,都是用黄泥混合石子砌墙,用瓦或树皮做屋顶,用竹子编成晒台。各家建筑形式与结构大致一样。费孝通面对村容写生,画出房屋外形,感到这种记录方式方便易行。他说:"民族学的研究中照片很有限制,远不如笔画便利,照相不能立刻把结果拿出来给人家看,鬼鬼祟祟的,在黑匣子里不知装什么鬼,更不知你摄的什么魂,自然容易引起人家的误会来。图画是大家懂得的,而且也可以当时在众人面前公开的画,问他们像不像。爱美是人的天性,他们一样的能欣赏你的画。要研究民族学,在实地观察中最重要的精神是坦白和诚实,坦白和诚实能赢得同情,也可以避免危险。"[2]

费孝通的现场人像绘画,使他获得村民的信任、喜欢和配合,因此曾受到上门吃饭的邀请。

他的山中笔记证明,在瑶山调查中,绘画起到了良好的人际沟通效果,对田野调查发挥了辅助功能,主要是助益科学研究。他借助绘制老年人侧影,补充人体测量的不足。

---

[1] 费孝通:《芳草茵茵——田野笔记选录》,山东画报出版社1999年10月第1版,第23页。
[2] 同上书,第27页。

调查持续推进，困难接续出现。王同惠生长在北方，吃不惯当地的饭，只能尽量适应。一路住宿也不轻松，多数时候只有土屋栖身，比较讲究的房屋是下面养猪、牛、鸡、犬之类，上面住人，往往躲不开蚊虫臭虱叮咬。语言不通也是难题。好在王同惠有语言天赋，较快学会一些日常用语，能用简单的瑶语和村民沟通、交流。

互相明白对方意思后，还有新问题，他们的调查意图往往不被很快理解。瑶人担心孩子被测量后会停止长高，也担心自己会被拍照摄去魂魄。再加上他们水土不服、途中受伤、生病等原因，无不影响调查进度。费孝通、王同惠在多重困难中保持乐观，积极推进研究计划步步实施。

日复一日，白天里，费孝通做人体测量，积累样本数量和数据，王同惠调查社会生活情况，观察村民衣食起居。夜晚，他们讨论当天收集的资料，确定第二天调查内容。直接调查之余，他们同瑶人一起聊天、做活、为村民看病、治病，增加接触，加深了解，积累感性经验。

费孝通、王同惠都有好学者的求知心情和谦逊态度。他俩尊重瑶人风俗，关心帮助瑶族同胞，工作过程中敬业、乐观，逐渐受到了瑶人的信任和喜爱。两人日餐淡饭，夜宿土屋，艰辛而快乐地推进调查日程，不断向《北平晨报》发出行程报告。他们的文字具体、生动、鲜活，带着田野气息，吸引着师友、同道的追踪关注，记录下"中国人类学先头小分队"在学术研究前沿地带的新见闻、新成果。

瑶人的村寨间，经常隔着一个山头或几个山头，不一定都有通路。途中有时穿越深山老林，时常难辨路径。王同惠一篇文字中记录的行路场面，是他们辗转山中的家常便饭。她写道："前面的瑶人挑着我们的行李轻松的一步紧跟一步的往前走去，不肯稍停。我们又不认识路，生怕走迷了，死在山里，也没人知道，只好紧紧地跟着，心里却千后悔，万后悔，不该到这种地方来。不多时候，前面忽然没有了去路。这时我们已被丢下，连前面挑夫的影子都看不见了，山是陡峭得站不住人，下面是十几丈的山谷。山水从山顶上泻下来挡着去路。四下里听不到半点人声，只有永远响不住的水声。"[1]

---

[1] 王同惠：《门头瑶村》，见费孝通：《芳草茵茵——田野笔记选录》，山东画报出版社1999年10月第1版，第28页。

如此山路，连走带滑，连摔带爬，跋涉一整天，往往只能从一个村寨走到下一个村寨。

1935年10月28日，费孝通、王同惠到达他们预先选定的一个调查基地——六巷村。他们打算在这里停留较长时间，在沿途收集过王桑、门头资料的基础上，以六巷为据点，调查大橙、古浦和六巷实况，争取能对花篮瑶社区做出较为整体的主题研究。

在费孝通和王同惠的分工中，人体测量的用意不易被瑶人理解，社会生活的调查有时也不能等瑶人完全理解后再做，有时须暗中冒险。六巷调查中，王同惠记录了如下一幕：

"我们量人所在的庙，现在改为国民基础学校了……但是里面的神像，却还没有拆去，向门贴墙搭了一条长木板，离地约四尺高，板上横排起来，挤了三十六个泥塑的神像，……神像背上写着神名，据说是不准用手动的，我们总想去抄来，但总不敢去。那天量人时，因为等得太久，无聊得很，我便想去抄神名，因为庙里人太多，孝通谨慎，惟恐被他们看见了，所以打着英文对我说：'Don't do anything.'但偷偷摸摸的，毕竟被我抄了七八个。又过了几天，孝通与张科员往大橙量人去了，我因为身体不好，所以没有去。次日我冒着险独自去抄神名，每抄两个时，便到门口去望望，看准近处没人时，再进去抄两个，如是五六次，三十六个神名都被我抄完了。抄时浑身打战，好像在偷东西一样，惟恐有人走来。抄完了，将小本塞在袋里，头也不敢回，赶紧跑了回去。上山时，两腿还有点发软。"[1]

王同惠心惊胆战抄写神名的时候，费孝通去大橙村里做人体测量，路上走了六个小时，先后滑摔多次，跌跌跌到头昏。他也记录了途中实况。

"山势越来越险，上山时还可勉力支撑，下山时真是有如上天之难了。下山路是在山阴，古木参天，细竹遍地，这路终年不见太阳，阴湿湿的石块上都长着一寸多长的青苔，不要说脚留不住，就是竹枝支下去，也是滑得竖不牢。一百个小心，不见什么功，一个不小心，立刻见

---

[1] 王同惠：《六巷》，见费孝通：《芳草茵茵——田野笔记选录》，山东画报出版社1999年10月第1版，第36页。

效,再加上已经走了三个钟头的路,两腿早已不能运用自如。于是前跌后滑,张科员在后面同我数,数到五十次也累了。我心里想,上妙峰山回愿,一步一拜也不过这个滋味,……跌到后来,头部跌昏了,嘴里不住说:'幸亏王先生没有同来,到这里真是回去又不是,向前又不肯,只有死在山凹里了'。"[1]

费孝通、王同惠在六巷住了二十五天。随着时间延长,他们渐渐熟悉了村民,和房东一家人更是亲切。《花篮瑶社会组织》一书保留下一幅王同惠和房东蓝妹国的合影。

蓝妹国穿瑶装,赤脚、打绑腿,个头虽矮,挡不住一身英武气。王同惠高出蓝妹国半个头,深色西服上衣,浅色长裤,穿着史禄国为她定制的长筒皮靴,右手搭在蓝妹国右肩。蓝妹国的左手握着王同惠的左手。瑶汉姐妹,亲情依依。

这可能是王同惠生前留在人间的最后一幅照片。

## (四)

1935年11月21日,花篮瑶调查暂告一段落。费孝通和王同惠告别六巷乡亲。

下一站是古陈,是坳瑶民众聚居的地方。按计划,他们将在古陈一带工作大概一个月,再到茶山瑶聚居区继续调查。预计1936年2月可完成这次调查全部计划。届时,王同惠将回燕园继续学业,费孝通需整理调查所得全部资料,准备暑期出国,去英国读社会人类学。

12月16日,费孝通和王同惠完成了计划中的坳瑶实地调查,向茶山瑶调查工作基地转移。这次出发,既是告别古陈,又要走出象县,目的地在平南县罗运乡。

从古陈到罗运途中,一场意外变故,中断了这次瑶山调查。

一份信实详尽的文献记录了这次意外事件始末:

"这段山路崎岖曲折多险,唐兆民、张荫庭俩科员和古陈村帮挑行李的盘公谢、盘公柳、盘公检、盘公全等六人先行,费孝通和王同惠随

---

[1] 费孝通:《芳草茵茵——田野笔记选录》,山东画报出版社1999年10月第1版,第43页。

后，行至五指山冲口一块大石板时，他俩停下休息，而唐兆民等向导先行不候。当他俩行至叫潭清地名的岔路口时，便走错了路，误入一片竹林之中，林中阴暗，他们摸索着走到斗篷岭叫石八的地方，见一似门设备，便以为到了近村，费孝通便探身察看，不料那是古陈村瑶人盘公平装野兽设下的虎阱，机关一动，木石齐下，把费孝通压住。在危急的惊乱之中，王同惠奋不顾身把石块木头逐一移开，但费孝通局部受伤不能起立，她将丈夫移到安全地带后，奔出林中呼援。

  费孝通独自在荒林里痛苦地熬过寒夜。次日天刚破晓，便忍痛往外爬行，当爬到意冲旧屋地，恰碰到古陈村一瑶族妇人盘妹暖找牛到这里，她见费先生戴着一副眼镜，由于双方言语不通，费伸手招呼求救，而盘妹暖则以为他是两天前飞机经过五指山，空投下来的人，不但不敢近，反而急促跑回古陈尾，找到同看牛的盘公全、盘公货两人，讲明碰见戴眼镜生人状况，于是他们三人同到意冲旧屋地，同样由于语言不通，费先生用手指着自己受重伤的腿，并伸手示意求援，做出恳请他们背他回村的姿态。盘公全、盘公货两人轮流背他回到古陈尾赵如清家。当时平南县小商张献南也在这里，费先生便与他用纸笔对话，大家这才明白费先生的身份和他迷路及其妻王同惠失踪情况。户主赵如清立即招呼费先生食宿，同时派人告知费先生在古陈村的住户盘公西。盘公全、盘公货两人则赶回上古陈，告知该村头人盘辉庭和盘少宗，这时，已到罗运的唐兆民、张荫庭和罗运石［碑］牌头人也来到下古陈盘公西家，共同商议寻找王同惠的办法。由盘公西传令：'上、下古陈村凡十六岁以上男孩均出动四处寻找王同惠，不见生人，死人尸体也要找到。'同时派人将费先生由古陈尾抬回下古陈治疗。民众一连找了六天还不见人，此时有古陈尾瑶民冯荣贤、赵成礼两人，上山找芒鼠，在古陈与罗运乡鸡冲屯交界处，发现有野藤断，似有什么东西跌下痕迹。回村后向众人讲了这一情况。第七天，盘公全、盘公货、盘公卖、张福明、覃二等五人，按冯荣贤讲的地点往下找，终于在罗运乡鸡冲村管辖的华冲尾一处山涧急流中，发现了王同惠女士的遗体。她与费孝通结婚才一百零八天。"[1]

---

[1] 温永坚:《费孝通王同惠考察大瑶山轶事》，见费孝通、王同惠:《花篮瑶社会组织》，江苏人民出版社1988年11月第1版，"附录"第123—124页。

横祸突降瞬间，幸亏费孝通穿着史禄国为他定制的皮靴，缓冲了致伤的冲击力，小腿和脚部才没有伤得更重。尽管如此，巨石大木坠落之力还是把他脚部的一根骨头纵向楔入另一根骨头，并把他腰背砸成重伤。

深山暗夜，忍着重伤之痛，盼着妻子找来救助人，费孝通的心情，旁人无从体会。瑶山里的调查，给了他俩多少甘苦？新婚即做千里伴行，去调查，去求知，去实现学术梦想。路途艰辛，生活困苦，他们工作有进展，调查有成绩，成果有希望，总是在"极快乐的工作中过活"。直到王同惠遇难前一天，她还笑着对费孝通说："我们出去了会追慕现在的生活的。"[1]

一场祸患来临，瞬间阴阳两隔。

为求生，费孝通能身负重伤在荒山野岭彻夜等待，能在第二天无吃无喝情况下负伤爬行终日。他得知王同惠罹难之后，却不再顾惜自己的生命。他要和爱妻共赴黄泉。这愿望压倒了一切。

他说："同惠死后，我曾打定主意把我们两人一同埋葬在瑶山里，但是不知老天存什么心，屡次把我从死中拖出来，一直到现在，正似一个自己打不醒的噩梦！虽则现在我们分手的日子已经多过了我们那一段短促的结婚生活，但是一闭眼，一切可怕的事，还好像就在目前，我还是没有力量来追述这件事的经过。……让这一幕悲剧在人间沉没了罢。"[2]

王同惠瑶山遇难噩耗震惊了关注瑶山调查、追踪阅读"桂行通讯"的师友们，也震惊了关注中国社会人类学初期成长的相关人士。吴文藻的一段文字，反映出这场变故给中国学界带来的损失——"我们正在北平盼望他们工作圆满成功回来的时候，突然接到这不幸的消息，使我精神上受了重大的打击。我不但不知道所以慰孝通，也不知所以自慰。我们这些幼稚的子民，正在努力的从各方面来救护这衰颓的祖国，这一支从社会人类学阵线上出发的生力军，刚刚临阵，便遭天厄，怎能不使人为工作灰心，为祖国绝望？……同惠是死了，在研究民族社会生活中，

---

[1] 费孝通、王同惠:《花篮瑶社会组织》，江苏人民出版社1988年11月第1版，第67页。
[2] 同上书，第64页。

二 悲恸与振作：从瑶山到江村

女考察员的地位,是极重要的,因为家庭内部生活的种种,是必需由女考察员来做局内的研究。同惠是现在中国作民族考察研究的第一个女子,而且在瑶山的考查中,她充分发挥了语言的天才,她竟为研究而牺牲了,后起尚未有人,这损失是不能计算的。"[1]

1996年9月,香港文化传播事务所有限公司编辑出版《二十世纪中国全纪录》,书中1935年12月"国事记述"栏中,有"社会学者遇险于桂"一则,记载费孝通、王同惠瑶山遇险消息,近二百字,占当月版面约十分之一。可见此事当时在国内的影响已超出社会学、人类学领域乃至整个学界,也可见吴文藻的"绝望"既有学术专业背景,也有社会文化背景。

## (五)

"我拖着半残废的身体,拖着我爱妻的尸首,从瑶山里出来,'为什么我们到瑶山去呢?'我要回答这个问题。"[2]这是费孝通痛别大瑶山时的心思。

据史料记载,在瑶山里,王同惠的遗体被找到后,盘公全等人立即就地砍竹制作担架,同时派人赶回下古陈村向盘公西报告情况。盘公西得讯后,很快召集村里的各户主开会,讲明王同惠遇难的情况,告诫村民,在把王同惠抬回村里之前,任何人不能把消息告诉费先生,以免他出意外。

当天,王同惠遗体被护送抬回到下古陈村底大石头边。"盘公西派人为她洗凉换衣,盘公西、盘妹暖拿出土白布十五丈包裹同惠遗体,村民们各户捐东毫2毫,按照瑶族风俗,为王同惠女士举行隆重的悼念仪式。在仪式进行前,盘公西及唐兆民等人陪同随人,背费先生到王同惠遗体前向王同惠告别。悲痛已极的情况下,盘公西等人将王同惠坠崖牺牲及发现过程,向费先生做了说明。悼念仪式后,盘公西、唐兆民等人,即筹划送费先生及抬送王同惠遗体出山事宜。次日,由盘公西、盘

---

[1] 吴文藻:《吴文藻先生导言》,见费孝通、王同惠:《花篮瑶社会组织》,江苏人民出版社1988年11月第1版,"导言"第3—4页。

[2] 费孝通、王同惠:《花篮瑶社会组织》,江苏人民出版社1988年11月第1版,第64页。

公卖、张亚芬、覃二抬同惠遗体,各发东毫一百毫;盘公谢、盘公申、张献南、张继士抬费先生,各发东毫五十毫。自下古陈经对面山,到平南县辖的花槽屯住宿,第二天经平南县鹏化乡到桂平县江口圩,即将同惠遗体装棺下船。护送费先生出山的人即回古陈。轮船到达梧州,王同惠遗体由友人华毕等人起岸,安葬在梧州市西山公园。费先生则换船直下广州,由其二姐等人将他送入广州市柔济医院留医。"[1]

在广州柔济医院病房里,费孝通给师友们写回信,说起"为什么我们到瑶山去"。该信全文如下:

> 耀华,叔昭,景珊和其他的朋友们:
> 感谢你们给我的信,在枯鱼身上洒一些清水总比整天在烈日下暴晒好得多。我本应当早就写信给你们,因为我也明白看着人家受苦的人的心理,有时会比当事人更难受,但是我几次没有写成。脚骨开刀后终天躺着,虽然不很痛,可是也怕惊动它,静躺着已有一星期了,……
> 你们说同惠是没有死,我也是这样想。因为她的死亡来得太突然,使我永远不能相信是一件真的事实。至少她现在已经脱离了痛苦了,假如有上帝的话,她亦已与自然同化。做人本来不能太奢求的,若是爱是人生中最宝贵的,那么同惠没有白活,因为我们临别时,她对我说:"我们是生死夫妻!上帝保佑着你!"若是事业是人生中最宝贵的,那么同惠已留下了一本在中国民族学上开创性的著作,若是我们所认定"认识中国来改造中国"是救民族的正确的大道,那么同惠所贡献给民族的不能说小了。同惠有灵当在微笑,那是我相信的。
> 同惠是离开我们了。剩下的我,怎么安置,真是令我踌躇。同惠早就见此,所以临别时,她还说:"倒是你使我不放心罢了。"我愿意体悉她的意思来做人,使她,也许真有重聚的一天,能使她用着微笑来迎接我。可是这话说来是很好听、很容易的,做时,我

---

[1] 温永坚:《费孝通王同惠考察大瑶山轶事》,见费孝通、王同惠:《花篮瑶社会组织》,江苏人民出版社1988年11月第1版,"附录"第125页。

还怕有一天我不能做使她满意的事。她对我的希望太高了。有她在旁，我们的希望是不难达到的，没有了她，我真踌躇。在去广西之前，就有一位朋友说，孝通这次去能有结果么？另一位朋友却说，不怕，有同惠，她能说，也能做，——真的我们到了山里，我说的话就没有人懂，可是同惠不久就学会了山里的普通话，没有她，这研究必然是要毫无结果。这不过是一端罢了。我在她面前常自己怀疑自己的能力，但是我不怯弱，因为我以为她会永远帮助我的，谁知道天会把我们拆散！

我们本已说好瑶山出来，我们要开始华北社会组织的研究。因为她在本乡所有材料都是现存的。我不知为什么常觉得这计划不易实现——结果真的，叫我如何着手呢？她在临死前一天晚上，我们两人相对向着火，还说："孝通，什么时候我们那部《中国社会组织的各种形式》能够出版呢，那时，我们相对抽一会儿烟是多么有意思。"我说："再等二十年总有一些把握了。"耀华！同惠的野心你们也知道的，但是她的能力是出了燕京才使我发觉的。我不但为我自己悲痛失了我的同工，也为我们队伍里发愁，要再得到像同惠一样的战士，是件没有把握的事！

在六巷有一日耽搁，我因为要到附近村落去测量人体，所以常放她一人在那里，每次我回来她总微笑对我说："了不得，我都弄清楚了。"于是我总有一两天听她讲她所搜得的材料——这些材料我们在古陈时已经整理了一下，所以我都有底子，等我一能起身就可以写成出版，因为这些都是她辛勤的收获，我不能不珍视它。但愿同惠的灵能帮我把它写成一部值得流传的作品——《花篮瑶社会组织》，也是我们所说《中国社会组织的各种形式》中的第一部。

同惠是不能再为中国、为学术服务了，因为她爱我，所以使我觉得只有我来担负这兼职了。我愿意用我一人的体力来做二人的工作。我要在二十年把同惠所梦想所计划的《中国社会组织的各种形式》实现在这世界上。更希望凡是爱她的朋友能一同努力。

最近才听到燕京有向民族学方面发展的计划——若是同惠迟死一月，她要多么快活呢！但是一样的，我相信她是知道的，而且她会用灵感来促成这种工作。我在广州读到布朗氏的演说，这不就是同惠在一月前向着火和我说的一样话吗？她更同我说：我们不要去做政治活动，除非我们明了中国的社会。

呀！耀华你是知道我是一个意志太活动的人，虽则我还相信自己不是个太没用的人，但是我这个船已经把罗盘针掉到海里了。我的确是这样相信，同惠的死在我自己，在我们的队伍里是一个重大的损失，天意何在，这是永远不能使我明白的。

我殓同惠在江口，我抛下她，一个人到梧州，又到广州，离她日远。在一两个月内我的脚还不能自由行动，所以不能就安葬她。我这浮泊的生涯，本已泊住了港，狂风又把我吹入深海。不知又要漂到何处。所以我决定要把同惠葬在一个公共的场所，我明知道漂泊的生涯不会允许我的骨头将来也附她葬，在她寂寞的孤坟上，只能让后世的同情者来凭吊了。省政府已下令让同惠葬在广西大学并立碑记事以垂永久。若是朋友中有过梧州的，总望大家能去看看她，我总觉得她是没有死，不过睡着罢了，寂寞冷落地睡着罢了。

1936年1月21日于广州柔济医院[1]

## （六）

费达生又一次赶到弟弟身边。

在广州，她料理了费孝通就医期间的烦琐事务，鼓励他整理瑶山调查资料，写出报告。

北平的吴文藻也期待着报告。他写过多篇文章，解说"社区研究"的意义和功能[2]。他看重这次瑶山调查，视作"'功能法'来实地考察一个非汉族团的文化"个案，把这项调查结果比喻为"立下了社区研究的

---

[1] 费孝通：《关于追悼同惠的通讯》，《费孝通文集》第1卷，群言出版社1999年10月第1版，第360—362页。

[2] 吴文藻当年从人类学借鉴实地观察方法，引入中国的社会学研究和教学，确立"社区研究"概念，是其"社会学中国化"主张的具体实践。他所撰写的《现代社区实地研究的意义和功用》发表于《北平晨报》1935年1月9日"社会研究"专版第66期；《社区的意义与社区研究的近今趋势》发表于《社会学刊》第5卷第1期；《中国社区研究计划的商榷》发表于天津《益世报》1936年5月6日"社会研究"副刊第1期。

基石"。他希望报告能及时面世,作为一项社区研究的具体成果,引起人们关注"非汉族团的调查和研究对于我们国家前途的重要性"[1]。作为把人类学研究方法引入中国社会学的重要推手,作为"社会学中国化"的倡导者和推动者,他也期待着验证自己的学术主张和实践的效果。

知吴文藻者,费孝通。他写信给吴文藻说:"同惠既为我而死,我不能尽保护之职,理当殉节;但屡次求死不得,当系同惠在天之灵,尚欲留我之生以尽未了之责,兹当勉力视息人间,以身许国,使同惠之名,永垂不朽。"[2]

经治疗,费孝通伤情逐渐好转。被木石砸得错了节的脚骨,却再也没能恢复正常。费孝通说,先后有一个外国名医和一个中国名医,都为其受伤骨节复原做出过努力。他们对费孝通说了意思相同的话:如果我不能帮你复原,那就是真没有办法了,不用再找别人。两位名医使尽浑身解数,都没能如愿。

费孝通开始整理瑶山调查资料,撰写《花篮瑶社会组织》一书。

对同惠的缅怀,师友们的期望,都是动力。这是设想中的《中国社会组织的各种形式》破题之作。费孝通字斟句酌,初稿改得密密麻麻。可是,他并不满意,自责其中带有"仓忙紊乱的笔调"。他心里太清楚,"在这个哭笑不是的心境里,在这个颠沛流离的旅途中,写成一个满意的报告,是不可能的",无非是知其不可为而为之罢了。

在广州病房里,费孝通写出《花篮瑶社会组织》前三章。从广州到上海、从上海到北平,在船上、在亲戚家,有姐姐安排、朋友相助、恩师指导,他相继写出后续三章。

回望瑶山,百丈、王桑、门头、六巷、大橙、古浦、花篮瑶、板瑶、山子瑶……一站一站,"行行重行行,与君生别离","相去日已远,衣带日已缓","浮云蔽白日,游子不顾反","思君令人老,岁月忽已晚"……费孝通的瑶山经历和后来岁月、心情,居然有如此贴切、传神而久远的前定。

"为什么我们到瑶山去呢?"王同惠用了生命,费孝通用了骨血,

---

[1] 吴文藻:《吴文藻先生导言》,见费孝通、王同惠:《花篮瑶社会组织》,江苏人民出版社1988年11月第1版,"导言"第1页。
[2] 同上书,"导言"第4页。

《花篮瑶社会组织》中，字字句句都在作答。颠沛流离中，报告成稿，费孝通意犹未尽，他要提炼这个报告的主题，他希望感召更多同道，实现他十八岁时写下的愿望——"给后面很努力赶来的同类们做一些参考"。为此，他在这份报告的"编后记"中特意写下这样一段文字：

> 本来，任何事业不能不以勇敢者的生命来作基础的。传说烧一窑磁器，也得抛一个小孩在里面。我妻的死，在我私人的立场之外来看，并不能作为一件太悲惨的事。人孰无死，尼采所谓，只怕死不以其时。同惠可以无愧此一生，我只是羡慕她。我在此也得附带声明，瑶山并不都是陷阱，更不是一个可怕的地狱。瑶山是充满着友爱的桃源！我们的不幸，是我们自己的失误，所以希望我们这次不幸并不成为他人"前车之鉴"，使大家裹足不前。我们只希望同情于我们的朋友能不住的在这道路上走，使中国文化能得到一个正确的路径。[1]

"使中国文化能得到一个正确的路径"——费孝通一生著述中，这是值得特别关注的一句话。分编为十六卷本的《费孝通文集》中，字里行间，大约可见六千七百个问号。《费孝通晚年谈话录》中，问号在一千五百以上。考虑到其中或有少许重复，也考虑少量问号没有实质意义，没有问号的地方却提出实质问题，保守些说，费孝通一生著述蕴含有"八千问"。若把这八千问聚在一起，找出一句话来作答，在"使中国文化能得到一个正确的路径"这句话外，很难找到更理想的答案。

这句话既回答了"为什么我们到瑶山去"的问题，也能为此后费孝通又延续了七十年的思虑做出合理合情、合乎逻辑的注解。七十年里，社会怎么变，时局怎么变，个人命运怎么变，人类学、社会学学科怎么变，费孝通这一心志始终未变。

在剧烈变动的百年历史中，一位二十五岁的社会学、人类学者，经历生死，走出瑶山，表达的"找路"心志，经得起七十年的历史动荡和检验。

---

[1] 费孝通：《花篮瑶社会组织》，江苏人民出版社1988年11月第1版，第67页。

同样难能可贵的是，费孝通不光知道向哪个方向寻找，而且知道怎样去找。

在这样一个民族、国家、社会的根本性问题上，二十五岁上已知方向，得方法，且实干，无论如何，都值得敬佩。

费孝通说："我们认为文化组织中各部分间具有微妙的搭配，……却正是处于目前中国文化激变中的人所最易忽略的。现在所有种种社会运动，老实说，是在拆搭配。旧的搭配因处境的变迁固然要拆解重搭，但是拆的目的是在重搭，拆了要搭得拢才对。……大轮船的确快，在水滩上搁了浅，却比什么都难动。当然谁也不能否认现在中国人生活太苦，病那么重，谁都有些手忙脚乱。其实这痛苦的由来是在整个文化的处境上变迁，并不是任何一个部分都有意作怪。你激动了感情，那一部分应该打倒，那一部分必须拆毁，但是愈是一部分一部分地打倒，一部分一部分地拆毁，这整个的机械却愈来愈是周转不灵，生活也愈是不可终日。在我们看来，上述的一个观点似乎是很需要的了。在这观点下，谩骂要变成体恤，感情要变成理智，盲动要变成计划。我们亦明白要等研究清楚再动手，似乎太慢太迂，但是有病求艾，若是中国文化有再度调适的一天，这一个观念是不能不有的。"[1]

从费孝通写下这段文字，到这本传记完稿，时隔近九十年。传主经历的历史动荡不定，九曲回环，当年的观点和主张，九十年后仍有强烈的现实意义，实在引人深思。

两位中国青年学者的一次实地调查，接通了中国文化调适这个大问题。这是人类文化变迁中1930年代中后期的中国现场给予他们的启示。小题目，有大意义。

费孝通的上述观点，表达出一位社会学、人类学者的科学意识。与激进、革命的主张相映照，这是温和、改良的思路。对此，当年一代中国知识分子有广泛共识，虽未成社会主流舆论，但得以明确表达，存下史料。后人由此可知当年曾有过怎样的认知理性、科学精神及历史责任感。

法国人类学家斯特劳斯曾说："我们到那么远的地方去，……花几

---

[1] 费孝通：《花篮瑶社会组织》，江苏人民出版社1988年11月第1版，第64—65页。

天时间或几个小时,去记录一个仍然未为人知的神话,一条新的婚姻规则,或者一个完整的氏族名称表,我们可能必须赔上半年的光阴在旅行、受苦和令人难以忍受的寂寞;但是,再拿起笔来记录下列这类无用的回忆与微不足道的往事:'早上五点半,我们进入雷齐费(Recife)港口,海鸥鸣声不绝,一队载满热带水果的小船绕行于我们船只四周。'这样做,值得吗?"[1]

对斯特劳斯,这是个问题,很自然。对费孝通,这不是问题,也很自然。

中国在近现代科学领域整体落后,导致科学理性薄弱,实证观念和手段欠缺,认知理性和科学精神难能可贵。费孝通有幸接受过自然科学、社会科学双重训练,具备了这种素养,使他能对研究对象保持理智、冷静和清醒,和激进主张保持距离。面对不公正、不合理甚至灾难深重的现实,他不是职业革命者,而是职业社会学、人类学者。职业使命对他的要求,不是激进革命,而是对需要改造的社会做出冷静观察、忠实记录和科学解说。

瑶山调查和报告文本,证实费孝通是称职的、出色的。从早年发问"为什么这么老还要自己出来采薪火?"到《桂行通讯》中的相关文字记录,说明他具有充沛的道义感、同情心,同时也遵从科学伦理,守得住学者应有定位和角色。

走出瑶山后,随着青春生命的次第展开,随后将近七十年里,一种真正富于科学精神、富于建设性和人民性的学术尊严、道德态度,显示在费孝通的学术工作中。他在青年、中年、晚年,都自觉葆有,并清晰地表达出这种尊严和态度,也在特殊历史阶段上有所失落。他自己也看得清楚。

追随其学术命运的山重水复,观察其科学意识的柳暗花明,理解其一生文章的跌宕起伏,将会在一个时代动荡和历史变迁的背景上,见证一位中国知识分子的心路历程。

就此意义说,费孝通一生著述,不妨看作一部长篇"出瑶山记"。

---

[1] [法]列维-斯特劳斯著,王志明译:《忧郁的热带》,生活·读书·新知三联书店2000年4月第1版,第3—4页。

## （七）

1935年底，费孝通在广州养伤，写信给社会研究社的朋友，述说心殇。

王同惠去世后，他寻死未成，万念俱灰，觉得不会再有欢乐，生命成了很重的负担。"除了工作之外，再也得不到一些人生的乐趣"。

他整理、编写瑶山调查资料，留下他们的同工记录，留下王同惠生命的永驻。他和王同惠一起设想过《中国社会组织的各种形式》，这是第一部。今后，要一人做两人的事。

1936年7月初，《花篮瑶社会组织》已由费孝通"写就付印，在旬日间可以竣事"[1]。他须考虑后续要做的研究，以免自己滞留于不工作状态中。

此时，他"意外地得到两个月的'余暇'"。姐姐费达生嘱咐他，瑶山调查报告写完后，出国留学前，回家乡休养。费达生的具体安排，是"到村里去住一个时候"。

她说的村子，指姐弟俩都熟悉的开弦弓村。

费孝通听姐姐的话，回到了江苏吴江。1936年7月3日，他在震泽镇震丰丝厂写下《江村通讯》首篇文章，题为"这次研究工作的动机和希望"。

离开北平前，费孝通向社会研究社的朋友承诺，瑶山里写出的《桂行通讯》这种工作报告方式将会继续，演化为《江村通讯》。作为实录个人实地调查见闻、遭遇、假设、事实的一种文字表述，虽不曾见于以往的正式专刊，总是益于知识积累，也是对关注实地研究的师友们的回应，俾使他们得到期望中的相关学术信息和素材。

这次实地调查初衷，费孝通分梳两点。一是个人角度，让自己进入工作状态，在心里向王同惠赎罪。二是学术角度，这一点的重要性，他两年后才初步明白，晚年才真正明白。此时他并不知道，这次开弦弓之行将成为国际社会人类学实地调查史上一次转折的界碑，但他把促成这次调查的理念说得很明白。这种理念是费孝通自觉不自觉地跨越"文野

---

[1] 费孝通：《芳草茵茵——田野笔记选录》，山东画报出版社1999年10月第1版，第79页。

之别"的先导。[1]

费孝通说:"有些人觉得民族志的方法只能用于文化较简单的'野蛮'社区,不能用于我们自己本地的'文明'社区……在我们看来这是一种错误的见解,因为事实的本身无所谓'野蛮'和'文明',这些名词不过是不同族团间相互蔑视时的称呼罢了。在民族学中是不能成立的。……一个有相当训练的研究者,在研究自己生长的地方时,亦有特别便宜之处,在语言上、访问及观察的机会上都比一个外地人方便。"[2]

道理如此,说出来,应有事实做验证。费孝通正巧刚做过瑶山调查,他愿意继续尝试,用研究瑶族社区的方法,去研究一个汉族文化环境中的中国乡村。如果能有相应的研究成果,就可以证明,实地调查、社区研究的方法,可以用来研究不同性质的社区。从瑶山调查到开弦弓村调查,将是一个很有效的验证过程。

当年开弦弓村,属于震泽区。费孝通从苏州到开弦弓村途中,先在震泽落脚。这篇述说研究动机的文章,是向北平的师友们报告进村前的消息和想法。他期待回到那个熟悉的水乡村庄。他的姐姐在村里帮助蚕农结社、建厂,改良蚕种,机器缫丝,复兴蚕丝业,增加农民收入,已有十多年历史。费孝通曾去过多次,也不断听姐姐说村里的事。他相信村里"没有一家农民不信任她"。村民对姐姐的信任和友善,带给他生活和工作上的很多方便。

李景汉是费孝通的社会学前辈,是借鉴西方研究方法研究本土社会的先行者之一,也是较早研究中国农村问题的学者。费孝通就读清华当年,李景汉出版有《定县社会概况调查》(1933)。费孝通就读伦敦政治经济学院期间,李景汉出版有《中国农村问题》(1937)。

费孝通曾有机会和李景汉交流研究心得。李景汉询问费孝通:依过去一年的经验,哪几点是实地研究者应当常常留心的。费孝通回答说:"研究者应常忘记研究的结果是要编报告出版的。……社会研究不比其他一定有收获量的工作,而且从工作开始到完成又不能有一定的时间。

---

[1] "文野之别"是了解、理解费孝通学术成就及其意义的一个导入概念。在费孝通晚年"补课"阶段,他写有《从马林诺夫斯基老师学习文化论》《重读〈江村经济·序言〉》等文章讨论这一话题,可参考。
[2] 费孝通:《芳草茵茵——田野调查选录》,山东画报出版社1999年10月第1版,第79页。

若是一个研究者在有一定限制的时间中,一定要结束工作编写报告,诚实的,不能详尽地校核自己所得到的材料,出版不成熟的作品。不诚实的,不能不牵强事实,或甚至制造事实,写成与社会研究有害的东西。所以一个实地研究者最好不负'报告'的责任,使他能够跟着自己的兴趣去获得充分的认识,等到所认识的已有了系统,有了可'报告'的时候,才编写他的报告。一个实地研究者时常会受累于名义、经济等事务上的事情,如何避免这种累赘,是社会研究者一个严重的问题。"[1]

费孝通的话,涉及"过去一年的经验",自然包括瑶山调查。瑶山调查的名义,是"特种民族调查",有时间限制,史禄国要求"调查一年"。这些因素虽没有影响到他是在"可报告的时候,才编写他的报告",但毕竟是在无法忘记"要编报告出版"的情况下做调查、写报告的。

上述李、费对话中,费孝通的意思很明白,他期待更纯粹的实地调查工作。

出国留学前,回家乡休养,开弦弓村的小型工厂及其现代工业活动引发了他的研究兴趣,他看成"上天给了我一个做'除获得知识之外毫无其他目的及责任'的研究机会"[2]。

他向《江村通讯》的读者报告了这一点,申说自己的主张:"我这次研究并不受任何机关的嘱托或津贴,完全是私人性质的。这里我愿意提出一点,研究者应有的态度,就是把研究兴趣做主,凡是一切关于名义、经济等等事务上的事情,永远应当看得很轻,看成我们的工具,不应成为我们的目的。我们的目的只有一个,就是增加知识。"[3]

动身去开弦弓村之前,费孝通曾和当地熟悉村里情形的人谈话。谈话中,他留意"这地方的社会组织和其他区域不同的地方","农业是男子的事,工业是女子的事",还注意到"这种社会组织中,有和花篮瑶相似的人口节制的习俗"。这些都属于费孝通关注的知识,男女如此分工更是"一件极有趣的事实"。他把这些见闻写进《江村通讯》首篇。

这篇文字里,不时可见瑶山调查带给他的影响,留给他的思索。但他即将走进的开弦弓村,却是一个和花篮瑶形成对照的世界。

---

〔1〕费孝通:《芳草茵茵——田野笔记选录》,山东画报出版社1999年10月第1版,第80页。
〔2〕同上。
〔3〕同上书,第79—80页。

比较而言，瑶山是静的，开弦弓村是动的。社会组织上，花篮瑶是大体凝定的，开弦弓村则处在变化中。走出瑶山后，费孝通心里存着《中国社会组织的各种形式》的题目。在震泽的震丰丝厂，他还想着这次要"研究的是一个中国乡村社区的社会组织"。

走进开弦弓村后，他接触到了比"社会组织"概念远为开阔的农民生产和生活场景，观察到了中国文化变迁前沿的核心内容。他继续关注社会组织问题，记录和描述社会组织支撑、运行的农民生产和生活，同时思索村中工业活动在中国文化变迁过程中发生的意义，使这次调查及报告产生了意外而持久的国际影响。

## （八）

1936年7—8月，费孝通做开弦弓村调查，持续两个月，大部分时间住在村里。

调查机会虽属偶然，学术标准不能忽视。费孝通说，为了方便对实际生活做细致观察，和被调查者有尽量多的接触和交流，调查范围不宜太大，这样比较利于密切观察，从容记录，可以顾及全局。同时，为能构成社区生活层面较完整的样貌，调查范围又不宜过小。

这是一个属于调查工作前提的基本问题。

费孝通说："A.拉德克利夫·布朗教授、吴文藻博士和雷蒙德·费思博士曾经讨论过这个基本问题。他们一致认为，在这种研究的最初阶段，把一个村子作为单位最为合适。"[1]参考他们的看法和标准，"我所选择的调查地点叫开弦弓村，坐落在太湖东南岸，位于长江下游，在上海以西约八十英里的地方，其地理区域属于长江三角洲"[2]。"该地区人口密集，大多数人口居住在农村。如从空中俯视，可以看见到处是一簇簇的村庄。每个村子仅与邻村平均相隔走二十分钟的距离。开弦弓只不过是群集在这块土地上成千上万个村庄之一。"[3]

开弦弓村生丝精制运销合作社设有丝厂，费孝通借住在该厂一间

---

[1] 费孝通著，戴可景译：《江村经济》，江苏人民出版社1986年10月第1版，第5页。
[2] 同上书，第7页。
[3] 同上书，第8页。

卧室。

《吴江丝绸志》记载，1935年，中央合作研究班参观团到开弦弓做实地考察后，一篇报告称该社"份子健全，组织完密，自选种育蚕至于缫丝，无不采用科学方法，以故业务发展，有蒸蒸日上之势，非独为一县一省生产运销合作社之楷模，抑亦全国之标榜也"[1]！。

这个合作社及丝厂，是费达生帮助村民建起来的。她曾在1934年5月10日《大公报》副刊"乡村建设"专版发表署名文章《复兴丝业的先声》，文中说："我们工作的意义，决不是限于使农民增加一些金钱上的利益。它是指向一种公平的社会组织，一种平衡的文化。或者有人会笑我们夸大，但是我们这一点信仰是必需的。在这信仰上，我们才能为我国家，为我同胞服务。我们曾说，在这一件小小的事业中，我们几十个人能放弃安闲的小姐生活，在烈日暴风中奔波，而觉得乐在其中的，在我个人看来，除了一种宗教性质的热忱之外是没有凭借的。"

这篇文章发表几天后，费孝通以《宗教热忱》一文做出响应，他说："宗教热忱并不是单指拜神的意思。……而是在他能一门心思，把他的意志整个儿顺从于其思想其行为所归宗的目标和人物，而以全生命来为他服务。""'衣沾不足惜，但使愿无〔远〕违'。这不是我们广大的农民所持的根本态度？这不就是费女士所谓'宗教的热忱'么？"[2]

村里乡亲信赖、敬重费达生，称呼她"费先生"。费孝通住下后，人称"小费先生"。有姐姐在村里的威望和交情，小费先生做起调查如鱼得水。他带着笔记本，串门入户，问吃问穿，街头闲聊，问老问幼，从家长里短中了解情况，积累数据，实地感知村民生活状态，校正自己的设想、猜测和现实的差距。

当年开弦弓村，有三百多户人家，有一千多户临近村坊。费孝通刚住下时，设想开弦弓村应该是当地农民生活用品零售区域的一个中心。一位村民做向导，领着他转了一圈，见到的事实却不是他设想的样子。一路下来，他只见到三四家卖香烟、火柴、香烛、纸钱和零星食品的杂

---

〔1〕 吴江丝绸工业公司编，周德华主编：《吴江丝绸志》，江苏古籍出版社1992年9月第1版，第59页。

〔2〕 费孝通：《宗教热忱》，《费孝通文集》第1卷，群言出版社1999年10月第1版，第254页、258页。

货店，三家打面兼作杂货的店铺，一家药材店，两家肉店和两家豆腐店。这些店面供货有限，连本村居民的日常所需都满足不了，更不用说供应邻近村民的更多需求。

费孝通说："就是这事实提示了我，在这现象背后一定还有一种买卖制度在活动，在和当地人民谈话中才知道：'这些在村坊上的杂货店是只在有客人来航船已经开了，等着用时才去做成它的。'在他们社区组织中，比'店'更重要的是'航船'。"[1]

这是水乡民众依据当地舟楫之利和生产、生活所需创造出来的流通方式，费孝通称作"航船制度"。他受到触动和启发，开始具体观察这套制度的实际运行，为此曾跟随航船往返。

开弦弓村是依两条河流沿岸构筑民居而聚成。两条河道形成一个"丁"字形，分作两个交易区域，每个区域有两条船。每天清晨七时许，航船开动，船家用大螺壳鸣号，呜呜两到三遍，周知村民，随即起航。此时，两岸人家拿了油瓶、酒罐等容器，等船到了，吩咐着"替我打二百钱油"，"带两个皮蛋"……船家接过钱和瓶罐。从东到西，一路把两岸人家托付要买的东西用心记住（时间不允许用笔详细记账），就向震泽驶去。等到把需要采购的各样货品一一办妥，收工回船，大约是下午一点钟了。

船家并不只是代买，也可以代卖。有人家想把羊卖出去，同样会等船过来，把羊交给船家，说个大概售价，事情就办了。无论代买还是代卖，船家都不收佣金。有人坐船去镇里办事，也无须船票，不用花钱。

船家的收入，大致有丝、米两个途径。村民出售丝和米，也托船家办理。"每4车丝（约100两，值25元左右），出卖后要给航船大洋1元；粜出米1石（值7元左右），给航船钱5分。这一种算法有类于直接税的性质。取费原则是以生产量为分配原则，而不以消费量为标准。"[2]

接通买卖双方的船家，需要熟知村里每家每户的生活情形，也和镇上的商行建立很好的联系和信用。村里缺米的时候，船家会去镇上"赊米"。米行先给米，收获季节再结账。虽然赊米的价格明显要高，但是比

---

[1] 费孝通：《江村通讯》，《费孝通文集》第1卷，群言出版社1999年10月第1版，第373页。
[2] 同上书，第374页。

高利贷的利息便宜很多。这样做法，等于帮助村民和商行双方都获益。

船家代卖丝和米，也就连接着生产和消费。他们经手代售的同时，也会根据市场行情指导村民的生产和加工环节。比如说"你的丝太湿，需要晒一晒，不然，打折扣过火，得不到好价钱"，或者"你的丝这样糙，只有某某肯收"，用利益导向促使生产者提升品质。

费孝通称赞他观察到的这套制度"搭配得极好"。他认为，这套"航船制度影响于太湖流域的区位组织极大，在震泽这一带地方，几乎每个村庄都有自己的航船直接到震泽来做买卖。开弦弓虽是一乡的主村，但是在经济上不能做一乡中各村的中心，连本村都不能造成一个市场"，便是这套制度的效用所致。

这样真实、鲜活的研究素材和相关知识，书本上看不到，可农民实际生活中到处都是。

费孝通曾参与航程中的劳作，帮助船家扎结准备出售的生丝，现场观看一艘航船、一套制度怎样运行，连接交易双方，沟通生产消费，在一方水土中发挥着神奇的组织功能。而且，在传统的生活中，现代工业已经进村，村民生活正在发生着自觉不自觉的深刻变化。

所有这些，费孝通看得出神，被强烈吸引。他发出极具感染力的感慨——"虽说我是个本乡本地的人，而回去一看，哪一样不是新奇巧妙得令人要狂叫三声！"[1]

## （九）

实地调查中，开弦弓村的学校教育也在费孝通关注范围中。孩子们的今天怎样，村子的明天就会怎样。江南农村一向厚实的"耕读"传统，在现代工业进入农民生产和生活的情况下，会有怎样的变化？是个什么样的过程？动力，起始，过程，效果……都是费孝通关心的问题。

十多年后，费孝通提出并讨论"损蚀冲洗下的乡土"，关心"回不了家的乡村子弟"，担心"乡村靠不上都会"……这些问题，最迟是在这次调查中看到苗头，引发思考的。

---

[1] 费孝通：《江村通讯》，《费孝通文集》第1卷，群言出版社1999年10月第1版，第389页。

这次调查是在暑期。费孝通进村住下时，学校已放假。他没有机会现场听课，无法直接观察课堂教学、课外活动情形，只能设法从校外角度了解相关事实，做出常识判断。

开弦弓村的学校教育，自初始到1936年费孝通做初次调查，被他分作三个时期，私塾时期、过渡时期和新式小学时期。民国前是私塾时期，民国初年进入过渡时期，国民政府成立后，开始有了新式小学教育。

开弦弓村的私塾有两种。"第一种'西席'是由当地乡绅聘请先生教育自己的子侄，附近的亲友可以把孩子们附入。第二种是'开门聚徒'，是由先生自己出面开馆，招收学生，每个学生分任先生的束脩。这两种私塾性质略有不同，前者是以学生为主体，乡绅可以选择他的'西席'，同时请先生的目的是在深造自己的子侄，希望将来可以'入学'出仕。后者是以先生为主体来选择他的学生，而且那些'开门聚徒'的先生常是一辈失业的书生，没有其他办法时，才想靠学生们的束脩生活。学生的出身亦较低，父兄们送他们来，目的也只想识几个字，上上零用账目。所以我们可以说前者是'贵族性质'，而后者是'平民性质'。二者在一社会中的作用亦异，前者是要造成领袖，后者是造成识字的平民。"[1]

两种私塾，应和着当地社会分层的不同需要而成。社会要求不同，制度上就有差别。

"西席"式的教育是为培养精英，在学时期较长，学程确定，要求严格。从六七岁入塾，一般到将近二十岁才能"入学"或出去做事。平民性质的"开门聚徒"则是为一般民众识字、记账提供教育服务，教和学都相对宽松、随意。学程长短由学生和家长定，比较忙碌的时候，不去无妨。

开弦弓村一带农民生活和传统中，文字事务具有专门职业性质。一乡在行政、经济和社会组织等方面，需要和乡外世界有日常来往，文书是重要媒介。一乡领袖既负行政责任，自然需要兼顾经济、文化大小事务。村中田产买卖，由他做中人，立契约。村民有重要信札需写，要他代笔起草。这类事，都需要较深文字修养，为此需要配以较长学程。至

---

[1] 费孝通：《江村通讯》，《费孝通文集》第1卷，群言出版社1999年10月第1版，第380页。

于村民日常，只在"记账、集钱会、送份子、写写条子"时需要文字，略识字便可胜任，学程也就大可随意。

这种传统的求知方式和教育制度，经辛亥革命，已被送入历史。

1905年，传统科举制度被清廷废除。民国二年，开弦弓村的私塾被学校取代。科举既废，聘"西席"求功名的动机自弱。"开门聚徒"的塾师需学生供养，而新式公立学校都不收费，门也就关上了。弱的弱了，关的关了，书还要念，如何后续？

过渡时期，会有过渡办法和制度。费孝通晚年多次说起的"保旧创新"概念，和他早年对开弦弓村农民生活的观察分不开。他注意到，"这个时期，教育制度并没有标准化，小学教员可以独出心裁来决定教材。开弦弓村的小学就由一位做过西席又受过'师范'调练的乡绅主持"。他告诉费孝通，"我觉得一个小学毕业生一定得会应付社会上普通文字的需要，在本乡一个毕业生要会打算盘，会算'会账'（'会'是一种信用制度……），会写红白份子，会记账，会写条子。所以我到小学三四年级就专门教他们这些实用的事"。[1]

费孝通眼里，这位乡绅是"保旧创新"的实践者。他愿尊之为师。

到1928年，这位乡绅不再教书了，问题也来了。接替他执教的，是新式师范学校毕业生，应受过教育专业训练。但是，师范生不是当地人，不熟悉当地社会组织中的事务，不知道怎样算账、记账、写份子，在开弦弓村小学教书，无法教学生这些本领，只是拿着标准化的通用教材去上课，学生接受的是空洞的理论概念，距离实际生活差得很远。学生们今后的生活却需要这些实用的文字能力。

一次乘坐村里的航船，费孝通和一个小学毕业的村民坐在一起，聊起他学的知识，他只记得"书上说的什么自由平等"。他知道了几个新名词，是否能真的理解，很难说。

费孝通发现，"不但教材上发生了脱节，在教法上也发生了'格格不入'的地方。在私塾制度中是一个一个学生去上书，去背书的，是个别的教育法，所以一个学生若是有几天不上学，回来不会发生'脱课'，只是慢一些罢了，新式的学校是集合教育法，先生把'课堂'当作实

---

[1] 费孝通：《江村通讯》，《费孝通文集》第1卷，群言出版社1999年10月第1版，第381页。

体，而且当作连续的实体，他不管课堂里的学生在那里变迁，今天上了第一课，明天是第二课，学期始末的校历也是听着上边的训令，不从了要受视学员的训斥。一切标准化。可惜的是社会组织本身是没有标准化，一方面标准化，结果是'配不上去'"[1]。

教材、教法都和生活脱节，学程也不例外，且更显得可笑。费孝通写的《江村通讯》介绍说，开弦弓村一年里的农桑耕作周期如下：2月里忙着过新年；3月到4月，农闲；5月到6月，蚕忙；6月到7月，田忙；8月到9月，除了一期秋蚕，空闲；9月到10月，收稻；11月到年底，春花（麦、豆、菜之类）。历来习俗中，儿童满十岁就要下田，跟着学干农活。蚕忙时，也帮着采桑看蚕。还有一事，割羊草。农事加上习俗，如果学程想配得合适，选择孩子们比较空闲的时候上课读书，应该是在1月到5月、7月到9月。但是按照刻板规定，却配不上，反而是矛盾的。村里蚕忙、田忙的时候，正好也是"学忙"阶段，孩子们没法去参与农事。等田忙忙完了，孩子们可以闲下来了，因学校放暑假，他们又无课可上了。接下来，秋蚕来，水稻熟，又是一阵农忙，孩子们却要去上课。等春花收好，孩子们又得空闲，学校却该要放寒假了。

费孝通这次开弦弓村调查，属于社会学研究的微观调查。开弦弓村小学教育出现的问题，属于微观社会中的部分事实。这个部分连接着整体，从中可以体察宏观问题。费孝通在《江村通讯》中说："在新式的教育中一方面不能供给一般人民所需的文字知识，一方面却夺去了一乡的领袖人物。在这种情形下而想复兴农村是在做梦。"[2]

有当地的小学教师告诉费孝通，每年的毕业生中，有能力用文字满足家庭和社会需要的人，不过一两个。多数学生甚至不能提笔写一张条子，更说不上能算"会账"。

这样的乡村教育既不能满足学生求知的实际需要，希望有长远发展的人会去另找教育资源，由故乡而他乡。费孝通见到一个外出读书的学生，他已高中毕业。在当时，这是乡人中相当高的文化程度，是乡村领袖人物的好苗子。交谈中，费孝通得知，他不再想做乡村的领袖，无心

---

[1] 费孝通：《江村通讯》，《费孝通文集》第1卷，群言出版社1999年10月第1版，第382页。
[2] 同上书，第383页。

为地方上办事情。他时刻都在想着怎么能回到城里去。他要去报考银行职员或投考公务员。这个高中毕业生和他能代表的一群人，恐怕是回不了乡了。

## （十）

开弦弓村里各种各样的"新奇巧妙"，无不吸引着费孝通。其中最具吸引力的，当属生丝精制运销合作社，还有社里所设的丝厂。

厂里现代缫丝机器的运行，生产线上的劳作，改良生丝在国际市场上的份额及价格的提升，蚕农收入的增加，农业里生长出来的工业，乡村工业的普及，中国农民生活的小康……这些丝丝缕缕的思绪线索，交织出一个无形的理想，包裹着费孝通的人生大梦。

两年后，在伦敦，在LSE，他完成博士学位论文《江村经济》后，用英文把这个梦写成了一部小说——《茧》。

对开弦弓村丝厂的观察、记录和思索，成了他博士学位论文的核心内容。

对开弦弓村实地调查的重要性，费孝通做出清晰、有力的解说："开弦弓村是中国国内蚕丝业的重要中心之一。因此，可以把这个村子作为在中国工业变迁过程中有代表性的例子；主要变化是工厂代替了家庭手工业系统，并从而产生的社会问题。工业化是一个普遍过程，目前仍在我国进行着，世界各地也有这样的变迁。在中国，工业的发展问题更有其实际意义，但至今没有任何人在全面了解农村社会组织的同时，对这个问题进行过深入的研究。此外，在过去十年中，开弦弓村曾经进行过蚕丝业改革的实验。社会改革活动对于中国的社会变迁是息息相关的；应该以客观的态度仔细分析各种社会变迁。通过这样的分析，有可能揭示或发现某些重要的但迄今未被注意到的问题。"[1]

"工厂代替了家庭手工业系统"，过往的中国历史上未曾有过这种现象。这是大变革中的事实，又是更深入变革的前奏，成为费孝通特别关注的一个变迁过程枢纽因素。这和他对中国农耕文明的观察和认知有直

---

[1] 费孝通著，戴可景译：《江村经济》，江苏人民出版社1986年10月第1版，第18页。

接关系。

在费孝通的观察中,中国数千年农业立国的历史中,可见一个悠久传统,即男耕女织,农工相辅。农指农事,工指家庭手工业和副业。小农经济长期延续,土地的产出即便能维持温饱,却不足以支撑缴租、纳税和消费之用,需要家庭手工业和副业做补充。代代如此,渐成传统,也成为中国农村经济结构的突出特点。其功能就是维持并延续农村经济的长期稳定。

他用"牛郎织女"来比喻这个特点,牛郎就是农,织女就是工。农工相辅,是农民日子过得好一点的关键,也是费孝通认识、分析中国农村经济的基础框架。从早年到晚年,对这一框架的解说一直贯穿在费孝通的相关文章、演说、著述中。

随着东西方文化交流和碰撞,"中国人民已经进入了世界的共同体。西方的货物和思想已经到达了非常边远的村庄。西方列强的政治、经济压力是目前中国文化变迁的重要因素"[1]。

在开弦弓村,费孝通见证了文化变迁现场。"这种工农相辅的经济到了三十年代,碰到了外来的现代科技的打击,农村里陈旧落后的工业衰败下来了。我调查的江村,是个历史上丝绸纺织业很发达的地区,农村里家家户户养蚕缫丝,但是由于赶不上西方的科技,农民养的蚕,手工缫的丝,质量和数量都敌不过用科学方法和机器生产出来的'洋丝',我们传统的工业吃不消了,退化了,这一退,农村的经济就失调了,原来工农相辅的结构被破坏了,农民农村的经济就失调了,农民陷入了贫困。"[2]

这不是推理,是真切的事实,发生在中国乡村,摆在费孝通眼前。

一叶知秋。开弦弓村蚕丝业生产方式的改变,演绎着一个趋势。缫丝手段由手工变机器,家庭手工业劳作由农户变工厂,是一个普遍过程,不限于开弦弓村,也出现在其他村庄。工厂的设立不限于乡村,也出现在城市。费孝通当年曾读到《上海的蚕丝工业》(*The Silk Industry in Shanghai*),其中说,"近二十年来附近城市机缫丝业的发展很快"。在这

---

[1] 费孝通著,戴可景译:《江村经济》,江苏人民出版社1986年10月第1版,第6页。
[2] 费孝通:《我对中国农民生活的认识过程》,《费孝通文集》第10卷,群言出版社2001年12月第1版,第20页。

二 悲恸与振作:从瑶山到江村　　77

趋势中,乡村手工业陷于困境、破产,劳动力也被吸走了。农业人口流动到工厂,进入城市,为新兴工业添了动力,也带来新的问题。

费孝通在村里了解到,1935年,开弦弓村有32名女青年(16—25岁)去了无锡丝厂工作。他在村里住下的时候,震泽又开了一家丝厂,因地理近便,村里更多女青年去了这家工厂。到他做专题调查时,开弦弓村全村有16—25岁女青年106名,其中80%以上在村外的工厂或合作工厂工作。她们成了挣工资的人。

劳作地点在变,生产方式在变,生活方式在变,时间观念在变,价值标准在变……人们的社会关系相应地发生着有趣的变化。

费孝通在村里看到了新奇的生活细节。

"现在挣工资被看作一种特殊的优惠,因为它对家庭预算有直接的贡献。那些没有成年妇女的人家开始懊悔了。妇女在社会中的地位逐渐起了变化。例如,一个在村中工厂工作的女工因为下雨时丈夫忘记给她送伞,竟会公开责骂她的丈夫。这是很有意思的,因为这件小事指出了夫妻之间关系的变化。根据传统的观念,丈夫是不侍候妻子的,至少在大庭广众之下,他不能这样做。另外,丈夫不能毫无抗议或反击,便接受妻子的责备。"[1]

另一个例子有点极端。村里一位妇女,结婚一年后,去无锡务工,和厂里的一个工人恋爱、同居,被厂方开除。该女回到村里,自然引起非议,遭受很大羞辱。她的公婆最初拒绝收留她,但考虑到她有工作技能,可在本村丝厂为家里挣工资,后来打消了拒绝她回家的念头,在家里像过去一样对待她。她丈夫对此事采取听之任之的态度。

劳作环境变动引发了情变,情感变化受到传统的压制。事情如何了结,仍是传统做出裁决。裁决结果,是传统部分地接受了变迁现实。

开弦弓村的农民生活,为费孝通提供多方面的事实,增加他的知识,启发他的思考,积累他的研究素材。他发现:"强调传统力量与新的动力具有同等重要性是必要的,因为中国经济生活变迁的真正过程,既不是从西方社会制度直接转渡的过程,也不仅是传统的平衡受到了干扰而已。目前形势中所发生的问题是这两种力量相互作用的结果。……对任

---

[1] 费孝通著,戴可景译:《江村经济》,江苏人民出版社1986年10月第1版,第165页。

何一方面的低估都将曲解真实的情况。……正确地了解当前存在的以事实为依据的情况，将有助于引导这种变迁趋向于我们所期望的结果。"[1]

"引导这种变迁"，这是何等气度？费孝通的乐观和信心，其来有自。远有中国古训中的"天行健"，近有姐姐费达生在开弦弓复兴蚕丝业的十年成效。费达生和她的姐妹们是在"两种力量"之间做事情。对传统蚕丝业，她们借助现代科技成果加以改造，促其进化成现代产业。对把丝业吸入城市的大资本力量，她们则做出抵抗，力图把丝业留驻乡村，依然在农家门口为乡亲增益福利。这其中，有一份执念。这执念是，她们认定科技进步应该用来增加大众的幸福，不应该为少数人牟利而让多数人受苦。这是一点朴素认知，也合乎科学伦理。她们一做就是十年，做出了成效，引起了国内当局和国际同业关注。

费孝通用"三栏分析法"为他观察到的开弦弓村蚕丝业变迁做了图解[2]。其中，左栏是"促使变革的外界力量"，中栏是"变化的情况"，右栏是"承受变化的传统力量"。他在开弦弓村搜集到的丰富事实和案例资料，支撑起三个栏目，简明扼要地列举出：促进工业变迁的条件；变革的力量及其意图；当地对变革的支持；养蚕的改革计划；合作工厂；政府的支持；改革中的困难；对亲属关系的影响。一图在手，一目了然。

两年后，这个三栏分析图表出现在费孝通博士论文第十二章。导师马林诺夫斯基对论文做出了热情洋溢的极高评价，同时夸赞这一章说："我个人认为或许有关蚕丝业的这一章是本书最成功的一章。它向我们介绍了家庭企业如何有计划地变革成为合作工厂，以适应现代形势的需要。它证明，社会学需要研究社会工程的有关实际问题。它提出了一些附带的问题，我想这些问题将成为中国和其他地方的另一些研究的起点。"[3]

---

[1] 费孝通著，戴可景译：《江村经济》，江苏人民出版社1986年10月第1版，第1页。这段话结语中的"我们"一词，值得关注。对"我们"的构成、来处、心志、功能及社会定位若能有相当了解，必能对费孝通有深度理解。

[2] 参阅费孝通著《江村经济》第十二章。这一章被马林诺夫斯基评价为"本书最成功的一章"。

[3] [英] 马林诺夫斯基：《布·马林诺斯基序》，见《江村经济》，江苏人民出版社1986年10月第1版，"序"第5页。

## 三　文野鸿沟的跨越：从江村到伦敦

### （一）

农业劳作，四季是一个完整周期。费孝通这次开弦弓村调查，为期两个月，自然无法经历一个周期中农事、经济和社会活动的完整过程，但在以蚕桑为重要农事与经济活动内容的开弦弓村，这两个月中的生产和生活具有重要意义，其中"包括了一年中蚕丝业的最后阶段及农活的最初阶段"[1]，对观察了解他们的农耕生活具有相当的认识价值。

暑期将毕，这次调查告一段落。费孝通说，他在两个月里的见闻、记录、搜集的资料，加上相关人士的口述，以及他过去的经验和案例积累，使他可以确认，已拥有的开弦弓村经济生活和社会制度材料，可满足初步分析的要求。

费孝通将远赴英国留学，专修社会人类学。

1936年9月初，费孝通告别家乡，从上海搭乘外轮，负笈英伦。

费孝通说："我去英国，乘坐一艘意大利的邮轮'白公爵'，从上海到威尼斯航程要两个多星期。我在船上无事，趁我记忆犹新，把开弦弓村调查的资料整理成篇，并为该村提了个学名叫'江村'。到了英国，进入伦敦政治经济学院人类学系。"[2]

走出江村的费孝通，也将走出国门，进入学术殿堂高阶训练。江村的栅门距离国门如此之近，在他的具体经历中，在他的主观感受里，都是事实。家国情怀和学术追求，是驱动他漂洋过海的双轮。他在海轮上"整理成篇"的过程中，江村农民生活的场景，历历在目。在大脑屏幕

---

[1] 费孝通著，戴可景译：《江村经济》，江苏人民出版社1986年10月第1版，第19页。
[2] 同上书，"著者前言"第1页。本书中的"开弦弓"村名，从此处开始，随费孝通命名的学名改称"江村"。

上还原见闻，复现文字篇目、字行，有如目睹，可以盯着图像，思索，修改，而且常做"若把目光放大一些"的尝试，看到更多景物，引发更多思绪，这是费孝通大脑活动的一项特异功能，直到晚年，一如既往。

江村渐远的动态版图上，周边地区渐次聚来，由一村而一乡、一县、一省、一国。观而感，感而发。费孝通登"白公爵"启程之前，写出过如下文字：

> 在江苏南部，浙江北部，太湖流域一带的农民，除了饭米之外的一切开支，是大部分倚于蚕丝业的收获。虽说农村中重要的职业是耕地，但是耕地所得，免去了畸重的赋税以外，在丰年，只够一家人的饭米而已；收成不好的年头，连饭米还无着。但是什么东西维持着农民的生活呢？在江浙是蚕丝。若蚕丝是一条绝路，同时又没有继起的副业，江浙的农民将靠什么来生活？生活不了时，会引起什么样的扰动？这种扰动对于中国整个的运命，会有什么影响？这些问题，决不是杞人忧天之类，若不及早预防，迟早会逼到我们头上来的。[1]

这是费孝通告别故乡时的隐忧，但他并不悲观。江村有费达生，有小工厂，度过了扰动，恢复了平衡，说明有希望，可预防，应该也可适用于更广大地区。前路因此有两种可能，用他的原话说："不是工厂继续倒闭，市价继续狂跌，丝业整个停顿，农民发生扰动，就是我们创一条簇新的大道。在这道上复兴我们的丝业，繁荣我们的农村，把淘汰减止的运命交付我们的仇敌去承当。……救中国，救中国，这才是应当着手的具体救中国的一端。"[2]

江村农民的命运，连接着国运。"白公爵"的水路，连接着费孝通从江村到伦敦政治经济学院的求学路。江村调查及其发现，连接着中国社会人类学的发端和国际社会人类学的中心讲坛。

从燕园的社会学，到清华园的体质人类学，再到伦敦政治经济学院

---

[1] 费孝通：《复兴丝业的先声》，《费孝通文集》，群言出版社1999年10月第1版，第237页。
[2] 同上书，第239页。

的社会人类学，费孝通走了六年。六年里，一直是吴文藻领着他，一步步登堂入室，接受上乘学术训练。这是他确定人生志向后、出国前的个人求学史，背景是中国社会学的早期历史。

吴文藻属于中国第一代社会学家。他在哥伦比亚大学攻读博士学位期间，荣获校方"最近十年内最优秀的外国留学生"称誉。在燕园指导费孝通学业时，他告诉费孝通：社会学一定要走上人类学的道路。这是他看准了的"社会学中国化"必由之路。他请派克教授到校讲学，鼓励同学们进入田野，设法把费孝通送到史禄国门下，斡旋促成费孝通的瑶山调查，鼓励他在心殇中编写花篮瑶调查报告……无不是在为中国社会人类学培养好苗子，为"救中国，救中国"储备、开发智力资源。

为费孝通就读伦敦政治经济学院能得顶尖名师指导，吴文藻又一次出马。

伦敦政治经济学院是伦敦大学机构成员之一。伦敦大学组建于1836年，费孝通到校前后，正逢建校百周年。他注册为该校哲学博士学位待位生。此时，吴文藻到了美国，代表燕京大学参加哈佛大学建校三百周年庆典活动。伦敦政治经济学院的大师级人类学家马林诺夫斯基也在美国参加同一活动。

天赐良机，促成费孝通受业于这位名师，条件无法再好。吴文藻同马林诺夫斯基会面时，带在身边的一份文件对彼此之间很快建立信任、顺利沟通、形成共识，起到了关键作用。

这份文件是关于在中国开展"社区研究"计划的一个文本，其中包括费孝通已在推进中的研究课题。

对马林诺夫斯基来说，费孝通的名字是陌生的，这份计划书则使他感到熟悉，引起了他的兴趣。费孝通说，原因主要是两个，一是"这个计划深得洛氏基金会的赞许"，而马林诺夫斯基"一直是洛氏基金会培养的人物，他的学生们在非洲进行的调查大部分就是洛氏基金会给的钱"[1]。同受洛氏基金资助的学者，会有同道的亲切感和交流兴趣，尤其是吴文藻来自马林诺夫斯基一向抱有好感和期待的中国。二是这个计划

---

〔1〕 费孝通：《留英记》，《芳草天涯——费孝通外访杂文选集》，苏州大学出版社1994年12月第1版，第35页。

在学术方向、理论观点、研究方法诸方面都和马林诺夫斯基的主张与期望不约而同,不谋而合。多少夸张点说,马林诺夫斯基或许可从中看到他预感、期盼中的社会人类学下一阶段的方向和重点。

依照伦敦政治经济学院惯例,有新生注册进入某学系、确定修习专业后,注册科会介绍该新生去找一位负责人,由这位负责人给新生指定一位业师。[1]这位业师负有指导学生学程课业、直到取得学位的责任。

对一位新生,通常由一位讲师或是高级讲师负责指导。指导责任确定后,师生之间就具备了学术上的师承关系。费孝通说,有点类似于中国的师徒制度。既如此,是否认作徒弟,主要看师傅的意愿。新生注册后,学系依惯例指定的业师若对分派到门下的新生不满意,可以要求学系调换其他同人来做该生业师。另一种情况是,如果某位高级讲师指导的学生学业优异,大可造就,被某位教授看中,也可做出调整,学生改换门庭,教授得英才而育之。

马林诺夫斯基因吴文藻带给他的学术信息而兴奋,他表达心情说:"当我接待了燕京大学杰出的中国社会学家吴文藻教授来访,感到极大的欣慰,从他那里得知,中国社会学界已独立自发地组织起一场对文化变迁和应用人类学的真正问题进行学术上的攻关。这一攻关表达了我梦寐以求的愿望。"

此时,费孝通已在伦敦政治经济学院履行过注册入学手续。系里为他指定的业师是雷蒙德·弗思(R.Firth)博士[2]。当时,弗思博士希望了解费孝通入学前的学历。费孝通讲了燕园和清华园的求知经历,又讲了瑶山调查和江村调查经过。弗思了解情况后,又经过几次交谈,他为费孝通确定了论文题目:《中国农民生活》。瑶山调查和江村调查两份素材中,他显然更看重后者。

费孝通开学一个多月的时候,马林诺夫斯基从美国回到伦敦政治经

---

[1] 中国大陆的一般习惯中,通常称呼此处所说的业师为"导师"。费孝通选用"业师"一词,是因为英国的导师制(Tutorial system)有其专门含义。导师制实行于大学本科,本科生的老师即导师,称Tutor。在类似于中国大陆所谓研究生的学习阶段,负责指导学生论文写作的老师,则称Director。汉语环境中,"业师"利于表示出Director的实质性含义及其与导师制的区别。
[2] 雷蒙德·弗思,时任伦敦政治经济学院人类学系高级讲师。费孝通曾翻译其著作《文化类型》,在"译者的话"中介绍说,"弗思出生于新西兰的奥克兰市。在该市的大学毕业后,到伦院师从B.马林诺夫斯基教授攻读社会人类学,是这位教授手上第一个得博士学位的门生"。

三 文野鸿沟的跨越:从江村到伦敦　　83

济学院。几天后,他约费孝通喝茶,询问到校后的情况。得知弗思已为他确定了论文题目,马林诺夫斯基随手拿起电话,接通弗思,简单明确地表示:今后费孝通归我指导。

这位名师,从自己学生手里抢过来了另一个学生。他看到了人类学功能学派的学术思想和研究方法经由中国学者传播到东方世界的前景。费孝通可能会把他的梦想变成现实。

(二)

费孝通在伦敦政治经济学院读书期间,课堂主要是马林诺夫斯基每周五下午主持的"席明纳"[1]。导师特殊的授业、解惑、传道方式给他以深远影响。

费孝通说:"席明纳是欧洲传统的一种教学组织,也是一种教学方法,在欧洲各大学指导高年级学生时常被采用。英国大学里教师们怎样去教他们的功课,完全由他们自己做主,他们愿意怎样教就怎样教,很有点八仙过海各显神通的味道。以我自己接触到的来说,大家熟悉的罗素也在伦敦经济政治学院开过课,他是登台念讲稿,一字不漏,讲完一个课程就出一本书。……马林诺夫斯基不喜登台讲课而善于搞席明纳,当然搞席明纳的不止他一人,但是他的席明纳有它的特点,而且在伦敦经济政治学院相当有名,在人类学界当时也是为大家所推崇的。"[2]

席明纳只是教学形式,内容上,马林诺夫斯基确定的主题名称是Anthropology Today。这一主题的原文,通常可依字面意思译为"今天的人类学"。费孝通说,他在有关场合一般也用这个说法,但他更喜欢在理解导师的寄托上去体察这个名称,比如"人类学的前沿"或是"赶上时代的人类学"。

马林诺夫斯基1884年生于波兰克拉科夫市。这座城市以历史名城和文化中心著称,有众多中世纪建筑,城中的亚盖隆大学是中欧最古老

---

[1] "席明纳"是英文词seminar的音译。费孝通认为,seminar简单地可以译作"讨论会",但是"讨论会"这个名称还传达不出它的精神,所以采用音译名词,以求保持其本意。

[2] 费孝通:《留英记》,《芳草天涯——费孝通外访杂文选集》,苏州大学出版社1994年12月第1版,第30—31页。

的大学之一。他父亲曾任亚盖隆大学斯拉夫语文学教授,母亲是语言学家。1908年,马林诺夫斯基在亚盖隆大学取得博士学位。他偶然读了人类学早期经典著作《金枝》(1890),受到强烈吸引,为求深造,先后留学德国和英国。1910年入读伦敦政治经济学院,专修人类学,1916年获得该院科学博士学位。

"之后,他转移到特洛布里恩德群岛附近工作两年,住帐篷,生活在人民中,说着流利的土语,在安排好的访问时间和工作现场,无拘无束地记录各种材料。他能够对社会制度提出一幅生动的图画,清楚地把理想规范同真正的行为加以区分。他还搜罗了特洛布里恩德群岛上的资料,提出社会人类学发展中具有重要意义的理论性命题。"[1]

马林诺夫斯基在特洛布里恩德群岛做调查期间,正值世界"一战",他不能自由离开当地。反而意外得到机会,能长期观察、记录土著生活实况,因此发展了较为深入的调查方法,充实了他的功能主义理论。大战结束后,他回到英国,以丰富的第一手资料出版专著《西太平洋上的航海者》(1922),一举成名。

费孝通说:"马林诺夫斯基在英国学术界一帆风顺地取得了很高的地位,这是很少有前例的。英国人对外籍学者的偏见极深,他作为一个波兰人,虽则后来入了英国籍,而能一跃被选为教授,在英国学术界是少有的(英国各大学中设立社会人类学教授的讲座是从他开始的)。不仅如此,他在伦敦经济政治学院培养了不少门生,一个个都成为各大学人类学系的台柱,而且受到英国殖民部和美国洛氏基金会的直接支持,每年掌握着大笔调查经费,调度大批的调查工作者,到非洲各地进行研究。不到十年,功能学派的声势压倒了人类学里任何其他的派别。"[2]

《金枝》作者弗雷泽爵士为《西太平洋上的航海者》作序,说马林诺夫斯基"为我们呈现的卓越的人类学研究记录增色","没有翻译的介入,通过这种方式,他积累了大量具有很高科学价值的材料"。[3] 后辈人

---

[1] 中国大百科全书出版社《简明不列颠百科全书》编辑部译编:《简明不列颠百科全书》(5),中国大百科全书出版社1986年1月第1版,第621页。
[2] 费孝通:《留英记》,《芳草天涯——费孝通外访杂文选集》,苏州大学出版社1994年12月第1版,第18—19页。
[3] [英]弗雷泽:《西太平洋上的航海者·序》,见[英]马林诺夫斯基:《西太平洋上的航海者——美拉尼西亚新几内亚群岛土著人之事业及冒险活动的报告》,商务印书馆2017年3月第1版,"序"第1—2页。

类学者有人称马林诺夫斯基"从功能主义的角度提问题,成为二十世纪人类学学术常识的一部分"[1]。事实上,从功能主义角度提问题,设置议题,寻找解决方案,也成为费孝通后来治学济世的一大特点。

1927年,伦敦大学首设社会人类学讲席,马林诺夫斯基开坛讲学。他对学科发展有实践,有思考,有寄托,把讲座内容和学科前沿作直通连接。以"今天的人类学"做主题的席明纳,就是其成功尝试之一。

借助这个席明纳的话题,马林诺夫斯基保持着对社会人类学发展动态的同步了解和思考,也带动各地前往参加席明纳的同人一起讨论,推动思考。每个学年,这个席明纳都会新设讨论题目。费孝通在读两年学程中,前后讨论过"文化表格"和"三项法"等题目。

"文化表格"是马林诺夫斯基为人类学者准备的田野工作指导性参考表格。该表格涉及问题有:文化是什么?文化包括些什么?文化是怎样发生的?文化各部分间有什么关系?观察文化的范围是什么?要达到什么目的?等等。在纵横划成的许多格子里,罗列出许多要求调查者进行实地观察的项目。研究者可依表格进行有效的田野调查。

"三项法"是马林诺夫斯基提出的分析文化动态的方法。在非洲东部和南部若干英国殖民地,他观察原有文化和外来文化碰头时的情况,列出可同时看到的三种形态:1. 尚未被惊动的非洲;2. 和欧洲合二为一的非洲;3. 已经变成欧洲的非洲。这三种形态,分别对应于:1. 真正的非洲人地区;2. 正在变动的地区;3. 占优势的欧洲人地区。这一格局是"三项法"的来源。

伦敦政治经济学院有马林诺夫斯基工作室,是个大房间,门上标着主人的名字。费孝通说,室内满墙、满桌甚至满地都是书籍、杂志、文稿。式样不同的沙发、板凳、靠椅,穿插在书籍、杂志和文稿缝隙中,随处摆放。每周五下午(假期除外),马林诺夫斯基的朋友、同事、学生等,就会陆续会集到这所房间里来,其中有来自不同国度的人类学家,有他的毕业多年的老徒弟,也有刚刚注册入读的新学生,饶有兴致地参加马林诺夫斯基主持的席明纳。

---

[1] [美]乔治·E. 马尔库斯、米开尔·M. J. 费彻尔著,王铭铭、蓝达居译:《作为文化批评的人类学》,生活·读书·新知三联书店1998年3月第1版,第50页。

这些人中，绝大部分是自动前往，有的则是马林诺夫斯基特意邀约到场。凡是希望和他谈学术的朋友、同事，这时候尽可放谈。他教过的分散在外的弟子，无论远近，到了伦敦，也总想届时到场拜访老师。大家的目的，是在这里能闻到人类学的新鲜气息，听到人类学田野里的新进展。他们都相信，"今天的人类学"讨论中，一定会有最新的东西出现。

马林诺夫斯基确有汇聚学术风云之力。他主持讨论的话题，书本里还没有写，课堂上还没有讲，一般人类学者还缺少见闻，多是刚刚在田野里发生不久的事实所引发。从各个实地调查现场聚来的学者，带来新观察、新发现、新问题，说事实，列数据，谈心得，提出困惑。经过一番自由讨论，得信息，受启发，也被鼓舞。大家乘兴而来，尽兴而归，小别一周，下回再叙。费孝通说，"今天的人类学"成了人类学者趋之若鹜的一处胜地。

席明纳上，发言和讨论过程中，马林诺夫斯基说话并不多。他随时插话，就发言人正在说的内容提出问题，把握方向，引导思路，推进并深化讨论。他不喜欢讲空洞理论，也要求所有人都围绕调查到的事实说话，不空谈。听到高兴处，他会插上一段话。这样的插话就是众人希望、珍视的"指导"了。

费孝通认为："这些指点固然是很重要的，但是更重要的是在善于组织别人互相启发，互相辩论，他自己也就在这里学习。给人印象最深的是在示范地表演出一个人怎样去分析问题，怎样去发展自己的思想。已经解决了的问题在他的席明纳里是没有地位的。在争论新问题的过程中，他用自己的思索，带动学生们的思索。这一点是使学生们最佩服他的地方。也就是通过这个办法，他把立场、观点灌输给了学生。"[1]

（三）

马林诺夫斯基的席明纳名声在外，每次讨论，来者众多，房间虽

---

[1] 费孝通：《留英记》，《芳草天涯——费孝通外访杂文选集》，苏州大学出版社1994年12月第1版，第40页。

大,仍显拥挤,座位也紧张。他作为主持人,有固定座位,其他人随机就座。

费孝通第一次见到马林诺夫斯基,就在这间屋里。

室内没有"请勿吸烟"的告示,年轻人大多躲在角落里,边听讲,边抽烟。抽的人多了,时间长了,屋子里不免烟雾腾腾。马林诺夫斯基最是怕风,不许开窗。结果,参加席明纳的人们既被人类学的新鲜气息所感染,也被缭绕身边的烟雾所熏染。费孝通说,席明纳室内的烟雾之浓,常常可以和窗外著名的伦敦雾相媲美。

在这个房间里,费孝通刚开始听讲的时候,也有躲在墙角里抽烟的经历。他回忆说:"我最初参加这种场合,真是连话都听不懂。听不懂的原因有二:一是这里的人虽都是在说英文,但是来自世界各地,澳洲的、加拿大的、美国的、欧洲大陆之外,还有亚洲的、非洲的,口音各有不同,而且在席明纳里都是即兴发言,不是文言,而是土话。其次是材料具体,富有地域性,地理不熟,人类学知识不足,常常会听得不知所云。我们这些小伙子就躲在墙角里喷烟,喷喷就慢慢喷得懂了一些,也觉得它的味道不薄了。"[1]

费孝通正式受业于马林诺夫斯基不久,吴文藻因得到洛氏基金会游学教授奖金的支持,借游学欧美多国的机会,也到了伦敦。这次访问,时间充裕,马林诺夫斯基和吴文藻做"多月相聚"[2],相互交流中,他更充分地了解了中国学界社区研究、实地调查的前沿动态。

1936年年底,吴文藻将别伦敦,饯行席间,马林诺夫斯基为纪念这次相聚,"即席出《文化论》初稿相赠,举杯作不忘约",费孝通作为"译者忝座席末,承翻译之责"。[3]

拜师不久,就有机会翻译导师著作,费孝通自觉荣幸。

这份《文化论》初稿,是马林诺夫斯基在席明纳讲解文化表格的理论说明,是一份打印文稿。费孝通知道,马林诺夫斯基"对发表社会人

---

[1] 费孝通:《留英记》,《芳草天涯——费孝通外访杂文选集》,苏州大学出版社1994年12月第1版,第33页。
[2] [英]马林诺夫斯基著,费孝通等译:《文化论》,中国民间文艺出版社1987年2月第1版,"译序"第1页。
[3] 同上。

类学理论性的著作是十分慎重的"。"他对自己的每一本书稿总是要经过反复修改后才送出去出版"。[1]

晚年费孝通读到过经后人整理出版的马林诺夫斯基遗著 Scientific Theory of Culture。他对照自己当年翻译的《文化论》初稿，发现内容并不相同。他推测，那份初稿后来曾跟着马林诺夫斯基到了美国，"几经修改重写，在他离世时还作为未定稿堆积在桌上或地板上"[2]。

马林诺夫斯基慨然破例，把自认不成熟的初稿赠给吴文藻和费孝通，委托他们译成汉语在中国出版，可见他对中国的社会人类学发展"期待特甚"，也可见他对吴文藻"引为莫逆"的热诚，对费孝通的栽培心意。

费孝通意识到了马林诺夫斯基这番热诚的学术背景和学科背景。

当年，马林诺夫斯基在人类学界独步一时，他的门徒分布在各大洲，中国却是空白。费孝通听他说过：比较文化论不能缺了中国，正如世界文化之大成不能缺少中国。

费孝通说，这位导师祖籍波兰，喜欢称自己是东方人，对东方悠久的文化渊源有很高期待。结识吴文藻后，得知中国社会学界本着和他相近、相通的学术观念，实地研究中国文化，他非常兴奋，立即组织座谈会，邀集门下学生，请吴文藻做主导，研讨中国文化的研究方法问题。

马林诺夫斯基看到了他熟习的研究方法适应更广泛地区文化研究的可能性和现实性。

费孝通开始翻译《文化论》。1936年寒假，1937年暑假，费孝通都有译事记录，都是"乘假期旅德之暇"而作。寒假中，"寄寓柏林博物馆隔岸之铜坟街，与黑格尔之旧宅相邻"[3]。暑假里，他和留学德国的二哥费青一起在巴登湖度假。马林诺夫斯基"特允先行汉译，以飨我华读者"的心意，费孝通深有领悟，"知其必有寓意也"。他希望中国读者早些看到，采取随译随寄的方式，供天津《益世报》的"社会研究"周刊

---

[1] 费孝通：《从马林诺夫斯基老师学习文化论》，见《从实求知录》，北京大学出版社1998年6月第1版，第306页、305页。
[2] 同上书，第307页。
[3] [英]马林诺夫斯基著，费孝通等译：《文化论》，中国民间文艺出版社1987年2月第1版，"译序"第3页。

陆续发表。后因抗战爆发，该刊停办，译事中止。

"文化表格"及其理论，是马林诺夫斯基根据自己1914年到1918年在特洛布里恩德群岛参与和观察土著生活所见事实中形成的。费孝通说，马林诺夫斯基描述的情况，说明当地是一个人口稀少、和外界相当隔绝的社会，土著经营着人类的初期农业。读着他的描述文字，中国知识分子很容易联想到《桃花源记》中的场景。土地平旷，屋舍俨然，有良田、美池、桑竹之属。阡陌交通，鸡犬相闻。其中往来种作……黄发垂髫，怡然自乐……特洛布里恩德群岛那里，同样洋溢着和平而充满人性温馨的世俗生活气息。

在费孝通看来，马林诺夫斯基的功能主义理论，出自对这类静态文化的分析。

1937年暑期，马林诺夫斯基在非洲之行中进入另一世界，置身于一个正在发生文化巨变的大陆。他在描述见闻和感受时说："你在尼罗河上游接触到黑非洲的最初一瞬时，看到了尚未受到欧洲丝毫影响的旧式圆形的村落，土人穿着他们老式的衣服——或者光着身子——来往在以牛棚为中心的周围，每个聚居点明显的孤立状态，呈现出几乎与世隔绝的一片沼泽……当飞机掠过尼罗人和班图人的边界，很明显的我们正进入一个变化中的非洲。在Baganda人中，一座座新造的、方形的、按欧洲式建筑的房屋，即使在天空里向下看，也能见到土人们的服式和装饰品都带着曼彻斯特和伯明翰的味道。道路和教堂，汽车和卡车宣示了我们已进入了一个变动中的世界，两个不同的因素正在合在一起产生着一种新型的文化……"[1]

---

[1] 这一段引文出自1945年4月美国耶鲁大学出版社出版的马林诺夫斯基遗著 The Dynamics of Culture Change: An Inquiry into Race Relations in Africa, Yale University Press, 第9页。费孝通在该书初版五十年后见到其复制本时，尚未见到汉译本。他读了原著，谈到书名时说："书名直译应该是《文化变迁的动力学——非洲种族关系的探讨》，我自作主张简称《文化动态论》，用意是想略去马老师对三十年代非洲诸民族在殖民主义下受到摧残土人生活的具体叙述和分析。因为经过了半个多世纪，非洲民族情况已有很大的变动，对我们主要只有历史意义，……这里不妨直接从这段历史的教训入手来谈谈当今我们这些社会人类学者应当怎样去延伸和发展马老师所提出的有关文化动态论的一些重要观点，来开拓我们这门学科的前景。"作为北京大学教授，费孝通参加北京大学百年校庆国际学术系列讲座"二十一世纪：文化自觉与跨文化对话"（1998.6.15-6.28）时，提供的讲稿是《读马老师遗著〈文化动态论〉书后》一文。文中有他直接从马林诺夫斯基这本原著中译出的片段，系本注引文的来源。该文收入《费孝通文集》第14卷（第343—370页）。

马林诺夫斯基以"今天的人类学"做其席明纳主题，他既要借此把同道聚集在"人类学的前沿"，也在驱策自己时时保持"赶上时代"的状态。要确保"今天的人类学"货真价实，前提是确保时刻关注当下人类生活现实及其变动，做出同步观察、记录和讨论。

当年的"今天"，对特洛布里恩德群岛土著居民的关注，使马林诺夫斯基赶上了从书斋转向田野的时代，得风气之先。反映在其席明纳里，是"文化表格"和功能学派理论的产生和发展。

当下的"今天"，对非洲大陆文化变迁格局的关注，又使他赶上了从静态分析转向动态分析的时代，是又一次开风气之举。反映在其席明纳里，是"三项法"及其行将导出的"文化变迁的动力学"理论。

目睹非洲大陆文化变迁现实，马林诺夫斯基受到震动，引发他对自己多半生人类学研究的反思。费孝通被老师的"深切反思"打动，写下这样的观感：

> 他联系到自己在西太平洋岛上土人中的研究工作做出了出于内心的自我批评："现时一个人类学者在 Trobriand 岛上面临的现实并不是没有受到欧洲影响的土人，而是在一定程度上已被欧洲影响改造过的土人。"他对照自己在过去十多年中已经发表的调查报告，看到了自己还是把这些土人视为保持着原有文化的"野蛮人"，而实际上他们当前已进入了应当称之为"殖民地文化"的时期了。他痛心地表白"这恐怕是我在美拉尼西亚人类学全部研究中最严重的缺点"(most serious shortcoming)。他所用自责之词是十分沉重的。[1]

理解了马林诺夫斯基自责的沉重，便可推知他见到费孝通江村调查资料时的欣喜，也可以理解他为这位中国门生论文出版作序时表达的推崇乃至"嫉妒"。

费孝通的江村调查，天然地避免了马林诺夫斯基所说的"缺点"。

---

[1] 费孝通：《读马老师遗著〈文化动态论〉书后》，《费孝通文集》第14卷，群言出版社1999年10月第1版，第352页。

调查者把自己放进文明社会的田野,同时保持了科学研究者应有的客观眼光。多年后,费孝通说:"人类学以往是门'研究野蛮人的科学',很少能用同样的客观态度去研究文明社会;即使去研究,也多限于已失时效的风俗习惯而已。而且一说到自己的文化,客观的精神也就很难保持了。"[1]

马林诺夫斯基的"嫉妒",是艳羡和赞叹的代名词。

费孝通的江村调查成果及其意义,符合马林诺夫斯基对社会人类学学科进化方向的判断和设想。在一定意义上,这项成果是师徒两人的合作,是社会人类学两代代表人物的合作。老师规划、设定了方向,学生完成了实施过程和技术操作。

费孝通站在"文野之别"临界点上,不无懵懂地被吴文藻推进伦敦政治经济学院,马林诺夫斯基接续一推。得到足够的推力,费孝通不期然而然地越过"文野之别",走到了学科前沿。用他自己的话说,这是"无心插柳"。

## (四)

费孝通留学英伦时,须自己解决住宿问题。他记得,当年街区每个街道角上的杂货店里,会有个小广告板,上面标示附近出租的各类房屋。租期自选,住几天无妨,住几年更好,长短由人。房东一般是工人和小职员家庭,属于"下层的中产阶级"。

费孝通印象中,在种族观念较明显的英国社会,这个阶层在种族歧视上成见不深。一旦接触到平等待人的房客,无论国籍和种族,隐隐的成见很容易化解,还会交上朋友。那时有些房东特别欢迎中国学生,因为中国学生人情味儿浓,善处关系,平时赠些物品,很能讨房东欢心。

马林诺夫斯基得知费孝通也是这样租房子住,便要求他迁移住处,改变日常生活环境。他特意为费孝通选了一个文化艺术家的聚居区,在下栖道。该区有他一个朋友,中年女性,她父亲是一位人类学家,写过

---

[1] 费孝通:《美国人的性格》,《费孝通文集》第5卷,群言出版社1999年10月第1版,第41页。

出名的著作。丈夫曾是陆军军官,在一战前线阵亡,她因此有丰厚的抚恤金,没有出租房屋的经济需要,但喜欢交往文化人。尼赫鲁的女儿在英国留学时,也曾得到她的照顾。费孝通说,马林诺夫斯基介绍他到这位夫人家去住,用意是让他接触到中上层社会,"感染一些英国统治阶级的气息"。

这位夫人出生于学者家庭,有明显的文化优越感,又受了马林诺夫斯基之托,对费孝通督责很严,有意识地引导这个中国学生"英国化"。她请客时,费孝通须像家人一样参与其间。有朋友到家中喝茶,她要求费孝通侍座在旁。费孝通生性不大喜欢这一套东西,在这类场合总感到不自在,甚至别扭,心有抵触。一次,她邀请费孝通随她去娘家的一套乡间别墅,费孝通听说那里吃晚饭要换晚礼服。他既无这种礼服,又不情不愿,便临时托故不去,惹得这位夫人很不高兴,觉得朽木难雕。

在费孝通这边,每周要交付的费用是两个几内(折合两英镑又两先令),比一般"寄寓"房租高出四倍,这还不算"房租",因为他是马林诺夫斯基介绍的,受到优待,吃住无须花钱,他交的只是管家酬劳费用。

受朋友之托,这位夫人对费孝通已足够厚待,但在费孝通本人,却感到负担较重。当时清华公费留学生每月一百美元,学费书费生活费都在内。这样住下去,精神上不舒展,经济上不宽裕,很难长此以往。国内卢沟桥事变发生后,费孝通托词经济上可能发生问题,在不失礼貌的情况下,得以辞却昂贵住处,回到普通寄寓环境,回归平民生活。

他不喜欢住在那位夫人家里,却喜欢去马林诺夫斯基家。老师家里有宜人的学术气氛,有老师研究和写作的工作现场,有马林诺夫斯基谈笑风生,偶尔大发雷霆,还有师徒二人之间慢慢滋生出来的近乎家人般的亲情。

费孝通说:"每次讨论班之后我们常去他家里。他是单身,妻子已去世。所以我们去他的厨房里给他做点吃的。这可怜的老人。我和他很亲切,不拘礼节。他有时称自己是我的'叔叔'。他相当幽默。……他用汉字在这些书上签名。马、马、马……他学会写这个字!"[1]

---

[1] [美]巴博德:《经历·见解·反思——费孝通教授答客问》,见《从实求知录》,北京大学出版社1998年6月第1版,第452页。

马林诺夫斯基指导学生学习的主要场合，是在席明纳。一般情况下，伦敦政治经济学院人类学系的学生都可以到场听取和参与讨论。他们都知道，这位老师"总是听着。他是奇才。他有值得夸耀的头脑，敏捷的反应，他领会得深刻。他说的很少，但总能说到点子上。他立论明确。通过参加这种讨论会，你能学会怎样探讨问题，怎样分析，怎样阐述。"[1]

席明纳之外，马林诺夫斯基直接指导攻读学位的学生，还有机会到他家里去，参与到他的著述过程中。这是一种特殊的授徒方式。

马林诺夫斯基家的书房里，比他在系里开设席明纳的工作室还乱。桌子上堆满，地板上东一沓西一沓，难以插足，却不能乱动。他眼睛高度近视，阅读和书写都很吃力，因此形成了自己口述、他人记录、后期修改的著述方法。他的秘书和学生有义务为他念这类稿子，他闭着眼听，听到想说的地方就说，记录下来，就是修改意见，让学生现场看他的修改过程。

他要写的题目多，会同时开始写好几本稿纸，常常是这一本念上一段，做些修改，又拿起另一本念念，补上一节。昨天改过的稿子，今天又改，明天再改。许多稿本就这么日复一日改来改去，到他去世还没有定稿。

费孝通记录了切身体验。"在旁听他怎样修改自己的著作，对一个学生是很有好处的。普通我们读的书，都是成品，从成品看不到制造的过程，而一项手艺的巧妙之处就在制造过程里。成品可以欣赏，却难于学习，但是谁有机会看到一个学者创造思想成品的过程呢？……席明纳是创造思想成品的一个步骤，单靠这个步骤还不是完成品。'登堂入室'又看到了这个过程的另一工序。他有时也要征求学生的意见，这样说成不成，那样说好不好，一字一句全不放松。"[2]

经常有朋友找马林诺夫斯基讨论学术问题。每当此时，他会考虑，这次的话题，哪个学生听了会有益处。一旦确定，他会打电话把学生叫

---

[1] [美]巴博德：《经历·见解·反思——费孝通教授答客问》，《从实求知录》，北京大学出版社1998年6月第1版，第450—451页。
[2] 费孝通：《留英记》，《芳草天涯——费孝通外访杂文选集》，苏州大学出版社1994年12月第1版，第41页。

过去旁听。

某次,他和一位波兰学者谈话,嘱费孝通过去旁听。两人谈到兴奋处,他已忽略了身旁的中国学生,大讲其波兰话。即便如此,他也确认听不懂交谈内容的情况下仍可受益。他曾对费孝通说过,学术这个东西,是浸在空气里的,不是只用脑筋来记的。话听不懂,闻闻气味也有好处,也是一种必要的熏陶。

对费孝通的指导,马林诺夫斯基就用他自己的方式,从来不指定费孝通要念的书,那是学生自己的事,他不做干涉。他假定学生已经知道了应有的书本知识,也从来不考问。但追问某人在调查中对事实的观察和发现时,他一点也不放松,不饶人,有时甚至会因生气大为光火。即便对另眼相看的费孝通,他呵责起来也不留情面。

马林诺夫斯基的席明纳卧虎藏龙,出过英国"各大学人类学系的台柱",出过费孝通这样享誉世界的东方学者,也出过非洲肯尼亚共和国首任总统肯尼雅塔这样卓越的政治家。在伦敦政治经济学院的同学中,肯尼雅塔是个使费孝通感到亲切的兄长。

费孝通有深刻记忆,他第一次走进马林诺夫斯基的席明纳那天,肯尼雅塔是同学中第一个和他握手的人。他进门时,屋里已坐满了人,他看到了场地中间沙发里坐着的导师,世界闻名的人类学家,戴着深度近视眼镜,面貌清癯。费孝通悄悄在墙角处找到一个座位,马林诺夫斯基的目光立刻扫到他身上。"这是从中国来的年轻人。"

所有人都听到了老师的大声介绍。费孝通记得,"话犹未息,我身旁有一只巨大、有力、黑皮肤的手紧紧地把我握住,一股热情直传到我心头。抬眼一看:是个古铜色的脸,下巴长着一撮胡子,目光炯炯,满面笑容,端庄纯朴,浑重真挚。耳边听到轻轻的声音说,'我叫肯尼雅塔。'这是我平生第一次和非洲的黑人兄弟握手。偶然的接触,留下了终生难忘的印象。我也不明白是什么把我们这两个分别来自相隔万里的亚非两洲的人在感情上结合到了一起。从此,我们在课间休息时就常常同到学校附近霍尔本地下茶室去饮茶聊天"[1]。

---

[1] 费孝通:《缅怀肯尼雅塔》,《杂写甲集》,天津人民出版社1982年10月第1版,第83页。

肯尼雅塔生于1891年[1]，长费孝通近二十岁。他俩相处得像兄弟。费孝通说他喜欢这位兄长，他体格魁伟，看上去像是一尊雕像。他们时有畅谈，上下古今无所限制，唯独不涉及个人身世。当时肯尼雅塔的真实身份也不宜公开。1930年费孝通转学到燕园时，他已参加国际工人运动，在《泰晤士报》发表政见。到他们在席明纳见面，肯尼雅塔已两次访问苏联，并在柏林从事地下工作，逃出纳粹虎口，到伦敦政治经济学院来"上学"，其实他已是相当成熟的国际型政治活动家了。

费孝通有遗憾——"像我这样一个没有政治经验的书生"，没有"一眼就能识破他当时正在帝国的心脏干着为它掘墓的工作"。[2]好在他学成返国之前，读到了肯尼雅塔在伦敦出版的《面对肯尼亚山》，内心遗憾略减。费孝通说："我很爱读这本书。……这本书里跳跃着的那颗热爱祖国，热爱民族的心。我为他那股斥责殖民者伪善的劲叫好。我当时没有察觉的是，他不仅是个文笔生动的作家，而且还是个久经锻炼的实干家。就在他和我们一起讨论学术问题的同时，他更大的精力，更多的时间是花在为非洲被压迫民族争取和平自由的斗争中。"[3]

费孝通发现，马林诺夫斯基对肯尼雅塔心怀厚爱。他们师生之间存在着内心契洽。教授对肯尼雅塔的亲切和悦，流露出的器重和钦佩，无不让费孝通感动。马林诺夫斯基高度赏识这位非洲同学特具的品质，相信他将在人类历史中扮演应有的角色。

这些课堂之外的、非学术的观察和体验，加深了费孝通对马林诺夫斯基学术工作价值和意义的理解。他设身处地去想，老师正因为亲自感受过民族被分裂、亲友受欺压的痛苦，才有对肯尼雅塔那种由衷的深情厚谊。这种情谊，费孝通感受的强烈程度超乎寻常，也正是因为北平卢沟桥事变之后，他的家乡和故国正蒙受着日军侵略。

马林诺夫斯基席明纳的空气里，岂是只有学术？驱使着这位世界知

---

[1] 费孝通在肯尼雅塔逝世后读到过一本别人为他写的传记，说肯尼雅塔不知道自己的出生年月。"一个在东非殖民地草原上放羊的孩子，有谁会替他记下生日呢？"（费孝通语）本传采用的"1891年"，出自《简明不列颠百科全书》。该书的"肯尼雅塔"条目只有生年，无出生月日，可与费孝通读到的肯尼雅塔传记互证。与此形成鲜明对照的是，与肯尼雅塔在同一页记载的英格兰国王爱德华二世的幼弟Edmund Plantagenet，生卒时间有1301.8.5—1330.3.19的详细记录。Edmund Plantagenet辞条仅百余字，肯尼雅塔辞条达九百字。

[2] 费孝通：《缅怀肯尼雅塔》，《杂写甲集》，天津人民出版社1982年10月第1版，第85页。

[3] 同上。

名教授和他这来自亚非两洲的学生聚在同一学术殿堂的动力,都有政治因素。数年后,费孝通以奠基于伦敦政治经济学院时期的学术名望参与政治,政学两栖,尝试以学术思想影响政治决策,以政治活动促进和丰富学术研究,其中可见马林诺夫斯基和肯尼雅塔的双重影响。

费孝通身在伦敦政治经济学院,时常和在各地做田野调查、社会研究的同学、同好如林耀华、李有义、廖泰初、黄迪、郑安伦、李安宅等保持通信联系,讨论文化变迁,分享自己的求学体验。

1937年4月14日,他写信给李安宅说:"有一天,马老师拿了你寄来的《野蛮社会中犯罪和刑罚》及《巫术科学和神话》两本译本,慢慢地翻着,似乎在沉思,突然抬头问我:'费,你的《文化论》译得怎样了?'接着有意无意地一笑。没有人不高兴看见自己的作品在人间传诵,没有人不觉得安慰知道有人在欣赏自己的劳绩,可是,我想,也没有人不担心人家的误会。人类的文字既这样粗糙,一人的思想又变得这样快,除非是老了、停顿了。任何作家提起了旧作总是又似骄傲,又似害羞。既爱自己过去路程留下的痕迹,又怕这些痕迹在现有眼光中所示的浅薄和错误,既不忍撕又恨不得全扔在火里。他有意无意的一笑,我领略了这一个人间的矛盾。"[1]

这对同业师生、异国"叔侄",可谓知心。

## (五)

费孝通在伦敦政治经济学院报到注册的第二天,按注册处通知要求,参加了英文测验。关于测验结果,他说"我的英文程度固然低,但是用笔来回答还可以敷衍过去"[2]。

席明纳是他未来两年的常规训练课堂,现场听讲,要听明白内容,理解其中的含义,乃至提问、对话,"用笔来回答"是派不上用场的。要适应带着世界各地口音、即兴发言讨论的语言环境,适应马林诺夫斯基独特的教学方式,需要具备较强的听力和口语能力。费孝通只有下苦

---

[1] 费孝通:《论马氏文化论》,《费孝通文集》第1卷,群言出版社1999年10月第1版,第509页。
[2] 费孝通:《留英记》,《芳草天涯——费孝通外访杂文选集》,苏州大学出版社1994年12月第1版,第28页。

功,力争尽早自如地用英语交流。

那段时间,费孝通"每天早上总要费半个钟头读《泰晤士报》的巴力门辩论节略"。他说:"我的目的不在政治,而在学英文。这里面有着最漂亮、最动人的现代文学。……议员们演说时的声调、用字和论据都十分考究。而且英国人最喜欢掌故,幽默,甚至在谈话中用些有韵的诗文。"[1]他本来带着点"美国音"的英语口语逐渐习染上了英国口音。

过了听力关、口语关,书面表达仍是一关。费孝通的笔答,能敷衍入学测验题,却敷衍不了马林诺夫斯基对其论文内容和文字质量的严苛要求。

马林诺夫斯基对中国文化的推重,对中国社会学派的期待,对费孝通江村调查的推崇,对其学位论文在人类学发展史上重要转折作用的预判,都使他必然为费孝通设一个尽可能高的标准,不惜史无前例。

费孝通是伦敦政治经济学院的哲学博士待位生。按照学制,学位满足条件有二。一是从注册到毕业至少需要两年,二是提交一篇论文,经过考试,被认定合格,就可以取得注册的学位。"这两年里你应当读些什么课程完全不加规定,从章程上说,你交了注册费之后尽管可以不到学校,到期你能提得出论文,考得过,一样可以得到学位。"[2]

一位独居名师,一个远方学子,生活都可尽量简单。只要老师乐意,师徒二人有大量共处的时间,他们把时间用于费孝通撰写博士学位论文,确保高标准前提下的初写和修改。

费孝通说:"当我写论文时,写完了一章就到他床头去念,他用白布把双眼蒙起,躺在床上,我在旁边念,有时我想他睡着了,但是还是不敢停。他有时突然从床上跳了起来,说我哪一段写得不够,哪一段说得不对头,直把我吓得不知所措。总的说来他不是一个暴躁的人,最善诙谐,谈笑风生。他用的字,据说比一般英国人还俏皮和尖刻。他最恼我的是文字写不好。他骂我懒汉。其实我已尽我所能了,但总是不能使他满意。他实在拿我没有办法,又似乎一定要保我过关,只好叮嘱一位

---

[1] 费孝通:《留英记》,《芳草天涯——费孝通外访杂文选集》,苏州大学出版社1994年12月第1版,第206页。
[2] 同上书,第21—22页。

讲师,替我把论文在文字上加了一次工。"[1]

马林诺夫斯基用语尖刻,用心宽厚。费孝通得此导师教诲,足够幸运。

费孝通的学位论文,应是"今天的人类学"的一个理想样本。马林诺夫斯基严格挑剔的同时,会把费孝通撰写中的章节拿到席明纳,作为教学素材,由费孝通做选段宣读后,成为讨论题目。"论文中主要的几章都在他主持的有名的'今天的人类学'讨论班上宣读、讨论、修改、重写过的。"[2]

入读伦敦政治经济学院两年里,费孝通是学校图书馆常客。他说:"我初到伦敦经济学院念书时,在开架的图书馆里,我可以自由地不经什么手续取阅架上任何我想翻阅的书,我竟成了饥不择食的来客。不到闭馆时间,我终日可以不离座位。这是一种一生难得的享受,正如在知识海洋里自由游泳,其乐无穷。就在这种愉快的心情下,我写出《江村经济》一书,我的第一本著作。"[3]

1938年春,费孝通的论文考试在马林诺夫斯基家里举行。伦敦大学派了一名东方学家罗斯爵士做考官。考试过程别开生面。马林诺夫斯基准备了酒,罗斯爵士进门就拿酒举杯,向主人道贺,称许"这位门生在学术上做出了贡献",还说他的夫人一口气读完了费孝通的论文,足见吸引力之强大,随后话题就转到别的事情上去了。待要告辞,马林诺夫斯基提示罗斯爵士,作为考官,是不是还有一点手续要完成。罗斯爵士欣然同意,在备好的学位考试审定书上签了字,再喝一杯酒,考试到此结束。这次考试为费孝通留下了"喜剧"印象。

博士学位证书记录了这篇论文的题目:"开弦弓村,一个中国农村的经济生活"。

送走考官后,马林诺夫斯基留费孝通在家里吃晚饭,席间想起论文的出版问题。他显然希望费孝通的论文尽快引起学界关注,随即接通一

---

[1] 费孝通:《留英记》,《芳草天涯——费孝通外访杂文选集》,苏州大学出版社1994年12月第1版,第42—43页。
[2] 费孝通著,戴可景译:《江村经济》,江苏人民出版社1986年10月第1版,"著者前言"第2页。
[3] 费孝通:《从小书斋到世界新型图书馆》,《费孝通文集》第14卷,群言出版社1999年10月第1版,第107页。费孝通的论文是英文著作,书名是 *Peasant Life in China*,直译为《中国农民的生活》。

家出版机构老板的电话，说自己的一个学生写了一本论文，问他愿不愿意出版。对方答得聪明且机敏，称若是马林诺夫斯基能为这本论文的出版作序，可以立刻拿去付印。

费孝通知道，"一个作家在英国要出版一本书并不是容易的事"。他说："我在下栖道住的时候，认识过一些角楼里的作家，他们带我去参加过一些经纪人的酒会，所以也知道一些内情。在英国作家和书店之间有一种经纪人。一个作家不通过经纪人而想找到出版的机会是近于不可能的。……作家如果不听经纪人的建议，多少岁月的劳动可以一文不值。所以住在角楼上的无名作家见了经纪人是又恨又气，背地里什么咒语都说得出，但是每逢酒会的时候还是要抱着一举成名的侥幸心理，打扮得整齐一些，陪着笑容，在那里消磨一个下午。"[1]

诸如此类关于角楼作家和经纪人的故事，和费孝通的学术工作本无直接关系，此时却可帮助他观察和理解学术著作出版的社会背景因素，体察老师对他的爱护有加。

费孝通听着老师的电话，想到自己的论文将由英国著名学术出版机构劳特里奇出版社（Routledge）出版，而且如此便捷，想起下栖区里那些作者的咒语和陪笑，对自己的幸运有了深切感受。

马林诺夫斯基为费孝通所写序言热情、深沉，格局阔大，情感真挚。他起笔就毫不掩饰其赞叹和推崇："我敢于预言费孝通博士的《中国农民的生活》（又名《江村经济》）一书将被认为是人类学实地调查和理论工作发展中的一个里程碑。此书有一些杰出的优点，每一点都标志着一个新的发展。本书让我们注意的并不是一个小小的微不足道的部落，而是世界上一个最伟大的国家。作者并不是一个外来人，在异国的土地上猎奇而写作的；本书的内容包含着一个公民对自己的人民进行观察的结果。这是一个土生土长的人在本乡人民中间进行工作的成果。……是一个实地调查工作者的最珍贵的成就。"[2]

罗斯爵士对费孝通论文的评价，被马林诺夫斯基引用在序言里说：

---

[1] 费孝通：《留英记》，《芳草天涯——费孝通外访杂文选集》，苏州大学出版社1994年12月第1版，第45—46页。

[2] [英] 马林诺夫斯基：《布·马林诺斯基序》，见《江村经济》，江苏人民出版社1986年10月第1版，"序"第1页。

"我认为这篇论文是相当特殊的。据我所知,没有其他作品能够如此深入地理解并以第一手材料描述了中国乡村社区的全部生活。我们曾经有过统计报告、经济研究和地方色彩浓厚的小说……但我未曾发现有一本书能够回答好奇的陌生人可能提出的各种问题。"[1]

马林诺夫斯基特意说明,罗斯爵士是一位"世界知名的东方学专家"。他需要让人知道,费孝通的学位论文是得到这等人物认可和称赞的。

对费孝通论文的学术水准做出极高评价的同时,马林诺夫斯基特意要强调作者的"道德品质"。他认为,这本中国人写给西方读者看的书,文字中没有特意辩护,倒是可以读到批评和自我批评。他欣赏作者做出"一种公开批评政府不当行为的社会学工作","一方面证明了中国青年社会学家的正直和团结,另一方面也说明了官方的明智"。[2]

马林诺夫斯基接着说:"作者的一切观察所具有的特征是,态度尊严、超脱、没有偏见。当今一个中国人对西方文明和西方国家的政治有反感,这是可以理解的。但本书中未发现这种迹象。事实上,通过我个人同费博士和他的同事的交往,我不得不羡慕他们不持民族偏见和民族仇恨——我们欧洲人能够从这样一种道德态度上学到大量的东西。"[3]

马林诺夫斯基这篇序言得到五十英镑稿费。他把这笔稿费做礼物赠给了费孝通。

有马林诺夫斯基大笔作序,费孝通的论文很快进入发排、出版程序。他告别伦敦回国之前,已看过劳特里奇出版社送达的校对清样。

费孝通说,当时国内抗日战火蜂起,他忧心国事,归国心切,动身前只把马林诺夫斯基的序言粗粗看了一遍,来不及细细品味老师对自己的论文给予极高评价的深层因素,也没有一举成名的狂喜。半个多世纪后,1990年代中期,费孝通重读《江村经济》序言,写下一段话,多少反映出他当年和后来的一些认识:

马老师看重《江村经济》的原因,到现在我才有了进一步的体会,

---

[1] [英]马林诺夫斯基:《布·马林诺斯基序》,见《江村经济》,江苏人民出版社1986年10月第1版,"序"第5页。
[2] 同上书,"序"第5—6页。
[3] 同上书,"序"第6页。

可能是他在我这本书的骨子里看到了一些所希望培育的苗头。也许他曾考虑过,吴文藻老师所带领的这个小队伍有可能就是实现他的宏图的一个先遣队,为人类学跨过"野蛮"进入"文明"进行一次实地探索。我当时还不太能领会他说"社会学中国学派"时的期待心情。我曾多次坦白地说过,这本《江村经济》在我是一棵"无心种下的柳树"。"当时我哪里会有这种本领看出了马老师的用心?"[1]

两年前,从上海到伦敦的求学路上,费孝通带了两套调查资料,分别来自瑶山和江村。两年中,计划内的瑶山调查资料被暂时搁置,计划外的江村调查资料成就了学位论文,确属"无心插柳",但在马林诺夫斯基来说,却是有心栽花。

费孝通表示,当年还领会不到老师费力栽花的用心,但"门生"的身份、罕有的悟性,还是使他当时就生出一种心情,从学科发展角度领悟到马林诺夫斯基的深致寄托。

1938年暑期末尾,费孝通的学位论文最终定稿。他在卷前谢辞中说:"过去两年来,他对我知识上的启示和亲长般的情谊使我感到对他一生具有承上启下的责任——以我所理解的说,我必须在建立一门研究人的科学以及在使一切文明之间真正合作上分担他那沉重的负担。"[2]

二十八岁的费孝通写下的这段文字,是理解他此后学术工作持久动力和悲欣交集的一把钥匙。

《江村经济》扉页上另一行文字——"献给我的妻子王同惠",是另一把钥匙。

学科发展职责,个人深厚情感,如同费孝通学术棋局的两个"眼位"。

## (六)

费孝通的文学兴趣和才华,早年有过显露。

阅读方面,童年费孝通受父命诵记《滕王阁序》《岳阳楼记》等,衷心喜爱这样的文字。

---

[1] 费孝通:《重读〈江村经济·序言〉》,《从实求知录》,北京大学出版社1998年6月第1版,第354页。

[2] 费孝通著,戴可景译:《江村经济》,江苏人民出版社1986年10月第1版,卷前"致谢"页。

训练方面，父亲看费孝通有兴趣，有才情，引他到同乡学问家金松岑门下，圈点《庄子》《史记》等经典，诵记更多名篇。金松岑的学生马介之是费孝通的中学国文老师，他指导费孝通下功夫读龚自珍诗文。

写作方面，1927年夏，费孝通荣获学校评出的"国文猛进奖"。1928年，东吴大学附属一中的毕业纪念刊《水荇》收录有费孝通多篇文章，内容涉及屈原、杜甫、龚自珍、徐志摩、苏曼殊、郁达夫、济慈、芥川龙之介等中外文学家，表现出他在文学批评（尤其是比较文学）方面的敏感和功力。[1]这些文章先后书写于1927年11月28日、11月30日、12月1日、12月3日，四天写了四篇。不同题目中，有个共同处，文学话题不时被费孝通自觉不自觉地引向社会问题加以讨论。他对社会问题的兴趣，此时已有苗头。

从就读东吴大学医预科开始，费孝通的文学兴趣让位于医学训练和社会学、人类学训练。从1928年到1938年，他怀着了解社会、改造社会的志向，十年面壁，修成正果，如愿"利其器"，行将"善其事"。

此时，费孝通的文学兴致忽然活跃起来。论文考试结束后，他利用闲暇创作了一部英文小说《茧》（Cocoons）。内容是江南运河边一家新开张的丝厂故事。故事开场中，"茧袋不断流进工厂，好似自己在运动。运动的节奏……"很容易使人联想起无声电影《摩登时代》，那正是《茧》中故事的国际工业发展背景上的部分影像。

《茧》是费孝通关于江村丝厂的初心梦境，也是现实的折射。读过《江村通讯》和《江村经济》的读者，会在《茧》中看到熟悉的场景和

---

[1] 费孝通在《关于曼殊的诗》一文中说：苏曼殊和龚自珍的诗，的确很像。苏、龚诗作，最大的相同点是体格和声调，次为取材和选字。他列举12个例子，供读者对比、欣赏：
(1) 江南重遇李龟年（龚）　江南谁将似，犹忆李龟年（苏）
(2) 一帆冷雨过娄门（龚）　暮烟疏雨过阊门（苏）
(3) 尚拈罗带不开门（龚）　自拈罗带淡蛾羞（苏）
(4) 脆弱芝兰笑六朝（龚）　烟雨楼台梦六朝（苏）
(5) 肯骂无情燕子飞（龚）　不见僧归见燕归（苏）
(6) 渡江只怨别蛾眉（龚）　何处蛾眉有怨词（苏）
(7) 避卿先上木兰船（龚）　涉江同上木兰舟（苏）
(8) 漠漠郁郁香在臂（龚）　臂上微闻菽乳香（苏）
(9) 不似云屏梦里人（龚）　梦里依稀认眼波（苏）
(10) 阻风无酒倍消魂（龚）　同乡仙子独消魂（苏）
(11) 付与维南织女愁（龚）　来岁双星怕引愁（苏）
(12) 临风递与缟人衣（龚）　缟衣人不见，独上寺南楼（苏）

人物。

《茧》的第二章中,"工厂决定只招十六岁至二十五岁之间的年轻女工"[1],对应着《江村经济》第十二章中"1935年有三十二名16—25岁的女青年住在村外"[2]的事实。《茧》第二章中有杨保长带来、黄老伯称许的"城里来的'先生'"[3],《江村经济》第十二章中有"蚕业学校的校长"[4]。《茧》第二章中宝珠说,"这里每日都有航船往返镇子"[5],《江村经济》第十三章中确有"每天早晨,约七时许,航船活跃起来"[6]。《茧》第二章中,有张婶在工厂办公桌前见到的"女先生"[7],《江村经济》中有"费女士和胡女士""在该村帮助农民建立的生丝精制运销合作社"的场景……[8]至于故事始末的"通先生"这名字,入眼帘,自莞尔,熟悉作者的读者,谁不见"通"知费?

《茧》之梦对应的不只是《江村经济》这本书,更对应着费孝通的中国乡村工业大梦从萌生到实现的全程。这是个长达半个多世纪的曲折过程。

费孝通和费达生关于中国工业发展的梦想不是这样的。江村丝厂的创建,就是摸索把蚕丝业留在乡村的办法,让工业服务于农民生活的改善。让农民成为工业的主人,而不是机器和生产线上的奴隶。这样的想法,在当时,在以后很长时间,面对现实,无疑是梦想。

费孝通认为,在中国,让工业集中到城市,在外资统治的"孤岛"上,会剥夺中国广大民众的生活凭借。他说:"我在江村就目睹这段伤心史的表现,……见到农家因为收入的减少,不能不举债度日,在高利贷的活动下,土地权整批的外流,全村差不多成了一个佃户的集团。"[9]

两年伦敦求学时光,费孝通没有忘记这段伤心史。《江村经济》固然做出了记录和分析,但他不满足于记录和分析。他做调查是要了解问

---

[1] 费孝通:《茧》,生活·读书·新知三联书店2021年1月第1版,第12页。
[2] 费孝通著,戴可景译:《江村经济》,江苏人民出版社1986年10月第1版,第164页。
[3] 费孝通:《茧》,生活·读书·新知三联书店2021年1月第1版,第11页。
[4] 费孝通著,戴可景译:《江村经济》,江苏人民出版社1986年10月第1版,第151页。
[5] 费孝通:《茧》,生活·读书·新知三联书店2021年1月第1版,第16页。
[6] 费孝通著,戴可景译:《江村经济》,江苏人民出版社1986年10月第1版,第177页。
[7] 费孝通:《茧》,生活·读书·新知三联书店2021年1月第1版,第19页。
[8] 费孝通著,戴可景译:《江村经济》,江苏人民出版社1986年10月第1版,第151页、"著者前言"第1页。
[9] 费孝通:《中国乡村工业》,《费孝通文集》第3卷,群言出版社1999年10月第1版,第13页。

题,最终是为解决问题。回国是去做事,此前需要先做梦。借文学为天马,做梦,借社会人类学为工具,去做事。

近十年后,费孝通撰文和吴景超讨论"小康经济"话题,副题是"敬答吴景超先生对《人性和机器》的批评"。费孝通在该文中说:"我们的问题是比较现实而具体的,中国乡村里以往有分散而普遍的手工业,后来因为竞争不过都市里,尤其是西洋都市里的机器工业,以致这些手工业无法或不易维持——这是事实。这事实引起了现在在乡村里住的人生产的机会减少了(或说失业),因之收入也减少了(或说贫困)。我们面临这现状怎么办?怎样去增加他们的生产机会?怎样去提高他们的收入?怎样去增进他们的生活程度?"[1]

费孝通一个个画出的问号,都是现实问题,又都关乎长远。提出问题的同时,他也提出解决思路和办法。[2] 办法不是空想,是费达生和她的团队从江村农民生活中摸索出来、得到验证的。但在某些批评意见中,被指为"乌托邦式的空想,加上略带轻蔑性的'费孝通的王国'的按语"[3]。有趣的是,类似议论,已被费孝通预先写进《茧》中。在这部小说第三章,可看到"社会主义者""社会改革者"和"十九世纪法国社会主义运动影响的乌托邦社会主义者"等概念及其对应的人物,如吴庆农、李义浦等。

这些概念,被"主义者"带入丝厂的日常运行。《茧》的故事情节,带出相当多的政治词语及简要讨论,包括政治主张,如第三章中的"左翼运动""第二国际、第三国际、第四国际之类""唯物主义基本原则""资本主义与人道主义"等,第八章中的"帝国主义的威胁已经逼近中国新兴工业""肮脏的交易却用爱国主义的美名来掩盖""向民众公

---

[1] 费孝通:《小康经济——敬答吴景超先生对〈人性和机器〉的批评》,《费孝通文集》第5卷,群言出版社1999年10月第1版,第430页。
[2] 费孝通在同一篇文章(上注)中说:"吴先生看得远,我们看得近;吴先生心肠硬,我们心肠软;吴先生要根本解决,我们却在想过渡办法;吴先生一说起'改良生产方式'立刻想'以机械来代替古老的筋肉',我们却想慢慢以机械代替工人。我们曾说:'一方面我们得顾全传统工业的分散性质,一方面我们又得顾全它技术的落后。工业不能很快而全部地抽出于农村,同时又要使分散在农村里的工业,技术上逐渐现代化,脱离纯粹的手工和人力基础。这是我们战后初期的经济建设中一个极费考虑的问题。'"
[3] 费孝通:《小康经济——敬答吴景超先生对〈人性和机器〉的批评》,《费孝通文集》第5卷,群言出版社1999年10月第1版,第431页。

开真相""应该更关注工农组织"……

这类带有强烈政治色彩的文字和概念，在不算长的篇幅中集中出现，是费孝通早期著述中十分罕见的。适当关注这一点，体察其不同生命阶段中的共通因素，有助于加深了解和理解费孝通的心志。燕园求学之前参与政治，出于青年热情。伦敦政治经济学院留学之后参与政治，出于学者理性。1928年到1938年"十年面壁"，费孝通置身于学术训练，像个"书虫"，却没有丧失政治热情。他和肯尼雅塔的情谊是证明，小说《茧》也是证明。学术训练使一位青年的政治热情转化为政治智慧，其政治表达工具由社会运动转为学术活动。

费孝通对政治的兴趣，或是出于工具理性主义。《茧》中一句话可作注解——"不进入政治领域，便无法进行社会改革"[1]。这是主动姿态。另一方面，他在江村调查中见证过，"乡村工业的破坏，农民部分的失业，自然是乡村不安和政治扰乱的一个原因。国外工业利用其政治上的特权，尽量做经济上的侵略，而在手工业衰落的渡船上，转变成国内政治的不安"[2]。

既然政治上已有"不安"，若想安生，须消除不安因素，故不能不碰政治。这是被动姿态，但内含主动作为的意愿。

触碰政治、参与政治，是手段，目的是在改善农民的生活。如费孝通所说："我的出发点却并不是'为了工业着想'，而是'为了这三万万几千万的农民着想'。为农民着想，工业如果离开了乡村，试问他们从哪条路上去提高他们的收入呢？"[3]

近五十年后，关注中国改革发展的人，听到过一声四川方言，"中国乡镇企业异军突起"。读到过一篇文章，《九访江村》，见证"草根工业"星火燎原，中国农民"根据自己的生活需要去改变工业的性质，让工业发展来适应自己"[4]。

此时重读《茧》的结尾，像是寓言，又像预言——

"四下已漆黑一片。他朝门走去，打开了灯。房间被重新照亮了。

---

[1] 费孝通：《茧》，生活·读书·新知三联书店2021年1月第1版，第27页。
[2] 费孝通：《中国乡村工业》，《费孝通文集》第3卷，群言出版社1999年10月第1版，第13页。
[3] 费孝通：《乡土重建》，《费孝通文集》第4卷，群言出版社1999年10月第1版，第383页。
[4] 费孝通：《爱我家乡》，群言出版社1996年6月第1版，第117页。

光明照亮了一个新世界,映照出黄老伯脸上洋溢的笑容,抚平了他深深的皱纹。"[1]

"老伯""笑容""皱纹",这是费孝通半个世纪后自画像的样子。

"光明""照亮""新世界",这是1985年费孝通写《九访江村》前后的中国乡镇企业。

《茧》最后六个字是:早就找到了路。这是小说的结局,也是历史的记录。费孝通和姐姐费达生以及他们所代表的中国知识分子,确实可以说,早就找到了路。

费孝通在其博士论文结尾部分明确写出了"最终解决土地问题的办法"。

---

[1] 费孝通:《茧》,生活·读书·新知三联书店2021年1月第1版,第135页。

## 四　里程碑的延续：从伦敦到云南

### （一）

《江村经济》末章里，江村个案被作者提升到"中国"层面，讨论解决土地问题的出路。

费孝通对中国农村问题做判断说："中国农村的基本问题，简单地说，就是农民的收入降低到不足以维持最低生活水平所需的程度。中国农村真正的问题是人民的饥饿问题。"[1]

从这时起，到费孝通走完生命全程，这是他考虑所有国内问题的一个基点。他认定发展乡村工业、增加农民收入是解决问题的根本办法。同时，他把中国问题看作国际问题的一部分。

从英国回中国，还是水路，费孝通买了价格最低的统舱票。这样可在途中和社会底层的人们接触、交谈、交朋友，又能节省费用。

初回国内，手头钱款对费孝通很重要。如果暂时欠缺外来研究经费，他仍然可以继续靠自己做农村社会调查。当然，也许更重要的，是他写在《江村通讯》首篇里的考虑，即尽可能不受机构委托，不拿课题津贴，不负报告责任，"完全是私人性质的"，只是为增加知识，增益对中国农村社会的了解。

费孝通在统舱里遇到了一些温州青田人。留英期间，费孝通不止一次去德国度假，见过上门卖货的青田人。回国途中，又听到青田口音，自然熟悉。他们告诉费孝通，长年在外做小本生意，惨淡经营，挣下的血汗钱要带回家乡，盖一所房子，修一座坟。把这两件事办妥，就算落叶归根且功德圆满了。

---

[1] 费孝通著，戴可景译：《江村经济》，江苏人民出版社1986年10月第1版，第200页。

同胞背井离乡，漂泊无定，历遍艰辛，终得告老还乡，心有所安。统舱里的场面，同胞的语言、神情，都给费孝通留下深刻印象。将心比心，他为乡亲心安而有所安慰，也为他们的心安而不安。安慰的是，他们已心满意足。不安的是，中国农民的生活不应停滞于如此一个循环。他希望中国农民过上更好的日子。

按照当时的国家规定，费孝通作为公派留学生回国，可买二等舱船票，票价七十多英镑。他的统舱票价是十六英镑。平时的结余，加上马林诺夫斯基赠的稿费，他回到国内时，手边大约还有一百英镑。

费孝通乘法国轮船回国。停泊西贡港口时，接连听到国内广州、汉口沦陷的消息。情势危急，路阻且险，他们不得不舍舟登陆，取道越南，进入抗战后方，到了云南昆明。因北京大学、清华大学和南开大学南迁，组建西南联大，昆明一时成为战时中国知识分子会聚地之一。

1938年11月7日，费孝通到达昆明[1]。11月8日，《云南日报》报道，吴文藻受云南大学熊庆来聘请，由北平到昆明，筹建云大社会学系。11月18日，国民政府行政院决议，云南大学由省立改为国立。1939年7月28日，云南大学文法学院社会学系在昆明呈贡县斗南村成立，聘吴文藻为系主任，同时设立社会学研究室。费孝通受聘为该系教授。[2]

费孝通说："从英国回国，我直奔昆明参加吴文藻主持的云南大学社会学系，并开始建立一个小小的研究班子，称社会学研究室，后来因为疏散到呈贡，住在魁星阁，即以魁阁闻名。从1938年到1946年魁阁培养了一批人，也完成了一套实地调查的研究工作，包括农村、工厂和少数民族社区，为社区研究做出了具体的榜样，其中，《禄村农田》《易村手工业》《玉村农业和商业》三篇文章后来出版时称《云南三村》。"[3]

1939年春，费孝通开始在西南联大兼课，张之毅在他授课的班上听课。此时，张之毅刚从清华大学社会学系毕业，报名参加了费孝通主持的社会学研究室。由张之毅牵头，陆续又有史国衡、田汝康、谷苞、张宗颖、胡庆钧等参加，还有云南大学教授许烺光、燕京大学硕士研究生

---

[1] 中国民主同盟云南省委员会编：《费孝通与云南》，群言出版社2013年5月第1版，第141页。
[2] 刘兴育、马雪峰主编：《魁阁文献3：云大社会学田野调查老照片（1939—1954）》，社会科学文献出版社2019年12月第1版，第144—145页。
[3] 费孝通：《略谈中国社会学》，《费孝通文集》第13卷，群言出版社1999年10月第1版，第11页。

李有义,组成了一个充满活力的魁阁研究集体。

费孝通说:"魁阁的学风是从伦敦政治经济学院人类学系传来的。……每个研究人员都有自己的专题,到选定的社区里去进行实地调查,然后在'席明纳'里进行集体讨论,个人负责编写论文。这种做研究工作的方法确能发挥个人的创造性和得到集体讨论的启发。"[1]

伦敦政治经济学院的席明纳教学方式被费孝通搬到了魁阁。他学着马林诺夫斯基那样带徒弟,传手艺,直接把张之毅等人带到田野去学。"三村"实地调查从1938年11月开始,禄村调查由费孝通全程带着张之毅等人完成,易村调查是费孝通和张之毅一起做了首次调查,张之毅完成后续调查,玉村调查则由张之毅多次调查,独立完成,时间持续到1943年6月。

1987年10月13日,在澳门凯悦饭店,费孝通为《云南三村》首次出中文版写序言。

"从云南内地农村调查开始时1938年11月15日算起到今天已接近五十年,只差一个月又三天,快整整半个世纪了。"像这样掰着指头算日子,把时间账目精确算够五十整年,再落到纸上,在费孝通一生写作中或属特例。这是他在既定情景中的心情自然流露,是他特别看重这次田野调查的特殊印记。

看重的原因,可以在费孝通上述"五十年"前后的著述中去看。

1943年,重庆商务印书馆初版《禄村农田》时,他在"导言"里说:"这本禄村农田可以说是我那本江村经济的续编。……较之前书或可更合于解释和叙事并重的社区研究方法。"[2]

1999年,山东画报出版社出版他的田野调查笔记。他在序文中不无遗憾地表示,一生中"真正称得上田野调查的只有三次",继瑶山调查和江村调查之后,禄村调查是最后一次。"田野调查是从实求知的根本方法。遗憾的是后来的战乱和解放后一连串的政治运动,使我失去了继续进行田野调查的条件。"[3]

---

[1] 费孝通:《〈云南三村〉序》,费孝通、张之毅著:《云南三村》,天津人民出版社1990年11月第1版,"《云南三村》序"第4页。
[2] 私立燕京大学国立云南大学合作社会学研究报告,费孝通:《禄村农田》,商务印书馆中华民国三十二年十一月初版,"导言"第1页。
[3] 费孝通:《芳草茵茵——田野笔记选录》,山东画报出版社1999年10月第1版,"序"第1页。

当年的学术追求有理想,有真情,有作为,后来岁月里,理想依旧,真情犹切,作为则难言。常言说,好景不长在。那是回不来的一段"好景"。在费孝通自我评价中,其一生真正意义上的田野调查,以禄村调查为标志,戛然而止。此即本书序幕中所说"开始的结束"。

费孝通说:"这一段时间的生活,在我这一生里是值得留恋的。时隔愈久,愈觉得可贵的是当时和几位年轻的朋友一起工作时不计困苦,追求理想的那一片真情。以客观形势来说,那正是强敌压境,家乡沦陷之时,战时内地知识分子的生活条件是够严酷的了。但是谁也没有叫过苦,叫过穷,总觉得自己在做着有意义的事。吃得了苦,耐得了穷,才值得骄傲和自负。我们对自己的国家有信心,对自己的事业有抱负。那种一往情深,何等可爱。这段生活在我心中一直是鲜红的,不会忘记的。现在很可能有人会不太明白,为什么一个所谓'学成归乡的留学生'会一头就钻入农村里去做当时社会上没有人会叫好的社会调查。《禄村农田》却的确就是这样开始的。"[1]

## (二)

禄村位于云南省楚雄彝族自治州禄丰县金山坝子北面,原名"大北厂",因历史上冶炼铜矿得名。该村历史非常古老,曾出土三千多年前的石斧。

最早开发禄村的是彝族先民。明朝初年,始有汉民入村,带入中原生产技术,兴水利,引良种,发展农业,后来逐渐变迁成一个汉族为主的村庄。在费孝通记录中,"禄村东距云南首府昆明大约100公里,坐落在禄丰区中部的一块鹅蛋形的坝子上"[2]。

费孝通的禄村调查,是从"1938年11月15日起到同年12月13日止,偕同张之毅、李有义先生,用38天时间进行调查。1939年上半年利用课余时间将调查材料整理成文。同年8月3日,又乘暑假之便,第二次

---

[1] 费孝通:《〈云南三村〉序》,费孝通、张之毅著:《云南三村》,天津人民出版社1990年11月第1版,"《云南三村》序"第3页。
[2] 费孝通:《〈云南三村〉英文版的"导言"与"结论"》,《费孝通文集》第2卷,群言出版社1999年10月第1版,第405页。

四 里程碑的延续:从伦敦到云南

到禄村实地调查,一方面核实已有的资料,一方面考察了一年来禄村经济的变化,前后用了两个多月的时间,10月15日返回昆明。根据这次调查结果,又将原稿重写了一遍,于1940年1月写成了《禄村农田》一书,1943年11月由商务印书馆出版,收入吴文藻先生主编的社会学丛刊。"[1]

据云南大学史料记载,该书得到了教育部奖金。在费孝通的愿望里,远比奖金重要的是"愿在这本书上所化两年的时光,能有助于国内讨论农村问题的人。更希望负着发展内地农村经济责任的当局,能注意到内地农村的特性,善于制定适合的政策。"[2]

调查工作助益当局知民情,出善策,惠民众,是费孝通的寄托。

禄村调查是江村调查的继续。费孝通做江村调查时,村民因手工业衰落,收入减少,为维持生计,不得不用土地权换资金接济,当时有70%的农户成了佃户。他感觉到土地问题的严峻,意识到土地制度变迁有整个经济的背景因素,需有宏观视角。江村如此,不同类型的乡村怎样?比如,"一个受现代工商业影响较浅的农村中,它的土地制度是什么样的呢?在大部分还是自给自足的农村中,它是否也会以土地权来吸收大量的市镇资金?农村土地权会不会集中到市镇而造成离地的大地主?"[3]

带着诸如此类的问题,费孝通从英国回到国内,入云南,有所盼,他觉得在中国版图西南角里,不难找到和都市工商业比较隔膜的农村,去实地研究这类问题。

费孝通有一位燕大同学,叫王武科,是禄村人,属于村里的大户人家。费孝通的姨母杨季威是一位传教者,她曾为传教在禄村住过一年,对村里情况比较熟悉。他们帮助费孝通选定了禄村,接通了和村民的联系,实地调查很快便提上日程。费孝通说:"我初次去禄村的日子离我从伦敦到达昆明时只相隔两个星期。"[4]

---

[1] 钱成润、史岳灵、杜晋宏著:《费孝通禄村农田五十年》,云南人民出版社1995年6月第1版,第18—19页。引文中的"12月13日"有误,应是"12月23日",方合于"38天",也合于费孝通回忆。

[2] 费孝通:《禄村农田》,《费孝通文集》第2卷,群言出版社1999年10月第1版,第392页。

[3] 费孝通:《禄村农田·导言》,费孝通、张之毅著:《云南三村》,天津人民出版社1990年11月第1版,第10页。

[4] 费孝通:《〈云南三村〉序》,费孝通、张之毅著《云南三村》,天津人民出版社1990年11月第1版,"《云南三村》序"第3页。

为什么这么迫不及待？费孝通说，他在伦敦所写《江村经济》最后一段话就是回答。回到国内，到了昆明，费孝通成为云南大学教授、西南联大兼职教师，他把话说得更切近知识分子的社会定位和历史使命，更具有感召力。

《江村经济》结语像一篇宣言，《云南三村》中这段话像一场宣誓：

中国在抗战胜利之后还有一个更严重的问题要解决，那就是我们将建设成怎样一个国家。在抗日战场上，我能出的力不多。但是为了解决那个更严重的问题，我有责任，用我所学到的知识，多做一些准备工作。那就是科学地去认识中国社会。我一向认为要解决具体问题必须从认清具体事实出发。对中国社会的正确认识应是解决怎样建设中国这个问题的必要前提。[1]

费孝通的这段文字，写于1938年。后来史实一再证明，他说对了。抗战胜利的问题，七年后就解决了。那个"更严重的问题"，七十年后也没有真正解决。由于多种历史因素、现实因素，"对中国社会的正确认识"本身，也成了一个严重的问题。在这一点上，上述"宣言"是知，"宣誓"是行。宣言中说："我衷心希望，未来的一代会以理解和同情的态度称赞我们，正视我们时代的问题。"[2]宣誓时说，我有责任，为解决那个更严重的问题，多做准备工作。

此后七年里，费孝通的准备工作扎实，非凡，时贤称道，后学瞩目。

他的许多重要著述，如《禄村农田》《内地的农村》《乡土中国》《乡土重建》《初访美国》《重访英伦》《生育制度》《民主·宪法·人权》等，都是这一时期"准备工作"的成果。七十多年后，这些著作仍不断再版，多家出版单位出版"精选"系列。

张之毅参加费孝通主持的社会学研究室的第一课，就是跟着费孝通去田野，到禄村，做实地调查。在马林诺夫斯基那里，费孝通闻了两年学术空气，受到启发，有过体验，"学术工作是细致的脑力劳动，有如高级的手艺，只是观摩艺术成品是不容易把手艺学会的"[3]。

---

[1] 费孝通：《〈云南三村〉序》，费孝通、张之毅著《云南三村》，天津人民出版社1990年11月第1版，"《云南三村》序"第3页。
[2] 费孝通著，戴可景译：《江村经济》，江苏人民出版社1986年10月第1版，第203页。
[3] 费孝通：《〈云南三村〉序》，费孝通、张之毅著《云南三村》，天津人民出版社1990年11月第1版，"《云南三村》序"第5页。

1939年秋,费孝通和李有义、张之毅一起在禄村生活和工作了近四十天,融入,观察,记录,分析,随时随地提出问题,讨论问题。这是他们的初次调查。费孝通一边了解禄村的现实,诸如农作日历、劳力的利用、农田的负担和分配、自营和租营、生活费用分项、农田继袭和农村金融……一边不断和江村做比较,帮助张之毅在熟悉禄村情况的同时,建立起和江村调查的联系,捉摸到其中那条比较研究的线索,酝酿和延伸下一步的研究方向。

伦敦政治经济学院的席明纳教学方法,在费孝通这里有了新的拓展。

费孝通把《禄村农田》作为《江村经济》的"续编",其中不少地方虽以《江村经济》为底子,禄村的事实和数据却半点不含糊。仅仅是"绘地图,抄耕地册,一个一个名字推敲",就用去他们一个星期的时间。

他们一起统计出的基本数据中,1938年,禄村共有122户,611人,441个劳动力,全村共有1120亩土地,人均1.83亩,全部是保水田。他们依据调查资料,绘制出28个表格,反映综合情况。表格内容细致到"谷时外来劳工数目""五家支付估算清单""婚丧受礼""养生送死关节上的费用"等等。

费孝通在《禄村农田》导言中告诉读者:"在禄村,我们可以看到一个差不多完全以农业为主要生产事业的内地农村结构。它的特色是在众多的人口挤在一块狭小的地面上,用着简单的农村技术,靠土地的生产来维持很低的生计。"[1]

在土地上劳作的未必是土地的主人。费孝通第一次进禄村,见"沿街蹲着好些农民,在暖洋洋的太阳下,衔着烟管,谈长说短"[2]。当时是农闲。后来知道,即便农忙时节,也忙不着他们,这些没有土地的农民是雇用对象。"忙闲之别,刚划在有田和没田的界线上。"[3]

费孝通说:"耕田是件苦事情,谁都这样和我们说:太阳这样凶,雨淋时更难受。劳动本身可以使劳动者得到乐趣和安慰的说法,在禄村

---

〔1〕 费孝通:《〈禄村农田〉导言》,费孝通、张之毅著《云南三村》,天津人民出版社1990年11月第1版,"《禄村农田》导言"第8页。
〔2〕 费孝通:《禄村农田》,《费孝通文集》第2卷,群言出版社1999年10月第1版,第254页。
〔3〕 同上书,第255页。

是例外。"[1]他发现,"雇工自营在江村不发达而在禄村成为农田经营的基本方式"[2]。

禄村有一位教徒,也是医生,和全村人关系都好。费孝通和张之毅借住在他家,还从保长那里得到了户口册和土地册。他们的调查显然比较顺利。

费孝通说:"在是否被村民接受的问题上我们不存在任何困难。这极大地归功于前面提到过的朋友们的帮助,以及学者所拥有的传统上的社会地位。我们同时也得益于我们熟知如何在自己的人民中正确行事的方式。"[3]

费孝通的"知",是对马林诺夫斯基学术思想的响应。学者在中国文化传统中的社会地位,应该是马林诺夫斯基推重中国文化的重要原因之一。费孝通说到的"熟知",是马林诺夫斯基倡导"土生土长的人在本乡人民中间进行工作"的文化基础。

费孝通的"行",是对马林诺夫斯基研究方法的继承和拓展。不仅把人类学者的田野从"野蛮"延伸到"文明",而且实现了再二再三的重返,和调查地的人民保持着持续乃至长远的联系,使文化变迁报告的同步化、动态化成为可能和现实。重返式的追踪调查,始于禄村,也成了费孝通延续到老的一种实地调查方式。这都是"附近"带来的便利。

田野调查点的乡亲和费孝通成了朋友。那些年里,禄村的赵村长每次到昆明,都会拜访费孝通和他的同事。他们之间的友谊传到了下一代。赵村长的儿子也像父亲一样,经常去看望费孝通。费孝通说过,中国农民是纯朴的,知道好歹的。你为他们做事情,他们会记得你。

禄村的乡亲在万千中国知识分子中认准了费孝通这个人,还有他志同道合的人。乡亲们亲眼见证,一些有知识的人在为农民着想,为农民服务。一幅拍摄于1938年的照片上,禄丰一个村寨的男女老幼围聚在费孝通身旁,表达出他们对知识分子的敬重。[4]

---

[1] 费孝通:《禄村农田》,《费孝通文集》第2卷,群言出版社1999年10月第1版,第256页。
[2] 同上书,第296页。
[3] 费孝通:《〈云南三村〉英文版的"导言"与"结论"》,《费孝通文集》第2卷,群言出版社1999年10月第1版,第407页。
[4] 参见刘兴育、马雪峰主编:《魁阁文献3:云大社会学田野调查老照片(1939—1954)》,社会科学文献出版社2019年1月第1版,第23页。

费孝通则从赵村长身上看到了一个群体,他称许赵村长"是一个中国旧式绅士阶级的完美典范"[1]。费孝通既看到禄村和江村产业结构的不同,也看出两个乡村社会结构的相似。他说:"云南农村的邻里和家庭的社会结构,从总体上说,和《江村经济》所描绘的在江苏农村中所观察到的相类似。"[2]

禄村变迁的一重重背景,在费孝通眼前依次铺展。禄丰—楚雄—昆明—云南—中国—世界……他视战时云南为"自由中国(Free China)最重要的根据地之一。与从占领区涌入内地的无数难民一起,许多大学也搬迁到云南,现代化的工厂也建立起来了。公路延伸到至今仍然封闭孤立的地区,铁路也正在修筑。这一地区的社会变迁快速的步伐是世界上其他任何地方所从未有过的"[3]。

"社区分析的实验室"——这是费孝通对战时云南给出的一个社会学角度的描述。

# (三)

在《易村手工业》第一章,张之毅说:"禄村手工业不发达,不能给我们研究手工业的机会,于是我们不能不另寻一个手工业发达的农村。我们更希望用一个手工业发达的农村来和禄村相比较,从而发现禄村手工业不发达的原因。而且一个手工业发达的农村,它的经济结构的形态,决不会和专门靠农业的农村经济形态相同,在禄村调查时所发生的许多问题,也许能从此比较研究中,得到深一层的认识。"[4]

费孝通和张之毅在禄村交下的朋友中,有个他们称作"张大舅"的,1939年中元节前几天,他从外面贩了几捆土纸,在禄村附近各街子上出卖。他们和张大舅聊起土纸生意,顺便问土纸的来处。张大舅告诉他们,赶一天路就能走到易门县的川街,那里有一蓬一蓬的竹子,还

---

[1] 费孝通:《〈云南三村〉英文版的"导言"与"结论"》,《费孝通文集》第2卷,群言出版社1999年10月第1版,第407页。
[2] 同上书,第406页。
[3] 同上书,第401页。
[4] 张之毅:《易村手工业》,见费孝通、张之毅著:《云南三村》,天津人民出版社1990年11月第1版,第229页。

有造纸人家。禄丰县街子里的篾货就是从川街挑来卖的,土纸也从那里来。

说者无意,听者有心,出产土纸的地方,就会有手工业。费孝通的研究计划里,早就设定调查一个以手工业为基础的内地农村。他认为易村正是"理想的研究对象"。

选易村去调查有明显的偶然性。易村调查过程也不如禄村调查那么顺利。

张之毅记录了他和费孝通一道寻找易村的不易。

"当时我们找不到一张详细而正确的地图,也没有一个熟知易门情形的向导,就贸然上道了。因为我们图以后继续工作时的便利,所以决计去易门县城和当地地方当局接洽一番,由昆明乘汽车到艾家营,宿老鸦关。从此舍车就马,全是山路。十九日到米川,二十日到易门县城,二十三日到小街,二十四日到川街,二十七日到大江边,择定了易村为工作地点。……连在易门县城和川街耽搁的日子算在内,一共在旅途上花去了十天。"[1]

他们1939年10月18日出发,次日就转了山路。虽有马骑,却无马鞍,人是坐在运货用的驮马架背上颠簸着走。他们日间翻山越岭,涉水穿林,夜宿野寺荒庙、田舍村屋,如此十天风餐露宿,只为找到一个合适的实地调查地点。

从昆明到易村,实在不易,找到后,融入当地村民的生活、开展调查的过程,也相当艰难。

当年易村,地处偏远,很少有外人光顾。费孝通和张之毅是外地口音,他们的穿着,在村人眼里是奇异服装。他们进村后,自然引起村民的新奇感,伴随着某种不安。

张之毅如实记录他们初入村的实际情况:"在他们的生活经验中,对于这种新刺激是不十分习惯的。回避或不合作是他们唯一的好武器。这办法使我们这两位新客人的住宿和吃饭的问题,都大感困难。好容易交涉的结果,才由本村某财主把他一所三年没有人住,不大吉利的空屋

---

[1] 张之毅:《易村手工业》,见费孝通、张之毅著:《云南三村》,天津人民出版社1990年11月第1版,第230页。

租下了一间，另在本村请了一个十六七岁的小孩代我们烧饭。可是烧饭的家具以及油盐菜蔬，一切全没有。"[1]

易村调查就这样开始了。他们在住下的最初五天里，得出对易村的大略了解后，确定暂回昆明，买些必需品，以利后续详细调查。等张之毅回到易村，村里已有流言，说他们是去办纸厂的，会把村里原有的厂子吞并了，夺走村民的生计。还说他俩会带来更多的外边人进村占房子，不再搬走。流言有了效果，上次租住的房子，房主拒绝张之毅再住。他不得不去附近山上一座破庙里暂且栖身。

栖身于破庙的实况，张之毅做了记录："厢楼上，楼板破烂，四壁洞开，毫无遮隔。室内灰尘狼藉，蛛丝蔓栋，深夜月色如画，江涛如吼。现实的艰难情境，和未来理想的美梦，都涌上了客地工作者的心头。"[2]

一个实地调查工作者，处境如此，不改其乐，这是社会人类学田野工作者的职业福利。

数年后，费孝通为英文版《云南三村》撰写"导言"与"结论"，以其亲历为张之毅的"美梦"做注，他说："如果能从人文地理的外貌辨认出经济发展的不同进程，云南可以说是最好的研究地点之一。文化发展的整个过程——从原始的猎取人头者到复杂工业社会的都会居民——都可以以具体（concrete）的形式出现。"[3]

接下来的一段文字，如同流动的画面，一幅接续一幅，形成蒙太奇组合效果。

从昆明开始，市区有各种混凝土建筑，入夜后，霓虹灯下人群熙攘。市区北部，千万青年学子出入于临时搭建的教室、图书馆和实验室。文化区的茶馆中，随处可听到爱因斯坦相对论或社会主义乌托邦话题讨论。市区外围几英里，电厂、机械厂和军工厂机器轰鸣，集镇里拥满了上海口音的工人。再远点，可见一排排"飞虎队""解放者"和C-34飞机停在机场，吉普车飞快穿越满目疮痍的村庄。更远处，城市亮

---

[1] 张之毅：《易村手工业》，见费孝通、张之毅著《云南三村》，天津人民出版社1990年11月第1版，第231页。

[2] 同上。

[3] 费孝通：《〈云南三村〉英文版的"导言"与"结论"》，《费孝通文集》第2卷，群言出版社1999年10月第1版，第403页。

光消失,村庄生活如故,村妇絮叨着丈夫的坏脾气,村民为驱赶瘟疫举行古老的仪式,传统秩序几乎覆盖着一切。

费孝通由此想起马林诺夫斯基在特洛布里恩德群岛的日子。他说:"如果你是一个社会学家,你一定不会放过这样一个对文化类型做比较研究的机会,也不会放过对文化变迁进程分析的机会。这是一个优越的文化实验室。"[1]

从昆明回到易村,穿越不同"文化类型",置身于"文化实验室",张之毅设法重新回到村里居住。初时,村里人的眼光还是陌生、拒绝的,不得不和他交谈时,就敷衍几句,让他感到失落、孤单。他相信时间和耐心的效用,抱定信心,利用各种可能,增加接触机会。比如施舍药品,不收钱,希望得到医治的人即便本心不情愿,也会来找他,于是有了知识和情感的交流。

张之毅和村民一起晒太阳,说白话,聊家常,躺在他们的烟榻上,看他们烧大烟,展开关于大烟的各种话题,慢慢融进了他们的生活。

他在村里独居一室,得到了个别谈话的便利。他说:"在夜里一个乡人在我那里谈话的时候,他可以自由地和我诉说村中的真实情形,而不必顾虑到这些话会泄露出去,引起别人的非议。当许多村人一起时,因为旁人的监视,没有一个人敢将村中的秘密告诉外来的工作者。"[2]

为他做饭的男孩儿和他住在一起,也对他说了村里很多事情。孩子年轻,见闻很广,对有些事的知晓超出村里的成年人。

实地调查事务十分具体、细致,时刻须留意真假、虚实。即便村民乐意交流了,出于多种因素,事实上数字上也会有保留。张之毅听人说,易村的纸厂有三家,临近村里还有三家。他听后去勘查,一家一家走,结果发现易村本村就有六家。他问一个主妇,家里有几匹驮马,她说三匹,男主人后来说是五匹。他问另一户人家,家里几口人,答说"五六七个人"。这种数字上的保留和故意模糊,是易村人的一个习惯。张之毅推测原因,应和抽丁捐税有些关系。

---

[1] 费孝通:《〈云南三村〉英文版的"导言"与"结论"》,《费孝通文集》第2卷,群言出版社1999年10月第1版,第404页。
[2] 张之毅:《易村手工业》,见费孝通、张之毅著《云南三村》,天津人民出版社1990年11月第1版,第233页。

还有一种计数约定，具有易村特点，需特别注意。当地计算田地面积的单位是"工"，但易村1工比禄村1工多出1/3。重量单位里，易村计量石灰，1斤等于1.3市斤，计量竹子，则1斤等于1.5市斤。按易村人的习惯，造土纸1000斤料需要多少斤石灰做配料，一句话里的两个"斤"，是两个计重单位。若不仔细追问，他不会主动说出其中分别，调查者容易混淆。

张之毅的第二次调查，持续近一个月。易村规模不大，全村只有54户人家，都是同姓，家庭之间都有亲属关系。一旦融入，就比较顺手，容易摸清实况。他"发现村子里同一个姓分成了两支，穷的那支田少子女多，是织篾器的，织篾器只能谋生。富的那支田多独子多，是开纸坊的，开纸坊可以谋利。这样才把全村的社会经济结构摸出来"[1]。

经过两轮调查，调查者已可做基本判断。"以易村的工业来说，有两种基本不同的方式，一是编篾器的家庭手工业，一是造土纸的作坊工业。这两种方式，不但在所制造的对象和组织上有差别，而且在它们所以发生的原因和对于社区经济上所有的意义也不相同。简单地说，编篾器是易村比较穷苦的人家做的工作。他们所有土地不足维持他们的生活，在生计压迫之下，不能不在工业中出卖他们在农业中多余的劳力。作坊工业却不然，他们已够养家活口，而且还有剩余。正因为他们在农业里积聚下了储蓄，他们才把工业作为投资的对象。作坊工业所利用的不是农业里多余的劳力，而是农业里多余的资金。"[2]

这是从村民实际生活中得到的真切知识。

很多年后，费孝通倡导中国农村发展乡镇企业，总说起一个话题：在农业里积累本钱，从农业里长出工业。最迟，他在当年易村调查中已有所见证，有实证做依据。

费孝通身在昆明，惦记着易村的张之毅。"他就在这外人罕至的小山坳里默默地进行着他的工作。易村的工作环境，实在比我们所有的工作地方都困苦。不但我们曾好几天除了花生外，没有任何其他可以下饭

---

[1] 张之毅:《社会调查的一些体会》，马雪峰主编:《魁阁文献1：张之毅文集》，社会科学文献出版社2019年12月第1版，第191页。

[2] 张之毅:《易村手工业》，费孝通、张之毅著:《云南三村》，天津人民出版社1990年11月第1版，第235页。

的东西,而且人地生疏,没有半点借径。一切都得硬硬的打入这个陌生的社区中去。……那年年底,之毅饱受风尘的回来了,没有说半句怨言。他和我住在一起,一行一行的写下了这份报告。"[1]

## (四)

禄村调查期间,某晚,费孝通和张之毅隔床夜话。聊到开心处,张之毅坐起来,撩开蚊帐说:"我想到一个风景优美,与世隔绝的小天地里去住上一年。一家一家都混熟了。你不要来管我,好像忘了我一般。可是我有一天忽然回来了,写好了一本书。"[2]

费孝通说,这是床头梦语,谁也不当真,说完也就过了。

张之毅不是说说而已。在禄村,他当学徒,跟着费孝通做调查,学手艺,看老师怎样提问题,做记录,做分析,一步步写出报告。在易村,他和费孝通一起做前期调查,后续大部分调查工作由他一人完成,在老师指导下写出报告,出师了,《易村手工业》作者署名是标志。

费孝通本可和张之毅联合署名,他没有那样做。他希望年轻人快点成长起来。他借着为《易村手工业》作序,继续讨论乡村工业问题。

费孝通的话题先回到禄村。该村经济以农业为主,绝大部分村民以耕田为生。有手艺、做副业的农户,占全村户数的一成。普通人家不需要木器,日常用的竹器、陶器和棉织物,大部分自己制作,少量从村外购买。

他以邻居刘姓朋友为例,"家里的厨房和马槽是自己动手盖的;屋里的草垫,竹筐是自己编的;身上的衣服,是太太缝的。这种不求人的自给经济,把很多工业活动普遍的分散到每个农家。中国并不是没有工业,只是工业太分散,每个农民多少同时是个工人"[3]。

这是历史上中国农村经济的重要事实。从刘姓邻居推及一般,亿万农民,古往今来,都是这样生活。稻谷熟了,碾成米,煮成饭;麦子熟

---

[1] 费孝通:《易村手工业·序》,费孝通、张之毅著:《云南三村》,天津人民出版社1990年11月第1版,第209页。
[2] 同上书,第208页。
[3] 同上书,第211页。

了，磨成粉，做成馒头面条；棉花采摘回来，纺纱织布，裁剪缝纫成衣……这其中，有农有工。农是借土地出产植物性原料，工是加工原料成为可消费物品。具体生活中，加工的事和日常生活关系太紧，足不出户就能完成。农民并不把农工之别看多么重，也无须划出清楚的界限，那只是前后接续的两个段落之事。在生活需要的时候随时务工，是农民生活中的常见情景。

易村的情况，可以接续禄村证明，农民生活离不开"工"，其重要性更甚于禄村。

据张之毅统计，易村多半人家在农业之外谋生。该村手工业发生的基础，仍是农民日常生活的需要。他说："至少可以看到乡村工业的一个特性，就是它是用来帮助农业，维持我们庞大的乡村人口的。这在易村是十分显然，若是没有手工业，易村就不易有这样多的人活着。"[1]

费孝通的话题由禄村延伸到易村，他要"用以指明之毅这次研究对于我们了解中国乡村工业上所有的贡献"[2]，还希望借此申说一个道理，不是建有厂房、拥有机器和大烟囱才算是有工业。那是西洋现代工业概念。它固然先进、新型、有规模，但肯定不是工业的全部。把工业范围看得太狭窄，对工业概念理解得太局限，会使我们忽略甚至不顾国情，看不到中国千百年来农工相辅的历史，闲置我们丰厚的家底，不仅找不到使我们原有的工业较顺利地进化成现代工业的正路子，反而会使农民的生活限于困顿乃至艰辛。

费孝通借《易村手工业》序言，从张之毅的报告中引出六个话题：工业和农业的界限，工业帮着农业养活庞大的乡村人口，乡村工业的两种形式，都市工业和乡村工业，乡村工业的复兴和前途，乡村工业的变质。

他希望有更多人懂得尊重事实，从常识角度看问题，找出路。在《江村经济》第一章，他说过："对人民实际情况的系统反映将有助于使这个国家相信，为了恢复广大群众的正常生活，现在迫切需要一些政

---

[1] 张之毅：《易村手工业》，见费孝通、张之毅著：《云南三村》，天津人民出版社1990年11月第1版，第283页。
[2] 费孝通：《易村手工业·序》，费孝通、张之毅著：《云南三村》，天津人民出版社1990年11月第1版，第210页。

策。……真正需要的是一种以可靠的情况为依据的常识性的判断。"[1]

《易村手工业》结语中，张之毅依据易村实际情况，提出"两种不同的乡村工业"，即编篾器的家庭手工业和造土纸的作坊工业。费孝通说，张之毅说的作坊工业使他想起家乡的油坊和米行。相对于家庭手工业，这是中国乡村工业的另一种形式，以前常被忽略。张之毅对作坊工业的记录和解说，有助于弥补关于乡村工业的常识，是《易村手工业》"最重要的贡献"。

为了解更多"可靠的情况"，他们在易村调查过程中，已开始考虑下一个调查地点。

易村家庭手工业，多数是在穷人家，为他们增加收入，但不能全部解决生计问题。造土纸的作坊工业利润大，挣钱多，但大多集中在九家富户。富户的农业收入已足够日常之用，工业里来的巨款就沉淀下来。欲扩大生产，产能有限，原料也有问题，这些资金要找出路，找到了放债。放债利息低于造土纸，高于农业投入。穷人为维持生活，不能不借贷。还不了债时，靠出卖土地做了结。易村作坊工业中积累的资金，就这样成了一种金融力量，收购附近几十里内的土地权，出现了应予关注的新问题。

易村对临近农村发生的金融影响，成了费孝通、张之毅乃至魁阁同人需要研究的课题。他们找到玉村做调查，"就是因为它坐落在云南的一个工商业中心的附近"。

在费孝通指导下，张之毅单枪匹马到玉村做调查，实现了"不要来管我"的愿望。

玉村农业的主项是耕田和种菜。耕田产出作为自用，种菜则是商品性生产。以1940年为例，所产蔬菜六分之五卖到了外部市场，其中有从玉溪装货直发昆明的。张之毅说："玉村在农业上就是个半商品性的农村。这和禄村和易村都不相同。这种特殊性质的农村所以能出现，主要是由于玉村是处在玉溪县这样一个商业和交通均很发达的地区所致。"[2]

张之毅做调查时，玉村有156个农户、785人，全村自有农田556亩、

---

[1] 费孝通：《江村经济》，江苏人民出版社1986年10月第1版，第3页。
[2] 张之毅：《玉村农业和商业》，费孝通、张之毅著：《云南三村》，天津人民出版社1990年11月第1版，第337页。

菜地109亩。从产出看，菜地收入和农田收入大致相当。从收入总额看，农田和菜地平分秋色。正常情况下，维持四季农事劳作，劳动力投入是怎样？张之毅做了专门研究。

在调查报告中，他设专题讲"劳动力调剂"。以农田投入为例，他逐项研究了"一年春秋两段农忙时期农田上所需劳动力是多少？全村具有劳动能力的人共有多少？实际动员到农田上的劳动力有多少？相对于两段农忙时期来说，全村劳动力是自给有余还是自给不足？以及外地临时来的劳动力的供应情况如何？"〔1〕

张之毅一连串提出问题的方式，或受到费孝通的影响。在《云南三村》英文版的"导言"与"结论"中，可以看到费孝通的密集提问：

> 中国内地农村的村民们是如何以土地为生的？……他们拥有多少土地？他们如何使用这些土地？他们从土地中得到的收益如何？来自土地的收入是否足以维持他们现有的生活水平？如果答案是否定的，那么他们又是如何弥补不足的？如果他们不能以额外的收入来弥补不足又将会发生什么？这种财政状况如何影响到土地分布？产权是如何分割和转移的？这一过程又造成了什么类型的土地体制？〔2〕

费孝通这种提问特点，在其"少作"中已有苗头，即就读于燕园后，较早出现在《中日战争目击记》译文前言。"哀号，悲泣，染着血腥，不是已逼人四至？……我们中华古国，以敬以爱，矢诚矢勤的文化，就将在此残杀，争斗，火拼，人吃人的战雾中消失了么？和平和爱，在世界上从此就没有地位了么？我们的民族从此就永远地没有翻身地，被注定于死，沦亡，消灭而完了么？"〔3〕

清华园里，费孝通也有过类似方式的发问："谁对于这个人生能有

---

〔1〕张之毅：《易村手工业》，费孝通、张之毅著：《云南三村》，天津人民出版社1990年11月第1版，第283页。
〔2〕费孝通：《〈云南三村〉英文版的"导言"与"结论"》，《费孝通文集》第2卷，群言出版社1999年10月第1版，第414页。
〔3〕费孝通：《〈中日战争目击记〉译文前言》，《费孝通文集》第1卷，群言出版社1999年10月第1版，第67页。

把握地生活？不是都感着空虚，感着紧张，感着不安？谁能有把握地了解他人？我们天天遇着的不是都是使我们不能明了的人么？我们的生活随时都好像要我们立主意来决定，步步艰难，举足踟蹰？小至穿衣，大至婚姻、职业都没有一定可以依据的办法。我们不是时常觉得不知做什么是好么？不是自由太多了么？……这些都是一个社会组织解体时，个人的感觉。究竟中国将如何产生新的组织？新组织是什么模样？"[1]

燕园，清华园，瑶山，江村，伦敦，禄村，易村，玉村……带着这些问题，费孝通一路走，一路思索。走在燕园、清华园，有老师和同学，请教、讨论问题。走到瑶山和江村，有村民和社会组织，询问、探究问题。走到伦敦，有名师和席明纳，倾听、生发问题。走到禄村、易村和玉村，有了魁阁同人，形成学术团队，一个人的问题成了一群人的问题。这群人在田野调查中碰到更多问题，试图有所理解和解说，同时提出进一步的问题，进入更开阔的田野。

在禄村、在易村、在玉村，张之毅"一家一家都混熟了"，一项一项地问，一页一页地记。"玉村八种主要园艺作物农作活动和农时配合的情形""玉村全村农田所需劳力数量表""每亩水田劳力费用表""农田上的生产支出情形表"……都是他的劳作记录。

有一天，他忽然回来了，回到魁阁，写好了一本书——《玉村农业和商业》。

四十多年后，费孝通说，这本书"为我在八十年代的小城镇研究开辟了道路"[2]。

费孝通及其魁阁团队的劳作令人尊敬。他们认识中国的时空机会令人羡慕。费孝通说："正是在这里，我们可以活生生地看到现代化展开的过程。当它发生时，我们身临其境，最激动人心的事件就是我们的日常经历。这解释了为什么我们可以在某种程度上忘掉我们物质生活中的巨大困苦，一直在艰苦的条件下坚持我们的工作。这同时也解释了为什么我们不顾自己的能力限制而拓展了我们的研究领域。我们的工作确实

---

[1] 费孝通：《论社会组织》，《费孝通文集》第1卷，群言出版社1999年10月第1版，第220页。
[2] 费孝通：《云南三村·序》，费孝通、张之毅著：《云南三村》，天津人民出版社1990年11月第1版，"序"第5页。

可能由于我们时间的仓促而失于浅薄，但否则我们将会由于错过了为这个激动人心的时代留下真实的记录而负疚终身。"[1]

## （五）

《江村经济》1939年在伦敦劳特里奇出版社出版后，被列入英国基干·帕维尔（Kegan Paul）出版社的"国际社会学丛书"。1946年夏，费孝通在生活书店出版《内地的农村》时，英文《江村经济》已发行了三版。

越来越多的英语读者把费孝通看作一个替中国农民说话的人，但费孝通则自认对中国农民生活所知尚少，须做更多了解，增加知识。同时，他还惦记着那个"更严重的问题"，即抗战胜利后的中国人将建成怎样一个国家。

费孝通自觉有责任在切实认识国情上多下功夫，如他在《江村经济》前言中说的，系统反映人民实际情况，帮助决策者做出"以可靠的情况为依据的常识性的判断"。这是指中国。

另一句话，位置稍靠前，适用范围超越国界——"社会科学应该在指导文化变迁中起重要的作用"[2]。这两句话，都极值得注意。不妨说，这是费孝通求知问学、经世致用的终极关怀。

一个中国作者对西方读者应承担的责任，一个中国知识分子对国家建设应承担的责任，一个社会人类学者对指导人类文化变迁应承担的责任，由此和谐统一于费孝通的学术工作，促使他一回国就迫不及待，回到田野，选择不同类型的"内地农村"，延续江村调查，接触更多可靠的情况，增进更多的生活常识和科学知识。

从《云南三村》回看费孝通的燕园时光，十多年里，当初"苦闷"学子，成为具有国际影响的社会人类学工作者。江村调查时单枪匹马的费孝通，成为魁阁学术团队的"总助手"，组织、指导着马林诺夫斯基隔洋羡慕的"学术上的攻关"。这是"社会学中国化"的重要进展，也

---

〔1〕 费孝通：《〈云南三村〉英文版的"导言"与"结论"》，《费孝通文集》第2卷，群言出版社1999年10月第1版，第404页。
〔2〕 费孝通：《江村经济》，江苏人民出版社1986年10月第1版，第3页。

应该是伦敦政治经济学院那所大房间里席明纳的最新话题。

燕园求知年代,费孝通曾说:"现在中国念社会学的学生免不了有一种苦闷。这种苦闷有两方面:一是苦于在书本上,在课堂里,得不到认识中国社会的机会;一是关于现在一般论中国社会的人缺乏正确观念,不去认识,话愈多而视听愈乱。我和同惠常在这苦闷中讨论,因为我们已受了相当社会学理论的训练,觉得我们应当走到实地里去,希望能为一般受着同样苦闷的人找一条出路。"[1]

为找"路",费孝通和王同惠一起走进瑶山。王同惠以身殉职,费孝通"以身许国",继续行路。他走进江村、走到伦敦、走进马林诺夫斯基的席明纳,走出社会人类学实地调查转折点。回国后,他走进云南三村、走进呈贡魁阁,走出高水准学术团队,形成实地调查风气,条件艰苦而成果斐然。应该说,从苦闷到苦干,这条出路找到了,找对了。方向对头,方法论也有了相当的自觉。

《内地的农村》一书序言中,费孝通说:"我是个极力主张社会科学一定要从实地研究开始的人。十多年来,我一直为这主张而工作,而且常希望我们这种实地研究的工作能有一天挽回现在风行的空谈和官僚性闭门造数字的空气。我宁可因求真实性而牺牲普遍性。"[2]

"宁可"当然只是假设。早在1938年,马林诺夫斯基就说过:"费博士著作中的原理和内容,向我们揭示了现代中国社会学派的方法论基础是多么结实可靠。……通过熟悉一个小村落的生活,我们犹如在显微镜下看到了整个中国的缩影。"[3]

真实性和普遍性,在马林诺夫斯基这里是统一的,是被充分肯定的。费孝通没有满足于此,他表示,江村调查只是他认识中国的起点。人对事物的认知,总是从个别、具体、局部开始。要全面了解中国农村,自然不能局限于江村,于是有了禄村、易村和玉村。"从江村到禄村,从禄村到易村,再从易村到玉村,都是有的放矢地去找研究对象,进行观察、分析和比较,用来解决一些已提出的问题,又发生一些新的

---

[1] 费孝通:《花篮瑶社会组织》,江苏人民出版社1988年11月第1版,第64页。
[2] 费孝通:《内地的农村》,生活书店中华民国三十五年七月初版,"序"第1页。
[3] [英]马林诺夫斯基:《江村经济·序》,费孝通著,戴可景译:《江村经济》,江苏人民出版社1986年10月第1版,"序"第4页。

问题。"[1]这一过程中，不同类型的村庄陆续出现，意味着费孝通研究报告的"真实性"将通往希望中的"普遍性"。

从《江村经济》到《云南三村》，费孝通这一想法一以贯之。在《江村经济》前言中，他说："这不是一个哲学思考的问题，更不应该是各学派思想争论的问题。"[2]在《云南三村》序言中，他说："我并不想从哲理上去解决这个问题。我只想从实际研究工作中探索出一个从个别逐步进入一般的具体方法。"[3]

这个方法，费孝通说得很明白。中国大陆千万个村庄都在经历着变迁，一个学者没有千手千眼去做全数同步观察和记录。但从类型角度看，千万个村庄并非各具一格，可以尝试归类。农村社会结构不是万花筒式的随机变化，而是在相同条件下会发生相类的结构，不同条件下发生不同结构。条件可作比较，结构也可作比较。若能解剖一个具体社区，弄清楚它社会结构的内部联系，再看明白产生这一结构的条件，作为一个标本。用这个标本，去和条件相同的、不同的社区作比较，就会出现不同类型和模式。禄村、易村和玉村，就属不同类型。对它们的研究，就是类型比较法。

费孝通相信，"应用类型比较法，我们可以逐步地扩大实地观察的范围，按着已有类型去寻找条件不同的具体社区，进行比较分析，逐步识别出中国农村的各种类型。也就由一点到多点，由多点到更大的面，由局部接近全体。类型本身也可以由粗到细，有纲有目，分出层次。这样积以时日，即使我们不可能一下认识清楚千千万万的中国农村，但是可以逐步增加我们对不同类型的农村的知识，步步综合，接近认识中国农村的基本面貌"[4]。

认识论和方法论，有机结合在禄村、易村和玉村调查过程中。费孝通的燕园"苦闷"已成历史，现实中的费孝通"对自己的国家有信心，对自己的事业有抱负"，他的乐观情绪鼓舞着自己，也激励着同事。他

---

[1] 费孝通：《云南三村·序》，费孝通、张之毅著：《云南三村》，天津人民出版社1990年11月第1版，"序"第6页。
[2] 费孝通著、戴可景译：《江村经济》，江苏人民出版社1986年10月第1版，第3页。
[3] 费孝通：《云南三村·序》，费孝通、张之毅著：《云南三村》，天津人民出版社1990年11月第1版，"序"第7页。
[4] 同上书，"序"第8页。

把《云南三村》看作是"魁阁的成果"。在他的长远设想中,"云南内地农村调查仅仅是我们的开始"。要"接近认识中国农村的基本面貌",还有漫长的路要走。他抱着乐观的期待,却怎么也料想不到,历史会和他开一个残酷的玩笑。

云南三村调查的起讫时间是1938年至1941年,费孝通去世于2005年。他的学术追求又延伸了六十多年,但他自认"真正称得上田野调查"的研究工作,却在《云南三村》时戛然而止,在他表示仅仅是开始的时候。

## (六)

杨庆堃是费孝通的燕园同学兼室友。1930年代中期,他到美国留学之初,经历了一次从西岸到东岸的旅行,沿途在城市建设成就中见证人类的伟力——"在这草原万里上造下千百个大上海、小上海"。

"清洁的街道,没有臭气的路角;平凡但实用的小住宅,……晚上,你不用提心吊胆,脚下的污泥和身边的扒手……这一切也有它的美。即使你不承认这些,你也绝不能忽略了在这千百个大上海、小上海的成就中所表现出来人类的创造力!"[1]

当年,杨庆堃写信给费孝通,很期待老同学也能到美国领略一番。

燕园求知时光里,费孝通和杨庆堃朝夕相处,是同学,也是好友。杨庆堃从美国写信给他,出于友情。所写内容,则出于社会学和人类学者的职业感。美国给予杨庆堃的深刻触动,如同费孝通在江村调查时感觉"哪一样不是新奇巧妙得令人要狂叫三声"。如果此时费孝通也写信给杨庆堃,讲讲江村见闻和感受,将为中国社会学早期文献增添相映成趣的史料。

费孝通本性亲近农耕文明,杨庆堃是知道的。他们同窗同住时,一次农村调查后回到校园,费孝通兴奋地和杨庆堃谈调查、说感受。杨庆堃印象里,费孝通"很得意","好像发现了什么新鲜的真理一般,夜深了,洋烛都点完了,还不肯住口"。

杨庆堃记下了这段夜话。费孝通说:"一个人重要的是在知足。文

---

[1] 费孝通:《初访美国》,生活书店中华民国三十五年六月初版,第1—2页。

化是客，人生是主；人生若是在追求快乐，他必须要能在手边所有的文化设备中去充分的求满足。满足是一种心理状态，是内在的。像我们的老乡，一筒旱烟，半天旷野里的阳光，同样的能得到心理上的平静和恬适，……满心存了阶级争斗，人家在剥削自己的心理，那才未免太苦了，未免主客倒置，未免对不起人生了。做人是一种艺术，这艺术的基本是在迁就外在的文化，充实内在的平衡。"〔1〕

这种知足常乐的文化观念，当时使杨庆堃心有所动。到美国后，眼前的现实，使他心有所惊。他热切期待费孝通"早一些来这个世界，这个在地球另一面的世界里，我相信会给你看见人生的另一道路"。

"一筒旱烟，半天阳光"这段话，被杨庆堃写在信里。十年后，费孝通有了去美国的机会，他想起了杨庆堃那封信，把信的内容默写了出来。他是真记在心里了，十年不忘，新鲜如初。

费孝通没有如杨庆堃所愿"早一些"访美，他是在地球另一面的田野工作中，为"使中国文化能得到一个正确的路径"。从瑶山到江村、从江村到云南三村，持续作田野调查。费孝通说："以我自己说，十多年来没有多大改变，还是庆堃在那封信上所描写的头脑。我还是在乡下往来，还带着传统的性格成见，对于上海的嚣尘，香港的夜市，生不出好感。苏州长大的人，生活的理想似乎走不出：绸长衫、缎子鞋，和茶馆里的懒散。"〔2〕

1939年7月28日，云南大学文法学院社会学系正式成立，费孝通被聘为教授，同时主持社会学研究室事务。校长熊庆来一直关注他的"乡下往来"。

1943年夏天的一个晚上，费孝通安排了一场学术报告会，让研究室的助教谷苞讲《云南省呈贡县传统的乡村行政制度——一个社区行政组织的实地调查》。谷苞讲完后，熊庆来走上讲台说："你讲的是云南的事情，我这个云南人却先前全不知道你所讲的，我听得很感兴趣。"他随后做出一纸批示，"谷苞助教的工资从本月起增加70元"〔3〕。

---

〔1〕 费孝通：《初访美国》，生活书店中华民国三十五年六月初版，第2—3页。
〔2〕 同上书，第6—7页。
〔3〕 刘兴育、马雪峰主编：《魁阁文献3：云大社会学田野调查老照片（1939—1954）》，社会科学文献出版社2019年12月第1版，第137页。

1943年8月，熊庆来校长聘费孝通为云大社会学系主任。

费孝通就职前，系主任是陶云逵。陶云逵身体不好，英年早逝，他们同事时间不长，交往却早。费孝通还在清华园念书时，陶云逵已完成德国大师门下的体质人类学训练。史禄国曾领着陶云逵到清华生物楼实验室里访问。当时，费孝通正忙着"认骷髅，量骨头，杀兔子"的作业。这是他们的初见。

多年后，他们重逢在昆明，共事于云大社会学系，时常见面，交流渐深。费孝通说："他不像我那样安于糊涂懒散。……灵魂最怕安定，除非有了个永远也克服不了的对象，生活才有重心。这也许就是云逵所谓'力人'。不论人家怎样不理解他，他是在实践这理想，……我在这种精神上自知比他差得远。他能在新婚不久，把太太送走。他能躲在象牙塔里安享尊荣，偏要深入蛮荒。……这个精神在我们自己的传统文化里已经斫丧殆尽，差不多已完全丧失了。顾命安分，走近路，满足在低级的团圆上。"[1]

费孝通明白自己和陶云逵的差别，也没有忘记杨庆堃写给自己的信。"满足在低级的团圆上"，是自责，也是文化反思。事实上，他何尝满足过？少年费孝通就开始质疑，为什么会让老人在新年时分冒雪出门采薪？青年费孝通曾担心自己到老还不知人类"究系何物"。

为寻找中国文化出路，他在瑶山付出身受重伤、新婚妻子殉职的代价。江村养伤时日，他忙着访农户，做调查，看航船制度，又哪里是图"一筒旱烟，半天阳光"？

从家乡蒙养院到伦敦政治经济学院，费孝通接受的是西式新学的全程教育，对西方文化不可谓不熟悉，对杨庆堃所说"人生的另一道路"，曾用他认为"译不出的"enjoy life表达过自己的理解。在伦敦念书时，对繁华的市区中心Piccadilly，费孝通译为"片刻蝶恋"，以体现"不放松人生的态度"。

1943年1月1日，费孝通写出《过年过日子与过渡心理》一文。他用"老和尚在古庙里暮色沉沉中撞着铜绿色的晚钟"象征"我们"，用

---

[1] 费孝通：《物伤其类——哀云逵》，《逝者如斯——费孝通杂文选》，苏州大学出版社1993年8月第1版，第30页。

"少女们在红日初升晨曦缭乱里放声高歌"象征"人生的另一道路"。文章结尾处,费孝通说:"'不能痛痛快快地活,不如爽爽快快地死'!哪一天中国人能了解了这一句话,他才能在这世界上做自己的主人。"[1]

如此鲜明而强烈的情绪表达,应能体现费孝通和杨庆堃取得共识的可能性。他这十年里"还是在乡下往来",何尝不是在和中国农民一起寻找"人生的另一道路"?寻找过程中,领略到农民的历史经验,也发现了更多现实问题。比如在他眼前出现的城市建设和人口流动问题,以及接续而来的社会秩序和公民素质问题。

费孝通说:"我在昆明住上了五年,看见荒凉的南门,一幢幢巨大的高楼平地盖了起来,俨然成了伦敦'片刻蝶恋'式的繁荣中心;我也看见石皮的小巷,变成了车马驰骋的大道。这短短的时日中,我看着一个都市的兴起。我又有不少机会,和在工厂里,在农村里做调查的朋友接触,听到各色各样的故事,从这些故事中我知道有成千上万抛弃了家乡进入这新都市来生活的人。于是我心里有一点慌张。都市的外形已经具备,可是在这物质条件已赶到了二十世纪的场合下,住着的是哪一种人?人挤紧了,若是不明白怎样挤来挤去,各得其所,一定会闹乱子的。"[2]

要改善农民生活,光研究农村肯定是不够的。费孝通就读清华园的时候,有一门课是"城市社会学"。数年后,这门课从北平延伸到昆明,从校园延伸到社会,费孝通继续修习这门功课的同时,还要带着云南大学和西南联大的学生一起学,指导云大—燕京社会学研究室的同人一起搞研究。他为此组织、协调更多学术资源,约请南开大学丁佶,清华大学周先庚、沈同共同商议后,拟定出研究草案,又经实地考察,选定资源委员会所属某厂(三个分厂,共计约五百名工人)作为调查对象。

这是费孝通指导的实地调查从乡村社会扩展到都市社会的一个标志。在研究报告中,这家工厂被称作"昆厂"。

---

[1] 费孝通:《过年过日子与过渡心理》,《费孝通文集》第3卷,群言出版社1999年10月第1版,第50、52页。
[2] 费孝通:《我们没有分别——给编者及读者的信》,《费孝通文集》第3卷,群言出版社1999年10月第1版,第104页。

## （七）

1939年，费孝通再婚，妻子叫孟吟。

孟吟毕业于江苏省第二女子师范，和费孝通的大嫂是同班同学，毕业后她们同往南洋侨居、教书。因丈夫病重，孟吟回国照料。丈夫病故后，费振东夫妇介绍孟吟去了昆明，与费孝通相识。费孝通喜欢孟吟的单纯朴实，有乡土气息，勤劳善良，殷勤待客。

费孝通出版的《民主·宪法·人权》（1946）一书中，记述有他们的夫妻对话，也有孟吟和他的教授朋友们随机讨论的场景。他们话题广泛，如政体、政党、竞选、民意、代议、专制、违宪、提审法等等。从中可知，孟吟关注国是，思考问题，公民观念健全，与费孝通同调。他们在日常家庭生活中同甘共苦，载沉载浮，相依为命，历五十五年。费孝通作为丈夫，对妻子怀深情，存歉疚。他觉得孟吟和他结婚后甘少苦多；平安少，动荡多；无忧无虑少，担惊受怕多。

他们结婚后，住在昆明大学区文化巷的一处院落，据说位于云南大学和西南联大两校之间。当时费孝通受聘于云大，在西南联大兼课，往来比较方便。在一次日军飞机轰炸中，这条巷子面目全非，他们家也被炸得窗飞梁断。

这次轰炸，西南联大教务长郑天挺有较详细记载。"未几，二十七架成一字形自东北来。由余顶上飞过，（有一作哨声，必甚近。）甫过，即闻炸弹声若雷鸣。……又有传敌机自北门入，大西门出，所经均被炸，是联大校舍、同人居庐及余之所寓皆在其间也，心甚悬悬。……转至前院，办公室全毁，惟余椽柱。男生宿舍及勉仲所居，虽椽柱亦倾折不存，惟瓦砾一堆而已。由学生一人导余等，自瓦砾中而出，门户已不见。"[1]

许渊冲《西南联大求学日记》中也有当天（1940年10月13日）亲历轰炸的现场记录。

这次轰炸之前，费孝通和孟吟早已习惯为躲避轰炸频频疏散的日常生活。费孝通有《疏散——教授生活之一章》，专写此事。"跑警报已经成了日常的功课"。

---

[1] 郑天挺著：《郑天挺西南联大日记》（上册），中华书局2018年1月第1版，第325页。

从费孝通文字里可知，当年昆明城防空警报响得很频繁，有时几乎天天有。一般情况下，上午10点左右最容易有警报，一跑就是三四个小时。到下午一两点钟才能回去。跑的次数多了，知道了大概规律，跑警报也成了战时生活常态一端。费孝通为此特备"警报袋"，携带随身物品。每天早饭后，孟吟开始做午饭。待警报响起，饭已熟，闷在锅里，关门走人就是。等到警报撤销，回到家里，稍作加热，便可开饭。

当时，费孝通因教材缺乏，正赶译马林诺夫斯基的《文化论》和弗思所著《人文类型》两书。译事和著述不同，不大需要整体系统思考。有大块时间当然好，零敲碎打也能赶进度，随时可断，随时可续，他觉得是一种适合于警报频频时期的文字工作。

费孝通把翻译《人文类型》排作每天早课，听到预行警报，街上人声嘈杂起来，就随手叠好译稿，到隔壁面包房买好面包。同时，孟吟灭掉厨房灶火，把备妥的物品放进"警报袋"。十分钟左右，就可收拾停当。空袭警报一响，随时出门疏散。

这样的日子里，孟吟从新婚到有身孕，本该享有基本的安适生活，以利身心调养。但不幸是在战时，她不得不随着警报声疲累奔波，一次次往返在旷野、山沟和城区住所之间，直到日军炸弹落到自家院落里，他们不得不搬到乡下去住。

那天轰炸过后，费孝通记述了现场情形，"文化巷已经炸得不大认识了。我们踏着砖堆找到我们的房子，前后的房屋都倒了。推门进去，我感觉到有一点异样：四个钟头前还是整整齐齐的一个院子，现在却成了一座破庙。没有了颜色，全屋都压在有一寸多厚的灰尘下。院子里堆满了飞来的断梁折椽，还有很多破烂的书报。我房里的窗、玻璃全碎了，木框连了窗槛一起离了柱子，突出在院子里。可是房里的一切，除了那一层灰尘外，什么都没有变动。我刷去桌上的灰，一叠稿纸还是好好的，一张不缺。所损失的只是一个热水瓶。这是难于相信的。一切是这样唐突，这样不近于事先的想象，场面似乎不够动人。"[1]

费孝通说，"我太太哭了"，"我好像是个旁观者，一件似乎已等待

---

[1] 费孝通：《疏散——教授生活之一章》，《费孝通文集》第4卷，群言出版社1999年10月第1版，第274页。

很久的事居然等着了"。

第二天一早,费孝通把孟吟送到了呈贡的朋友家。他要把家搬到呈贡。炸弹和废墟给了他决心。

当天,陶云逵的住处也被炸起来的土堆成小丘。他找到费孝通夫妇,他们同在废墟中感慨,"等了很久了,我们可以改变一下了"。

陶云逵曾住过呈贡古城的魁阁,和当地人熟悉。他把费孝通领到李保长家,商定可以租住古城中的一间厢房。李保长声明,房子若用作养猪,收入比房租多出好几倍。他并不等钱用,肯出租房子,是出于交情,还带点救济难民的性质。

厢房上下两层,下面一半是房东的厨房,一半是猪圈。隔开上下层的楼板无法拼接紧密,炊烟和猪圈气味自然上升,躲避不开,只有忍耐,逐步习惯。

费孝通说:"尽管在这新的房屋里,历史开了倒车,我们的生活逐渐的下降,但是,我怎能不感激房东主人的好意?他给我这炸弹所不会到的房间,至少减轻了不少生命的威胁。城里的轰炸从那时起一直到飞虎队光临,足足有两年,着实凶恶了不少。在我们的院子里,最热闹的时候,除了房东,住了五家房客!连本来堆柴的小房间都腾了出来住人。我们这间在猪圈上的厢房还算是二等包厢。"[1]

陶云逵也搬到了呈贡住下,并协助费孝通把社会学研究室安置到了魁阁。

费孝通夫妇住在"二等包厢"里,不用再跑警报,孟吟免了带着身孕奔波之苦,费孝通却为之大苦。房东警告他,依当地风俗,孩子不能在家里出生。费孝通找公务部门协调,被拖延搁置。向卫生院接洽,该院设在文庙,绝不容留产妇……"最后终于找到了县城里的一个广东太太,肯以五元一天的代价,租了一间白天黑得看不清楚钞票数字的房间给我,孩子总算可在屋内出世了"[2]。

费孝通夫妇为女儿取名"宗惠",寄托他们对王同惠的缅怀与敬重。女儿为费孝通带来当父亲的快乐,也使他感受到更大的生活压力。

---

[1] 费孝通:《疏散——教授生活之一章》,《费孝通文集》第4卷,群言出版社1999年10月第1版,第276页。

[2] 费孝通:《疏散与生育——给某杂志编者的信》,《费孝通文集》第4卷,群言出版社1999年10月第1版,第230页。

战时内地知识分子生活的艰辛，许多亲历其苦的教授都有记录。费孝通迁居呈贡的同时，其好友闻一多正在困境中。《闻一多年谱长编》中，对"1940年10月"有如下记录："是时，物价暴涨不已，先生每月薪金不足全家十天半月开支，月月靠向学校透支或向友人借债解燃眉之急，生活进入了最艰难的阶段。为了糊口，家中除必不可少的衣被外几乎分批寄卖一尽，连先生从北平带出来的几部线装书也忍痛卖给了清华大学图书馆，……冬天，出于无奈，先生又把身穿的狐皮大衣拿去寄卖，归家后就患了重感冒，在妻子苦苦哀求下才追索回来。"[1]

费孝通的二哥费青教授家境和闻一多类似。1941年9月14日，燕树棠写信给梅贻琦说："联大法科研究所、北大法律研究部成立之始，图书缺乏。适本系教授费青先生因久病，以致经济窘迫，愿将自有德、英、日文全部图书出售，而大部分为德文书籍。本人会同本系教授张企泰先生，曾与费先生面商：由北大法律研究所全部收买。"[2]

费孝通一家也处于勉强度日状态。因物价飞涨，他每次领到薪水就赶快买米，往往是当天尽快把钱花光，免得第二天继续贬值。

钱用尽，买到的米却吃不到下次领薪，入不敷出。为缓解窘况，多分担生活重负，费孝通勉力写稿，卖文养家。他时常到云南大学校门口的茶馆去，等人上门约稿。但有题目，他文思敏捷，文章倚马可待。长此以往，想要费孝通文章的人都知道去茶馆找他最方便。他的茶位也就成了一个不用事先约定的固定卖文摊位。

费孝通白天为学生授课，回到家要挑水做饭。他接手的题目，常是晚上才能动笔。此时，他为一家人吃饱肚子而写作，夜以继日，日复一日。偶尔，他会暂时停下，稍作休息，回身看看妻女。女儿方才饿得哭叫一阵，复又睡去。妻子在生活困境中精疲力竭。费孝通说，每当此时，他就在郁闷、压抑、无奈中生出一种挣扎、呼喊、爆发的冲动。

他想起杰克·伦敦《野性的呼唤》，写下自己的心情："拖了这几年的雪橇，自以为已尝过了工作的鞭子，苛刻的报酬，深夜里，双耳在转

---

[1] 闻黎明、侯菊坤编，闻立雕审定：《闻一多年谱长编》，湖北人民出版社1994年7月第1版，第592页。
[2] 清华大学校史研究室编：《清华大学史料选编》第三卷（下），清华大学出版社1994年4月第1版，第332—333页。

动,哪里有我的野性在呼唤?""看着自己正在向无底的深渊中没头没脑死劲的下沉,怎能不心慌?我盼着野性的呼声。"[1]

魁阁研究课题的推进,家庭经济压力的持续,加上其他因素,促使费孝通的写作进入一个异常活跃的时期。他搬家到乡下前后两三年间,以《今日评论》为主,兼及《星期评论》《东方杂志》《当代评论》《旅行杂志》等,发表了大量文章。

依据天津人民出版社出版的《社区研究与社会发展》(1996)下册"附录"中"费孝通学术历程与著作提要",他共发表27篇文章。[2]

## (八)

费孝通筹划的昆厂调查方案确定后,史国衡很快进入工作状态。

---

[1] 费孝通:《鸡足朝山记》,《山水·人物》,江苏人民出版社1987年12月第1版,第37页。
[2] 《农村里的囤米》,刊《星期评论》第13期(1940年2月28日);
《农村土地权的外流》,刊《今日评论》卷3,第11期(1940年3月7日);
《清理农家的债务》,刊《星期评论》第17期(1940年3月28日);
《土地继承和农村的粉碎》,刊《今日评论》卷3,第17期(1940年4月28日);
《患土地饥饿症者》,刊《今日评论》卷3,第20期(1940年5月19日);
《荣辱分而知食足》,刊《今日评论》卷3,第23期(1940年6月9日);
《战时内地农村劳动力问题》,刊《东方杂志》卷37,第13号(1940年7月1日);
《货币在农村中》,刊《今日评论》卷4,第3期(1940年7月21日);
《农家费用的分析》,刊《今日评论》卷4,第4期(1940年8月11日);
《西南工业的人力基础》,刊《今日评论》卷4,第14期(1940年10月6日);
《农村游资的吸收》,刊《今日评论》卷4,第22期(1940年12月1日);
《劳工的社会地位》,刊《今日评论》卷5,第1期(1941年1月12日);
《农村的离地》,刊《今日评论》卷5,第10期(1941年3月16日);
《我们要的是人口还是人力?》,刊《星期评论》第28期(1941年6月13日);
《种族绵续的保障》,刊《东方杂志》卷38,第17号(1941年8月30日);
《增加生产和土地利用》,刊《当代评论》卷1,第13期(1941年9月29日);
《双亲抚育的确立——人类婚姻的意义》,刊《东方杂志》卷38,第20号(上)(1941年10月15日);
《夫妇之间——生育制度结构中的一个难题》,刊《东方杂志》卷38,第20号(下)(1941年10月30日);
《论贫农购赎耕地》,刊《当代评论》卷1,第20期(1941年11月17日);
《论养猪与吃肉》,刊《星期评论》第41期(1942年2月14日);
《武器和社会》,刊《当代评论》卷2,第5期(1942年7月24日);
《论旅行》,刊《旅行杂志》卷16,8月号(1942年8月1日);
《论神经战》,刊《当代评论》卷2,第8期(1942年8月10日);
《论等车》,刊《旅行杂志》卷16,10月号(1942年10月1日);
《滇池东岸的西山》,刊《旅行杂志》卷16,11月号(1942年11月1日);
《父母的权力》,刊《当代评论》卷3,第1期(1942年11月15日);
《世代的隔膜——亲子关系之二》,刊《当代评论》卷3,第5期(1942年12月13日)。

1940年8月25日,史国衡住进昆厂,开始调查。到11月10日调查结束时,费孝通已迁居至呈贡古城。

在厂里,史国衡先住技工宿舍,后住艺徒宿舍。昆厂被日军轰炸后,又和工友同住临时宿舍。起居、饮食、逛街、闲聊、打牌、坐茶馆、听演讲等等,他尽量多参与其中。混熟了,工友对他少了顾忌,多了友善。厂里每有事端,总有人主动和他说经过,论得失。工友之间有矛盾,便去找他做调解人。还有人愿意说私密事,话身世,诉衷曲。他做了大量谈话素材的如实记录,留下研究资料。

昆厂调查过程中,按照约定,史国衡每星期都会回到魁阁,和研究室的同事交流调查情况。一次讨论中,费孝通和丁佶、周先庚说到女工研究的重要,又一时找不到合适的女性研究者。田汝康正好有一段边疆研究出发前的空闲,即作尝试。这项"女工调查"大体和史国衡的昆厂调查同步进行。

性别差异使田汝康"不能得到亲密观察女工生活的机会",他只能采取谈话方式了解情况,搜集素材和数据。每次谈话,他都用卡片做记录,当晚编号、整理。每晚整理谈话记录,他常有所感触。积以时日,他"对女工的问题渐渐发生浓厚的兴趣,甚至每每自恨无法摇身一变,变为女身,能打破她们和我的隔膜,更亲切的去认识她们每一个人的个性,了解每一个人的身世,体会每个人的困苦和希望"[1]。

调查之初,女工对这种访谈方式不习惯,经常低着头搓衣角,气氛紧张。史国衡试着改变谈话方式,例如集体讨论,费孝通也时常到场参与。田汝康的卡片记录到三百张上下的时候,女工们从当初陌生、有保留的交谈转为坦诚相告、唯恐遗漏。"有不少小姑娘向我们痛哭"的情境也说明,从事实到情绪,她们都在做真实的表达。

1940年10月11日,田汝康的卡片编到"634"[2]号时,他做调查的工厂遭受日军轰炸,调查不得不中止,他也随着研究室移至魁阁而迁居乡下。后来整理出的"女工调查"成果,作为史国衡著《昆厂劳工》一书

---

[1] 张美川、马雪峰主编:《魁阁文献2:魁阁学者劳工社会学研究》,社会科学文献出版社2019年12月第1版,第133页。

[2] 费孝通在《劳工的社会地位》一文中说,"我们曾和600多个女工谈话"。见《费孝通文集》第2卷,群言出版社1999年10月第1版,第471页。

的附录存世。

谷苞是魁阁早期成员之一。1941年,他毕业于西南联大并留校,就职于清华大学国情普查研究所,三个月后,转到云大—燕京社会学研究室。他记得,"当时在费孝通教授指导下从事研究工作的人员,共有四人,即张之毅(湖南长沙人)、史国衡(湖北枣阳人)、田汝康(云南昆明人)和谷苞(甘肃兰州人)"[1]。

当年魁阁的内部设置,谷苞留有记录:"当时我们的研究室设在呈贡县县城外的一座魁星阁里,有三层楼,下层大,上层小。上层是我和史国衡的单身宿舍;中层设有六张书桌和一个大书架,是读书、写作、开'席明纳'的地方;下层是厨房和洗脸间。"[2]

费正清的夫人费慰梅(Wilma Fairbank)时任美国驻华大使馆文化关系专员,对魁阁做过实地访问,曾在阁内每一层的窗户内观赏外面的景色。她对魁阁青年人饱满的工作精神、明确的研究目标和艰苦的物质条件有深刻印象。

田汝康回忆中,研究室迁入魁阁时,建筑内部已十分陈旧。一些木板松动得厉害,风一吹,就会晃动、碰撞,发出声响。晚上睡觉,时常被这种风吹木板的碰撞声惊醒。因为楼面不大,书架放不下的书和资料,就装在箱子里。研究人员做案头工作也挤在一起。晚上照明,是菜油做燃料,用棉线自制灯芯。他的视力就是在较暗的光线中逐渐近视起来的。

谷苞为自己有机会进入魁阁感到庆幸,他说:"在费老师的指导下,三年的学徒生活,使我开始步入了社会学研究的大门。1941年,我曾在呈贡县南面的化城镇做了村乡传统组织的调查,1942年又做过一次复查,并写成《化城村乡的传统组织》,这本书稿油印之前,曾在魁阁的'席明纳'做过汇报,根据大家提出的意见,特别是费老师的意见,曾认真修改、补充过两次。"[3]

费孝通借鉴马林诺夫斯基的教学方法,把席明纳从LSE搬到了魁

---

[1] 刘兴育、马雪峰主编:《魁阁文献3:云大社会学田野调查老照片(1939—1954)》,社会科学文献出版社2019年12月第1版,第135页。
[2] 同上书,第136页。
[3] 同上书,第137页。

阁，并有新的延伸和发展。马林诺夫斯基只是在席明纳召集、组织、推进讨论和研究，费孝通则把参与讨论的同人带进田野。在他指导下，每个研究人员都有自己的专题，分别到选定的不同社区做实地调查，回到魁阁，一起交流、讨论，再由个人编写论文，完成研究成果。

张之毅的妻子刘碧莹说，魁阁里的人"都是书呆子，干事业不要命的"。搞调查，定好了就分头去，回来见面就争论，一天到晚说调查的事，说各自的看法，晚上不到十一二点不睡觉。

张之毅在《社会调查的一些经验体会》中说："费先生很重视培养年轻人，他能让我们独自上阵，这样就加速了年轻人在研究工作上的成长过程。我们经常举办小型学术讨论会，由一个人做专题报告，大家提意见，在费先生领导下，会开得很活跃，收到集思广益的效果。费先生民主作风很浓，我们平起平坐，对他写的文章也能改，意见也能驳，……我们团体小，不分科研第一线和第二线，我们的著作自己油印，费先生善于刻写，几乎所有蜡纸都是由他用铁笔刻写的。"[1]

费孝通说："我是魁阁的总助手，帮着大家讨论和写作，甚至抄钢笔版，和油印。"[2]

谷苞的论文定稿后，说要自己刻写蜡版。费孝通问他刻过没有，谷苞表示"让我学着干吧！"，费孝通说那不行，用力轻重不均匀，刻出来不清爽，印出来会增加读者的困难，还是由他来干。

费孝通当时正值宿疾发作，是带着哮喘症状刻写蜡版的。谷苞说，他九十岁时，还能清晰回忆起当年魁阁中费孝通的铁笔在蜡版上摩出的沙沙声。

战时环境严酷，资金和物资供应都很匮乏。因为研究经费不足，魁阁没有条件开展较大规模的研究计划，甚至买不起照相机、胶卷等简单器材和日常消耗物品。费孝通在艰苦条件下想方设法，推动魁阁扎实而坚韧的研究工作，保持着当时学科前沿的水准。

1948年2月，费孝通为在观察社出版《乡土中国》所写后记中说："我们进行的工作有好几个计划，前后参加的也有十多人，有结果的是：

---

[1] 马雪峰主编：《魁阁文献1：张之毅文集》，社会科学文献出版社2019年12月第1版，第191页。
[2] 费孝通：《乡土中国》，观察社民国三十七年四月初版，第98页。

张之毅先生的《易村手工业》《玉村土地与商业》《洱村小农经济》；史国衡先生的《昆厂劳工》《个旧矿工》；谷苞先生的《化城镇的基层行政》；田汝康先生的《芒市边民的摆》《内地女工》；胡庆钧先生的《呈贡基层权力结构》。"[1]

厦门大学教授谢泳对魁阁做过专题研究，称魁阁为"中国现代学术集团的雏形"，认为"费孝通的个人魅力不仅表现在他的性格和学术水平上，还与他个人的道德水准密切相关。他始终将魁阁作为一个共同合作的学术集团，自己只是其中的一分子，从没有以老大自居。1943年他去美国，亲自将研究工作的一部分译成英文在美国出版。一本是 Earthbound China（费孝通、张之毅合著），一本是他的学生史国衡的 China Enters the Machine Age。对于当时只有三十岁出头的费孝通来说，没有很高的境界和宽广的胸怀，是做不到的，这种精神一直在影响着魁阁成员"[2]。

如今魁阁门前，费孝通和他的学术团队成员被岁月化作一群雕像，或坐或立，静居门前一侧，迎送着远远近近的拜访者，无言地讲述着一代知识分子的良知和守护。

## （九）

1943年初，费孝通有过一次大理讲学和鸡足山观光的经历。

1月26日，他和潘光旦、曾昭抡、罗常培、陶云逵、燕树棠、蔡维藩、孙福熙、张印堂、张文渊一起出发。潘光旦日记中说："因赴大理讲学之便，得再度纵览苍山洱海之胜，庆祝新约之假期内，又得结伴作鸡足之游，宿愿五年，偿于一旦，快何如之。"[3]

费孝通能在生活重担下、魁阁劳作中抽出一小段时间，呼朋唤友，结伴讲学，先访大理名城，再游鸡足名山，自有难得的人生快意。他后来写出的《鸡足朝山记》中，确实流露出一些雅趣和情致，是平日里没有更多机会和余兴袒露于人的。

---

[1] 费孝通：《乡土中国》，观察社民国三十七年四月初版，第98页。
[2] 谢泳：《西南联大与中国现代知识分子》，湖南文艺出版社1998年11月第1版，第112页。
[3] 潘光旦著，潘乃穆、潘乃和编：《潘光旦日记》，群言出版社2014年12月第1版，第28页。

一同到大理讲学的这些教授,都喜游历,喜欢的程度和方式却不一样。潘光旦察言观色,依诸位教授所抱趣味、态度的不同,分作"三派",逐一点评。

"第一派最持重,愿意山水送上门来,不愿迁就山水;……第二派甘心迁就,但是有条件的,就是附带要做些学问。……第三派最莫名其妙,好像是最想学'醉翁之意不在酒'的六一居士,但若说真'为游览而游览',却谁也当不起。"[1]

费孝通被归在第三派。潘光旦打趣说:"孝通倒像属于这第三派的正宗。他的惰性最大,每次出行,无论远近,都要有人推动。我相信他也决不反对有人把山水送上门来。在各种的游览方式中,最合他胃口的,我相信是'卧游'。我又相信,如果没有人和他同行,他可以百里半于一十,或者多二三十,可以随时打回头,可以'乘兴而往,兴尽而归',并没有一定的目的地。有了,到不到也不关宏旨。在事实上,一路晓行夜宿,'先天下之睡而睡,后天下之起而起'的也总是他。"[2]

潘光旦早年就读于清华园时,曾受业于梁启超,因其才智卓异,见识特殊,备受梁启超赞赏、鼓励。1922年,潘光旦公费留学美国,选定优生学方向,专攻生物学,主修自然科学,如动物学、古生物学、遗传学等,辅修社会科学,如人类学、社会学、哲学、心理学等,还选修犯罪学、日本历史、德国思想等诸多专题性质的跨学科课程。四年里,他在美国达特茅斯学院、哥伦比亚大学连取本、硕学位后,感觉此地求学不过如此,就放弃了读博机会,回国后先在上海教书,后又回到熟悉的清华园。

费孝通进清华大学研究院社会学部读书时,成为潘光旦的学生。他们早年就在上海相识,有大同乡之谊,来往较多,情趣投缘,相知甚深。潘光旦把费孝通归为"第三派的正宗",笑他属意"卧游",往返皆可,去留无意,话语有玩笑之妙,也是知人之论。

可走可停,先睡后起,费孝通的随意,不影响他一路对风物人情的

---

[1] 潘光旦:《鸡足朝山记·潘光旦序》,《山水·人物》,江苏人民出版社1987年12月第1版,第11页。
[2] 同上。

细微观察，敏锐感受。

《鸡足朝山记》开篇是"洱海船底的黄昏"，费孝通状景如下：

> 不论是用橹用桨，或是用桅，船行永远是按着拍水的节奏运动。这轻沉的声调从空洞的船身中取得共鸣，更靠了水流荡漾回旋，陶人心耳。风声，水声，橹声，船声，加上船家互相呼应的俚语声，俨然是一曲自然的诗歌。这曲诗歌非但是自然，毫不做作，而且是活动的。船身和坐客就在节奏里一动一摆，一俯一仰，顺着这调子，够人沉醉。孩子们的摇篮，成人的船，回到了母亲的怀里。……"这个年头做人本来应当健忘一些，麻木一些。世已无常而恨我尚不能无情。为了免得自取怅惘，不如关在船底，落日故人，任他岸上美景怎样去惹人罢。[1]

费孝通生长在水乡，天生近水爱船。自入燕园念书，南方北方来往，东方西方求学，直到三村调查，魁阁研究，十多年里，除了几次海上漂泊，再无坐船机会。

这次乘船，本来是讲学团一行人要趁着晚风横渡洱海，赶路到对岸去歇夜。先行者驶离码头后，风向风力突变，船直在水面打转，很难靠岸，于是暂缓行程计划。众人知当晚走不成了，弃船上岸，去游洱海晚景。潘光旦和费孝通却乐意留在船里，"一点乡思系住了这两个万里作客的游子"。

同行者中，费孝通情感最亲近的，是潘光旦。这位品行高贵、性情达观、学兼中西、热忱有趣的名教授，他在哪里，空气都会染了文化气息。

潘光旦语言天赋很高。大理讲学时，全场三千人听讲，他考虑到绝大多数是当地青年，就用他数年里学到的云南话演讲，驾轻就熟。到了船上，潘光旦又用土语和船家聊起烤茶和吃饭事，费孝通听话听到羡慕，品茶品得入心。

潘光旦告诉费孝通，他喜欢吃船饭，是幼年留下的根子。那时靠河

---

[1] 费孝通：《鸡足朝山记》，《山水·人物》，江苏人民出版社1987年12月第1版，第15、14页。

而居,河里常停着小船。每到中午吃饭的时候,船家的饭做熟了,幼年潘光旦常看着他们吃,眼巴巴地也想吃。但家教很严,不能随便就去,总是无缘一尝,从此就落下了好吃船饭的情结。

这次是大好机会,潘光旦得偿夙愿。船家铺好席子,摆出碗筷,腌肉、白菜,辅以豆豉,他俩和七八个船夫围在一起,放肆无碍,开心大嚼。

费孝通记下现场实况:"饭饱茶足,朋友们还没有下船,满天星斗,没有月。虽未喝酒,却多少已有了一些醉意。潘公抽烟言志,说他平生没有其他抱负,只想买一艘船,带着他所爱的书(无非是蔼理斯之辈的著作)放游太湖,随到随宿,逢景玩景。船里可以容得下两三便榻,有友人来便在湖心月下,作终宵谈。"[1]

如此雅意,能有机会倾心谈,还能现场模拟平生抱负,在潘光旦、费孝通基调沉重的云南岁月里,是极难得的精神温暖时分。那天是2月5日,师生二人舟中夜话,直聊到晚9点多,岸上逛景的同人归来,"复欢叙移时,以曲文故事相酬应,莘田歌昆曲,最擅场,至十一时始就枕"。潘光旦联想平生历次类似场景说,"余雅爱就舟中宿,十年前与语堂等游皖南,尝力主于新安江上为之,前岁由川滇公路入川,道出泸州,深厌逆旅之烦扰,亦尝于沱江上为之"[2],不亦快哉。

潘光旦与陈寅恪、梅贻琦、叶企孙共享清华史上"四大哲人"美名。他学问细密深沉,襟抱宏阔,天性乐观。读清华学校中等科时,因运动伤未被治愈,失去右腿,仍不耽误他放洋留学,四处求知。多年后,有人问及当年,潘光旦告,独腿使自己得到更多读书时间,也成了他人容易辨识的标记。回国后,他做田野调查,民族识别,为此跋山涉水,不后于人。这次大理讲学,鸡足山朝圣,也是一例。

夜话后,就枕前,潘光旦有文字寄情:"时值月朔,疏星而外,八表同昏,松风之余,万籁俱寂,俯仰身世,心地廓然,俨然有与天地同流之感;半生得此,永志弗忘矣。"[3]

---

[1] 费孝通:《鸡足朝山记》,《山水·人物》,江苏人民出版社1987年12月第1版,第17页。
[2] 潘光旦著,潘乃穆、潘乃和编:《潘光旦日记》,群言出版社2014年12月第1版,第34页。
[3] 同上书,第37页。

## （十）

1941年12月7日，日本偷袭美国珍珠港。8日，美国政府对日宣战。9日，中华民国政府对日宣战。中美成为"二战"同盟国。

从1942年起，美国政府邀请中国知名大学派遣教授赴美访问，做学术研究和文化交流。教育部要求云南大学选派一名教授。云南大学确定由费孝通前往。美国国务院文化关系司资助他赴美进行访问研究，为期一年。[1]

第一批被选中的教授中，据说费孝通是最年轻的一位。

云南大学有一份学生办的《生活导报》。费孝通、闻一多等知名教授平时支持学生的社会活动，常为他们写文章。办报的同学得知费孝通要到美国做学术访问、文化交流，和他约定，把途中见闻写成"旅美寄言"，随写随寄，收到就发表，及时分享给云大的同学。

1943年6月5日，费孝通出发，暂别魁阁同人和妻子幼女，开始初访美国的旅程。

费孝通发回给《生活导报》的第一篇文章，以"人生的另一道路"作题。

这个题目，是燕京老同学杨庆堃十年前写信说给费孝通的一句话。

这句话，费孝通记得清楚。这封信，费孝通记得完整。十年后，他凭借令人难以置信的记忆力，默写出杨庆堃当年长信全文，同时提出一个大问题，把人生道路拓展为文化道路，使个人的人生接通国人的人生。

费孝通说："我相信这是每一个认真为中国文化求出路的人，说得更狭小一点，每一个认真要在现代世界里做人的中国人，多少会发生彷徨的一个课题：我们是维持着东方的传统呢？还是接受一个相当陌生的西洋人的态度？东方和西方究竟在什么东西上分出了东和西？这两个世界真是和它们所处地球上的地位一般，刚刚相反的么？它们的白天是我们的黑夜，它们的黑夜是我们的白天？它们的黑暗时代是我们的唐宋文

---

[1] 陈希：《"最后离开的第一批"：富布莱特学者雷德菲尔德的中国之旅》，《世界历史评论》2021年夏季号，第166页。

采,它们俯视宇内的雄姿是我们屈辱含辛的可怜相?历史会和地球一般有个轴心在旋转,东西的日夜,东西的盛衰是一个循环么?我们有没有一个共同的光明?这光明又是否全盘西,或是全盘东?这又会成什么东西?"[1]

这些问题,写在《初访美国》系列文章的开篇,是他当年和王同惠一起提出"为什么我们到瑶山去"这一问题的自然延伸。似乎可闻"为什么我到美国去"的自问。

带着一连串的问号,费孝通开始了初访美国之旅。

最初的行程,费孝通感觉经历了"文化的下马威"。从华盛顿到纽约,他乘坐巴尔的摩到俄亥俄之间的火车到新泽西。新泽西的工厂烟囱排列,被费孝通描述为"梳子一样",无数的车在梳齿缝里穿梭。从新泽西坐渡船去纽约,对岸矗立着曼哈顿的耸天高楼,背后是烟尘笼罩的巨大厂房。水面中心,是著名的自由女神像。

费孝通从这些景观中读到了美国文化"文摘"。他写信告诉朋友,在新泽西渡船上看到的"文摘"图景,确实使他在最短时间里对美国有了很深的印象。

大约半年后,随着对美国现状和历史的了解不断深入,费孝通看到了营造摩天大楼的创造力生成的土壤,感受到了来自拓殖时代乡村生活的美国精神,相信了"每个人赤手空拳都有出人头地的机会",目睹了妇女从家务劳动中解放出来的事实,知道了美国人怎样从"贫困的早年"一步步走进现代化生活。

费孝通用"慢慢使我喜欢美国"述说心情的自然变化。

在《幸福单车的脱节》一文中,费孝通举证,"铁道大王凡德俾尔特出身是一艘帆船的主人";"煤油大王洛克菲勒是一位游方的外科医生的儿子";"钢铁大王卡耐基是苏格兰手织机工的儿子";"汽车大王福特是个机器匠出身"。费孝通说:"我们若看看这些成功人物的传记,总不免会发生项羽'彼可取而代之'的雄心。舜亦人耳,大家有此机会。……有为者亦若是!"[2]

---

[1] 费孝通:《美国与美国人》,生活・读书・新知三联书店1985年8月第1版,第6页。
[2] 同上书,第45—46页。

1943年7月3日，费孝通写出《遗传和遗产》一文，显然跟他受到的这类触动有关。

美国的现实，使他想起中国，想起和潘光旦一起的洱海夜话，想起"潘光旦先生的优生论……引不起人切身的关注，正反映出我们社会中天分才智还不是一个人事业成败，享受厚薄的必要条件。""高踞社会要津，叱咤风云，众望所归的人物，有些可以真的胖得和愚笨得像某种智力最低的动物。若是我们把他们的智力测验一下，也许会不及那些被他们使唤呼喝和奴役的轿夫们。……一个赤手空拳的人，除了非法的手段外，想获得财产实在是一个不容易实现的企图。……你要生活优裕，记着我的话，你必须有个好爸爸。他给你一笔财产之后，你才有资格讲努力讲拼命。在只有财产能生财产的社会里，决定人的生活的不单是财产而是遗产。"[1]

费孝通为此感慨："我们这个社会说来也实在叫人难过。它奖励人做好人，而并不给好人预备下奖品。我在农村里调查过不少实例，我的结论也是无法承认一个吃苦的农夫做了一生牛马能创立一个可以养老的家业。"[2]

从访美日程看，费孝通写这篇文章时，应该是在哥伦比亚大学访学期间。那段时间里，该校人类学系主任拉尔夫·林顿（Ralph Linton）派其助理为费孝通提供服务。在该校太平洋关系学会办公室里，这位助理帮助费孝通把《禄村农田》译成英文，编成 Earthbound China 一书内容的第一编。书名是1938年马林诺夫斯基在费孝通完成博士论文后为他确定的。他当时表示，希望这是费孝通的下一部著作的题目。

"埋头编写 Earthbound China 一书"[3]，这是费孝通自述的在美状态，带着特定心情。

这次访美，费孝通代表国立云南大学。他做云南三村调查，是校方倾力支持的（禄村调查前，校长熊庆来专函教育厅，取得县方协助。禄村调查回城，费孝通用于防身的手枪被车站扣留，熊庆来致函检查处，

---

〔1〕 费孝通：《遗传和遗产》，《费孝通文集》第3卷，群言出版社1999年10月第1版，第110—112页。
〔2〕 同上书，第112页。
〔3〕 费孝通：《美国与美国人》，生活·读书·新知三联书店1985年8月第1版，"旧著重刊前言"第2页。

四　里程碑的延续：从伦敦到云南　　147

申明理由作保[1]），研究成果是国际同行关注和期待的，不妨看作这次出访的主要本钱。他"埋头编写"调查成果，是这次访美交流的需要，也牵动了后续的中美双方学术交流与合作。

雷德菲尔德（Robert Redfield）是富布莱特项目首批学者之一，巧的是，他是费孝通燕园求学时来华讲学的派克老师的女婿。1943年11月到1944年1月，费孝通访问芝加哥大学，二人得以相识。

费孝通到芝加哥时，派克老师避寒到南方去了。他被安排在派克的办公室工作。一位书记员领着费孝通到社会科学大楼502号房间，表示可以把门上铜格里的Robet Park字牌换下。费孝通还记得派克老师燕园讲学第一课引起的轰动，记得跟着派克老师游走天桥街区的情景，记得派克老师嘱咐他多读小说、不必多读《社会学大纲》的教诲，记得派克老师因雪中迟到表示的真诚道歉……他怎么会舍得把老师名字的标牌换掉？

费孝通说："在我，这件有意或无意的安排是深有意义的。……私心窃喜，在他常坐的椅子上，一定会得到一点他余下的灵感，希望写出一本能自偿以前辜负他早起、谆谆教导我们的苦心。这里似乎有一种历史因缘。目前的情境因过去的纪念而发生了超出于现有一切之上的意义。我坚持着不要把门上的名牌取下，我需要具体、生动、活着的历史。我感觉到这门牌，这些围在墙壁上的旧书架和架上的书，甚至这屋内的空气，都动不得，在这一切活着的过去里，我看到了在几个月之后，在桌上可能有的那本 Earthbound China 的稿纸。动一动，一切可能都会完了。"[2]

某日，有人轻叩502号房门。费孝通开门，见到派克老师的女儿、雷德菲尔德的妻子格里塔（Greta Redfield）。格里塔表示，愿意协助费孝通工作，修改、翻译 Earthbound China 尚未完成的部分，不计酬劳。对此，费孝通当然求之不得。他们愉快地一起工作。费孝通还到她和雷德菲尔德的乡间别墅去住过一周。

在格里塔的帮助下，《易村手工业》和《玉村农业和商业》顺利编译成了 Earthbound China 第二编和第三编。费孝通离开后，她积极联络芝加哥大学出版社，促成国际学界早日分享"中国社会学派"最新成

---

〔1〕中国民主同盟云南省委员会编：《费孝通与云南》，群言出版社2013年5月第1版，第146—17页。
〔2〕费孝通：《美国与美国人》，生活·读书·新知三联书店1985年8月第1版，第92页。

果。据说该书出版后"轰动一时,各报的书评很多大都在方法论上加以肯定。该书至今还是美国社会学专业的指定参考书"[1]。

张之毅曾回忆说,*Earthbound China*"是集中研究土地问题的,在美国出版后受到了重视,他们对这三个调查的方法较感兴趣,向我们学习方法。他们讲,这是芝加哥学派方法在农村中的应用。……在农村调查问题上,我们在世界上是有成绩的"[2]。

1981年,一位访华的美国教授告诉张之毅,美国的社会学专业课程里,*Earthbound China*是他们的必读书。

1944年2月到3月,费孝通转至哈佛大学。该校商学院的埃尔顿·梅岳(Elton Mayo)教授精于工业生产现场研究,著有《工业文明的社会问题》。有梅岳做指导,梅岳夫人出手具体帮助,费孝通把史国衡的魁阁研究成果编译为*China Enters the Machine Age*一书,该书于1944年由哈佛大学出版社初次出版。

4月到5月,费孝通回到芝加哥,最终改定*Earthbound China*书稿,写出序言。该书于1945年由芝加哥大学出版社出版。

有研究者证明,"除了开展翻译和研究工作之外,费孝通此次访美肩负的另一项更为重要的使命,是尝试开拓战后中美两国社会科学界合作的可能性。1943年夏天,刚到美国不久,费孝通便马不停蹄地奔赴哈佛大学、密歇根大学和哥伦比亚大学等高校,向这些学校提议筹划战后合作。"[3]

费孝通的努力,促成了一份合作计划备忘录,其中有组建高校联合委员会、互派学者实地考察、研究成果以中英文同时发表等具体设想。经历一番历史曲折,其中部分设想于1948年在中美官方合作的富布莱特项目中正式启动。

## (十一)

费孝通访美一年过程中,集中心思于魁阁研究成果的整理,没有更

---

[1] 马雪峰主编:《魁阁文献1:张之毅文集》,社会科学文献出版社2019年12月第1版,第252页。
[2] 同上书,第212—213页。
[3] 陈希:《"最后离开的第一批":富布莱特学者雷德菲尔德的中国之旅》,《世界历史评论》2021年夏季号,第167页。

多时间和精力做专业性质的社会调查。但他处处留心，带着学者的关怀和眼光，即便是休息时间，也能从观光现场和见闻中得到一些美国人生活的印象。按他的标准，说不上深入，但在一个人类学者、社会学者的眼里，在他充满一连串问号的心里，还是会看到、感受到一些深层的东西，有可能从面相看出骨相，从切片体察整体。

"旅美寄言"系列通讯里，有一篇《贫困的早年》。费孝通希望和《生活导报》读者一起由表及里看问题，他说："若忘记了美国的历史，被暴发的都市文化挡住了视线，我们会误解美国的国民性。大企业、大工厂、大都市在美国确有它们的势力，它们表示了美国的力量，可是只是皮肤和肌肉，并不是骨骼。骨骼还是他们在早年工业尚没有发达之前，拓殖时代乡村生活中所养成的。那种粗放旷达的生活环境养成了独来独往，不亢不卑，自负自骄，耐苦耐劳的性格。这性格归结于他们崇尚平等，爱好自由的精神。美国的创造力并不是凭空获得的，而是从这种对生活的认真，对自由的爱好中长成的，更因为有些这种性格，这种精神，所以他们所发生出来的创造力并不像西欧日耳曼民族那样爆发成为人类的破坏和毁灭。我们要认识美国，不在它外表的耸天高楼，而是在他们早年的乡村里。"[1]

哈佛大学埃尔顿·梅岳教授所著《工业文明的社会问题》，曾由费孝通译介到中文读者中。该书第六章的标题原文是"Patrioyism is Not Enough; We Must Have No Hatred or Bitterness Towards Anyone"，费孝通译为"爱国主义是不够的；我们对人必须没有仇恨或怨气"。

这是梅岳的主张，也合乎费孝通的价值观念和具体认知。他没有仇恨和怨气，也没有媚态和傲气，保持着对世界的冷静观察，尽量如实叙述，以接近事物真相。

在美一年，他看到了"自由之邦的传统"和"年轻文化的前途"，也看到了"民主的沉睡""劳资的鸿沟""文化的隔膜"和华侨受到排斥的情况。

出自费孝通笔下的"旅美寄言"，陆续寄到中国昆明。《生活导报》展示出一幅幅美国文化风景。即便不考虑体察字里行间的人类学眼光，只把这些篇章当作游人的手笔，也能随着通俗、生动的文字隔海观光，

---

〔1〕费孝通：《贫困的早年》，《初访美国》，生活书店中华民国三十五年六月初版，第15—16页。

步移景换，不时有所触动，受到启发。五十多年后，还有读者记得这些文章，称费孝通为"文学圈外文章高手"。

"埋头编写 Earthbound China 一书"和为《生活导报》撰稿之余，费孝通把相当多的时间用于中美文化交流、学术合作的远景筹划上。费正清的学生阿古什自称，对费孝通当时每周活动日程都有所了解。他看到了费孝通访美期间写的不少信件，其中有写给太平洋关系协会的，有写给雷德菲尔德夫人的，还有写给费正清夫人的。

费夫人负责费孝通的旅行安排。阿古什说："这是一位国际博学的事业家和精力充沛的图景，他与美国人在一起，为建立中美社会科学长期学术合作的基础而努力。"[1]

阿古什在其《费孝通传》一书中对传主这类活动做了梳理：他竭力安排邀请美国著名的社会科学家到中国进行为期一年的学术活动；挤出时间多次到东海岸和中西部等地，和当地社会科学名家广泛接触；提出在美国财政支持下两国交换大批学生的设想；说服雷德菲尔德赴中国考察各种社会调查机构，并为此取得洛克菲勒基金会的资助；为云南大学的同事和学生争取赴美深造的奖学金；为魁阁的研究工作向太平洋关系学会和哈佛—燕京学社募捐；为芝加哥大学争取研究唐人街的经费，并为之物色研究人员……

在并不轻松且有时限的著述工作缝隙中，费孝通穿插了这么多事情，需要旺盛的精力、出众的才智、足够的热忱和卓越的社会活动能力才能做成。

1943年12月7日，费孝通写信告诉吴文藻，芝加哥大学对"世界上各种伟大的当代文化"抱有强烈的研究兴趣，为此设立了地区研究委员会，雷德菲尔德是该委员会成员之一。芝加哥大学可能是最适合实施战后中美社会科学合作计划的美方院校。[2]

费孝通和芝加哥大学地区研究委员会主席约翰·A.威尔逊（John A.Wilson）商定，由美方派一位代表先行访华，考察中方社会科学研究机构实况，根据考察意见制定后续具体合作方案。吴文藻帮助费孝通取

---

[1] [美]戴维·阿古什著，董天民译：《费孝通传》，时事出版社1985年11月第1版，第82页。
[2] 陈希：《"最后离开的第一批"：富布莱特学者雷德菲尔德的中国之旅》，《世界历史评论》2021年夏季号，第167页。

得国民政府教育部的正式邀请函，费孝通争取到洛克菲勒基金会的资助，提名由雷德菲尔德担任访华代表，得到芝加哥大学校方和美国国务院的认可。雷德菲尔德欣然受命。

1944年5月底，雷德菲尔德接到中国政府教育部长陈立夫的正式邀请函电后，专程前往纽约，拜访胡适，听取其建议，于当年10月启程前往中国。他乘坐轮船出发不久，即受牙疾复发的严重困扰，不得不立刻返回，失去了这次机会。

好事多磨。此后因抗战胜利、原定访问的西南地区几所高校忙于校址复原，雷德菲尔德迟迟无法重启访华计划。直到1947年11月，中美政府签署富布莱特项目合作协议，雷德菲尔德申请项目成员获准。1948年10月9日，他终于开始了迟到数年的访华旅程，和夫人、儿子同行，于11月1日抵达北平。第二天，费孝通和潘光旦把他们一家接到清华园，开始了特殊历史时期的一段学术交流活动。

穿行在中美文化之间，联络着一件又一件事情，费孝通对不同文化的差异体会得比平时更充分、更深入，看到了文化沟通的重要和迫切。

他说："世界上各式各样文化里长成的人现在已开始急速的渗透往来，我们必须能相安相处，合作同工。可是我们的心理上却还没有养成求了解，讲容忍的精神，说不定我们因之还会发生种种烦恼、种种摩擦。在将来的历史家看来，也许会说我们在建立天下一家的世界过程中曾付出了太大而且不必需的代价。"[1]

费孝通说的是现实，他并不愿做前景不祥的预言。话音犹在，日本广岛原子弹爆炸的消息震惊世界。费孝通看到消息的时候，已是从美国返回中国一年之后。当时，他正在整理《初访美国》的文稿，书写"余笔"。费孝通把震惊之余的焦虑写入"余笔"——

> 战争给我们明明白白看到的就是我们对于怎样毁灭的知识长进得实在太快。当我写这余笔时，报纸又送来了原子炸弹的消息。原子力的运用已产生了人类整个毁灭的可能性，要避免这可能性的实现（这应当毫无问题的是人类共同的目标），我们实在只有用同样

---

[1] 费孝通：《文化的隔膜》，《初访美国》，生活书店，中华民国三十五年六月初版，第94页。

的努力去发展可以促进人类合作的知识。若是沟通文化是可以消弭国际误会的话,这无疑是我们不应再事延缓的工作了。我怎能不心急呢!我们这一代处在这一代历史的考验里![1]

看待社会问题时,在通常角度上增设一个文化观察角度,或是人类学者职业特征之一。出访美国途中,回国之后,费孝通的相关思索和表达都体现了这一特征。

赴美行前,一位朋友知他乡村调查、魁阁研究的艰辛,对他说:你也该有个假期了,出去休息休息,养养胖,回来再干。费孝通在美期间却不觉得放松。他说:"我到美国已经有四个月了,说是享乐吧,真是天知道,当然,主人们给我们的盛情款待再也不能更加添了。香烟和牛奶从来没有吝啬过,可是,不知怎地我们害了病,有个黑影追着我们,永远也不能使我们心平气和地消受这朱门的酒肉。""哪里是假期,哪里有休息的闲情,实是一回磨难。心头总是沉着一块丢不掉的石头:我担心这地球背面那四万万人的前途。……下一代大概免不了都得送到这个文化里来,我怕,不论我们愿不愿,我们不能不这样做。"[2]

告别美国,回到四万万人当中,费孝通评说内政问题,继续向读者呈现文化观察角度。

他说:"我们短短几十年中政治上的变动并不能说少,而实际上,变来变去,有多少改革,谁也不敢估计得太高。我们是不是应当反躬自问,这是什么原因?若是我们把现中国的基本问题看成一个文化的转变问题,而把文化看成人民的生活习惯和生活态度,也许就可以扩大一些我们应当努力的对象。我们得多注意一些生活的各方面,多养成一些现代生活中做人处事所必需的观念和态度。这样或比整天高呼政治改革更基本些和更切实些,至少也是相互为辅的。"[3]

这段文字,费孝通写于1943年。八十年后,这本传记写作和修改接近完稿的时候,对中国社会改良和改造,依然适用,贴切之至。

---

[1] 费孝通:《美国与美国人》,生活·读书·新知三联书店1985年8月第1版,第152页。
[2] 费孝通:《向西去》,《费孝通文集》第3卷,群言出版社1999年10月第1版,第133—134页。
[3] 费孝通:《我们没有分别——给编者及读者的信》,《费孝通文集》第3卷,群言出版社1999年10月第1版,第106页。

## 五　书生议政与"民主教授"

（一）

初访美国期间，费孝通为促进中美学术合作、文化交流的社会活动，涉及双方学术资源，也需要政府机构沟通、协调。在审核、准许环节上，还须有权力因素介入。这一年里，编译事务之外，他一直以学者身份奔走于学术活动的拓展，也一直没有离得开政治因素。尤其是这次访美活动，本身就是"盟国"政治姿态的国际表达。这次经历，在功能学派出身的费孝通来说，对学术的政治功能，政治对学术可能发生的给予和褫夺，学术和政治的难以切割，都有了现场观察和切身体验。费孝通日后的政学两栖状态，不妨从此开始观察其前因后果。

费孝通生命过程中，绵延着始终强烈的学术兴趣，也贯穿着一种相从且持续的政治兴趣。从源头因素看，应是来自家庭影响。其父母都是社会贤达。父亲在辛亥革命当年当选吴江县议会议长，母亲为"中国最早阐发妇女解放的论著"《女界钟》写序。长兄和早期共产党人一起从事革命活动。生长于如此家庭，自然有政治文化因素的熏染。

费孝通曾随长兄参加进步活动，1927年后有过一段消沉。他说："白色恐怖笼罩江南。许多和我一起兴高采烈地欢迎北伐军进苏州城的青年朋友，就在这一年里，失踪的失踪，被捕的被捕，死亡的死亡。逆风猛烈地震撼刚刚踏进青年时代的心灵，……"[1]

消沉中，费孝通"由政治斗争中退隐到学业里"[2]。先选择医学专业，希望救死扶伤，后弃医从文，转学社会学和人类学，想为社会诊病，为

---

[1] 费孝通：《山水·人物》，江苏人民出版社1987年12月第1版，"自序"第4页。
[2] [美]巴博德：《经历·见解·反思——费孝通教授答客问》，《从实求知录》，北京大学出版社1998年6月第1版，第443页。

文化找出路。他先后在燕园、清华园和LSE三所名校经历科学训练，连续八年时光。一块璞玉，经吴文藻、史禄国、马林诺夫斯基三位名师接续打磨，费孝通卓然成器，学术成果进入国际社会人类学前沿水准。他心怀大愿回国效力，因战争不得不辗转后方昆明，因党争不得不选择政治身份。

费孝通说："1944年我从美国访问回来，想继续在魁阁搞学术研究，但是，国内时局更加动荡了。"[1]在恩师潘光旦与好友闻一多、吴晗等人影响下，费孝通确定了政治身份归属。他曾写《学历自述》说，当时"国内政局日趋紧张。我忧心国事，1945年由潘光旦先生介绍参加中国民主同盟，投身爱国民主运动。同时，转入西南联大，为清华大学教授。1946年因李、闻事件被迫离滇，并于该年冬重访英伦。1947年回返北平，继续在清华任教，直到解放"[2]。

这两三年间，中国抗战胜利，内战残酷开打，时局变动直接影响到费孝通的学术研究工作。形势大于人愿，他以往的一心治学演变为后来的政学两栖。

费孝通从美国回到昆明，见到闻一多。费孝通说："这时的闻一多先生同我出国前的状况也大不一样了，他已经是昆明广大青年热爱尊敬的民主教授。他见到我，立即伸出热情的欢迎的手，同时也毫不含糊地指出我一年前的那种思想，'不好！不好！'""这往往是知识分子对现实无可奈何的一种想法，我自己过去就有过，而且钻进故纸堆，就像你们知道的，听任丑恶去开垦，看它造出个什么世界！结果呢？明哲可以保身，却放纵反动派把国家弄成现在这样腐败、落后、反动，所以我们不能不管了，绝不能听任国民党反动派为所欲为了。"[3]

闻一多说"不好"，指的是费孝通在《鸡足朝山记》中流露的情绪，伤感、沉重。

费孝通在这本书"后记"中写道："自从那次昆明的寓所遭了轰炸

---

[1] 费孝通：《暮年漫谈》，《费孝通全集》第17卷，内蒙古人民出版社2009年10月第1版，第479页。
[2] 费孝通：《学历自述》，《费孝通学术精华录》，北京师范大学出版社1988年6月第1版，第608页。
[3] 费孝通：《难得难忘的良师益友》，中国民主同盟中央委员会编《中央盟讯》1980年第6期，第16页。

之后,生活在乡间。煮饭、打水,一切杂务重重地压上了肩头,又在这时候做了一个孩子的父亲。留恋在已被社会所遗弃的职业里,忍受着没有法子自解的苛刻的待遇中,虽则有时感觉着一些雪后青松的骄傲,但是当我听到孩子饥饿的哭声,当我看见妻子劳作过度的憔悴时,心里好像有着刺,拔不出来,要哭没有泪;想飞,两翅胶着肩膀;想跑,两肩上还有着重担。我沉默了,话似乎是多余的。光明在日子的背后。"[1]

"做个和尚吧!"在费孝通确曾这样想了。"我这样自己对自己很秘密地说,在深山名寺里,人间的烦恼会失去它的威力。淡泊到没有名利,自可不必在人前装点姿态,反正已不在台前,何须再顾观众的喝彩?不去文化,人性难绝,拈花微笑,岂不就在此谛?"[2]

这段文字,费孝通写于初访美国前几个月,特意引用在"旅美寄言"第一篇。他借此记录访美之前的心境。他认为这种心境有相当的代表性。作为知识分子,在国家存亡关头,不能披坚执锐冲锋陷阵,目睹腐败堕落无能为力,很容易消极悲观,逃避现实,这是抗战时期诸多后方人士的共同心理。

恰在此时,"人生的另一道路"出现在费孝通眼前。回到国内,又看到闻一多的明显变化,自然引发他的思考。闻一多承认,读书是莫大幸福,他本愿意钻故纸堆,安心于古籍研究,但到了起码生活条件都没有的时候,只能拍案而起。

费孝通自美回国后投身民主运动,也有因其学术研究受到国民党干涉的因素。方向上、逻辑上,他和闻一多是一致的。区别在于,闻一多的表达方式,常见的是愤怒、声讨、咆哮,不惜杀身成仁,唤醒民众,带有诗人特征,呈现极端的情感色彩,费孝通则是学者定位,保有更多冷静、理智和学理思索,让自己的政治参与成为社会改良的一部分。

当年西南联大,有"民主堡垒"之称。费孝通和他的师友们,如潘光旦、罗隆基、吴晗等人,多是民主运动中的活跃人物,是著名的民主教授。从参与民主运动的初始心理看,则存在着被动和主动的区别。

闻一多说:"以前我们知识分子都多少带着洁癖,不过问政治;现

---

[1] 费孝通:《人生的另一道路》,《美国与美国人》,生活·读书·新知三联书店1985年8月第1版,第9页。
[2] 同上。

在却是政治逼着我们不得不过问它了。"[1]吴晗说:"写文章是愿意的,困难的是……成天要接见许多生疏然而是热诚可爱的面孔,说太多自己也记不起来的话;有时候还得被牵上讲台,被挤上游行队伍的前排,如此如此,就永远写不出自己想写的东西,不能读自己该读的书,然而,又能怨谁,只怪自己是生在如此一个时代。"[2]潘光旦则始终在可能的条件下自觉地保持着与政治参与的适当距离。[3]

他们都有"不得不如此"的因素在。费孝通的参与姿态和他们明显不同。虽说也有一定的无奈因素,但费孝通在基调上是主动的、积极的,乃至是投入的。

民盟成立于1941年3月,是当时国共两党之外中间政治力量的聚合,旨在调和党争,缓解双方矛盾,促成国共合作,实现全民抗战。

费孝通加入民盟,寄托着他作为改良主义者的政治期待。他的学术活动因民盟成员身份而产生政治影响,其政治身份和学术名望的叠加,又促进其学术成果和思想得到更广泛的传播。费孝通一生的立言、立功和立德,由此进入亦政亦学两栖状态。

从留学归国到加入民盟的六七年间,费孝通经历了云南调查、魁阁团队协同研究和初访美国的过程,从一位相对纯粹的学者转变为一位著名的民主教授。这段历史中,政治因素或隐或现,一直伴随着费孝通的学术工作。

1938年,云南大学制订省立改国立之后的《四年发展计划》,提出云南大学社会学系"以云南少数民族为对象,研究人类文化发展之过程,进而探讨如何做好少数民族工作,以期得到巩固边防之途径"[4]。"巩固边防"之成效,直接表达出学术研究的政治功能。

费孝通访问美国的契机,来自"盟国"概念。一介书生的学术研究,可接通国际政治、大国外交,乃至是决定"二战"格局、影响人类前途的政治。这是一次重要的学术经历。这次学术交流的人类学内涵使

---

[1] 闻黎明、侯菊坤编,闻立雕审定:《闻一多年谱长编》,湖北人民出版社1994年7月第1版,第758页。
[2] 吴晗:《吴晗全集》第9卷,中国人民大学出版社2009年3月第1版,第198—199页。
[3] 参看《潘光旦日记》。其中1949年10月1日的见闻叙述语调及情绪表达最具潘光旦特征。
[4] 中国民主同盟云南省委员会编:《费孝通与云南》,群言出版社2013年5月第1版,第148页。

他感到亲切,想起他在《江村经济》谢词中对马林诺夫斯基的承诺。

《江村经济》结尾处,同时出现了"国民党"和"共产党"。这是以社会现实为研究对象的学术成果不得不涉及的政治概念。费孝通批评国民党政府的种种诺言和政策都在纸上,"把绝大部分收入都耗费于反共运动"[1]。对"共产党运动的实质",指出"是由于农民对土地制不满而引起的反抗"[2]。此时,他没有政治偏向,他只看事实怎样。

事实上,"农民的境况是越来越糟了"。到他完成《江村经济》的全部书稿时,国民党和共产党都没有从土地改革的根本上解除农民的痛苦。出于对政权造福于民的期待,费孝通甚至暗示消除"反叛"的原因,他把话挑明——"最终解决中国土地问题的办法不在于紧缩农民的开支而应该增加农民的收入"[3]。

这也许预示着,费孝通对国共两党的怎么看、怎么处,将取决于谁能有效增加农民收入,谁能真正改善农民生活。不妨说,让老百姓过上好日子,就是费孝通心里的良善政治。若有需要,他乐于参与。这种心愿,他在晚年里浓缩表述为"志在富民"。

(二)

"中国农村的基本问题,简单地说,就是农民的收入降低到不足以维持最低生活水平所需的程度。中国农村的真正问题是人民的饥饿问题。"[4]

重温费孝通写在《江村经济》末章开始处的这段话,有助于理解其政学两栖的初心。

自从认准这一点,费孝通就获得了一个稳固、永久性的基点和支点。他的人生寄托、学术研究、政治参与、知人论世、取舍标准等等,都以此为基础,赖此为支撑。

初访美国的一年里,费孝通一路带着史国衡的《昆厂劳工》报告。

---

[1] 费孝通:《江村经济》,江苏人民出版社1986年10月第1版,第201页。
[2] 同上。
[3] 同上书,第202页。
[4] 同上书,第200页。

在美国现代机器工业的对照下，中国工业从传统手工业向现代工业过渡的特征尤其醒目。中国农民为这一过渡付出的代价，费孝通在江村、禄村、易村、玉村等不同类型的乡村里都有见证。他自觉有责任为减少代价付出努力，为百姓生活改善和决策者实施善政提供智力服务，才有他"不堪其忧，不改其乐"的系列农村调查。

费孝通用中国样本对照美国现实，确认"我们没有理由相信人类发明了新的技术就永远不能再恢复传统社会中高度契洽的社会组织。现在固然是因新工业兴起而发生了社会解组的现象，这可以看作是一个过渡的情形。……我们得在过渡时期的病症中去探求一个新秩序的方案"[1]。

病症中的中国民瘼，在一般知识分子心中唤起同情，在费孝通心中引发痛楚。这是他的宿命。访美出发前，有朋友建议他把一年访期作为假期，化解掉魁阁调查工作中的途尘和疲劳，养精蓄锐，回来好接着做事。

费孝通在美一年的日程，怎么也算不上休息。他说，感觉身后总有个黑影一直追着他，让他无法消受繁华世界里的闲适生活。这一年既不是假期，更没有闲情，倒像是经历一场磨难，心里沉着那块丢不掉的石头，是"这地球背面那四万万人的前途"。

他自己的前途，就在四万万人的前途中。

回到"地球背面"，费孝通需要继续其田野调查，需要撰写大量文章，其中一篇《〈昆厂劳工〉书后》两万多言。这是费孝通和他的同伴探求方案的一个成果。

该文第一小节，对"外来劳工"所涉问题的关注，引出七十多个具体问题，如"什么原因使这批外来劳工到内地来的？""有多少已和本地人结婚成家？""他们健康和疾病如何？""他们的外出使农业劳动力的供给减少了，是否已减少到农业中缺乏劳工以致田亩荒废、农作粗放？工业和农业已否在争夺劳工？""新工业得到了一个工人怎样能好好地利用他？怎样能好好地保养他？"……[2]

一连串发问之后，出现了一段条分缕析的追问："从一个毫无工业习

---

[1] 费孝通：《〈昆厂劳工〉书后》，《费孝通文集》第3卷，群言出版社1999年10月第1版，第193—194页。
[2] 同上书，第165—169页。

惯的人训练成一个技术工人究竟要经过多少阶级？在个别的工业里分着多少种类和阶级？然后把许多工业合起来看，构成着怎样一个梯阶？一个劳工怎样从一个粗工一直爬到顶上去成一个技师？从甲种简单工业爬到乙种复杂工业？这个梯阶是否有爬不上的脱节？他是否须离开工厂才能转变走到工业中的上级阶层？""在工厂里半工半学可以爬到什么阶层为止？""在工厂里有没有独占技术的帮会？""有没有类似学徒制等的组织？"[1]

这些问题，涉及民众日常生活，是费孝通观察、衡量政治得失、成败最根本处。对他来说，讨论中国手工业前途，是民生问题，也是学术问题，更是政治问题。平民生活传统和经验，因此具有了亟待发掘的学术价值和政治意义。

传统中，乡下人利用农闲做手工业，通过男女分工组织家庭，加工自家原料制成日用品。这样的传统中有一种生活的成全性，它适应生活需要，迁就人性，内生一种加强社会联系的力量。经济是手段，人是目的，看得很清楚。

费孝通说："手工业成全人性和社会。可是因为它用有生能力在技术上有限度，又因为技术上的限制以致不能和机器工业相竞争而开始崩溃。手工业崩溃的结果，使人类经济生活的过分发展障碍了个人人格和社区生活的完整。这是必然的命定的路线么？我们中国人也不能免于这个下落么？"[2]在这里，手工业衰落无妨作为经济结构问题讨论，它的社会效果则关联着政治，是政治人物无法回避的问题。

"把人的活动隶属到机器活动之下，是一个现代的观念。"[3]这是费孝通初访美国的一个观察，他在哈佛大学工业研究所的报告里得到了印证。该所一项历时十多年的研究成果证明，现代工业里的工人生理上易于疲劳，社会上易于不安。他把这发现写进《人性和机器》一文。

"那摩天高楼，那如梳的烟囱象征了现代文明的发达，但是从人和

---

[1] 费孝通：《〈昆厂劳工〉书后》，《费孝通文集》第3卷，群言出版社1999年10月第1版，第171页。

[2] 费孝通：《人性和机器——中国手工业的前途》，《费孝通文集》第3卷，群言出版社1999年10月第1版，第398页。

[3] 同上书，第394页。

人的关系上看去，人类捧着了社会生活解体的危机。……自从机器把人口反复筛动之后，它集合了许多痛痒不相关的人在一起工作。在他们之间只有工作活动上的联系，而没有道义上的关切。现代都市中住着的是一个个生无人疼、死无人哭的孤魂。在形式上尽管热闹，可是在每个人的心头有的是寂寞。"[1]

费孝通希望避免这样的现象在中国重演，他提出值得深思的问题："我们是否要先把传统经济精神破坏了之后再去设法回复呢？还是在引用机器进入我们生产过程时就把传统精神保持住呢？"[2] 他认为，发展中国工业一定要引进现代机器，但引进机器生产时并没有一定要放弃传统手工业及手艺精神的必然性。他主张保旧创新。在江村案例中有乐观前景。

费孝通写《人性和机器》，讨论中国手工业的前途，是在1946年，距江村调查正好十年。随时间流逝，时局变化，他在《江村经济》中表达的"社会科学应该在指导文化变迁中起重要的作用"显得比当初更迫切，更具现实性。他的言说，因政治参与而具有了呼吁和劝谏色彩。

"我们主张把机器逐渐吸收到传统工业的社会机构中去，一方面使农村经济得到新的活力，另一方面使农村工业因机器及动力的应用而逐渐变质。……它不但是切实的设计而且是理想的设计。我们说过，在这时为中国谋经济建设的人心里一定要明白，西洋虽然发明了机器，可是还没有发明利用机器来促进人类幸福的社会机构。我们千万不可在这方面妄自菲薄，觉得世界上只有英美式或苏联式的选择。……我们主张在旧的传统工业的社会机构中去吸收西洋机器生产，目的就在创造一个非但切实，而且合乎理想的社会方式。"[3]

（三）

费孝通加入民盟前后一段时间里的著述，同以往相比，可见一些明

---

[1] 费孝通：《人性和机器——中国手工业的前途》，《费孝通文集》第3卷，群言出版社1999年10月第1版，第396页。
[2] 同上书，第399页。
[3] 同上书，第393页。

显变化,即政治色彩加强、政治态度升温、政治评论涉及范围扩展。

1945年1月25日,费孝通在《大公报》(重庆)发表《复仇非勇》一文中,话题涉及世界政治和国际秩序,对美国舆论工具在珍珠港事件以后有意刺激国人的复仇心理提出异议。

费孝通说:"以牙还牙,以眼还眼是初民的公式。二十世纪的现代战争应该是以创造新秩序为目标了。我们翘首伫立,盼望四大自由的标榜者的美国,恢复开战时积极的精神,宏远的气魄,挽回目前这种强权政治复活的趋势。我们不愿再见更残酷的第三次世界大战。"[1]

1945年11月22日,费孝通在《时代评论》杂志发表《美国你不应这样——致美国人民的公开信》,显示出他在内政外交、国际事务问题上见解的独到与深刻。其中有些分析带有中国政治中间力量立场的鲜明特征。例如说到共产党——"中国共产党所以能这样长久的存在,绝不是它们的理论、它们的主张特别吸引人。而是因为中国10多年来,一党专政使一切反政府的人集中到了它们怀里,这是唯一可以公开表示政治上反对在朝党的地方。这是中国经济的崩溃和政治的独占所造成的结果。"[2]

当时的中国民主同盟,是中国政治中间力量的代表集团,用民盟主席张澜的话说,是"一个大的力量,居于国共两党之间,调和监督"。其基本主张是"实行政治民主化,军队国家化"。[3]

作为民盟成员,费孝通的一系列政论、时评文章,犀利而平实,深刻且通俗,像个高水准专业观察家和评论员。储安平创办的《观察》杂志一纸风行,他是作者群里活跃的"快手",每周要写五至八篇文章。观察社为他出版的《乡土中国》一书,1948年4月初版,印数3000册,6月再版,印数2000册,7月三版,印数2000册;《乡土重建》一书,1948年8月初版,印数3000册,9月再版,印数2000册,12月三版,印数2000册。

从高中生到工厂主,不同阶层的读者写信给费孝通,表达他们的认同。《大公报》把他的照片同胡适、巴金等排在头版。美国《纽约时报》

---

[1] 费孝通:《复仇非勇》,《费孝通文集》第3卷,群言出版社1999年10月第1版,第202页。

[2] 费孝通:《美国你不应这样——致美国人民的公开信》,《费孝通文集》第3卷,群言出版社1999年10月第1版,第355页。

[3] 龙显昭主编:《张澜文集》,四川教育出版社1991年12月第1版,第207页。

称他是"中国最杰出的政治分析家"。《时代周刊》认为他是"中国最深刻的政治评论家"。

对当时中国中间政治力量的声音,国际社会推重,共产党人也看重。他们认为,中间派聚集了诸多党派在内,没有武装,却有很大影响,甚至对国共斗争谁胜谁负产生决定性影响。

1945年1月22日,"毛泽东指示:一、争取联合政府,与民主人士合作;二、召开党派会议作为具体步骤,国民党、共产党、民盟参加……"[1]

在这一"指示"中,民盟的地位得与国共并列,实力何来?毛泽东致周恩来的一封电报说得清楚——"民主同盟纲领卖到二百元一份,可见民意所在"[2]。

共产党人看重民意,对费孝通有重要的提示和感化作用。把改善民生作为治学寄托,合民意。把民盟作为政治归属,是正道。正道上,人越多越好。民盟追求民主,无非是遵循民意,改善民生,确立民本,复兴民族。共产党人当时已明确表达出来的强烈民主诉求,以及在陕甘宁边区以"三三制"为驱动的民主实践,梁漱溟曾不止一次做实地考察,亲眼见证。以他为代表的持守中间路线的中国知识分子,以赫尔利、谢伟思为代表的国际观察人士,都有现场经历、正面评价。

1945年7月初,左舜生、黄炎培、冷遹、傅斯年、章伯钧和褚辅成六位国民参政员访问延安。黄炎培与毛泽东畅谈中国历史兴衰周期律,希望中共能够跳出千年不易的治乱循环。毛泽东当场给予明确、乐观的肯定答复。黄炎培返回重庆写出《延安五日记》,引发广泛的社会反响。

对于中间路线—媒体—民意之间可能酝酿出的政治力量,费孝通的盟内朋友(当时的秘密中共党员)胡愈之曾以《生活周刊》为例做过说明。他说:《生活周刊》原来作为一个民族资产阶级办的刊物,蒋介石国民党是不注意的。同时我们的党,又正在'左'倾机会主义的错误统治下,认为《生活周刊》代表了中间势力,……党员办的刊物都是色彩明显,公开发行很困难,而且一般人都不敢读,所以发行量都很少,不

---

[1] 中共中央文献研究室编:《毛泽东年谱1893—1949》(中卷),人民出版社、中央文献出版社1993年12月第1版,第574页。
[2] 同上书,第579页。

能起到广泛地宣传群众的作用。就是在这种情况下，《生活周刊》在宣传反蒋抗日中起到了特殊作用，就在它的宣传鼓动下，群众性的抗日救国运动逐渐发展起来了。"[1]

共产党人胡愈之这段话，对理解民主人士费孝通具有特殊价值。费孝通的著述中，在他表示接受马克思主义学说和历史决定论之前，一直非常谨慎地避免使用诸如阶级、阶级斗争、社会主义、马克思主义、辩证唯物主义、历史唯物主义这类词汇，应与胡愈之推重的"中间"概念相合。从政治身份看，当时民盟是中间力量。从职业身份看，费孝通是社会科学工作者，重事实，讲科学。从个人主张看，他是个明确的改良主义者，与暴力革命有天然距离。费孝通的书写，是希望"提供一种实际的手段来控制社会变迁。……然而，这个控制的基础不是'主义'，而是事实的知识"[2]。费孝通的文章拥有大量读者，和《生活周刊》有效地影响了群众，是同一个道理和逻辑。

身在民盟，与大量社会贤达为伍，在盟言盟，费孝通针对社会现实及其改造，不断发表政见，影响广泛。

针对基层政权僵化问题，费孝通既作批评，也有主张。他说："如果政府里的负责人真挚地觉悟这有关国家生存的严重暗疾是一个社会和文化问题，他们就应当明白，一两道命令决难见效，必须准备痛下决心在社会和文化各方面力求适当的改革。从何改革起呢？于是必须有确切的诊断。因之，初步必须的工作是充分的和虚心的检讨，开放舆论，让社会各方面对这问题能有无所顾忌的发表意见的机会。"[3]

针对民盟"军队国家化"主张的阻力，费孝通说："有武力的人是不容易迁就人的，有武装的政党是不容易谈政治的。于是我们这些希望民主政治能在中国实现的人最困难的问题是怎样能使有武力的政党和衷合作，大家把武力交出来，使今后的中国政治能走出武力这一条路。"[4]

---

[1] 胡愈之：《我的回忆》，江苏人民出版社1990年7月第1版，第21页。
[2] [美]巴博德：《经历·见解·反思——费孝通教授答客问》，《从实求知录》，北京大学出版社1998年6月第1版，第492页。
[3] 费孝通：《基层政权的僵化》，《费孝通文集》第4卷，群言出版社1999年10月第1版，第335页。
[4] 费孝通：《美国你不应这样——致美国人民的公开信》，《费孝通文集》第3卷，群言出版社1999年10月第1版，第351页。

针对空谈改革、漠视民意的现象，费孝通说："回头看看一般谈政治和经济改革的人，眼睛却大多只对着中枢政策，这一大片广大苦海里在法外特殊政治机构中苟延喘息的老百姓的惨景，连提都没有人一提，怎能不令人痛心？"[1]

针对空谈主义、脱离实际的现象，费孝通说："国内讲政治的整天在空谈主义，或是在记录宦海的升沉。其实是政治应该从最基本的衣食住行等日常事务上入手，也在这上边去证明得失。工党的成功不是挂上一块社会主义的牌子，而是在每一个人的生活上表现出社会主义所能给他的利益——生活程度的提高。"[2]

针对暴力革命改造社会的主张，费孝通说："在英国，社会变迁可以不必有严重的流血革命。依拉斯基教授说，那是因为英国特权阶级在最后常常知道怎样让步，而达到同意的变革。为什么能让步，能同意呢？那是因为相争的双方还有'共同目的'存在，他们是在同一个团体里。"[3]

针对社会精英群体中的政治冷漠，费孝通提问："为什么中国的历史里不曾发生中层阶级执政的政治结构？这问题使我对士大夫阶层的政治意识发生兴趣。他们怎么不去和皇帝争取政权？中国怎么不发生有如英国大宪章一类的运动？这种在经济上是地主，社会上是绅士的阶层怎么会在政治上这样消极？"[4]

针对非英美即苏俄的政体模式选择倾向，费孝通主张："我们认为任何一个国家所能采取的社会制度必然受该国文化和社会处境所影响，所以我们认为我们的课题并不是'英美式呢，还是苏联式呢？'，而是以增加人民生活程度为目的。熟察我们自己的历史背景及社会情况，设计一个能利用机器生产的中国式的社会方式。"[5]

费孝通这类政论见解，从当年提出，到21世纪初叶，一直保持着现

---

[1] 费孝通：《损蚀冲洗下的乡土》，《费孝通文集》第4卷，群言出版社1999年10月第1版，第354页。
[2] 费孝通：《从〈初访美国〉到〈重访英伦〉》，《费孝通文集》第3卷，群言出版社1999年10月第1版，第507页。
[3] 费孝通：《漫谈桑梓情谊》，《费孝通文集》第5卷，群言出版社1999年10月第1版，第464页。
[4] 费孝通：《皇权与绅权》，《费孝通文集》第5卷，群言出版社1999年10月第1版，第485页。
[5] 费孝通：《小康经济——敬答吴景超先生对〈人性和机器〉的批评》，《费孝通文集》第5卷，群言出版社1999年10月第1版，第435页。

实意义，确证费孝通的远见卓识。其中不少题目，直到中共建立百年、民盟建立八十年前后，仍具有相当的政治伦理高度，具有深刻的启发性和重要的学术研究价值。

## （四）

费孝通评论国内事务所持的中间立场，延续到国际事务中。

1945年4月2日，美国驻华大使赫尔利在美国国务院记者招待会上公开表态，美国政府"只同蒋介石合作，不与中国共产党合作"[1]。费孝通为这一政策原则深感忧虑，他撰文提示美国人说："我相信经历了这次战争，你们也已经明白太平洋上的安全是需要一个繁荣的中国，美国为了安全必须采取更积极的政策。从你们自己的经济说，一个紊乱的中国是一种很不利的环境。你们要避免失业，在现在的经济机构中，必须要一个能接受你们的资本来开发的资源和销售你们生产品的市场。中国正需要你们的资本来开发，……我们的购买力正是维持你们生产机会的大市场。……这是我们两大民族友谊的客观基础。"[2]

对中国问题的复杂性，费孝通看得清楚，不是一个简单的"大市场"就能把道理说明白的。国内政治中的国共党争，双方都靠武力说话，这是事实。费孝通是"反对一切以武力来支持政治的人"，"对于共产党在武力上的扩张是不同情的"，只希望"造成一个不必有武力做后盾亦能作政治活动的中国"。"民主政治是要建立在各党的合作上"[3]。美方应该懂得，要使中国的政治摆脱武力，就不应该用武力去支持任何一方。

费孝通提醒美国方面，"你们若是以武力来消灭中国共产党的话，非但事实不易做到，反而会使中国共产党为了自己的生存，乞援于苏俄。若是中国共产党借了苏俄的武力得到存在，它也势必受苏俄的支配了。""武力既统一不了中国，内战的延长只有加速中国人民生活的下

---

[1] 马勇主编：《国事全书》第3卷，团结出版社1997年7月第1版，第3042页。
[2] 费孝通：《美国你不应这样——致美国人民的公开信》，《费孝通文集》第3卷，群言出版社1999年10月第1版，第349页。
[3] 同上书，第350—352页。

沉、穷困加深,社会秩序必然更为紊乱。"[1]

费孝通声明,他并不希望有个国际警察来代替中国当局维持秩序,只是期待国际上有严正的舆论,加强国内民盟调解国共矛盾的力量。假如中国人民和国际友邦形成强大舆论,一致表达不愿见到中国任何政党用武力夺取政权,不论国民党和共产党,都会顾虑动用武力的后果。

上述文字,费孝通落笔于1945年11月22日,三天后,25日晚,西南联大、云南大学、中法大学、英语专科学校四校学生自治会联合时事讲演会在西南联大图书馆前大草坪举行。

当晚7点,集会开始。当局对这场活动显然是压制态度。钱端升以国民党员身份讲"中国政治之认识",强调成立联合政府的必要。其讲演尚未结束,军警已包围了联大。国民党员伍启元接着讲演,题目是"财政经济与内战关系"。他讲到内战扩大必使中国失去建立现代工业化国家的机会、财政经济将趋于总崩溃时,墙外已有警告性质的枪声,电线被割断。

有人点起汽油灯,大会继续举行。民盟成员费孝通的讲题是"美国与中国内战之关系"。据说他当时站在会场的最高处,很近地听到子弹呼啸而过。他提高声音说:"不但在黑暗中我们要呼吁和平,在枪声中我们还要呼吁和平!"

民盟成员潘大逵继费孝通之后讲"如何制止内战",他呼吁撤退美苏军队,作为制止内战的主要条件。此时,武装暴力虽不敢进校园,四周已是枪炮声齐作。

一次正常集会受到当局暴力打压,引发进步师生普遍激愤。11月26日,昆明《中央日报》刊登中央社消息,题为"西郊匪警,黑夜枪声",抹黑这次集会,激起了更大范围的公愤。27日,昆明市学联成立"中等以上学校罢课联合委员会",召开大会通过《告全国同胞书》,举行全市总罢课。30日,中国民主同盟云南省支部发言人对昆明市大中学生罢课发表声明,认同学生的正当要求,支持罢课。

12月1日,惨案发生。"上午九时到下午四时,暴徒数十百人身穿

---

[1] 费孝通:《美国你不应这样——致美国人民的公开信》,《费孝通文集》第3卷,群言出版社1999年10月第1版,第355页。

杂色军服，手持木棍扁担，袭击联大、云大，发生殴打同学事件五起。时，有军人扔出手榴弹，炸死南菁中学教员于再。在联大师范学院，暴徒扔出二枚手榴弹，炸死联大同学李鲁连和昆华工校学生张华昌。又用刺刀刺死联大女生潘琰。是日受伤者有联大同学缪祥烈等二十五人。"[1]

闻一多得知凶讯，即赶赴学校。他看到了被毁的校门，也看到了学生洒在地上的血迹。急奔医院途中，他遇到同学们抬着殉难烈士的遗体，目睹之下，他浑身颤抖，放声大哭。

《闻一多先生在一二·一惨案座谈会上的演词》中说："在帝国主义国家里，镇压人民革命的行为，一般人称之为白色恐怖。这次昆明一二·一惨案的暴行，连白色恐怖的资格也不够，简直是黑色恐怖，因为白色在字面上讲还是纯洁的。一二·一的暴行是太凶残丑恶、卑鄙无耻了！事前有周密的布置，当时是集体的行为，打上大学门来，向徒手学生掷弹，向毫无抵抗的女学生连戳数刀，……鲁迅先生说发生三·一八惨案的民国十五年三月十八日是中华民国最黑暗的一天，他不知道还有更黑暗更凶残的日子是民国三十四年十二月一日！段祺瑞的卫兵是在执政府前向徒手学生开枪，十二月一日的昆明是大队官兵用手榴弹和刺刀来进攻学校！凶残的程度更进了一步，这是白色恐怖吗？这是黑色恐怖！"[2]

1946初，国民政府查禁昆明民主报刊。"闻一多主办的报纸已被迫停刊，……他终日奔波于几家印刷厂之间，身后一直有人跟踪。"[3]

1946年1月13日，费孝通与闻一多、潘光旦、吴晗联名发表《致马歇尔特使书》。该文由费孝通执笔，全文七千余字，对美国总统杜鲁门发表的"对华政策声明"表示欢迎，提出"目前最主要的问题是怎样建立民主政治中心的民意立法机关"。

文中说："当权的政府不容许异见，异见就是叛徒，就是邪说，就得戡平。……中国一党专政的结果造成了不是党徒就是叛徒的分野。我们并不袒护在野而有武力的共产党，我们也反对任何政党私有武力，可

---

[1] 闻黎明、侯菊坤编，闻立雕审定：《闻一多年谱长编》，湖北人民出版社1994年7月第1版，第931页。
[2] 同上书，第931—932页。
[3] 同上书，第956页。

是造成这局面的原因,不是中国人除了用武不懂政治,而是由于中国在朝党用暴力禁止异见。中国内战暴露了中国迄今没有民主的事实。"[1]

民盟人士反内战,反独裁,争民主,民主教授支持学生进步运动,其中最敢讲话的人被暴政当局列入黑名单。费孝通对美国朋友说:"黑名单上的人大部分属于民主同盟,特务贴在墙上的大字报上写着我们的名字,他们到我家来吵闹和威胁。"[2]

1946年7月11日和15日,李公朴和闻一多先后死于行刺枪弹之下。

费孝通回忆说:"闻一多被暗杀的那天,……我听到枪声。我冲出办公室到(云南大学)校长家中暂避。同时记得美国领事曾对我说:'如果你需要帮助就通知我。'因此派了我的一个学生去和他联系。他来到校园用他的吉普车把我的妻子、女儿和我自己带到了美国领事馆。后来知道,我离开校园不久特务就搜查了校长的家。他们带走了我留在那里的一个包。显然他们已经对我采取行动。"[3]

潘大逵回忆录中记述其当时经历说:"李、闻惨案发生以后,……一日傍晚(似为7月17日),我正进晚餐,昆明美国领事馆马克基利(The Geacy)忽然亲自驾一吉普车偕同青年学生金若年来到北门书屋门口,上楼直入我家,迫不及待地向我说:'事情很急,费孝通、张奚若、楚图南、潘光旦、尚钺、冯素陶他们都已搬进了我们领事馆。在家里住,随时都可能发生险情,你得立刻就走!'……到了领事馆,见着费孝通、潘光旦他们都在一个大会议室里,睡在地铺上。……美警日夜在馆内轮番站岗,国民党军警则在馆外不断窥伺。我们的心情无不十分焦急。费孝通向我说:'恨不得一下飞到延安'。"[4]

延安是中国共产党的象征。费孝通告诉美国朋友,这次事件"密切了我和共产党人的关系,准备了我同他们合作的道路,……那时候大多数知识分子转向他们。"[5]

---

[1] 费孝通:《致马歇尔特使书》,《费孝通文集》第16卷,群言出版社2004年7月第1版,第247页。
[2] [美]巴博德:《经历·见解·反思——费孝通教授答客问》,《从实求知录》,北京大学出版社1998年6月第1版,第457页。
[3] 同上。
[4] 潘大逵:《风雨九十年——潘大逵回忆录》,成都出版社1992年6月第1版,第142页。
[5] [美]巴博德:《经历·见解·反思——费孝通教授答客问》,《从实求知录》,北京大学出版社1998年6月第1版,第458页。

当局对美国领事馆保护民主教授十分不满。云南警备总司令部向美方提出抗议，要求"移交"。为此，"南京美大使馆与国民党外交部进行了讨论。最后由美大使馆派一等秘书斯普劳斯（Sprause）到昆明与领事罗斯约请云南省主席及民盟几位负责人共同会谈，并达成协议：美方和卢汉承诺保证民主人士的安全，并为他们买好飞机票送离昆明。这样避难诸人都陆续乘机离开"〔1〕。

费孝通到了南京。他在南京见到了美国驻华大使司徒雷登。费孝通说："我们彼此熟悉。……他尽了最大努力至少要挽救我的生命，但那时政治形势很复杂，非常复杂，在美国方面有不同的意见。我不可能对那方面说得更详细，我只知道有巨大分歧。不论怎样，司徒建议我需要改变环境。我起程去伦敦。"〔2〕

李、闻事件发生后，费孝通的英国朋友们为救他脱离险境，设法通过英国一个文化交流机构向费孝通发出邀请，请他赴英作学术交流。中国知识分子因受政治迫害而引起国际社会关注，这是学术价值及其政治功能的体现。费孝通相信，在国内局势凶险之时，利用外访机会，推进中外学术文化交流，是个不错的选择。

此事既定，费孝通从南京回到家乡苏州。姐姐费达生为他专门借了房子。费孝通一边整理一些讲稿，一边等待出国手续。他用了大约三个月时间，完成了李、闻事件之前刚编写到一半的《生育制度》一书，书稿交给了商务印书馆。

1946年11月，费孝通乘飞机出发，重访英伦。

（五）

伦敦是费孝通完成博士学业、开始获得国际声望的地方。阔别八年，一朝重返，身后有生命威胁，远方是安全岛，隔海遥望，会是怎样心情？

他写《行前瞩望》说："我是爱慕英国的。两年的英伦寄居，结下

---

〔1〕 彦奇主编：《中国各民主党派史人物传》（一），华夏出版社1991年7月第1版，第265—266页。
〔2〕 [美]巴博德：《经历·见解·反思——费孝通教授答客问》，《从实求知录》，北京大学出版社1998年6月第1版，第458页。

了这私心的关切。在战云还没有密盖到这岛国的上空时,徘徊在汉姆斯坦高地的树林里,野草如茵,落叶飘过肩头,轻风里送来隔岗孩子们的笑声,有的是宁静。一个成熟了的文化给人的决不是慌张和热情,而是萧疏和体贴。我爱这种初秋的风光,树上挂着果子,地上敷着秋收。可是英国的成熟却令人感到太仓促了一些,使人想起古罗马的晚景,在蔚蓝的地中海上,竟成了一座蜃楼。为了我对英伦有这一点私衷,未免起这忧心,尤其是当我接到新近从那边的来信,描写着劫后的伦敦,繁华中的废墟,这样的不敢令人相信。历史太无情,岂是真的又要重演一次帝国的兴亡轨迹?"[1]

废墟是战争的地面戳记,是人类冲突的极端标记。面对废墟,人类学者会比一般人看出更多内涵。对费孝通来说,江村丝厂的废墟,昆明住宅的废墟,伦敦街头的废墟,地点不同,规模有别,却带有共同的破坏性质。新生也将诞生于破坏之中。

《江村经济》结尾处,费孝通预言:"千百个村庄,像开弦弓村一样,事实上已经被入侵者破坏。然而在它们的废墟中,内部冲突和巨大耗费的斗争最后必将终止。一个崭新的新中国将出现在这个废墟之上。"[2]他对抗战胜利之后的瞩望,被"内部冲突"搁置,他本人也因国共党争从昆明的废墟来到伦敦的废墟。

费孝通《重访英伦》的话题从废墟说起,直抵英国盛极而衰的根源,及"另一个新世纪里的主角地位"所需条件。作者在和平愿望之下观察国际局势的深度,体现出一位具有强劲的跨文化交流能力的中国学者的世界眼光。

关于大英帝国盛极而衰,费孝通说:"第一次大战结束,大英帝国并没有击溃威胁它的新兴工业势力,相反地却促成了东西两个新兴工业国家,美国和苏联。美国的不景气和苏联的被冻结,固然暂时缓和了当时的严重冲突,但是,第二次大战中,这两个工业国家的潜力却表现得使英国战栗了。何况,战术的发达,水上的霸权,并不足以保卫岛国本部工业的安全。空中降下的破坏使海峡的天险失其效用……工业的基础

---

[1] 费孝通:《重访英伦》,《芳草天涯——费孝通外访杂文选集》,苏州大学出版社1994年12月第1版,第145页。
[2] 费孝通著,戴可景译:《江村经济》,江苏人民出版社1986年10月第1版,第203页。

已经由煤和铁转变到了汽油和化学品,武力的基础已从水陆平面转到了立体空间。这转变使大英帝国的基础翻了身。科学和工业造成了大英帝国,也是科学和工业使大英帝国式微和没落。"[1]

这是国际政治的顶级话题,也是人类学者学术观察、思考、研究的新鲜素材。"今天的人类学"在十年前马林诺夫斯基"席明纳"的热烈讨论中,延续在十年后费孝通对英国现实的观察与思索中。

关于"另一个新世纪里的主角地位"所需条件,费孝通提示,显示在"另一逻辑里"。他说:"丘吉尔和他的承继者做着一件劳而无功的苦差。拔除了法国,产生了更强的德国;拔除了德国,产生了可能更强的苏联。即使拔除了苏联,谁知道不会又产生一个比苏联更强的国家呢?这不是办法。英国并没有做战争制造者的必要,只要它在另一逻辑里打算他们的前途。我是爱慕英国的。我也相信英国人民有着他们卓越的才能。我永远在盼望他们的才能不必在战争里求表现,而在人类共同的幸福上谋发展。同时,我不但希望而且相信,这转变方向的时机已经成熟,只要英国人有自信,他们的光荣不必建立在武力上。"[2]

时值"二战"结束不久,费孝通的这些文字,是写给英国的,也是写给世界的。"转变方向的时机",是提示给英国的,更是他期待人类共享的。

带着"爱慕"心情重访英伦,费孝通见闻当中,会对那些有利于新秩序形成的因素更加敏感。他写给国内《大公报》的专栏文章中,有《拉斯基教授败诉》一文[3],他从拉斯基教授诉讼案结果中看到,此案已"引起了英国人民对于现行司法制度的检讨";有《英雄和特权》一文,他从代表平民的工党对传统特权的否定发现,"英国社会本质正在蜕变","平民政治的抬头,使英国人接近了人性的标准";有《为了下一

---

[1] 费孝通:《重访英伦》,《芳草天涯——费孝通外访杂文选集》,苏州大学出版社1994年12月第1版,第152—153页。
[2] 同上书,第154—155页。
[3] 当年作为"大公报丛书之二"初版发行的民国版《重访英伦》中,目录和正文(第17页)中的第三篇题目都是"拉斯基教授败诉"。由苏州大学出版社于1994年12月出版的《芳草天涯——费孝通外访杂文选集》一书中,在"重访英伦"标题下,收录民国版《重访英伦》所收十篇文章中的五篇,并把其中"拉斯基教授败诉"一篇的题目改为"拉斯基教授没有败诉"。

代》一文,一个小学教师关于孩子们受重视程度的谈话,使他确认"英国复兴的保证"。

重访英伦之初,伦敦圣保罗大教堂四周的残垣断壁,民众日常生活中因物资匮乏而实行的限购制度,十年前故地茶社里掌柜姑娘答话时的淡然态度,都给费孝通以较大触动,使他不无茫然之感。此后,随着接触范围的扩大,他在议会、农庄、大学、酒会中,在和议员、官员、店员、农民、教授、房东、翻译家的交谈中,似乎逐渐消除了茫然,恢复了信心。

费孝通和一位小学教师的对话,让他大有感触。费孝通从中发现了令他兴奋的社会改良开阔景观,见证人类社会政治领域里真正的善政、德政案例。

"英国在战争里的损失固然浩大,人民的生活普遍地降落了,但是英国的特权阶级脑子里不单有个人的特权,还有一个国家的共同幸福。他们还珍惜英国文化里特有的作风,他们能及时退让。他们能把牛奶在自己口头省下来,交给全国的孩子去喝。他们增加所得税,收入愈多的付税愈多,这笔国家收入却用来改良煤矿,健全工业的基础;规定最低工资,保证工人阶级的物质生活;发展保险事业,减少生老病死灾祸的打击。最重要的一项,在教育法案的序言中明白说明,就是不使国家任何的灾难降到孩子们的身上。在战时,运输孩子们疏散的优先权可以超过军火。郊外所有阔人们的别墅全部征用给孩子们住。工党政府努力地这样做,不是迷信任何主义,而是维持人民的士气,让每个人觉得眼前吃一些苦是有意义的。生活一有意义,就甘心情愿地发奋工作了。"[1]

费孝通回到了母校伦敦政治经济学院,回到他熟悉、亲切的学术环境中。他在这里做学术讲演,为学生授课,讲述"现代中国的社会变迁",参加学术讨论会,去校门外街头茶社聊天,到英国国会去听议员辩论,和房东太太讨论儿童营养与政府政策……他还访问了牛津大学。

多年后一次回忆中,费孝通说:"访问期间我写《重访英伦》作为

---

[1] 费孝通:《重访英伦》,《芳草天涯——费孝通外访杂文选集》,苏州大学出版社1994年12月第1版,第190页。

《大公报》的专栏文章,该报销路甚广。从那时起我经常在报纸杂志上发表文章。《纽约时报》把我叫做'能干的中国政治分析家'。我为两家杂志《观察》和《中建》和一家报纸《大公报》写定期专栏。我在伦敦期间遇到了一群著名的进步分子,支持中国左派的人。我已记不起这个团体的名称。它是一个援助中国的协会。……我回中国之后,他们每周航寄《泰晤士报》、《观察者》周刊等种种期刊给我,使我能经常得到世界舆论最新的信息,提供我写时论的资料。"[1]

在伦敦政治经济学院,费孝通特意到马林诺夫斯基的工作室去,缅怀、追思自己的恩师,一如他初访美国时走进派克工作室的心情。

这位天才、严苛、亲切的老师兼"叔叔"已于1942年去世,他没有看到"二战"结束。费孝通找到十年前常坐的地方,为恩师早逝而伤感。当年室内烟雾早已飘散,"今天的人类学"所鼓舞的学术精神和追求是否也成绝响?费孝通不能不想这个问题。

他应该还记得自己写在博士论文致谢词的话——"他对我知识上的启示和亲长般的情谊使我感到对他一生具有承上启下的责任——以我的理解说,我必须在建立一门研究人的科学以及在使一切文明之间真正合作上分担他那沉重的负担。"[2]

在"二战"结束不久,在费孝通面对人去楼空之境凭吊恩师之际,这句话的分量尤为显豁。这一郑重承诺,包含着费孝通对社会人类学学科意义和自身使命的深度理解。

在他初访美国、重访英伦的行迹和文章中,费孝通为"使一切文明之间真正合作"而忙碌,当年承诺已成为他的自觉实践。

## (六)

1947年1月30日,费孝通在伦敦政治经济学院做学术演讲,题为"中国社会变迁中的文化症结"。

这次演讲内容,是费孝通当时思想水准高度的一个标志。演讲中提

---

[1] [美]巴博德:《经历·见解·反思——费孝通教授答客问》,《从实求知录》,北京大学出版社1998年6月第1版,第458—459页。
[2] 费孝通著,戴可景译:《江村经济》,江苏人民出版社1986年10月第1版,"致谢"专页。

出的一些观念和话题,如"当前的中国正在变迁的中程","位育是手段,生活是目的","不进步的技术限制了技术的进步","技术停顿,社会静止","歧途上的中国","复兴的底子","人类文化有着基本的相同点","擘画一个完整的世界社会"等等,很多都以复现的方式出现在费孝通晚年思虑和著述中,证明这些观念和话题提出半个世纪后,仍有必要讨论,仍有研究价值。[1]

这场演讲一开始,费孝通申明,"并不想讨论本题所包括的全部",只是希望就中国社会变迁的方向提供一种见解。他对"文化""位育""处境""变迁"等词汇做出概念界定后,进入讨论,把中国社会变迁现状概括为"农业文化和工业文化的替易",指出中国传统经济结构导致的双重效应,即物质上的"匮乏"和精神上的"知足"。

费孝通不采取"地大物博"之类的流行、空洞说法,用北有沙漠、西有高山、东南方向是海洋的事实说明,"我们可耕地的面积受着地理的限制",偏偏传统农业国要从土地获得大部分生存所需,物质基础就这样被限制了。生活水平较低,且没有发展机会,费孝通描述为"没有机会的匮乏经济"。和这种经济形态配套的文化心理,是"知足安分"的观念,加上地少人多,劳动力充裕,不需要追求技术进步。"不进步的技术限制了技术的进步,结果是技术的停顿。技术停顿和匮乏经济互为因果,一直维持了几千年的中国的社会。"[2]

如此延续了几千年的中国社会,在西方大机器工业发展起来之后,发生了延续上的困难。

大机器工业能在短时间内创造巨量物质财富,形成丰裕经济。如果匮乏经济和丰裕经济只是财富多少之别,各不相扰,阳关道和独木桥可以各行其路,往来无阻。但这两种经济形态的不同却不止于财富数量之别,它们一个静一个动,一个封闭一个拓殖。丰裕经济的力量必然扩展,且无远弗届,无孔不入。费孝通举例说,"甘地想从个人意志上立下一道匮乏经济的最后防线,显然是劳而无功。这世界已因交通的发达而形成不可分割的一体,在这一体之内,手艺和机器相竞争,人力和自

---

[1] 本书书稿的起草,始于2022年初的新冠疫情期间。有人想起费孝通1947年为"歧途上的中国"担忧,正所谓"人生不满百,常怀千岁忧"。
[2] 费孝通:《乡土重建》,观察社民国三十七年八月初版,第5页。

动力相竞争，结果匮乏经济欲退无地，本已薄弱的财富，因手工业的崩溃、生产力的减少，而益趋贫弱"[1]。

从江村到禄村，从易村到玉村，费孝通一而再、再而三地在农民生活中见证"益趋贫弱"的事实，又经过旅美一年在丰裕经济现场的强烈对比，他看得足够清楚，"不论是好是坏，这传统的局面是已经走了，去了。最主要的理由是处境已变。在一个已经工业化了的西洋的旁边，决没有保持匮乏经济在东方的可能。适应于匮乏经济的一套生活方式，维持这套生活方式的价值体系是不能再帮助我们生存在这个新的处境里了。"[2]

看来我们是需要换一套了。问题在于，丰裕经济这一套，连经济形态、社会组织带价值观念，是我们想换就能简单置换的吗？如果可以，置换过来，这个绝大问题就解决了吗？

对这两个问题，费孝通在演讲中都有解说。

关于技术引进，需分两层看。首先，技术赖以产生和发展的基础是科学。"我们要知道过去一百年东西的接触，并没有造下中国能在本土发达科学的处境。""我觉得工业化和科学化是相配的，分不开的。""一直到现在我还是不敢说中国的科学已有基础。我怀疑在中国经济得到解放之前科学在中国是会入土滋长的。"[3]其次，"在接受西洋生产技术的过程中，还有一种困难，……那就是利用现代技术的社会组织。……中国乡土工业的崩溃使很多农民不能不背井离乡的到都市里来找工做。……可是招得工人却并不等于说这批工人都能在新秩序里得到生活的满足。依我们在战时内地工厂里实地研究的结果说，事实上并不如此。"[4]那里见到的是社会解组，而非秩序重建。

关于现代工业本身，费孝通以其在西方社会引发的问题作例，证明科学技术发展太快，人类已不知该怎样利用科学技术得到和平的生活了。匮乏经济固然导致人类贫穷，丰裕经济却也造成了人类的不安全。对此，前有"Le Play已有六册巨著分析工业初期欧洲社会的解组"，后

---

[1] 费孝通：《乡土重建》，观察社民国三十七年八月初版，第10—11页。
[2] 同上书，第9—10页。
[3] 同上书，第12页。
[4] 同上书，第12—13页。

有"Durkheim在他的《自杀论》里反面的说明"。"但是他们对于现代社会的批判却并没有引起海峡对岸的回响。"[1] 费孝通对此深感遗憾，慨叹"东西相隔，我们的传统竟迄今没有人能应用来解释当前人类文化的危机"[2]。

"东西相隔"的话题，费孝通在《初访美国》时谈过，重访英伦时重提。这是他念念在心的问题，是一生关注的母题。他在美国时说，担心地球背面的四万万同胞，可谓"东西相背"，在英国，感到"东西相隔"，他希望东西相合、相融、相助、相亲。因为"人类进步似乎已不应单限于人对自然利用的范围，应当及早扩张到人和人共同相处的道理上去了"。

此时，"回念我们被视为古旧的中华文华，几千年来这个问题久已成为思想家的主题"[3]，费孝通希望，中国在顺应国际潮流、融入发展大势、汲取人类文明成果的同时，也有机会和条件做出中国人的回馈。能否？费孝通发出警告："歧途上的中国正接受着一个严重的试验。"[4]

这次演讲结束前，费孝通要为中国再说几句话。

他说："我们的传统，固然使我们近百年来迎合不上世界的新处境，使无数的人民蒙受穷困的灾难，但是虽苦了自己，还没有遗害别人。忽略技术的结果似乎没有忽略社会结构的弊病为大。若是西方经过了这两次大战而已觉悟到非注意到人和人的关系时，我想也许我们几千年来在这方面的研讨和经验，未始没有足以用来参考的地方。"

"中国的社会变迁，是世界的文化问题。若是东方的穷困会成为西方社会解体的促进因素，则我们共同的前途是十分黯淡的。我愿意在结束我这次演讲之前，能再度表达我对欧美文化的希望，能在这次巨大的惨剧之后，对他们的文化基础作一个深切的研讨，让我们东西两大文化共同来擘画一个完整的世界社会。"[5]

这是一次特殊的"席明纳"。此时，马林诺夫斯基已辞世，费孝通

---

[1] 费孝通：《乡土重建》，观察社民国三十七年八月初版，第9页。
[2] 同上。
[3] 同上。
[4] 同上书，第14页。
[5] 同上书，第14—15页。

接过学灯，使"今天的人类学"保持着应有内涵和品质。

## （七）

　　1947年2月18日，费孝通离英回国，途经新加坡时，见到了胡愈之夫妇。他们是民盟同人。胡愈之在当地办报、办刊，借助言论聚集民意，推动华侨中的进步文化事业。他们的合影，留下了当年中国知识分子的样貌和气质。别后，费孝通在香港略事停留，于3月初回到北平，在复员后的清华大学继续任教。

　　从初访美国到重访英伦，费孝通常能从外国学界和政界的互动关系中有所观察和体验，也从国际同行的学术宏观水平上感受到无形压力，觉得中国需要有人持之以恒做扎实、深入的研究工作，保持在前沿话题、同一水准上的学术对话能力，表达中国学界用社会科学研究成果指导社会变迁的成效，体现学术研究的社会功能。

　　从重访英伦归来，到1949年中国共产党建立新政权，两年多的时间里，费孝通把他在1940年代的主要学术成果整理了一遍，出版了数种专题论著和三种译著。

　　他的《学历自述》中有如下记录："1947年回返北平，继续在清华任教，直到解放。在这段时间里在学术工作方面，主要是整理讲稿，有1948年出版的《生育制度》《乡土中国》等，翻译方面有马林诺夫斯基的《文化论》、斐斯的《人文类型》、梅岳的《工业文明的社会问题》等。此外还写了许多结合时事的文章在国内各刊物发表，收集成小册子的有《初访美国》《重访英伦》《内地农村》《乡土重建》《美国人的性格》《皇权与绅权》《民主·宪法·人权》等。"[1]

　　费孝通说："我抓住了几年。清华两年，英国两年，联大五六年。十年时间里边下了点功夫，出了东西。"[2]

　　从成果角度看，这是费孝通学术生命的一个高峰期、高产期，也是

---

[1] 费孝通：《学历自述》，《费孝通学术精华录》，北京师范学院出版社1988年6月第1版，第608—609页。
[2] 张冠生记录整理：《费孝通晚年谈话录》，生活·读书·新知三联书店2019年5月第1版，第270—271页。

他的学术原创能力、文化沟通能力、社会活动能力集中体现的时期。从人生角度看，如此盛况，此后不再，政权鼎革和社会变化，使他进入另一种状态。他的治学素材、选题方向、主导论题甚至文章风格，都随时代沿革出现明显变化。

费孝通在1940年代中后期发表文章的主要园地是"两刊一报"，即《观察》杂志、《中建》杂志和《大公报》。他与《观察》杂志的密切关系，一直保持到《观察》被国民政府查禁，与储安平的深厚友谊，一直保持到"文革"期间储安平失踪。

李、闻事件后，重访英伦前，费孝通曾和潘光旦一起在苏州的浒墅关"避风"。其间，费孝通编写《生育制度》的末了部分，潘光旦为这本书稿写了序言。

这时，储安平准备创办《观察》杂志，为"拟约撰稿人名单"找上门来。潘光旦向储安平推荐费孝通，说"这是一个快手"。

储安平是潘光旦的学生，费孝通的校友（储安平于1935年考入伦敦政治经济学院政治系，师从著名的费边社拉斯基教授），和费孝通同年归国，是当时一位著名的自由主义知识分子。三人缘分中，有志趣，有学术，有政治。他们都属于民主教授群体。

学者办刊、学者入股、学者撰稿的《观察》周刊，对当时的舆论状况有如下分析：一是国内拥有极广大的一群自由思想的学者，他们需要说话，应当说话；二是中国的知识阶层绝大部分都是自由主义思想者，他们超然于党争之外，只要刊物确是无党无派，内容充实，说话公正，水准尤高，当可获得众多读者。《观察》周刊于1946年9月1日创刊。

储安平撰写了发刊词《我们的志趣和态度》，诚恳地表示："我们这个刊物第一个企图，要对国事发表意见。意见在性质上无论是消极的批评或积极的建议，其动机则无不出于至诚。这个刊物确是一个发表政论的刊物，然而决不是一个政治斗争的刊物。我们除大体上代表着一般自由思想分子，并替善良的广大人民说话以外，我们背后无任何组织。我们对于政府、执政党、反对党，都将作毫无偏袒的评论；我们对于他们有所评论，仅仅因为他们在国家的公共生活中占有重要的地位。毋须讳言，我们这批朋友对于政治都是感兴趣的。但是我们所感觉兴趣的'政治'，只是众人之事——国家的进步和民生的改善，而非一己的权势。

同时，我们对于政治感觉兴趣的方式，只是公开的陈述和公开的批评，而非权谋或煽动。政治上的看法，见仁见智，容各不同，但我们的态度是诚恳的，公平的。我们希望各方面都能在民主的原则和宽容的精神下，力求彼此的了解。"[1]

这样的"志趣和态度"，费孝通感到亲切。发刊词中，从舆论角度对时局所作分析及储安平表达的文化进取精神，激起他的共鸣和热情。费孝通说："知识分子就是好议论，议论需要讲台和刊物。《观察》及时提供了论坛，……当时我年华方茂，刚身受反动势力的迫害，岂肯默尔而息，于是仰首伸眉，振笔疾书，几乎每期《观察》都有我署名或不署名的文章。在我是件快事，对《观察》来说多一个快手。我们之间的文字因缘就这样结了下来。"[2]

这位快手为《观察》撰稿的同时，也在《时代评论》《再生》《文萃》《新生代周刊》等报刊上频繁发表文章。其中的八篇被费孝通编为一册，取名《民主·宪法·人权》，由生活书店于1946年12月出版。

该书由潘光旦作序。曹聚仁对该书表示激赏，认为从内容说"是传世之作"；从形式说，"费氏的散文'深入浅出，意远言简，匠心别具，趣味盎然'，为其他文艺家所不能及"[3]。

费孝通用对话和讲故事的轻松笔法，普及民主国家的民众应有的最低限度政治常识。当年昆明，费孝通最喜欢近日楼一带。那里墙上贴有各种言论的壁报，很多人"鹄首街头看壁报"。费孝通从壁报谈到英国海德公园，认为"民主就是这样成长的"。

他说："海德公园所以著名，却在园角那片宽阔的草地，这草地上有着各色各样的人，站在桌上、椅上、肥皂箱上同时向着游客演说。有些吸引着几十到几百个听众，围得密密层层，有些只有一两个人……听的人有话想讲，随时随地可站起来讲，只要有人听你。……在海德公园里真可以说是议论纷纷了：幼稚可笑的，胡言乱语的，有条有理的，引经据典的……有极端的保守派，有过时的传道士，也有激进的共产党，

---

〔1〕 储安平：《我们的志趣和态度》，张新颖编《储安平文集》(下)，东方出版中心1998年7月第1版，第51—52页。
〔2〕 费孝通：《我和〈新观察〉》，《逝者如斯》，苏州大学出版社1993年8月第1版，第221页。
〔3〕 曹聚仁：《文坛五十年》，东方出版中心1997年1月第1版，第367页。

真是无派不全。可是有一点……值得我们这些异邦人记得的,是在海德公园中,从来没有人互相打过架,没有人流过血,没有人投过手榴弹,没有人停止过别人说话。"[1]

海德公园之所以能印在费孝通心里,不在于各色言论中有多少真理,而在于言论自由本身,在于每个人都可畅所欲言的社会环境。他认为,"中国若要进入民主,这是第一步"。为此,费孝通在诸如此类的题目下写出大量文字,如"言论自由矫正了欺骗";"投票自由不受约束";"选举票是人民的力量";"对专制的一个革命";"出了槛的权力是灾难";"暴力之下无法律";"新闻不做政争工具";"美国民众不喜社论";"报纸前途决于读者";"回头再看我们中国"……

费孝通语气激烈地批评现实说:"回头看中国的新闻报纸,谣言往往多于报道。造谣的人也许自以为得意,其实在我们的生活已经和世界分离不开的时候,把人家和自己的眼睛扎住了走天梯,怎能不失足落入深渊!……我们实在没有法子了解所谓迎头赶上时代这句话是怎么说的了。反了方向在比赛,说什么现代化?"[2]

这个时期的费孝通,民主教授的政治情怀和人类学家的科学精神融于一体,学者议政,议得深入。后学谢泳对费孝通的政治倾向做过具体分析,他认为"费孝通本人的思想,虽然在四十年代末给人留下了向左转的倾向,但当时费孝通的左转并非走向政治的操作,而依然是自由主义知识分子天性的流露,他的左转只是偶尔顺应了某一在野的政治势力"。"四十年代末,费孝通他们这一代自由主义知识分子的思想状况是复杂的,……在思想上他们没有放弃自由主义知识分子的立场,只是由于过分痛恨执政党的腐败和极权,而暂时认同了在野政治势力的某些主张。"[3]

谢泳的看法,可以在费孝通这一时期的许多著述中得到充分支持。

费孝通在云南大学和西南联大同时开了一门"生育制度"课程。多年里,他不断修订课堂讲义,使其渐趋专著水准。1946年"李闻事件"

---

[1] 费孝通:《民主·宪法·人权》,生活·读书·新知三联书店2013年4月第1版,第20—21页。
[2] 费孝通:《美国人怎样办报怎样读报——为〈上海文化〉特辑专写》,《费孝通文集》第3卷,群言出版社1999年10月第1版,第524—525页。
[3] 谢泳:《西南联大与中国现代知识分子》,湖南文艺出版社1998年11月第1版,第57、60页。

五　书生议政与"民主教授"　181

后，书稿接近完成，费孝通"极感不能畅所欲言的苦痛"，"颇有因此而将全稿搁置的意思"[1]。此时，潘光旦作劝进之言，说服了费孝通交付出版，并为该书出版写了序言。

1947年9月，费孝通的《生育制度》一书由商务印书馆出版。多年后，他对一位美国人类学家说，"那时我写了一本我喜欢的理论性著作《生育制度》(1947)。我喜欢那本著作。它是我最好的著作之一。它是偏重理论性的著作，是人类学的而不是政治分析"[2]。

这个看法一直持续到费孝通晚年。在他的等身著述中，《生育制度》没有《江村经济》等著述的影响大，应当是因为这本书的意义和价值尚待理解。理解起来，需要比较深入和系统的社会人类学修养。费孝通的师辈社会学家吴景超，曾就乡村工业问题和费孝通激辩，对《生育制度》却表推重。吴景超说："费先生的书，我读了已经不少，但这一本书，无疑是后来者居上，在他所有的社会学著作中，要算是最有贡献的一本。就在中国社会学界中，过去二十年内，虽然不断有新书问世，费先生这一本，内容的丰富，见解的深刻，很少有几本书可以与他站在同一水平之上的。"[3]

四十年后，费孝通在一次纪念吴景超的讨论会上回忆说："第一个评论我的《生育制度》的就是吴景超先生。""吴先生很欣赏我的作品，这是真话。他看了我的《生育制度》后说：'这真是一本好书！'"[4]

潘光旦为该书出版写的序言题目是"派与汇——作为费孝通《生育制度》一书的序"。他曾在1927年出版过《中国之家庭问题》。他说，两相比较，自己注意的是问题及其解决之道，取政策角度，属于社会理想，费孝通注意的是制度本身，取学术角度，属于社会思想。自己提出的是住上好房子的愿望，也提出了好房子的图样，费孝通提出的，是从居住需求到建筑完工全程中的相关问题，既要造好房子，又要知道怎样

---

[1] 潘光旦：《派与汇——作为费孝通〈生育制度〉一书的序》，《潘光旦选集》第三集，光明日报出版社1999年8月第1版，第306页。

[2] [美] 巴博德：《经历·见解·反思——费孝通教授答客问》，《从实求知录》，北京大学出版社1998年6月第1版，第460页。

[3] 潘乃谷、马戎主编：《社区研究与社会发展》(下)，天津人民出版社1996年8月第1版，第1546页。

[4] 费孝通：《在纪念著名社会学家吴景超教授学术思想讨论会上的讲话》，《第四种国家的出路——吴景超文集》，商务印书馆2008年11月第1版，"代序一"第2页。

确保造好房子。

从潘、费师徒二人的终极关怀看,这里说的"房子",实际指人类社会整体生存和发展环境,一个包括自然、社会和人文的无穷空间。潘光旦说:"两者相较,无疑的,他的尝试要比我的更为基本,更为脚踏实地。也无疑的,他这一番工作应该先做,我的则失诸过早。"[1]

既如此,对"更为基本"的研究提出更高标准,便在情理之中。潘光旦由此进入"派与汇"话题,并从费孝通所属的功能学派说起。

潘光旦把犀利的目光放进优容的叙述,温良敦厚而不失明察。

不同学派中,后起的学派有条件综合各派优长,由派而汇,推陈出新。人类学界的功能学派就是如此起家,得享盛誉。不过,它又可能因为独步一时而自信过头,减弱了持续的汇聚能力。这一点,潘光旦在费孝通书稿中或有觉察。

潘光旦说:"希望孝通和其他用功能论的眼光看研究社会与文化现象的朋友们要注意提防……'我执'心理,特别是此种心理养成的'一切我自家来'的倾向。功能论既已很有汇的趣味,……它所称自家之家,门户自不至太狭,派头自不致太小,事实上它和别人所已发生的'通家之好'已经是很显著;但大门墙可以出小气派,表面的通好可能是实际的敷衍,还是不能不在在提防的。例如即就孝通所论列的生育制度而言,功能论者是充分的承认到所谓种族绵延的生物需要的,这表示和生物学已经有了通家之好,但舍此而外,一切构成生育制度的材料与力量,一切其他的条件,好像全是社会自家的了,文化自家的了。这是事实么?我以为不是。"[2]

潘光旦在总体学术格局里看出了功能学派在人类学界的拓展趋势,也看出其边界所限。眼前的《生育制度》是个样本。他似乎不太担心费孝通患摸象之盲,因书稿作者"大体上并没有表示一切都要自家来",但他写序言时不能因此不做提示。

潘光旦也是学界中人,很明白学者的一般心理。他说:"学者总希望自成一家言,自成一家当然比人云亦云、东拉西扯、随缘拼凑、一无

---

[1] 潘光旦:《派与汇——作为费孝通〈生育制度〉一书的序》,《潘光旦选集》第三集,光明日报出版社1999年8月第1版,第307页。
[2] 同上书,第307—308页。

主张的前代的笔记家和当代普通的教科书作家要高出不知多少筹，但如求之太亟，则一切自家来的结果或不免把最后通达之门堵上。孝通在本书里有若干处是有些微嫌疑的。"[1]

对费孝通，潘光旦既做提点，也提供思想和学术资源，助其通达之门持续敞开。周飞舟认为，"费孝通先生在20世纪80年代提出的中国家庭的'反馈模式'与西方家庭的'接力模式'两个概念，实际上就是在潘先生'折中制家庭'的基础上提出来的。"[2]

## （八）

"乡村社会学"是费孝通在西南联大和云南大学讲授的一门课程。起初是用美国教材，后来用自己的调查素材。材料熟悉，讲来自如，核心内容是社会结构。

《乡土中国》一书，是费孝通从部分讲稿中整理出来的。他在该书"后记"中对编写初衷和过程做了较详细的说明，表示"在这书里是以中国的事实来说明乡土社会的特性"，是探索性的思考，算不上定稿，也说不上完稿，"只是一段尝试的记录罢了"。

这本著作不是大部头，不引经据典，没有学术腔调，像一幅中国农村社会素描。笔法也是中国式的，散点透视，写意兼工笔，把生活现实直接写进书中。需要做理论概括时，也用平实的语言概念，从生动有趣的生活细节说起。费孝通熟悉农民生活，驾轻就熟地列举百姓身边日常故事。他讨论的问题，很多都能接通普通人的生活经验和感受。

例如："每个孩子都是在人家眼中看着长大的，在孩子眼里周围的人也是从小就看惯的。这是一个'熟悉'的社会，没有陌生人的社会。"[3]

"现代社会是个陌生人组成的社会，各人不知道各人的底细，所以得讲个明白；还要怕口说无凭，画个押，签个字。这样才发生法律。在乡土社会中法律是无从发生的。'这不是见外了么？'乡土社会里从熟

---

[1] 潘光旦：《派与汇——作为费孝通〈生育制度〉一书的序》，《潘光旦选集》第三集，光明日报出版社1999年8月第1版，第308页。
[2] 潘光旦：《中国之家庭问题》，商务印书馆2021年12月第1版，周飞舟《导言》第5页。
[3] 费孝通：《乡土中国》，观察社民国三十七年四月初版，第5页。

悉得到信任。这信任并非没有根据的，其实最可靠也没有了，因为这是规矩。西洋的商人到现在还时常说中国人的信用是天生的。类于神话的故事真多：说是某人接到了大批瓷器，还是他祖父在中国时订的货，一文不要的交了来，还说着许多不能及早寄出的抱歉话。——乡土社会的信用并不是对契约的重视，而是发生于对一种行为的规矩熟悉到不加思索时的可靠性。"[1]

上述引文中，费孝通涉及的是东西方两种文化里人和人打交道时遵守信用的不同准则和方式，是具有高深理论内涵的问题，说到的事情则是街坊邻里、农妇老汉都很熟悉也能会意的身边情景。这样的例子在《乡土中国》中俯拾皆是，很能引起一般读者的阅读兴趣。

费孝通的叙述具体、生动，时常引入他熟悉的西方社会和文化中的事实，同他更熟悉的中国乡土社会两相对比，力求更清晰地衬托出中国社会尤其是农村社会的特点。他时常把话题引向即便文盲也熟知的传统文化，在孔子遗训、孟子主张、老子理想和乡土社会之间，标示出"一方水土养一方人"的关系。

费孝通说，从泥土里讨生活的人，不能老是移动，他得守住土地，侍弄庄稼，争取好收成。收获季节过后，又要周而复始地日出而作，日落而息。长在土里的庄稼走不到别处，侍弄庄稼的老农也守着土地，像是半身插到了土地里。乡土社会是安定的社会。自给自足，不用往来和流动。老子产生"鸡犬相闻，老死不相往来"的理想，是很自然的。

在《乡土中国》中，费孝通为描述家庭、氏族乃至更大范围的社会关系网，独创性地提出了"差序格局"概念。他说，西方人说到他的家，指的是夫妻和孩子，非常明确。中国人的家，界限就不明确了，伸缩性很大，可以扩大到四五代人同堂的大家庭乃至整个氏族，一表三千里。中国人的社会关系网是以某个人为中心，波浪似的向外扩散，犹如投入水中一颗石子的水波，一圈圈推出去，越推越远，也越推越薄，形成一种"差序格局"。

一圈圈推出去的波纹，震荡幅度可以大，也可以小，关键是入水石头的大小，是中心势力的厚薄。有势力的人家，街坊可以遍及全村，村

---

[1] 费孝通：《乡土中国》，观察社民国三十七年四月初版，第6页。

民们都可能参加这家的婚丧嫁娶和小孩满月、百天的庆贺活动。穷苦人家的街坊则可能只是比邻的几家。

费孝通举老幼皆知的《红楼梦》为例:"贾家的大官园里,可以住着姑表林黛玉,姨表薛宝钗,后来更多了,什么宝琴、岫云,凡是拉得上亲戚的,都包容得下。可是势力一变,树倒猢狲散,缩成一小团。到极端时,可以象苏秦潦倒归来,'妻不以为夫,嫂不以为叔'。中国传统结构中的差序格局具有这种伸缩能力。在乡下,家庭可以很小,而一到有钱的地主和官僚阶层,可以大到像个小国。中国人也特别对世态炎凉有感触,正因为这富于伸缩的社会圈子会因中心势力的变化而大小。"[1]

中国人都熟悉的"修身齐家治国平天下",被费孝通拿来和"差序格局"作比较,他提示其中的条理相通和内推外推的区别。费孝通说:我们一旦能够明白这个能放能收、能伸能缩的社会范围,我们可以明白中国传统社会中的私的问题了。我常常觉得:'中国传统社会里一个人为了自己可以牺牲家,为了家可以牺牲党,为了党可以牺牲国,为了国可以牺牲天下。'"[2]

如此鞭辟入里的分析,接通的是人们对世态炎凉的入微感受。对读者大众来说,"差序格局"是个既陌生又蕴含丰厚的概念,入笔处是大家习焉不察的日常生活经验。

七十多年后,社会学界热起来的"附近"概念,费孝通当年笔下已做铺陈。

《乡土中国》在学术思想和大众生活之间架起了沟通的桥梁。肯用点心思的大众读者可以从书里领悟到日常生活现象中的意义,心有灵犀的学界人士从中受到启发。浅一点,可借鉴观点、方法,深一层,可验证生活与学术之间的源流关系、本末位置。

《乡土中国》出版四个月之后,《乡土重建》出版。这是一本探讨中国农村怎样引入工业生产,帮助农民摆脱贫困、实现温饱、步入小康生活的著作。

费孝通整理《乡土重建》的文稿时,正是他得到1939年出版于伦敦

---

[1] 费孝通:《乡土中国》,观察社民国三十七年四月初版,第25—26页。
[2] 同上书,第28页。

的《江村经济》一书前后。全面抗战以来,人书两地,历经劫难,终得谋面。这对费孝通来说是一份安慰,又发生了激励作用。

当时,《江村经济》已被世界上不少开设人类学、社会学课程的大学和院系列为学生必读书。1936年,在中国江苏,费孝通在江村目睹现代工业机器进入农民生活,窥斑见豹,觉察到一场中国社会的深刻变迁。1938年,在英国伦敦,他以江村为实例,描述现代工业进入中国农村的现场,讲述中国农民生活的历史变迁。九年后,这场变迁在抗战和内战中曲折行进,新的事实需要了解,新问题有待研究,"重建"任务道阻且长,迫切要求学术研究成果的及时配合。

在《乡土重建》中,费孝通仍然从农民日常生活经验出发,论证"中国从来不是个纯粹的农业国家,而一直有着相当发达的工业"。

他举证说:"各地依它的土产加工制造成消费品,日积月累,各种工业都有著名的地域。中国早年出口的生丝最有名的叫辑里丝,查海关报告还有这英文译音;辑里丝是太湖附近很小一个区域里出的丝,居然成了整个中国出口生丝的别名。其他如龙井的茶,景德的瓷器,高阳的布,都属此类。……轻工业中最重要的纺织,在传统中国是家庭工业。我幼年还帮祖母纺过纱,我母亲的嫁妆里还有个织布机,'不闻机杼声'这诗句在我是极亲切的。制造工业分散在家庭里固然使中国传统工业在技术上不易进步,但却是一个传统经济中的重要事实,使普通土地不足的农家可以靠这些家庭工业里的收入,维持小康生活。"[1]

历史事实证明,中国传统的乡土经济是一种农工混合型经济。中国的工业化、现代化不能不在这个基础上起步,应该充分考虑传统的因素,找到适合传统特点又能推动经济发展的路子。这将是一条嫁接之路,而不是移植之路。中国农村经济在现代社会条件下的发展,仍然离不开农工相辅的基础。在大工业时代,怎样实现现代社会中的农工相辅,是一个新课题。《乡土重建》一书所包括的十几篇文章,集中了费孝通为此做出的思考和提出的观点。

这些文章涉及的问题广泛、复杂,但作者的根本主张非常清楚,就是要恢复和发展农村工业,帮助中国农民解决贫困问题,推动中国工业

---

[1] 费孝通:《乡土重建》,观察社民国三十七年八月初版,第82—83页。

发展，提高生产力水平，改善国民生活。

费孝通的相关文章在《大公报》陆续发表后，受到广泛关注，也引发了激烈争论。

有人认为，费孝通主张发展乡村工业是留恋过去、反对机器、因循于旧的手工业生产方式。费孝通觉得这样理解的人还没有真正读懂他的文章，忽略了他一再申明的"乡土工业变质"的主张。他迫切希望乡村工业的技术基础由手工成为机器。

也有人用"幻想""乌托邦""梦呓"等说法否定费孝通的主张，认为他留恋手工业，是在设想一个全盘性的乡土经济。费孝通解释说："乡土工业这个名字，我知道，是不够漂亮，不够生动的，但是在这乡土中国，漂亮和生动常等于奢侈"。[1]"我屡次说乡土工业是我们在打算重建中国经济时应当注意的一项。这也说明了我并没有说一切工业都要分散到乡村里去。这是不可能的，任何人都能明白，一个炼钢厂不可能化成乡土工业的。"[2]

费孝通的主张带有强烈的务实色彩。为辩明道理，他一再申说。

"至少还有很长的时间，我们不易脱离小农经济的基础。于是我们的问题并不是都市工业效率高呢、还是乡土工业效率高？而是我们求工业的充分现代化而让百分之八十的农民收入减少、生活程度降低呢、还是求农民多一点收入而让工业在技术上受一点限制？我的选择是后面这半句。有朋友为我'惋惜'，但是叫我怎样使人家不'惋惜'呢？中国的经济条件拉着我，插不起翅膀飞向'前进'，如果这是落后，落后的不是我的选择（谁不想一转眼中国就有美国那样多的工厂？）而是我们这个古老的国家，这片这样多人耕种得这样久的古老的土地。"[3]

"在我看来，一个要能受人民拥护的政府，经了这多年的战争，必然得先做到与民休息，培养元气的最低标准，那就是说不再增加人民的担负；不但不增加人民的担负，而且得很具体的增加人民的收入，看得到的收入。在这创痛之后即刻强制人民去为国营工业积资本，在政治上看去，是件冒险的政策。所以我倾向于先发展乡土工业的意思，然后用

---

〔1〕费孝通：《乡土重建》，观察社民国三十七年八月初版，第103页。
〔2〕同上书，第166页。
〔3〕同上书，第102—103页。

这种工业所创造出来的资本去发展较大规模的重工业。简单说，我们得从土地里长出乡土工业，在乡土工业里长出民族工业。这条路线是比较慢的，但也比较稳的。"[1]

费孝通的这些主张，初衷一直都是希望决策者"预谋善策"。他预见到，若没有对国情的充分了解和尊重，中国的工业化很可能把维持了数千年的农工相辅机制毁掉，把历来一体的工业和农业的地缘关系拆散，带来巨大的社会问题。

这种不激不随的理性思考，引发了学界的持续讨论。费孝通文章中提到的署名文章，有翁文灏、千家驹、韩德章、吴半农、董时进、陈翰笙、吴景超、吴文晖、汤德明等人的。他发现"破坏之动员未已，乡土复员的说法，竟带着讽刺的意味"，他的方案被指为"费孝通的王国"。

费孝通坚持表达观点和主张说："虽说是书生之见，但也只有书生才能暂时在切身的烦恼之外，瞩望将来，注视这个可能的免亡之道。……我还是鼓着勇气，贡献一点较远的看法。"[2]

遗憾的是，他的见识和主张没有成为国民政府的国策，政权鼎革后，也没有成为新政府的国策。十年后，因其重申，反成"怀璧之罪"，被划入另册。经过漫长的历史曲折，三十年后，中国大陆进入改革开放时期，费孝通的主张呈现为中国农民的普遍意愿和韧性实践，顽强地保护了工业和农业的地缘关系。四十年后，经邓小平点题（异军突起）、点头，成为中国社会的主流共识，转化成了增强综合国力的巨大物质力量。五十年后，成为大陆经济半壁江山，提供了香港回归所需政治资本的重要经济支撑。

主张发展乡村工业的政治内涵，费孝通当年已说明白。

"我们认为任何一个国家所能采取的社会制度必然受该国文化和社会处境所影响，所以我们认为我们的课题不是'英美式呢，还是苏联式呢？'，而是以增加人民生活程度为目的。熟察我们自己的历史背景及社会情况，设计一个能利用机器生产的中国式的社会方式。"[3]

---

[1] 费孝通：《乡土重建》，观察社民国三十七年八月初版，第167页。
[2] 费孝通：《黎民不饥不寒的小康标准》，《费孝通文集》第4卷，群言出版社1999年10月第1版，第364页。
[3] 费孝通：《小康经济——敬答吴景超先生对〈人性与机器〉的批评》，《费孝通文集》第5卷，群言出版社1999年10月第1版，第435页。

费孝通有实地观察英美社会的经历,他意识到"资本主义中机器所引起人格及社会的失调"[1]现象,并有所警惕。他更警惕把"美国梦"照搬到中国的想法。他说:"如果学美国一般地浪费挥霍,必然会发生争夺民食民衣的'豪门巨阀'。……我们所主张就地推广小型工业到乡村里去所可以实现在民生上的决不是美国式的生活,而是东方的小康生活。"[2]

---

[1] 费孝通:《小康经济——敬答吴景超先生对〈人性与机器〉的批评》,《费孝通文集》第5卷,群言出版社1999年10月第1版,第435页。
[2] 同上书,第437页。

第二部

# 费孝通与"东方的小康生活"
（1949—1979）

# 一 从清华园到西柏坡

## （一）

1949年8月13日，费孝通在北平市各界代表会议上见到毛泽东，听他做了简短演讲，大意是，这种会议是"为召集普选的人民代表大会准备条件"，"一俟条件成熟，现在方式的各界人民代表会议即可执行人民代表大会的职权，成为全市的最高权力机关，选举市政府"[1]。

这是费孝通在半年多的时间里又一次见到毛泽东。

年初，1月中旬，他和张东荪、雷洁琼、严景耀一行四人，到河北平山西柏坡，访问中共中央所在地。据雷洁琼回忆，他们和毛泽东、刘少奇、周恩来、朱德、任弼时等共进晚餐，饭后一起到毛泽东办公室谈国内政局和前景。

毛泽东表达对民主党派的期待，他"希望民主党派站在人民大众的立场，和中国共产党采取一致的步调，真诚合作，不要半途拆伙，更不要建立'反对派'和'走中间路线'"[2]。

毛泽东的话，接通了费孝通的心思。共产党人将要执掌政权，和他们保持什么样的关系，是他将面对的现实问题。

1946年李、闻事件发生后，他对潘大逵说，想去延安，那是真实想法。因为吴晗的关系，他和共产党人有接触，帮他们办过事。费孝通说，"我们对共产主义是什么，实际上并没有清楚的概念。我们只了解马克思主义是那时候流行的许多社会学思想学派的一种。""我们对共产

---

[1] 中共中央文献研究室编：《毛泽东年谱（1893—1949）》下卷，人民出版社、中央文献出版社1983年12月第1版，第548页。
[2] 杨奎松：《忍不住的"关怀"：1949年前后的书生与政治》，广西师范大学出版社2013年5月第1版，第27—28页。

党人有积极的印象,因为他们爱国能吃苦。……我们逐渐地把他们看作振兴中国的力量。"[1]

"振兴中国"是后来的常用词,费孝通心里念叨的是"东方的小康生活"。他相信在西柏坡看到了乐观前景,其中有自己的服务机会。

回到北平,费孝通写文章记述西柏坡之行,说起的不是同毛泽东的会见和谈话,是他在途中看见的农民送粮车队,是这股洪流中的人心向背。

"卡车在不平的公路上驶去,和我们同一方向,远远近近,进行着的是一个个、一丛丛、一行行,绵延不断的队伍。迎面而来的是一车车老乡们赶着的粮队,车上插了一面旗,没有枪兵押着;深夜点了灯笼还在前进,远远望去是一行红星——这印象打动了我,什么印象呢?简单地说:内在自发的一致性。这成千成万的人,无数的动作,交织配合成了一个铁流,一股无比的力量。什么东西把他们交织配合的呢?是从每一个人心头发出来的一致的目标,革命。"[2]

费孝通是个明确、坚定的改良主义者。改良而非革命,尽量减轻社会变迁代价,是他以往所有著述的思想底色,最迟是从《花篮瑶社会组织》开始,十年如一日地持续表达。他留学求知的伦敦政治经济学院是费边社大本营,更强化了其改良主义信念和主张。直到《重访英伦》,他在结尾处还说自己是"软心肠",不愿世界有战争,有毁灭。他用自己在美国、英国先后亲身经历、见证的史实表明,有"一条不必流血而可以达到的自由和平等并驾齐驱的道路",主张"我们为了文化,总得向避免暴力的方向前进"[3]。

到访西柏坡后,费孝通的想法有了变化,开始向"革命"致敬。他解说理由如下:

> 我曾参观过英国海口军舰的行列,也曾目击过大战时非洲盟国空军基地的规模。那时却并没有这次在黄土平原上看粮队时的激

---

[1] [美]巴博德:《经历·见解·反思——费孝通教授答客问》,北京大学出版社1998年6月第1版,第459页。
[2] 费孝通:《我这一年》,生活·读书·新知三联书店1950年8月初版,第6页。
[3] 费孝通:《重访英伦》,《费孝通文集》第3卷,群言出版社1999年10月第1版,第510—511页。

动。从前者只能知道力量之巨大,从后者才能明白力量之深厚。这里有着基本的差别,形式和内容的差别。巨大的形式可以僵化不灵,深厚的内容却会发展生长。像我这种没有积极参加过革命行列的知识分子对于潜伏着深厚的活力是陌生的,不熟悉的,甚至是不易理解的,因之,对于历史的发展没有把握,对于人民的翻身也缺乏信心。[1]

这一次旅行给了我一个当头棒喝。知识分子的缺乏信心,其实只是反映出中国资产阶级的懦弱无能罢了。经过百年来革命斗争锻炼的人们并不是这样的。依靠了这一片黄土,终于把具有飞机大炮的敌人赶走,这只是深厚潜伏着的力量的一个考验,就是这个力量同样会把中国建设成为一个在现代世界中先进的国家。当我看到和接触到这个力量时,我怎能不低头呢?[2]

字里行间,书写的是真情,不是敷衍、奉承。费孝通"低头",不是被强迫的,是主动的,由衷的。这种为自己的过往而惭愧、为国家的未来而振奋的心情,不光表现在他公开发表的文章里,也记录在他这个时期一些私人通信中。

1949年6月,费孝通写给雷德菲尔德和夫人的信中说:"如果我复述这半年的历史,它将是一部很长的故事。我认为我留在北平的决定是正确的。我从解放的过程中学到很多根本性的、很宝贵的经验。它至少给我一个机会,使我反省很多根本性的问题和批判我以前的工作。我又当了学生,在思想改造过程中接受'再教育'。……我也相信如果西方让我们自己建设我们的国家,中国会在我有生之年赶上现代化的西方。……我去访问过老解放区,回来以后对中国的前途充满信心。请相信我,在我看到具体事实以前,我不会相信任何人的话,……我在新中国未看到任何排外情绪,……新政权在建设中诚心诚意学习先进技术。即使是在最困难的时候,我们的薪津也提高了,这表明科学和知识受到重视。我们大学里没有人在政治上受到歧视,课照样上下去,而且学生在课堂上

---

[1] 费孝通:《我这一年》,生活·读书·新知三联书店1950年8月初版,第6—7页。
[2] 同上书,第7页。

比以前更守纪律。我的教学方法受到鼓励,……"[1]

这封信或可做证,费孝通思想上发生的重要转变既非勉强,也十分不易。他的"思想改造"有外力介入,也有内在意愿。

从时间看,它发生在1949年6月之前,不在政权更替之后。

对他发生作用的因素,有外在的、标志性的,如政协会议、开国大典之类,也有内在的、实质性的,如共产党人表达的民主追求、已有的民主实践、对待民主党派和知识分子的开明态度等等。两相比较,后者应该更具决定作用。

费孝通信中特别说到的几条,如没有排外情绪、学习先进技术、科学和知识受到重视、没有政治上的歧视等,都是他的衡量标准。他对新时代的到来真正欢迎,真心接受。这是他此后写文章、发议论的思想基础。他在重访英伦的演说中,曾瞩望"新中国"。

新政权建立后,费孝通最早出版的两本著作(《大学的改造》和《我这一年》)所包括的文章,都是从1949年6月写起。这些文章接通了两个不同时期,使自己完成了一个较为自然的过渡。他的文化生命流程出现明显起伏,却没有中断。这是其政学两栖的人生实践在新局面中的自然延伸。即便这个过程不无痛苦,也可理解为新生必经的阵痛。

费孝通可作为当时许多知识分子的一个代表。他也许表现出了更多的政治敏感,更积极主动的适应姿态,但本色还是书生。他的变化是自主选择,是社会变迁留下的时代印记。

承平时期,社会变迁多在青萍之末,平缓无波,一般不易为常人觉察。动荡时代,变迁则会一夜间天翻地覆。费孝通经历的这段历史,家国命运剧烈动荡,幼年多次逃难,稍长就知"国耻",青年时经历恐怖,成年后见证专制、腐败、独裁。作为一个期盼社会病症尽量少、百姓福利尽量多的学者,费孝通即便是个纯粹的科学工作者,也会对社会事件发生自然的情绪反应,何况他已有一段政学两栖的经历。

在共产党领导人眼里,费孝通这样的知识分子,是"帝国主义给中国造成""为了侵略的必要",但是"他们走到了它的反面。学生、教员、教授、技师、工程师、医生、科学家、文学家、艺术家、公务人

---

[1] [美]阿古什著,董天民译:《费孝通传》,时事出版社1985年11月第1版,第168页。

员，都造反了，或者不愿再跟国民党走了。共产党是一个穷党，又是被国民党广泛地无孔不入地宣传为杀人放火、奸淫抢掠，不要历史，不要文化，不要祖国，不孝父母，不敬师长，不讲道理，共产公妻，人海战术，总之是一群青面獠牙，十恶不赦的人。可是，事情就是这样地奇怪，就是这样的一群，获得了数万万人民群众的拥护，其中，也获得了大多数知识分子尤其是青年学生们的拥护。"[1]

毛泽东这段话，充分表达了当年共产党人的自信和底气。民心向背，昭然天下。

1997年7月1日零点过后，八十七岁的费孝通身处香港主权回归仪式现场，看着英国国旗降下，中国国旗升起。他说："生下来就在'国耻'里边了，八十七年没有断啊！"[2]

如此感慨中，包含着费孝通在《我这一年》中政治倾向的历史逻辑。

本来，"研究社会变迁的目的，是在帮助实际的政策。"[3]这是费孝通弃医从文的本意，这意图是中性的，无关左右，不分国共。社会学、人类学是工具，是公器。最终服务对象是社会公众。服务过程中，需要借助的决策者（含政党或政府）也是工具和公器。实际政策内涵中，会有"价值标准"，但在费孝通看来，"'价值标准'并不是伦理学上的问题，而是事实问题。我们在事实的分析中可以见到预测未来的可能的变迁，及这些变迁对于人民的影响。一切政策要能实行，要能在最有效最经济的情形中实施，都须根据这事实的认识。"[4]

"科学地去认识中国社会"，这是费孝通一生职志。瑶山调查、江村调查和云南三村调查，都是为此。政权鼎革前夜，费孝通仍有机会继续其事。

1949年7月，他和同事做了"北京特种手工业调查研究。调查材料已经整理好的有六种：（一）地毯业（袁方），（二）挑补花业（刘世

---

[1] 毛泽东：《丢掉幻想，准备斗争》，《毛泽东选集》第四卷，人民出版社1960年9月第1版，第1422页。
[2] 张冠生记录整理：《费孝通晚年谈话录》，生活·读书·新知三联书店2019年5月第1版，第278页。
[3] 费孝通：《再论社会变迁》，《费孝通文集》第1卷，群言出版社1999年10月第1版，第501页。
[4] 同上。

一 从清华园到西柏坡

海），（三）象牙业（苏汝江）,（四）雕漆业（全慰天），（五）铜胎烧瓷业（史国衡），（六）铜器业（胡庆钧）。这批研究资料已转轻工业部作为制定政策的参考。现在正由出版总署付印中"[1]。

费孝通相信，一个新兴穷国，从温饱到"东方的小康"过程，将为中国知识分子提供无可限量的服务机会。

## （二）

费孝通初访美国期间提议并促成的雷德菲尔德访华考察事，因多种原因推迟四年多，于1948年10月成行。费孝通和潘光旦接他到清华园当天，雷德菲尔德在途中注意到，共产党的部队已在沿途山上驻扎，攻克北平为期不远。华北军事局势空气紧张。

雷德菲尔德这次访华，从1943年底前后动议，历经数年，曲折回环，终得如愿。到他入住清华园，是1948年11月2日，这一天是费孝通38周岁生日。说是天意，或许神了点。说是最好的生日纪念，应不为过。东西方两位著名的人类学家重逢于北平，从学术交流看，是中美国际合作的细节呈现，从费孝通本人说，是他学者本色、专业旨趣以生命名义的确认。

政权即将变更之前，费孝通这个生日里的人类学内涵饶有意味。

雷德菲尔德出发前，美国国务院护照司发函给他，强烈建议除紧急事务外尽量避免前往中国。他为此写信给费孝通，沟通情况，交流想法，商议在清华大学开设一学期的"比较社会学"课程，同时举办一个清华、燕京两校社会学系年轻教师的专题研讨班。雷德菲尔德还打包寄出一批图书，拟赠清华大学图书馆。

"费孝通也为了迎接雷德菲尔德的到来，拒绝了两所英美大学的访问邀请，并与吴文藻一起为雷德菲尔德访华制定了备选方案。一旦北平高校无法正常开学，雷德菲尔德将被安排前往广东的岭南大学继续访

---

[1] 清华大学校史研究室编：《清华大学史料选编》第五卷（下），清华大学出版社2005年11月第1版，第655页。

问。"[1]

在清华园住定后,雷德菲尔德预订了11月27日前往上海的机票,以备变局所需。

校园里的平静让他觉得意外。他的看法积极而乐观。住下一周后,11月9日,他写信告诉女儿,去拜访他的教授们几乎都劝他留下来,见证一场即将到来的巨变。他说:"在我们居住的这个校园里,人们仍然十分悠闲,面带笑容,没有人对共产党怀有丝毫恐惧。总的来看,人们似乎希望权力交接尽快到来,同时避免冲突。"[2]

用"权力交接"描述中国政权的国共易手,是人类学家的眼光,也含有他熟悉的民主政治逻辑。中国式"交接"逻辑却是他感到陌生的。事实上,雷德菲尔德没有按照预订机票时间离开,也没有等到权力交接时刻。1948年12月10日,他们一家离开北平,南飞广东。

一个多月里,"费孝通几乎每天都来看望雷德菲尔德一家,并与雷德菲尔德的夫人玛格丽特一同翻译书稿"[3]。他们像费孝通初访美国时合作编译 Earthbound China 那样,这次的题目是 China's Gentry: Essays in Rural-Urban Relations。译稿由玛格丽特带回美国,经她整理、编辑,1953年由芝加哥大学出版社出版。雷德菲尔德为该书出版写了序言。

雷德菲尔德说:"本书是由费孝通于1947—1948年在中国报纸上发表的文章所组成的。1948年秋天,他把这些文章大略地翻译成英文,口述给我的妻子,对听写的要点,还停下来讨论。在这个过程中,部分内容被重写并且扩大了篇幅。预料共产党人将会控制局面,这项工作是粗略地完成的,但不乏热情。因为当口述和重写进行的时候,共产党人的力量已控制了北平。"[4]

12月10日那天,费孝通和潘光旦、陈梦家等清华同事一起往机场,为雷德菲尔德一家送行。当时正逢国民政府"抢救大陆学人"计划实施,费孝通有机会离开,但在此前已告诉雷德菲尔德,他选择留在北平。

---

[1] 陈希:《"最后离开的第一批":富布莱特学者雷德菲尔德的中国之旅》,《世界历史评论》2021年夏季号,第169—170页。
[2] 同上书,第171页。
[3] 同上书,第172页。
[4] [美]雷德菲尔德:《〈中国绅士〉序》,费孝通著,惠海明译:《中国绅士》,中国社会科学出版社2006年1月第1版,"序"第23页。

一 从清华园到西柏坡

雷德菲尔德用"总是乐观和有勇气"描述费孝通。他了解费孝通的真实想法,在 China's Gentry: Essays in Rural-Urban Relations 序言中说,费孝通认为中国共产党人和自己一样是中国人。共产党的电台里有他的老朋友和学生们的声音。共产党人对北平人民做出了很多承诺。他告诉雷德菲尔德说,"他能够为共产党人努力工作,而且当他认为批评得正确时,他将继续他的批评","他希望变成共产党政府的一个'忠实的对立面'"[1]。

这是中国文化传统中类似"诤友""畏友"的角色。费孝通相信,一个誓言"为人民服务"的政党和政权,为兑现"很多承诺",在欠缺实践经验的情况下,为避免重大决策失误,有听取不同意见乃至批评的需要。为尽快建立政治、经济和社会新秩序,迫切需要各方面的专门智力服务。雷德菲尔德说:"费孝通感到他关于发展中国工业和农业的观点,将会和新制度的利益相合,并且在转变之后,他将能够继续工作,为中国说话。"[2]

此时,毛泽东写在《论人民民主专政》最后的一段话已广为人知。"严重的经济建设任务摆在我们面前。我们熟习的东西有些快要闲起来了,我们不熟习的东西正在强迫我们去做。""我们必须学会自己不懂的东西。我们必须向一切内行的人们(不管什么人)学经济工作。"[3]

毛泽东的党内号召和动员,使费孝通自认增加了对共产党人的了解,增强了对他们的信心。他1939年提出过,"我们将建设成怎样一个国家"是"一个更严的问题",十年后,这个问题开始被共产党人提上议程,毛泽东也用了"严重"一词,可谓所见略同。

"略同"作基础,能否趋向"大同"?费孝通带着探寻和交流的心情访问西柏坡。在他和毛泽东的交谈中,因彼此都注重研究农民问题,认下"同好"。1949年4月,毛泽东提出"四面八方"政策[4],和费孝通

---

[1] [美]雷德菲尔德:《〈中国绅士〉序》,费孝通著,惠海明译:《中国绅士》,中国社会科学出版社2006年1月第1版,"序"第13页。
[2] 同上书,"序"第14页。
[3] 中共中央文献研究室编:《毛泽东年谱(1893—1949)》下卷,人民出版社、中央文献出版社1983年12月第1版,第524页。
[4] "四面"指公私关系、劳资关系、城乡关系、内外关系;"八方"指公私两方、劳资两方、城乡两方、内外两方。参考《毛泽东年谱(1893—1949)》下卷第493页。

1948年6月在《乡土重建》中提"与民休息,培养元气的最低标准"[1],也是一个思路。

当时,费孝通曾感慨"讲'重建'还太早",但从共产党人的步调看,土地改革将从解放区推广到全国,现实机会似乎正在降临。费孝通信心更足了。他看到了社会科学研究成果指导社会变迁的希望和前景,这是他学术研究的终极旨趣。为此,他的政学两栖实践还将继续。他在设想一种可能性,借助民盟的政治平台,发挥自身社会影响力,带动知识分子群体,为即将建立的新政权提供智力服务,实现中国农民的历史渴望,过上"东方的小康生活"。

其时,关于知识分子的社会评价和自我评价,都在发生变化。这是新局面下的新问题。

费孝通写《乡土重建》,收笔于1948年6月19日,他认定"知识分子怎样才能下乡是一个重建乡土的一个基本问题"。这里说的知识分子,应该是指一个掌握现代知识、有爱国心、愿意为民众和国家服务的群体。无论政治观点怎样,都是新政权和国家建设亟须的宝贵智力资源。

1949年7月31日,毛泽东审阅修改新华社纪念中国人民解放军建军22周年社论稿时,改了标题,增写了四段话,其中表述解放军特点的文字中,在知识分子群体中划分出"革命知识分子",特征是"接受了马克思列宁主义"[2]。言外之意,没有接受这一主义的人,属于非革命知识分子。

同时,随着新政权的临近,"新政治协商会议"的筹备,新旧概念应运而生,"旧知识分子"的说法开始出现,成为在知识分子群体内部划分进步与落后、革命与非革命的又一标尺。北平的冯友兰、朱光潜等著名知识分子很快做出反应,表达弃旧图新的诚恳态度。上海的进步教授许杰于1949年6月25日在《文汇报》发表《从今日开始》,表示愿意接受改造。

费孝通的政治敏感超乎寻常。他也在做相应的调整。

1949年7月1日,《人民日报》发表《论人民民主专政》,公布了向

---

[1] 费孝通:《乡土重建》,观察社民国三十七年八月初版,第167页。
[2] 中共中央文献研究室编:《毛泽东年谱(1893—1949)》下卷,人民出版社、中央文献出版社1983年12月第1版,第539页。

苏联"一边倒"的政策声明。一周前的6月24日，费孝通写信给雷德菲尔德夫人，特意告知"他和玛格丽特之前共同合作翻译书稿中的内容已经不再代表他本人的观点，并希望此书英文版最终出版时，雷德菲尔德夫妇能够在序言中向读者说明他的这一思想变化"。

费孝通还托请与他们熟识的杨庆堃，"希望他转告二人在尚未出版的《中国士绅》的序言中，能够装作先前并不认识作者的样子。雷德菲尔德显然明白了自己的访问可能给费孝通带来了政治上的麻烦，他亲自为《中国士绅》一书撰写了序言，其中特别声明自己在离开中国后便与费孝通断绝了一切联系，后者也从未介入此书的出版过程"[1]。

政权更替是重大政治事件。在社会人类学者眼中，同时也具有文化变迁意义。费孝通从常识出发，认为政权中的人员或能彻底更换，但"文化的改革并不能一切从头做起，也不能在空地上造好了新形式，然后搬进来应用，文化改革是推陈出新。新的得在旧的上边改出来。历史的绵续性确是急求改革的企图的累赘。可是事实上却不能避免这些拖住文化的旧东西、旧习惯。这些是客观的限制。只有认识限制才能得到自由"[2]。

"中国人民从此站起来了！"费孝通在政协大会现场清晰地听到了毛泽东这句话。他相信这是真的。他同时在想：站在什么地方呢？这问题和他十多年前要求自己"科学地去认识中国社会"一脉相承。他没有在当时公开提出"站在什么地方"的问题。或是"一切使我低头"的心理使他的自信打了折扣，或是他希望对共产党人有更多了解再确定言论分寸。

1948年12月9日，费孝通记录过一个内心疑惑。"中共对英的政策至今还是一个谜。我们不知道他们是否把生产看得比国际共产主义为重"[3]。这句话中蕴含着"生产力标准"。三十年后启动的中国改革开放，

---

[1] 陈希：《"最后离开的第一批"：富布莱特学者雷德菲尔德的中国之旅》，《世界历史评论》2021年夏季号，第175—176页。

[2] 费孝通：《对于各家批评的总答复》，《费孝通文集》第4卷，群言出版社1999年10月第1版，第424页。

[3] 费孝通：《英国并未忘情远东》，《费孝通文集》第5卷，群言出版社1999年10月第1版，第207页。

确认了这一标准对一个新生国家的极端重要性。

1950年6月27日，费孝通在"吴门舍中灯下"写出《为什么要保存富农经济？》一文。6月28日，中央人民政府委员会第八次会议通过《中华人民共和国土地改革法》。6月30日，中央人民政府主席毛泽东发布命令颁布实施。

三个日子的紧凑，一介书生的文章，一纸大法的推行，是费孝通所说"他能够为共产党人努力工作"，"他关于发展中国工业和农业的观点，将会和新制度的利益结合"的一个印证。[1]

该文中，费孝通先对"为什么要实行土改"做了解说，指出"它并不取消土地私有制，只是把封建半封建的土地所有制改变为农民土地所有制。农民自己有了土地，就不但可取消其苛重的地租负担，因而可增加农业方面的本钱，而且可以大大提高其生产热忱"[2]。接着，他从政治和经济两个方面回答"新区土改为什么要保存富农经济"的问题，最后把话题落在提高生产力和人民意愿上。

费孝通说："今日放在我们面前的主要问题，除开争取人民解放战争的全面胜利以外，就是要争取人民经济的迅速恢复和发展。我们要消灭一切妨碍生产恢复和生产发展的阻力，所以我们必须迅速完成全国土改，这也是全国人民所迫切要求的。"[3]

不知为什么，这篇文章当时没有公开发表。《尺素情怀：清华学人手札展》一书编入该文手稿并作"释文"时，编者加注说："费孝通先生时任清华大学副教务长、社会学教授。……此札为费孝通先生的未刊稿，是关于土地政策具有独特视角与前瞻性的重要文献。"[4]

## （三）

1948年春，费孝通清理旧文，把学术内容外的旅行游记、怀人杂写

---

[1] [美]罗伯特·费德斐尔德：《中国绅士·序》，费孝通著，惠海明译：《中国绅士》，中国社会科学出版社2006年1月第1版，"序"第13—14页。
[2] 冯远主编：《尺素情怀：清华学人手札展》，清华大学出版社2016年8月第1版，第273页。
[3] 同上书，第277页。
[4] 同上书，第271页。

归拢在一起,誊清,订成稿本,题作《山水·人物》,寄给好友储安平,希望他编入"观察丛书"。他的《乡土中国》《乡土重建》都属于这套丛书。

若能顺利出版,这是大时代里一介书生"诚实的"记录,是一次小结、一个样本。费孝通表示,"这是一个抗战时期在后方教书的人的作品,多少表达了一些当时这类人的感情"[1]。

费孝通对时代变动信息的敏感,使他发生着心理变化。究竟是什么变化,怎么变,他"不敢说",似乎有点担心,怕跟不上社会变化。他为书稿写"题记"说:"局面变得真快,很可能作者已代表了一个抛在时代后面的人物。"[2]他希望这话带来或许需要的进退余地。

这篇"题记"完成于1948年4月21日。他对新时代的到来有预感。九天后,4月30日,中共中央发布纪念"五一"劳动节口号,明显加速了中国政局变化。

同年夏秋之间,费孝通在"观察丛书"出版《乡土重建》一书,其中最后一节是"对于各家批评的总答复",也带有小结的意义。该文完成于1948年6月19日,作者应该已对"五一"口号有所了解和意会。他的预感已得到证实。这篇"总答复"因此具有特殊意义。这是费孝通在巨变发生前夜的文本,其中记录了作者表达出的一些重要信息。

"在现有局面中,发表意见的自由并未得到保证。"[3]费孝通渴望言论自由。

"文化的改革并不能一切从头做起。"[4]费孝通不认同"一张白纸",他主张改良,保旧创新。

"我还在找求机会去实地研究一个市镇。"[5]费孝通希望继续做田野调查,扩展范围。

"我是主张用另一套的政治机构来代替绅权的。"[6]费孝通期待广泛民主政治进入具体实践,且有具体设想。

---

[1] 费孝通:《山水·人物》,江苏人民出版社1987年12月第1版,"题记"第1页。
[2] 同上。
[3] 同上书,第148页。
[4] 同上书,第151页。
[5] 同上书,第152页。
[6] 同上书,第158页。

"在传统社会中,民权是最不发达。"[1]费孝通把民权发达看作衡量民主政治是否实现的重要标尺。

"重要的是在增加乡民的收入,……愈多愈好。"[2]费孝通认定民富才能国强,这个顺序不能颠倒。

"一个要能受人民拥护的政府,经了这多年的战争,必然得先做到与民休息,……那就是说不再增加人民的担负。"[3]费孝通急切盼望建立一个真正为人民服务的政府。

这些表述,说明费孝通是怀着多重愿望进入1949年的。

1949年赠给他一场历史巨变,从年初到年尾,有声有色。如他所说,"在这一年中看到了多少一生中没有看见过的事,听到了多少一生中没有听到过的事。不但如是,就是平素常见常闻的,在这一年中也显示出了以往没有显示过的意义。一个富于生命的大千世界庄严的在我眼前展开,一切使我低头"[4]。

低头,是费孝通心理变化的自然反应。一年前,他在《乡土重建》收笔时,简要回顾自己的治学过程,含有明确的宣示意义。自1930年选定社会学、人类学专业方向,到1948年"还在找求机会去实地研究一个市镇",他说:"我对集体行为、对社会更感兴趣。事实上我一生的主要目的、唯一的目标就是了解中国和中国人。这个目的从1930年开始就明确了。我要努力去了解中国,为的是想解决中国的问题。"[5]

解决一个百年来积贫积弱、千疮百孔偌大国家的问题,谈何容易?费孝通积前半生的治学和人生经验,经东西方实地考察,看出一条民主政治之路,把其思路写入《乡土重建》。

费孝通写道:"简单的说,我所希望的是:皇权变质而成向人民负责的中央政权,绅权变质而成民选的立法代表,官僚变质而成为有效率的文官制度中的公务员,帮权变质而成工商业的工会和职业团体,而把

---

[1] 费孝通:《乡土重建》,观察社民国三十七年八月初版,第159页。
[2] 同上书,第166页。
[3] 同上书,第167页。
[4] 同上书,第6页。
[5] [美]巴博德:《经历·见解·反思——费孝通教授答客问》,《从实求知录》,北京大学出版社1998年6月第1版,第445页。

整个政治机构安定在底层的同意权力的基础上。"[1]

费孝通深知，实现这一番转变，非有一种转换整个时代的力量不可。

1949年之初的西柏坡之行，共产党人为他演示了以往见所未见闻所未闻的动员能力。

国内战争决战决胜阶段，民众支前队伍夜以继日，"一行行红星"交织出来的"铁流"，在人类学者费孝通眼里，是集体行为、社会行为的大规模展示现场。

费孝通被深刻地触动，源于他自青年时期养成的政治热忱，源于他的求知初衷、治学理念和学术关怀。他近距离体验了改造中国的移山之力。回到北平，费孝通以"人民的力量"为题，"在清华和师大讲过两次"。他从这种力量中确认，可以把解决中国问题的希望寄托于中国共产党人。他说"这在我是一件大事"。

半年后，费孝通出席北平各界代表会议。他说："我踏进会场，就看见很多人，穿制服的，穿工装的，穿短衫的，穿旗袍的，穿西服的，穿长袍的，还有一位戴瓜皮帽的——这许多一望而知不同的人物，会在一个会场里讨论问题，在我说是生平第一次。这是什么意思呢？我望着会场前挂着的大大的'代表'两字，不免点起头来。代表性呀！……如果全是一个样子的人在这里开会，那还能说是代表会么？"[2]

费孝通知道，这些代表不是普选出来的，形式上不是他过去了解的民主。但他认为，充分的代表性是人民行使民主权利的实质。实质重于形式。相比之下，经普选产生的英美议会还达不到这次会议如此高度的代表性。他说，开了六天会，他等于上了六天的民主课。

费孝通诚实地表示，他对此感到意外。以往他对共产党人信任、佩服，是因为看到他们苦干实干，谦虚，肯负责，有办法，不怕麻烦。他熟悉、欣赏的许多青年朋友，在共产党领导下个个拼命工作。"共产党为人民服务已在我眼睛面前完全证实了，但是共产党要实现民主，我很老实说，在参加代表会议之前，我是不敢太相信的。"[3]

亲历会议全程，费孝通开始相信了。他在赴西柏坡途中看到的那种

---

[1] 费孝通：《乡土重建》，观察社民国三十七年八月初版，第163页。
[2] 费孝通：《我这一年》，生活·读书·新知三联书店1950年8月初版，第3页。
[3] 同上书，第2页。

力量，被"进京赶考"的共产党人带到了北平，在各界人民代表会议上，开始新制度、新政权的筹划。他有机会参与其间，观察到民主政治已经起步，他确认"北平各界代表会议只是中国民主的起点"[1]。

费孝通把这句话写入《我这一年》。从写作到成书，费孝通还是从前的习惯，一如《初访美国》《乡土中国》《乡土重建》等书，先以单篇文章陆续交报刊发表，后结集成册。文章笔法也大体上延续着平实、说理、通俗的特点。《我这一年》中，多数文章对白、讲故事的方式，都和曹聚仁激赏的《民主·宪法·人权》一书如出一辙，形式如旧。但从《我这一年》开始，费孝通的文章内容和观点都比以往有显著的变化。

内容方面，除偶尔例外，基本不再涉及国际问题。同时，除《社会学系怎样改造》（1950）一文外，基本不再谈社会学问题，不再有社区研究主题的文章。观点方面，读者熟悉的自由知识分子立场淡出，马列主义观点就位，政治概念和术语频繁出现。

《我这一年》一书，集纳了费孝通当时写出的十篇文章，以其中"我这一年"一文题目冠作书名。细读该文，大略统计，可见"知识分子"一词共出现十四次，其中十二次出现在程度不同的否定性语境中，如"旧时代的知识分子""知识分子不肯低头""传统知识分子""知识分子的个人主义""知识分子的幻想""知识分子的包袱是重的"等等。只有两次勉强可以算是在中性意义上被使用。

费孝通认为自己"这样已经四十岁的人，受到旧社会的熏育，过去十多年来更在旧社会做过事，传统知识分子的性格必然是深入骨髓"。他描述自己的心情说："恨不得把过去历史用粉刷在黑板上擦得干干净净，然后重新一笔一笔写过一道。历史这个东西偏偏不能这样的。恨也无用，悔也徒然，口口声声羡慕新生的婴儿，更有什么用处？历史是绵续的，包含着生的一面、死的一面。改造不是重生，而是发展生的，催促死的。从许多许多微小的量的改变累积到质的改变，顿悟云云是指质变的那一刻的说法，所以等待顿悟是永远不会到的。要知识分子像农夫一样按着自然规律去耕耘真不容易的。看不到结果，心里就不耐烦。这

---

[1] 费孝通：《我这一年》，生活·读书·新知三联书店1950年8月初版，第4页。

样有什么用处呢？那样又不是白费时间么？沉不住气。"[1]

量变、质变、唯心、唯物、主观、客观、先进、落后、斗争、改造、包袱、前线……诸如此类带有明显意识形态色彩的词语，在费孝通以往著述中极少看到，在"这一年"里开始进入费孝通的文章，引人注目。

他学着用这些词语表达思想。其中可见足够的诚恳，也可见时而泛起的无奈。

费孝通自问，自警："还有什么话？学习罢，活力是潜伏着的，这是生的一面。"[2]

1949年6月28日，按照中共北平市委指示，中共清华大学总支委员会在二校门张榜公布该校中共地下党员名单，中共党员和组织机构开始转为公开活动。[3]

从"地下"到公开，该总支书记彭珮云所写《工作报告》系列，都有"学习"内容。

1949年2月17日报告中说："群众学习——改造清华，确定学习观点以巩固革命热情提高革命认识并作为讨论校制改革之准备。学习之内容方式待讨论，……"[4]

1949年8月31日—9月6日报告提出："新民主主义学习是什么？""如何贯彻新民主主义学习计划？"以及"新民主主义学习之长期性系统性问题"。[5]

这些"待讨论"的问题，显示出共产党人初步全面接触城市工作、高校工作时的陌生感和无措状态。毛泽东对此了然于心。清华党组织由"地下"状态转公开活动仅两天，6月30日，他撰写《论人民民主专政》说："我们熟习的东西有些快要闲起来了，我们不熟习的东西正在强迫我们去做。""我们必须学会我们不懂的东西。"[6]

---

[1] 费孝通：《我这一年》，生活·读书·新知三联书店1950年8月初版，第9页。
[2] 同上书，第12页。
[3] 清华大学校史研究室编：《清华大学史料选编》第五卷（下），清华大学出版社2005年11月第1版，第1087页。
[4] 同上书，第1072页。
[5] 同上书，第1093页。
[6] 中共中央文献研究室编：《毛泽东年谱1893—1949》（下卷），人民出版社、中央文献出版社1993年12月第1版，第524页。

相对于共产党人对城市和高校工作的熟习过程，费孝通对新民主主义理论的熟习是迅捷的。他很快适应了共产党人的政治语言和表达方式，配合清华大学中共组织的工作步调，组建起"辩证唯物论与历史唯物论教学委员会"（简称"大课委员会"），就任该委员会常务委员和召集人。[1]

在大课推进中，清华园的整体气氛开始发生新政权领导人所希望的变化。

彭珮云的《工作报告》中，曾反映对"党团领导机构"的工作"绝大多数的群众采取漠不关心的态度"，致使"常委会检讨此事"[2]。"部分新旧团员已有怨声。认为入团并无好处"，或缘于"在实际处理中因难免过左过右的偏差而毛病甚多"[3]。这些发生在1949年上半年的事，到年底，局面已可说"群众工作大大开展，积极分子涌现"，"群众各种要求纷纷出现，主要是希望转入学习，改革学制课程"。1949年12月15日，彭珮云写出报告，题为《在这一年之中清华的党群关系是这样发展着的》，透出乐观和欣喜。[4]

共产党人笔下的"在这一年"，和费孝通《我这一年》的题目，可谓巧合，也可谓"见合"。共产党人学着治国理政，部署工作，费孝通配合其工作步调，希望新的政治局面带来新的学术局面。

---

[1] 关于"大课委员会"在当时清华大学机构设置中的地位和全体成员（包括常务委员、大课讲员、班教员、秘书组）名单，参见《清华大学史料选编》第五卷（上卷）第194页"组织系统表"和第195页大课委员会成员名单。
[2] 清华大学校史研究室编：《清华大学史料选编》第五卷（下），清华大学出版社2005年11月第1版，第1077页。
[3] 同上书，第1079页。
[4] 同上书，第1103—1104页。

## 二 "大课"与"改造"

（一）

1949年8月20日夜，清华大学文、法学院院长和各系主任在潘光旦住宅开会。费孝通以代理教务长身份报告华北高等教育物委员会关于文、法学院课程改革规定，商议公共必修课学程方案，决议设立一个专门委员会执行此事。

8月24日夜，文、法学院各系举行总集会，费孝通作关于公共必修学程报告。

这是清华大学"大课"的由来。这个月里，该校"辩证唯物论与历史唯物论教学委员会"（简称"大课委员会"）成立，设常务委员12人，分别为费孝通、吴晗、吴景超、孙毓棠、金岳霖、任华、张岱年、于振鹏、张荜群、艾知生、陆人骥、陈发景。费孝通受命负责。这意味着他在政权新旧交替之际负有推进知识分子思想教化的政治任务。

1949年10月5日晚，中共干校华北大学文工队到清华大学演出话剧《思想问题》。校方把这次演出作为全校"学习动员"会。费孝通在演出晚会上做报告说："今天我代表大课委员会宣布，我们的辩证唯物论与历史唯物论一课正式开始了，……我们这个课是思想课程或是政治课程。它最主要的目的是以辩证唯物论与历史唯物论两个真理，两件最锋利的武器，来改造我们的思想。我们全体清华人，由于过去环境的影响，思想上难免有问题。我们还没有把包袱完全丢掉，我们还不能说已经完全解放。大课就是帮助我们自我解放与丢去包袱。大课要帮助我们建立正确的立场与方法观点：无产阶级的立场，辩证的方法，唯物的观点。"[1]

---

[1] 清华大学校史研究室编：《清华大学史料选编》第五卷（上），清华大学出版社2005年11月第1版，第191—192页。

相比江村和禄村里的费孝通，对照洱海船上的费孝通，这是另一个费孝通。对熟悉他以往著作的读者，既陌生，又真实。以往是他学术的一面，现在是他政治的一面。

清华园的大课就这样开始了。"大课"之谓，首在规模。10月17日，大课第一课开讲。吴晗呼应费孝通的动员报告，作"辩证唯物论与历史唯物论"主题讲座。据说听讲者约有两千多名学生，加上六七百位教职员、家属和工警，约三千人，聚在一个大礼堂和四个大教室里，同时听三个小时的演讲。"大课"之谓，也在内容，用费孝通的话说，"就是全校师生共同学习社会发展史等马列主义理论课程"[1]。

"人海"思路从战场搬到了大学。为保证效果，新华广播电台帮助清华大学购买了足够的扩音装置，配合电机系同人和工友，提供物质技术保障。

费孝通为大课提供的，是组织协调和校方舆论角度的保障。

《我们的大课》一文，首段文字里说："我们每一个人都是在旧社会里生长大的，旧社会里封建的、官僚的、买办的势力多多少少影响我们，养成了我们的坏习惯和坏思想。我们不但要在社会制度上打倒和消灭封建、官僚和帝国主义，而且还得在我们自己的思想和习惯上根除它，如果留着祸根，这些习惯和思想每一分钟、每一秒钟都在长出封建、官僚和买办的社会制度来。不但如此，我们的前途是社会主义和共产主义的社会。要达到这目的地，我们也得每一分钟，每一秒钟，为它创设条件：不但要在扩大生产力的基础上尽力，而且要在习惯上和思想上巩固每一分每一寸的收获，……这不是'面壁十年'个人修养所可以为功的，……"[2]

论证了必要性，费孝通也说到开设大课的现实性。他说："政治教育在我们大学里已有了很长的历史，也就是中国革命的全部历史。从五四运动起一直到解放为止，政治教育并没有间断过，而且已经有了光辉的成绩。但是那时这种教育却是'非法'的，地下的，受压迫的，因为在这段历史中，统治阶级是反动的，是人民的敌人。人民夺得了政

---

[1] 费孝通：《社会调查自白》，知识出版社1985年8月第1版，第59页。
[2] 费孝通：《我们的大课》，《大学的改造》，商务印书馆2017年6月第1版，第103页。

权，建立了人民的国家，我们才能合法的、正规的、大规模的、有系统的进行政治教育。政治教育能成为大课是人民胜利的结果。"[1]

这是费孝通的认识，却还不是大家的共识。事实上，大课从开始就碰到不少思想障碍。费孝通听到过不少带有消极甚至是抵触情绪的说法，如"大课是思想统制"；"我们的思想很正确，用不到改造"；"我们既是四个阶级联盟，为什么要用无产阶级思想来克服我的小资产阶级思想"……

费孝通在《我们的大课》中对这些问题逐一作答。他认为，把这些问题一个一个说清楚，既是为大课创造必要的心理条件，也是大课的一部分讲课内容。他用军事术语如"战场""阵营""打仗""进攻""战术""突破阵线"等概念，描述自己在大课内外的部分感觉，也许意味着当时内心已经有了思想交锋和营垒归属意识。但他又强调，对具体的思想问题，要反复、耐心、正面地加以解释和说明。

"大课是思想统制"——费孝通把这个问题作为第一个要化解的障碍。他解释说："习惯和思想的改造必须是自觉自愿的，因之所用的方法也必须是民主的。……每个人都可以充分自由发表意见，……谁都不应当给人扣帽子，……马列主义不需要用权力来压制人家，只有非真理的教条才不能不用强制。……谁也不能强制谁去接受一种思想。……这和思想统制本质上刚刚相反。"[2]

费孝通的智慧和方法，使他在大课内所讲内容的意义超出了大课本身。他既是在提醒听课的人，也是在提醒自己和决定开课的人，希望大课能真正达到应有效果。他针对"雪片一样打来"的每个具体问题，力图结合实际的例子，用充分说理的语言，逐一表达自己的看法。

在《劳动里克服剥削意识》一文中，费孝通提到，他在清华的大课上想起自己小时候的事情。他说自己出身于书香门第，"从小就看不起粗手粗脚的野孩子"，觉得读书人高人一等。他回忆在从小接受的教育中，出门必须穿长袍。他的父亲在大热天里也要穿上夏衣长衫才肯出门。费孝通从中看出，这种衣服的用处既非御寒又非防暑，只是为了表

---

[1] 费孝通：《我们的大课》，《大学的改造》，商务印书馆2017年6月第1版，第105页。
[2] 同上书，第109—110页。

明身份,表明一种"不必要劳动而可以生活"的身份。

这样的语言和说理,是费孝通以往的读者熟悉的。但在大课时期,他口中、笔下也频繁出现"主义""阶级"之类话题,使过去熟悉他的人觉得不习惯、不惬意,《潘光旦日记》中即有记录。也有中共高层人士针对他写的《艾思奇三进清华》一文认为他"火气太大"[1]。此时,若能仔细体察费孝通的善意,留意他谈知识分子面对思想改造的心态时那些冷暖自知的体恤之语,或可意会,他所要化解的那些问题,自己心中未必没有。

费孝通说给人听的话,何尝不是说给自己?说给听众的话,何尝不希望当局者听到?

例如,"当旧思想挡不住新思想,崩溃下来的时候,兵败如山倒,可能发生一种可称为'待接受的真空地带'。在这里蔓延着'人生如梦'的恐慌。比如说小资产阶级浸染着个人主义。他用功读书是为了'向上爬',考试时拼命抢分数,为的是要比别人强,在社会上能占上风,得到比别人更好的机会。这思想打垮了,就会发生'为什么还要努力呢'?'干不干,二斤半'。顿时会觉得支持着自己努力的柱子断了。'大势所趋,人云亦云'。加上了小资产阶级的'明哲保身',从抗拒一变而为消极的顺受。结果丧失了人生的意义,'人生如梦'了。

"真空地带的发生是暂时的过渡现象,个别的情况可以有久暂之别,当然甚至可以有极少数就在这阶段里被淘汰了,但是绝大多数,在现在革命情势发展下,是很快可以由新的人生观去占领的。在这个紧要关头,大课的帮助是极重要的。如果大课能实事求是针对具体问题做深入的解答,很可以有效的把新人生观打进这真空地带。"[2]

费孝通一如既往希望实事求是,即便其"每一分钟、每一秒钟"之论已明显夸张。

从这里可以看出,费孝通所以为开设大课和正常推进花费大量心力,主要在于他希望知识分子这个群体能尽快通过"真空地带",比较顺利地过渡到新的历史阶段,并适应新社会对他们的要求,发挥出智力

---

[1] 费孝通:《社会调查自白》,知识出版社1985年8月第1版,第69页。
[2] 费孝通:《我们的大课》,《大学的改造》,商务印书馆2017年6月第1版,第113—114页。

资源的特殊建设作用。

早在抗战初期,费孝通就考虑战后中国的建设问题,并认为具有专业知识的人有机会在建设中发挥积极作用。到了胡风所言"时间开始了"的时候,大课也开始了。建设一个新国家的具体任务就在面前,工作已经展开,他当然希望这个群体尽量少被淘汰,尽量多的人顺利过关,身心轻松地投入到新的工作当中,重建自己的安身立命之所。

费孝通明确地说:"中国在这个阶段上不是嫌知识分子太多,而实在是太少。中国不是嫌科学太多,而实在是太少。"[1]

在执政党发动的对知识分子的改造运动正式到来之前,费孝通在清华大课中坚持的和风细雨方式,以及他对知识分子"实在太少"的提示,都十分耐人寻味。

从《我们的大课》一文的内容和结束语来看,该文带有总结和推广经验的用意。费孝通在做开课过程、难点、阶段、方法等方面的介绍时,没有忘记做一个十分重要的提醒:"普通的理论学习很容易流为教条,尤其是把政治课当作其他功课一般来讲授的情况下更容易如此。"[2]

费孝通不希望看到,理论学习成为教条的温床。

## (二)

希望在有生之年使中国赶上现代化的西方,这是费孝通以及众多知识分子从事学术工作的初衷。他们求学治学,著书立说,办学讲学;他们云集昆明后方,抗暴游行,成为民主教授;他们主张改良,探索第三条道路,走中间路线;他们从寄望于国民党到批评、唾弃国民党,从对共产党抱观望态度到同情、认可和接受共产党……所有这些,都可以从他们的家国情怀中得到合乎情理的解释。

1949年10月20日,新政权尚未满月,费孝通在清华大学代表会议筹委会第一次会议作报告,他说:"全体清华人员要认清人民所交给我们的任务是在教育将来能为人民服务的青年学生。……这次代表会议将

---

[1] 费孝通:《大学的改造——迎接1950年》,《大学的改造》,商务印书馆2017年6月第1版,第52页。
[2] 费孝通:《我们的大课》,《大学的改造》,商务印书馆2017年6月第1版,第115页。

是清华改造过程中一个重要界石。……过去所做的一切事均将受全体群众的检查。"[1]

一位国外学者认为:"不管这些知识分子到底是什么样的人,他们不应被视作政治投机分子——这是1949年以来的一个热门话题。对于革命事业来说,自由主义知识分子的确是后来者,但他们在通往自由主义改革的道路上,为了自己的理想也曾鞠躬尽瘁,直到实现理想的可能性消失殆尽。只有在国民党的军事失败成为确凿的事实后,知识阶层对共产党的态度才从有保留的不赞成转向真正的接受。"[2]

1950年2月11日,民盟主席张澜写信给老朋友鲜特生,告"1月20日、25日两函,先后入悉。漱溟先生亦曾晤及。渝城初解放所发生之误会,事成过去,大可不必介之。……来书所谓'行情不悉,错误实所不免',真是快人快语"。[3]

张澜信中的"初解放所发生之误会",发生在梁漱溟、鲜特生这些共产党人的老朋友身上,也发生在更多知识分子身上。如沈从文、冯友兰、陶行知、钱端升……都曾受到过不同程度的误会,当年留下的批判沈从文、陶行知的报刊文章,毛泽东写给冯友兰的回信,钱端升致费正清信中说起的"误解",都可作为"初解放所发生之误会"的史料。

张澜对现实和趋势看得透彻,希望朋友们都能对"行情"有所领悟。他回信给鲜特生说:"谈到行情,须知这不仅仅是政权的变更,而是整个社会的大转变。这里面包括一切文化类型。推想将来,愈是旧式的缙绅之家,愈将感觉动辄得咎,这便需要从思想上、生活习惯上、作风上痛下功夫,彻底改变。……至所祷盼。"[4]

当时许多知识分子都感觉到了读马列主义的必要性。冯友兰给毛泽东写信,表示要学习马克思主义;顾颉刚在马列主义著作中寻找自己学术工作的依据;马寅初为了能够直接阅读俄文版马列主义经典著作而在七十岁上开始学习俄文……都是顺应行情的举动。

---

[1] 清华大学校史研究室编:《清华大学史料选编》第五卷(上),清华大学出版社2005年11月第1版,第283—284页。
[2] [美]胡素珊著,启蒙编译所译:《中国的内战:1945—1949年的政治斗争》,中国青年出版社1997年1月第1版,第267页。
[3] 张澜著,龙显昭主编:《张澜文集》,四川教育出版社,1991年12月第1版,第380页。
[4] 同上。

中国社会和历史的变化，迅捷地反映在费孝通著述内容和语言中。

在《大学的改造》《我这一年》及这一时期费孝通其他著述中，可读到他以前未曾运用或很少运用的许多语句。例如"新民主主义的革命时代""必须坚定为人民服务的立场""需要不断的思想斗争""师生相承，颇有衣钵传袭的风味，也可以说是经院作风的遗留""社会学改造到最后必须完全是科学的社会学，也就是马列主义""用无产阶级的立场、观点、方法来逐步克服原有非无产阶级的思想""知识分子所发生厌恶政治或超越政治，所谓'洁身自好'的态度还得从阶级分析中去追求其根源""传统知识分子是唯心而且是不辨证的""不改造就落后"[1]……

当时中国思想文化领域的一大主题是"改造"，对象是知识分子。

1951年9月29日，周恩来在北京、天津高等学校教师学习会上做了题为"关于知识分子的改造问题"的讲话，其中说"大家正在进行思想改造的学习……一定要下决心改造自己"。

从这句话中的"正在"看，可知当时对知识分子的改造已在进行当中。周恩来还说，"我国的知识分子，大部分是从地主阶级或资产阶级家庭出身的，不能要求他们一下子就能站到工人阶级立场上来"[2]，可见知识分子中的大部分人是被新政权当局者划定在工人阶级之外。立场上，他们是工人阶级的异己者。

1951年11月30日，中共中央发出《关于在学校中进行思想改造和组织清理工作的指示的通知》，要求"必须立即开始准备有计划、有领导、有步骤地于一至二年内，在所有大中小学校的教职员中和高中学校以上的学生中，普遍地进行初步的思想改造的工作，培养干部和积极分子，并在这些基础上，在大中小学校的教职员中和专科学校以上（即大学一年级）的学生中，组织忠诚老实交清历史的运动，清理其中的反革命分子"[3]。

---

[1] 此处引用的语句，均出自费孝通著《我这一年》和《大学的改造》两书。
[2] 中共中央文献研究室编：《周恩来统一战线文选》，人民出版社1984年12月第1版，第208、211页。
[3] 中共中央文献研究室编：《建国以来毛泽东文稿》第二册，中央文献出版社1988年11月第1版，第526—527页。

1952年，一场大规模的知识分子改造运动在中国内地兴起。

知识分子接受"改造"的第一步是自我交代，认错认罪。周谷城交代的问题有"追求享乐，喜欢跳舞"；"讲究衣着装饰，衣服穿旧了就扔掉"；"教书开课二十种以上，胆大妄为"；"每天除了看报纸，不读整本的书"；"外表谦虚，实际傲慢不可一世"……[1]

周谷城的同事、复旦大学历史系主任周予同交代的"贪污行为"有：在图书馆借书，有二本未还，也没有赔；有一只小铁床是学校公物，未登记；统考试题纸私用；使用开明书店的信纸、信封、电话，公私不分；要开明书店送书，给我装订杂志……[2]

以《古史辨》闻名的顾颉刚"本想不出什么来，自听了两天的报告与提意见，居然想出十一条，然皆鸡毛蒜皮也。"[3]

1952年1月11日，李富春写报告给薄一波转毛泽东，讲科学院的改造工作安排布置，其中有"不要勉强非党人士进行反省"和"不检讨个人生活"的要求。1月13日，毛泽东批语表示"同意"。[4]

上海的教授们检讨借书不还、私用试卷纸之类的行为前后，费孝通的老师潘光旦在北京清华园先后做了三次检讨，不得过关。

清华大学的改造运动，一开始就对准"反动思想"而非生活琐事。1952年3月29日，清华节约检查委员会召开全校师生大会，十三位师生上台发言，指责潘光旦"态度极不老实""只扣帽子，不脱裤子"，批判他的"反动思想"，说他"一开始就反共""一贯反苏"，"敌视劳动人民""亲美崇美恐美""污蔑马列主义"……校刊对这次会议的报道，标题导语是"反资产阶级思想的斗争又一次的胜利"，正题是"全校师生严正批判潘光旦先生的反动思想"。

潘光旦经受的批判，是知识分子在改造运动中经受冲击的较极端事件，或不多见，但知识分子整体性地被确定为改造对象却是事实。"查三代""揭家底"的手段，导致知识分子自我否定，为过关而无中生有，

---

[1] 葛剑雄：《悠悠长水：谭其骧前传》，华东师范大学出版社1997年10月第1版，第186—187页。
[2] 同上书，第193页。
[3] 顾潮：《历劫终教志不灰：我的父亲顾颉刚》，华东师范大学出版社1997年12月第1版，第249页。
[4] 中共中央文献研究室编：《建国以来毛泽东文稿》第二册，中央文献出版社1988年11月第1版，第44—45页。

乃至自我污蔑。或有心甘情愿，却也人人自危。

顾颉刚在日记中写道："思想改造，一定要写文章，说过去是如何如何的不好，此于我真是一难题"；"三反之时，不贪污不如贪污。思想改造时，则不反动不如反动，以贪污反动者有言可讲，有事可举，而不贪污、不反动者人且以为不真诚也。好人难做，不意新民主主义时代亦然，可叹矣！"[1]

在这一局面下，费孝通有关"改造"问题的文章和观点值得注意。

费孝通提出"改造"问题，是在中华人民共和国成立之前，早于1951年11月30日中共针对全局工作要求进行"改造"的文件。

费孝通主张改造的直接目标是大学机构，不是知识分子。1950年4月29日出版的《清华校友通讯》刊有叶企孙署名文章《改造中之清华》，称"清华的改造已在进行"，如"去年暑假期中，先将人类学系合并于社会学系，法律学系奉令取消"，"取消反动课程及增设革命课程"，认为"课程改革是改造大学的主要工作"[2]。这应该符合费孝通的主张。

1950年5月27日，中国民主同盟文教委员会和光明日报社在清华大学联合举行高等教育座谈会。费孝通以清华大学校务委员会副主任身份出席。他在发言中认为"大学的改革跟不上形势的发展，……陷于被动了。有一点手忙脚乱"，"经济需要恢复，教育也需要恢复"[3]。

从"恢复"出发，他主张"大学改造主要是要依赖大学里教员们在原则性的指导下，自动自发的去创造经验"[4]。

潘光旦以清华大学社会学系主任身份出席该会，发言中的想法和费孝通形成了呼应，他希望大学教员们得到足够信任，以便放手工作，但"有些朋友可能对原有的大学还是不够放心，特别是在思想和理论的传授上担心教授们学习不够，怕他们在理论上出漏子"。他认为"这种不放心是不必要的"，并进一步提出"主义自身也要进步"[5]的大命题。

---

[1] 顾潮：《历劫终教志不灰：我的父亲顾颉刚》，华东师范大学出版社1997年12月第1版，第249页。
[2] 清华大学校史研究室编：《清华大学史料选编》第五卷（下），清华大学出版社2005年11月第1版，第24、21、22页。
[3] 同上书，第145—146页。
[4] 同上书，第147页。
[5] 同上书，第148—149页。

或许和这次座谈发言有关,有人觉得这样看待"主义"是大不敬,是妄议。后来,改造从课程改革升级为全面工作,尤其以知识分子为主要改造对象,局面已不是费孝通所期待的样子。潘光旦则成为内定重点批判人物,更是费孝通不愿看到的。

1952年3月18日,《人民日报》刊发新华社通稿《严格和资产阶级思想划清界限》,文中说清华大学"社会学系某教授曾经发表过这样荒谬的言论,……'不要专看马列主义,偏听一家之言是不好的'"[1]。此处的"某教授",潘光旦明显涉嫌,其日记中有相关信息。

## (三)

1949年6月23日,费孝通写成《当前大学种种问题》一文,提出"大学的改造"问题。该文一开始就说:"当前各大学需要改造是一件极明白的事实。基本的原因是在新民主主义的革命时代,中国社会已迈进一个新的建设阶段;在这阶段中,大学担负起来了新的任务,为了完成这新任务,原有大学制度和教学内容暴露了它的弱点,必须加以改造了。"[2]

费孝通也提出了"大学工作者立场和思想的改造"问题,但文章主旨和讨论重点始终围绕大学的行政事务问题。他认为:"大学事务部门的管理和效率比了教学部门更为严重。因为过去行政机关的衙门恶习很容易侵入大学事务部门。虽则大学比了其他行政机关腐化的程度好得多,但是绳之以现代标准,同样会令人咋舌的。人事进退还是有根据主管人的私人关系的,行政手续复杂迂回充满了文牍主义,上下隔阂造成了命令主义和因循敷衍,大量职员坐办公室,磨洋工,既没有工作计划,又没有考核制度。……人愈多,事愈少,这种衙门特色在大学里还是常常可以见到。"[3]

费孝通在该文中较早地提出大学的改造问题。几个月后,1949年10

---

[1] 清华大学校史研究室编:《清华大学史料选编》第五卷(下),清华大学出版社2005年11月第1版,第1240页。
[2] 费孝通:《当前大学种种问题》,《大学的改造》,商务印书馆2017年6月第1版,第1页。
[3] 同上书,第22—23页。

月11日,华北高等教育委员会颁布"各大学、专科学校、文法学院各系课程暂行规定",规定废除反动课程(国民党党义、六法全书等),添设马列主义课程,逐步改造其他课程。[1]

1949年11月17日,新成立不久的国家教育部在北京召开"华北区及京津十九所高等院校负责人会议",讨论针对高等教育的改造方针,明确提出"对高等教育应进行坚决的和有步骤的改造,改造的方向是一切服务于国家建设,特别是经济建设。课程改革的中心环节是加强政治课的学习"。[2]

费孝通注意到,社会学在"高教会所颁布的文法学院课程改革方案中没有和其他各社会科学一般的特定的分系列举,只做了原则性的指示。因此也曾引起不少的猜测,甚至有认为这个学系可能就要被取消了。"[3]

1950年3月7日,费孝通写了《社会学系怎样改造》一文。显然,该文前提是社会学系继续存在,这个系面临的问题不是取消不取消,而是怎样改造。

费孝通懂得这个学科的文化意义和价值,确认它可以在社会进步中发挥建设性作用,不希望"可能就要被取消"的猜测变成现实。他在这篇文章中从社会学的发生说起,从源到流,从正宗到旁支,从法国到美国,从西方到中国,并在叙述过程中有意无意带出社会学自身的一些特点,例如它在资产阶级学术界一直是被轻视的,因为它暴露了资本主义的弱点,虽不革命,亦属不知趣者;又如,社会学在传入中国的过程中,部分地或是走私性地夹带了马列主义学说;再如,在中国社会状况的促使下,着重于社会病态调查的社会学者靠近了科学的社会主义,对于社会现状大体上是批评的,容易和民主运动结合,在革命潮流中是偏于进步的,等等。

费孝通特别提到,"事实上,以京津来说,有社会学系的那些大学,社会学系的课程和教员常在新设的政治课中起着很大的作用",所以"当其他社会科学性质的学系尚分别存在时,社会学系亦无先予取消的

---

[1] 王亚夫、章恒忠编:《中国学术界大事记》(1919—1985),上海社会科学院出版社1988年9月第1版,第125—126页。
[2] 韩明谟:《中国社会学史》,天津人民出版社1987年12月第1版,第169—170页。
[3] 费孝通:《社会学系怎样改造》,《大学的改造》,商务印书馆2017年6月第1版,第1页。

必要，而且正可以社会学系为基础加强马列主义基本理论课程"。[1]

1950年8月，教育部的"高等学校课程改革委员会"以华北高教委员会颁布的"各大学专科学校文法学院各系课程暂行规定"为根据，为社会学系的教学任务明确定位，即培养"政府及其他有关部门（如内务部、劳动部、民族事务委员会等）所需工作干部。……及中等学校以上师资"[2]。

这标志着社会学系的存续已不成问题，有关"取消"的猜疑可以消除了。费孝通感到鼓舞。

后半生中，他为保住社会学在中国学科体系中的应有地位做过多次努力，这是第一次，是有成效的。他在"文革"期间被迫写的《初步检查》中有这样几句："1949年，高等院校将进行局部调整的风声一传出来，我就表示反对。……制造反调整的舆论，……结果使高等院校调整的政策延迟了两年。"[3]

费孝通的"反对"，最终没有阻挡住院系调整中裁撤社会学学科。他具有导向初衷的"大学改造"，也没有缓解对知识分子改造的巨大政治迫力。他的老师潘光旦，在改造过程中长期被困在不得解脱的状态。

上述种种，都使他在新政初建的背景上显得落后，乃至疑似"反动"。他的政治倾向和主张，写在1949年政权更替之前的大量文章里，白纸黑字，"老账"多多，清算起来，自然耗时费力。加上他学贯中西，视通今古，定见准，定力足，温良敦厚又足够自尊，无法人云亦云，容易在群情激愤中显得"顽固"。

1949年底到1950年初，清华大学中共组织为"怀疑、抗拒改造者"排队，潘光旦被列为头号人物。

新政权组建之初，对比费孝通的敏感、变通、识时务，潘光旦确实显得迟钝、执拗、一以贯之。诸多中国知识分子日记中，凡身处1949开国大典现场者，当日常见"身逢三千年未有之盛"，"数次泪下，不能自禁"[4]之类的记录。潘光旦当天也在现场，其日记内容和语调出奇冷静、

---

[1] 费孝通：《社会学系怎样改造》，《大学的改造》，商务印书馆2017年6月第1版，第64—65页。
[2] 韩明谟：《中国社会学史》，天津人民出版社1987年12月第1版，第170—171页。
[3] 费孝通：《初步检查》（手稿，未公开发表）第21页。
[4] 徐铸成著，徐时霖整理：《徐铸成日记》，生活·读书·新知三联书店2013年5月第1版，第53页。

淡定,波澜不惊,像是历史老人翻阅史册上的任何一页,像是一个曾见过这场面,又看了后续百年、千年的一段历史过程。

对社会巨变中人文世界里的微妙变化,潘光旦则足够敏感,时而记入日记。1949年10月3日,有"群情沉湎于团体学习"[1]的观察。10月13日,"小题大做,亦近顷风气之一种"[2]。10月28日,有新任上层高官以公权谋私,被潘光旦拒绝后,"转托高教会对清华指令办理","作此强人违例之举",可见"权位之移人"[3]。12月4日,"会议可成为一套仪注,人人参加,而人人敷衍客气,满口马列八股","几成一少数人导演,较大之少数人表演,更大之少数人跑龙套,而绝大多数观场之局。"[4]12月10日,潘光旦记录了民盟内部矛盾,"表老躬自讲话,对衡老、伯钧于临工会期间之垄断阿私坦率指斥,可云义正词严,得未曾有。"[5]

老友闻一多曾说潘光旦"缺乏主观的改造的认识",清华中共党组织认为他"怀疑、抗拒改造",或都有失其本心真相。1946年秋,潘光旦为费孝通《生育制度》书稿写序言"派与汇",表现出罕见的平和通达之胸襟。知人论世,他一向从最基础的生物概念出发,任何利于进化的因素,他都报以积极的态度和行为。他把"土改"看作"一个学习的机会",以利"提高政治认识"。1951年春,潘光旦到家乡太湖流域农村考察一个半月,写出《苏南土地改革访问记》,在书中,他甚至学着引用斯大林的语录,称道"土地改革的伟大成效"[6]。他积极参加知识分子改造运动,这是事实,是他没有怀疑、抗拒之心的很好证明。

张澜写给鲜特生信中提示的大变化,潘光旦也作如是观。他有所思考和讨论的,只在改造思想的有效方法和途径。他在日记中说:"窃谓人格之检点整饬自来不出三四途。基督教假手于身外之神明,其法最下;佛教全凭身内之神明,境界较高,然颇嫌其脱离人群;耶稣会、牛

---

[1] 潘光旦著,潘乃穆、潘乃和编:《潘光旦日记》,群言出版社2014年12月第1版,第128页。
[2] 同上书,第131页。
[3] 同上书,第135—136页。
[4] 同上书,第147页。
[5] 同上书,第149页。
[6] 潘光旦、全慰天著:《苏南土地改革访问记》,生活·读书·新知三联书店1952年8月初版,"前记"第1—3页。

津派与共产党则又若还于凭借外群之有形与无形之压力；惟儒者之敬戒与内省方法最若平实妥善，不全凭外力，亦不全由内转。"[1]

潘光旦自认在传统文化资源中找到了知识分子改造思想的平实妥善之法。敬戒与内省，本可以和大课里的辩证唯物论、历史唯物论互为补益，却不幸被曲解为怀疑、抗拒。

在当局者眼里，这种现象不在少数，乃至是群体现象。1951年10月30日，钱俊瑞在《教师学习》第一期发表《高等教育改革的关键》一文，其中有代表官方表达的悲观看法。

他说："两年来的经验同时证明了，如果高等学校的教师们还是服膺着英美资产阶级的反动思想，还是固执着自己的个人主义、客观主义和宗派观点，而得不到确实的改造，那么一切高等教育的改革工作，诸如院系的调整、课程的改革、教育法的改进等等，都是难于进行和贯彻的，一切关于改革高等教育的决定和规章就难免不成为具文。两年来极大多数高等学校改进得如此之慢和如此之少，还不够证明这一点么？"[2]

接下来，该文引用了一段毛泽东语录，明确"思想改造，首先是各种知识分子的思想改造"，以激烈的否定性语言和大段文字，对所谓知识分子的"固执""沉湎""追逐""保留"做了尖锐批评，指为"发展人民教育的极其严重的障碍"。

1949年8月24日，毛泽东为新华社写评论文章《丢掉幻想，准备斗争》时曾说："有一部分知识分子还要看一看。他们想，国民党是不好的，共产党也不见得好，看一看再说。其中有些人口头上说拥护，骨子里是看。……他们的头脑中还残留着许多反动的即反人民的思想，但他们不是国民党反动派，他们是人民中国的中间派，或右派。"[3]

对自信的共产党人来说，"看一看"不是问题，更没有什么威胁。看出来有人要"看一看"，符合实际。看出来"反人民的思想"，总体上属于判断失误。误判层层传导，信号放大，便出现了钱俊瑞这样的认知，误以为遇到了"极其严重的障碍"。

---

[1] 潘光旦著，潘乃穆、潘乃和编：《潘光旦日记》，群言出版社2014年12月第1版，第139页。
[2] 清华大学校史研究室编：《清华大学史料选编》第五卷（上），清华大学出版社2005年11月第1版，第478页。
[3] 《毛泽东选集》第四卷，人民出版社1960年9月第1版，第1422页。

## （四）

1952年1月22日，中共中央发出《关于宣传文教部门应无例外地进行"三反"运动的指示》，强调"'三反'运动是目前最实际的思想改造"。对校长、教师，"一般地说，使这些人物在群众斗争中洗洗澡，受受自我批评的锻炼"[1]。

3月13日，中共中央发出《关于在高等学校中进行"三反"运动的指示》，要求"每个教师必须在群众面前进行检讨，实行'洗澡'和'过关'。"指示中特别声明，"各高等学校的校长，著名的教授和著名的民主人士，如政治上思想上有严重问题，估计不容易很快过关者，对他们究应采取何种方式，达到何种要求，应先请示中央或中央局（分局）后进行"[2]。

再一再二指示"洗澡"，加上"有严重问题""估计不容易很快过关"这样凭主观判断的定性概念，有效地刺激了一些喜欢且擅长搞运动的人，他们随即搞出一套内容丰富、层次分明的"洗澡"程序。

据《改造》一书介绍："在普遍'洗澡'之前，党组织、学习委员会（节约检查委员会）要把教师们排排队，根据他们的问题的多少与严重程度，确定洗'大盆''中盆'或'小盆'。洗'大盆'即在全校大会上做检讨，洗'中盆'即在全系大会上做检讨，洗'小盆'即在小组会上做检讨。初步确定之后，要先开'控诉酝酿会'，即背着要检讨的教师，在群众（教师、职工、学生）中搜集他的材料，如他如何宣扬资产阶级思想、有什么资产阶级生活方式等，然后向他本人传达，要求他写出检讨报告或发言提纲。在普遍开始检讨之前，先作启发报告或典型示范报告。在检讨大会上，个人检讨之后，群众提出批评，然后决定是否过关。问题轻、态度好的，一次通过；问题重、检讨不够深刻的，要么再三检讨，要么'澡盆''升级'。对那些有抵触情绪或'顽固不化'的人，要开展群众性的反复批斗。"[3]

---

[1] 中共中央文献研究室编：《建国以来重要文献选编》第三册，中央文献出版社1992年6月第1版，第49页。
[2] 同上书，第118、119页。
[3] 于凤政：《改造》，河南人民出版社2001年1月第1版，第210页。

潘光旦当时担任清华大学校务委员会委员、图书馆馆长和社会学系主任。他被认定"有严重问题",自然是"大盆"级别,且须多次入浴。

第一次检讨时间是1952年1月31日,同时做检讨的还有钱伟长、陈新民,都是民盟同人。潘光旦的检讨被认为"就事论事""避重就轻",没有过关。他表示希望尽快做第二次检讨。

2月3日晚,校方安排潘光旦在全校大会上作第二次检讨。他开始对自己扣政治帽子,说所学进化论、优生论都是"改良主义的教条",从事的社会学"更是替资产阶级撑腰的一大堆浮词臆说"。这次检讨仍未能过关。

3月17日,潘光旦做第三次检讨。他回顾了自己和民盟的关系,承认在国共决战时期疏远民盟,加入主张"中间路线"的《新路》杂志社,批评自己"1949年冬天以前对一切新的东西、新的变革,态度都是冷淡的、沉默的与旁观的"。这次检讨长达近三小时,不仅还是不能过关,还因涉及的历史事件越来越多,似乎他的问题比有关部门原来了解、判断得更加严重。为此,对他的改造需要追加特殊手段。

"潘光旦的问题明显升级了,而且正在变成了全市高校思想改造运动斗争的重点人物。因为,就在潘第三次检讨之后,北京市高等学校节约委员会党组竟然编印了《潘光旦反动言论摘要(一)》,……其中将潘的反动言论直截了当地划分为'反共''反苏''拥蒋''亲美'和'解放后的反动言论'五大类。"[1]

其实,早在1950年春,潘光旦在不止一篇文章中对美国内政外交政策提出明确批评,并把这一批评扩展为"资本主义文化里更大的一个矛盾"[2]。在1951年写的《谁说"江南无封建"?》一文中,他对新政权推行的土地改革表示认同,谴责高额地租是"封建土地制度下的必然现象",像"一把刀插到了农民的背上"[3]。前文发表于1950年5月20日《光明日报》,后文发表于1951年1月5—7日《人民日报》,清华大学都

---

[1] 杨奎松:《忍不住的"关怀":1949年前后的书生与政治》,广西师范大学出版社2013年5月第1版,第332页。
[2] 清华大学校史研究室编:《清华大学史料选编》第五卷(下),清华大学出版社2005年11月第1版,第586页。
[3] 同上书,第632页。

做了存档，白纸黑字俱在。但在当时情况下，这些本来是一个著名知识分子要求随着社会变化进步的证明，应该能为他缓和一些改造冲击的力度，却都被忽视了。

4月5日，民盟清华大学分部按照校方安排，召开全体盟员大会。"会议从晚八点一直开到夜里一点半，与会四十多盟员有三十九人都对潘进行了揭发批判，有些人还两度发言，长篇大论"。会议开始时，潘光旦先承认错误，要求民盟市支部撤销自己的区分部主委职务。这一要求却被斥为"釜底抽薪先发制人"，"反使全场火药味更加浓烈"。[1]

此前的3月19日，民盟区分部曾开会批判潘光旦。"当所有人都在慷慨激昂地揭发、批判潘光旦的时候，同为民盟盟员，时任主管文科的副教务长，还是中央人民政府民族事务委员会委员的费孝通却顶风与多数与会者唱起了反调。他在发言中几乎是毫不避讳地为潘光旦的一些所谓'历史问题'在竭力进行辩解。"[2]

费孝通平静地陈述事实。他希望事实像在学术中被尊重一样，在政治运动中也被尊重。

针对潘光旦被指"走第三条道路""反共拥蒋""一贯反苏""对民盟只有破坏""李闻惨案发生后逃去美国领事馆""建国后对党和国家不满"等问题，费孝通依据自己亲历、了解的事实，有理有据，实事求是，逐一做出解释、辩护。

费孝通做出的解释，很少有人接受，反被指斥为"拉后腿"，是潘光旦几次检查不过关的原因。4月5日会议上，潘光旦请辞民盟区分部主委之事，又被人质疑是费孝通出的主意。

这两次民盟会议上，费孝通为潘光旦辩护的结果，是引火上身，"与会者群起而攻"。"据会议记录者记录称：费孝通面对多数人的群起而攻，被迫停止了发言，坐在一边，'面色极为难堪，低头一言不发'"。[3]

1952年5月2日，中共中央发出《关于在高等学校中批判资产阶

---

[1] 杨奎松：《忍不住的"关怀"：1949年前后的书生与政治》，广西师范大学出版社2013年5月第1版，第336页。
[2] 同上。
[3] 见吕文浩：《费孝通与潘光旦——两代社会学家间的学术交往》，《中华读书报》2005年5月18日。

级思想和清理"中层"的指示》，提出"这个运动的目标是：彻底打击学校中的封建、买办、法西斯思想（如崇美、亲美、恐美，反共、反苏、反人民的思想），划清敌我界限"等等。"可以而且应该让百分之六十到七十的教师，在做了必要的自我检讨后迅速过关；百分之十五到二十的教师，是要经过适当批评以后再行过关；百分之十三左右的教师，是要经过反复的批评检查以后始予过关；只有百分之二左右是不能过关，需要做适当处理。""属于此类教师的处理应经中央局批准，其中校长、副校长、院长、系主任及全国著名之教授的处理，应经中央批准"。[1]

"依据中共中央上述指示，潘光旦显然是第四类人物，即占百分之二的'具有严重政治问题或思想反动不能过关的教师'。但潘光旦的社会地位、业务能力及具体情况，又属于可以上报中央，做出适当处理、继续教书的全国著名教授。有此指示精神，随着运动基本结束，院系调整工作展开，费孝通、金岳霖、吴景超等教授即开始积极活动，一再向节约检查委员会提出尽快解决潘光旦的问题。尤其是7月间确定解散清华大学社会学系，决定费孝通及潘光旦都调去民族学院工作之后，费孝通更是强烈要求学校无论如何不应让潘光旦背个包袱到新的工作岗位上去。"[2]

1952年10月27日，清华大学召开以文法学院师生为主的数百人大会，听取潘光旦做第四次检讨。从全校大会到学院大会，"大盆"变成"中盆"，含有批斗降级的信号。

潘光旦首先承认自己过去检讨不好，主要还是"怕摸到自己的疮疤，还是想遮掩过去"。他批评自己建国后还想做辅仁大学的董事，这是丧失民族立场的大问题。在专业上，还背着旧学问的包袱，自以为很有一套，总觉得自己是进步的。因此，对错误愿意承认，可是要说全盘都错，无一是处，就很不服气了。

为了能过关，承认"全错"之余，潘光旦更为自己扣上"一贯的反

---

[1] 中共中央文献研究室编：《建国以来重要文献选编》第三册，中央文献出版社1992年6月第1版，第174—175页。
[2] 杨奎松：《忍不住的"关怀"：1949年前后的书生与政治》，广西师范大学出版社2013年5月第1版，第341—342页。

对革命""对学生运动一直是采取压制破坏态度""对不起党,对不起革命"等帽子。他最后说:"我决心改造我自己,我争取站进人民的队伍里来,同大家一样的,全心全意跟着党与毛主席走。"

"听了潘光旦的检讨,费孝通首先发言表示欢迎,同时做反思,检查自己说:潘先生的思想改造过程所以相当长,也相当艰苦,除了他自身的认识问题以外,'我必须承认自己在这个运动中也犯了错误,在我负责帮助潘先生的思想改造时期,我犯了错误,没有坚持斗争,帮助潘先生去端正检讨的态度,致使潘先生的思想改造走了一段弯路'。'今后我和潘先生还是在一个机关,一条战线上工作,因此,我愿意在这里保证,我一定要更负责地和潘先生一起互相勉励,一道求进步'。"[1]

这次会议,潘光旦的女儿潘乃穆也到会发言。当时她在北大工作,高校党委一位领导找她说:"潘光旦的检讨一直没通过,他的认识太差,可是老拖着也不行。他的检讨不通过运动就结束不了。现在我们得想法帮助他让他通过,……你得去发一次言。"

潘乃穆表示"发言有困难。一则我并未读过多少我父亲的著作,……二则我很了解父亲的性格,我发言绝不会使他感动,……三则我一向沉默寡言,不善辞令"。

这位领导坚持让她到场。她准备了一个简短发言稿,"基本是表态性质的,希望父亲站到人民立场上好好改造云云,经过领导审阅,他们并不满意,但也难再改,我就这样发了言。事后父亲对我的发言没有做任何表示。此后,他的检讨就算通过"。[2]

会议结束前,清华大学节约检查委员会副主任委员周培源代表校方发言,表示欢迎潘光旦的"进步",说他"从极落后的深渊中爬出来",还须做极大努力。

1952年12月5日,民盟中央主办的《盟讯》发表了潘光旦这次检讨"摘要",近三万字。

潘光旦的检讨过程艰苦卓绝,历时十个月,再一再二,再三再四,

---

[1] 杨奎松:《忍不住的"关怀":1949年前后的书生与政治》,广西师范大学出版社2013年5月第1版,第344页。
[2] 潘乃穆:《回忆父亲潘光旦先生》,陈理、郭卫平、王庆仁主编:《潘光旦先生百年诞辰纪念文集》,中央民族大学出版社2000年11月第1版,第118—119页。

终得"过关"。

以此为标志,清华大学的思想改造运动告一段落。一位著名教授的第四次检讨,终结了清华园的一场政治运动。

事实上,潘光旦在1950年春写长文公开批评"美国的自私自大与自以为是"[1]时,文中用了"癫狂""横逆""夸大狂"[2]等相当激烈的词语描述美国外交政策中的反和平因素。对温良敦厚的潘光旦来说,这类词语很少出现在他的文章里,在该文中却不吝使用,证明他是愿意客观看待和评价美国的。他写该文时,国民政府时期命名的"国立清华大学"校名尚在使用,还没有出现强迫知识分子写文章的政治压力,潘光旦表达观点是自主和自由的,这是他的真实认知。但在群众性的批评运动中,这样的文章就不算数了。不仅如此,他还须在强迫之下当众承认并具体分析自己"为什么对美国恨不起来"。

## (五)

1950年间,费孝通的工作职责发生了一次较大变化。这次变化和毛泽东一段讲话有关。

1950年6月6日,毛泽东在中共七届三中全会上讲话,说到少数民族问题。他主张:"全国少数民族大约有三千万人。少数民族地区的社会改革,是一件重大的事情,必须谨慎对待。无论如何不能急躁,急了会出毛病。条件不成熟,不能进行改革。一个条件成熟了,其他条件不成熟,也不要进行重大改革。"[3]

费孝通认同这样渐进而非冒进、改良而非革命的思路。

毛泽东说的"条件"中,最基础的一个条件是要掌握事实,即如实了解、客观认知少数民族的基本情况。以新政权建立为时间起点,全国少数民族有多少,各自的人数和分支有多少,分布在什么地方,经济、

---

[1] 潘光旦:《美国心理的诊断——论艾奇逊关于外交政策的三篇演说》,潘乃穆、潘乃和编:《潘光旦文集》第十卷,北京大学出版社2000年12月第1版,第376页。

[2] 同上书,第390页。该文发表于《观察》第6卷第14期(1950年5月16日),修订后载中国民主同盟总部宣传委员会编《斥美帝国务卿艾奇逊》(1950年5月30日)。

[3] 毛泽东:《不要四面出击》,《建国以来毛泽东文稿》,中央文献出版社1987年11月第1版,第399页。

社会、历史情况怎样，现状如何……据说是基本没有参考资料，几乎要从零做起。"民族识别"成了急需之事。

1950年6月，费孝通被任命为中央民族访问团副团长兼第三分团团长，率团访问贵州少数民族地区。该团7月从北京出发，历时半年多，在"千山万山"中跋涉、访问、调查、记录、讨论……于1951年1月返回北京。当年访问团路线图上的标线纵横贵州全境，是个十字格局。"黔东一路以镇远为止，黔南一路以贞丰为止，黔西一路以威宁为止"[1]，黔北直达与四川交界处。"每路都挑了一县，由一部分同志做比较深入的访问，对苗、仲、彝三个主要兄弟民族进行了初步的调查研究"。[2]

返京后，费孝通依据调查素材，写出了《关于贵州少数民族情况及民族工作报告》，同时为《新观察》杂志写系列文章，以"兄弟民族在贵州"为总题，陆续发表。

这期间，他还接受了新任务，参与筹建中央民族学院，并于1951年6月出任该院副院长。

费孝通在有关文章里透露过，结束民族访问团的事情后，他想回清华继续教书。意愿如此，但已身不由己。新政权初建，百废待兴，各方面都需要人手。

对民族识别工作，费孝通坦诚表示"我是1950年被拉来搞这项工作的"[3]。

1951年8月，费孝通被任命为中央人民政府民族事务委员会委员。他在1950年代初期的人生历程中，留下了浓重的"民族"印记。

民族事务，费孝通曾在1935年瑶山调查中深度接触，留下断篇，有待后续，一直是他的一个心事。民族研究也是他钟情的重要研究领域。十五年后，在贵州的半年多调查中，应有接续瑶山调查主题的可能。问题在于，瑶山调查是学术研究，贵州访问是政治任务。学术研究用人类学知识和方法做工具，政治任务则须另有工具，做出政治反应，结出政治果实。

---

〔1〕 费孝通：《兄弟民族在贵州》，生活·读书·新知三联书店1951年11月初版，第9页。
〔2〕 同上。
〔3〕 费孝通：《暮年漫谈》，《费孝通全集》第17卷，内蒙古人民出版社2009年10月第1版，第490页。

费孝通说:"当时我们主要是遵循毛主席关于民族工作的精神和斯大林关于民族的定义来进行民族界定。开始的时候,全国自报上来的民族有四百多个,这明显是不符合实际情况的,我们就按斯大林的理论来处理。"[1]

斯大林的理论是否符合中国实际,比如费孝通在民族识别相关工作中遇到的"平武藏人"、"白马藏族"、土人归化等问题,斯大林理论能否提供合理解说和辨识依据,后来的实践应已否定,当时却属政治正确,不容怀疑。

半个世纪后,费孝通承认"新中国成立后实施的'民族政策'不是从我国本土里生长出来的,而是学前苏联的那一套;也许跟我们刚刚建立新政权,想要区别于旧政权这个因素有关"[2]。

当年,费孝通带领中央民族访问团第三分团,从湖南进入贵州,自首站黔东镇远到末站黔西威宁,横穿贵州。"深入访问少数民族千家万户必须爬山涉水,很多地方还只能徒步往来。"

费孝通说,从"威宁返回毕节的道上,正值大雪。我们所乘的卡车相继抛锚,大家只能手拉着手,穿上草鞋,沿山坡的公路上上下下地步行。黄昏时到了一个村子,村子里正闹瘟疫,不能接待我们。我们几十个人不得不挤在路旁的一间道房里过夜,生了一个营火,大家围坐着。"[3]

沿途看到少数民族同胞的赤贫现象,让费孝通留下终身印象。1995年费孝通重返毕节访问,几乎在每一个谈话场合,他都说起当年情景,"访问团来演节目,山中下来的人来看,破衣烂衫,没有衣服穿。我让团里赶快用带来的布做衣服"[4]。

在"新政权"背景上,做衣服具有政治意义。费孝通说:"我们访问团深入少数民族地区进行家访,告诉他们在新中国里各民族一律平等,……我们把粮食送到缺粮户,医生上门去为他们治病,我们尊重他

---

[1] 费孝通:《暮年漫谈》,《费孝通全集》第17卷,内蒙古人民出版社,2009年10月第1版,第491页。
[2] 同上书,第490页。
[3] 费孝通:《在人生的天平上——纪念吴泽霖先生》,《逝者如斯》,苏州大学出版社1993年8月第1版,第113页。
[4] 张冠生记录整理:《费孝通晚年谈话录(1981—2000)》,生活·读书·新知三联书店,2019年5月第1版,第94页。

们的风俗习惯，我们在生活实践上处处平等相处，交朋友，结感情。"[1]

在贵州访问调查期间，费孝通到民盟贵州支部临工会和当地盟员见面，"谈家常"，即兴讲了些想法。这次讲话的记录稿，对了解他当年的思虑是一份特殊史料。

费孝通以"很快负起民盟在建设新中国工作中应负的责任"为主题，谈到"以前民盟政治立场"，包括"英美式民主"倾向，谈到联合政府中同时存在几个政党，"为什么又不许互相反对"。他希望民盟同人明白民盟在新中国的地位、角色和任务，在此基础上确定工作方向。

在"家常"概念上说这些问题，费孝通语重心长，推心置腹，示范出一种思考格局，即以"天下为公"的初心，正确理解"被领导"的位置。他把"十分复杂的盟员思想情况"看作"一笔遗产"，而非麻烦，同时又明确"民盟不是职业介绍机关、吃饭团体、私人俱乐部"，提示大家"加紧学习，……先把人类历史了解清楚，才知道自己站在什么地位，负担什么任务。……通过民盟，在中国共产党的领导下，完成历史给予我们的革命任务"[2]。

费孝通心中，民盟是知识分子政治集团，是国家智力资源的重要组成部分。他有责任帮助同人尽快适应历史变化，争取尽量多的机会参与到国家建设事业中来。费孝通对贵州盟员的提示与勉励，和民盟主席张澜写信给老友鲜特生时的嘱咐，异曲同工。

贵州的少数民族数量多，分布广，时间有限，费孝通和团员们无法遍访各地的民族情况，只能有重点地开展工作。在"处处平等相处，交朋友，结感情"的环境里，民族关系的改善是可以觉察的。费孝通有了瑶山调查时没有过的新体验。

每到一个地方，就会碰到少数民族同胞为欢迎他们而踏歌起舞的欢乐场面。费孝通为现场气氛舒心、快慰，同时为自己没有能力融入歌舞自惭形秽。他写道："每当在歌舞热闹的集会上，我面对着活泼可爱的

---

[1] 费孝通：《对中国少数民族社会改革的一些体会》，《费孝通文集》，群言出版社1999年10月第1版，第236—237页。
[2] 据现有文件，这次讲话具体日期不详，讲话首句"我到贵州两个多月了"可做参考。讲话地点是贵阳科学路民盟贵州省支部临时工会。由该会分管学习工作的翁祖善作现场记录。记录稿请费孝通阅校后印油刊发。文件现存贵州省档案馆。2018年，民盟贵州省委开展搜集贵州民盟组织早期档案资料工作，在贵州省档案馆的民盟1950年代资料中发现这份史料。

苗家群众,发现了自己这一身封建气息。我要唱,不入调;要舞,又动不起来;像是一个嗓子被棉花塞住,手脚被绳子捆住的囚犯。我感觉到痛苦;一个曾贱视劳动的人,应得的惩罚。人是喜欢活的,我们团里的同志们在和苗家兄弟们接触中一致的感觉到自己不够'活'。感谢苗家兄弟启发了我们:'只有劳动,才有生命'。"[1]

自幼年到成年,费孝通对劳动者一向同情、关心。少作中"为什么这么老还要自己出来采薪火"中的悲悯,《江村通讯》中对"发生了亲密情感的一村人民"的留恋,《乡土中国》中对淳朴民众的深切理解,西柏坡之行对"一行行红星"的敬畏,都是天然的、发自内心的。

对这些,费孝通当然自知。说自己"贱视劳动",未免过苛,说"一身封建气息",未免过分。但在当年情势下、语境中,考虑到知识分子面临"改造"的精神压力,也考虑到费孝通本人真心改造自己的心情,这样近于自贬的说法,应得到善意理解,也应尽量去理解他写在《兄弟民族在贵州》开篇处的歌唱——

"毛泽东的旗帜插到什么地方,什么地方就是欢跃,就是幸福,就是光明。我们真是荣幸,有机会在这面旗帜的光辉下,爬过了山,涉过了水,握着了我们民族大家庭里千万个兄弟姊妹的手。从他们兴奋鼓舞的脸,感激动人的泪,欢欣忘情的跳跃,日以继夜的歌唱里,我们更深刻的认识到,尽管语言不同,服装有别,尽管相隔着千山万山,尽管几千年来受尽了敌人的挑拨离间,甚至曾经流血残杀,但是只要把平等团结的民族政策,明白交代清楚,千万群众只有一个呼声:'毛主席万岁!'……那一种伟大的场合,消融了累积凝固已久的民族隔阂和仇恨,扭转了历史,展开了民族友爱合作的新页。"[2]

瑶山调查、江村调查、云南三村调查时的费孝通,经历过《我这一年》后,成了《兄弟民族在贵州》中的费孝通。

《兄弟民族在贵州》集纳了费孝通的七篇文章,写出后先在《新观察》杂志连载,并于当年在生活·读书·新知三联书店出版。这些文章讲的主要是相关少数民族的历史和现状。

---

[1] 费孝通:《兄弟民族在贵州》,生活·读书·新知三联书店1951年11月初版,第35—36页。
[2] 同上书,第1页。

该书出版时,费孝通在"后记"中表示,这些篇章写得很不惬意。

"三月中旬起,拉拉牵牵,断断续续的写到六月中旬止。如果没有《新观察》的编者按时的催稿,连这几篇也不一定能写成。在我著作生活中,这几篇是写得最仓促,也是最不畅达了,……没有一篇是一气写成的。这是件很苦的事。"[1]

---

[1] 费孝通:《兄弟民族在贵州》,生活·读书·新知三联书店1951年11月初版,第89页。

# 三　院系调整与知识分子调查

## （一）

1949年10月1日，新政权建立，标志着"砸烂一个旧世界，建设一个新世界"的时代交替。其中，对大陆高等教育体系进行改造的筹划事务紧锣密鼓。

10月11日，华北人民政府高等教育委员会颁布《大学专科学校文法学院各系课程暂行规定》。

10月21日，中央人民政府教育部正式设立。

11月17日，该部召集华北区及京津十九所高等院校负责人会议，讨论高等教育改造方针。会议参照上述"暂行规定"，对文、史、哲、政、法、经及教育七个学系的任务、基本课程、选修课程改革方案做出规定，社会学没有被列入。

12月5日，中共中央发布《关于中央人民政府成立后党的文化教育工作问题的指示》，说明"中央政府未成立以前，党的中央宣传部不得不实际上暂时代替中央政府的文教机关，管理国家的文化教育工作"[1]的原因。这一解释，透露出新政权中的教育机构必然具有强烈的意识形态属性。决策层对以前的各学科有专门考虑，应有这个因素起重要作用。

费孝通听到了一些对社会学学科存续不利的传闻。

他认为社会学可以为新政权的建设服务。他说："解放不久，很多人说我所学的社会学要不得。我很不服气。我当时认为我们的社会学和美国的社会学不同，很早就着重中国社会的调查。共产党不是也着重调

---

[1]　中共中央文献研究室编：《建国以来重要文献选编》第一册，中央文献出版社1992年5月第1版，第65页。

查研究的么？所以只要我们在事实上说明我们的社会调查是有用的，我们的社会学还是可以存在的。……以往国民党不识货，共产党会识货的。"[1]

1950年春，费孝通撰写《社会学系怎样改造》一文，想方设法为社会学说了不少话，也是希望能促进"识货"者的共识。他在晚年曾对工作助手说，当年为在院系调整改革中保住社会学不被裁撤，他曾在中南海向最高领导人当面陈说理由，希望能"留一点苗苗"。他看到了果决的手势，听到了"斩草除根"的回答。费孝通说，他相信这件事会有官方档案记录。

人同此心。当时"高等学校的社会学教授们在新社会里总是努力去适应，积极地改造思想，……改革教学内容和教学方法，……他们对社会学在新中国的发展充满希望，并努力证明社会学在新社会里是有进步作用的。他们为社会学的生存问题进行了多种形式的辩护"。[2]

潘光旦遗物中，有一份他写给清华大学校务委员会主席叶企孙的报告。报告说："敬启者，社会学系下学年学程几经系中师生商讨，历时四月，获有成议，兹送上一份，请准其备案试行，附奉一份，并请转高教会备案是荷。"写此报告的时间，是1949年8月18日，潘光旦是清华大学社会学系主任。

"学校于8月23日向华北高等教育委员会转报法学院社会学系1949学年度课程，呈请'准予备案并试行'。华北高教会于9月27日批复说：'你校……呈及法学院社会学系学程均悉。关于本年度学程，可按你校拟参考李达先生与本会意见，根据你校具体情况斟酌办理。"

李达是中共创始人和早期领导人之一，其《社会学大纲》曾得毛泽东称许。潘光旦提交此报告时，李达也已拟出"社会学系课程草案"，其中"西洋各派社会学说（6学分）"、"人类学（3学分）"、"社会调查（3学分）"均列入"基本课程"。

中华人民共和国成立前夜，潘光旦、费孝通及他们代表的社会学同

---

[1] 陈撷英、费孝通等著：《批判我的资产阶级思想》，五十年代出版社1952年7月初版，"编者的话"第27页。
[2] 刘豪兴、刘勇：《中国社会学被中断时期的历史考察——兼述费孝通人生的一段坎坷经历》，李培林主编：《费孝通与中国社会学》，社会科学文献出版社2011年7月第1版，第21页。

人和共产党人的想法是一致的。他们都确信,社会学将是有助于新国家建设的有效工具。

李达拟出的课程草案,潘光旦向叶企孙提交的报告,对了解社会学被取消前后的过程,具有重要、特殊的史料价值。潘乃穆认为,"通过这些材料可以具体了解解放初期社会学学科所走过的历程"。其中,"历史唯物论不仅是要求作为指导思想,它已经具体代替了社会学,社会学的基础课'社会学原理'已被要求纳入'各派社会学说批判';'社会制度'有可能被认为等同于'社会政治制度'而被取消,……李达先生和华北高教会的意见虽属附件,内容却至关重要,已经预示了社会学学科在1952年院系调整中被取消的命运"。[1]

潘光旦日记中,有些与社会学存废相关的记录,也有助于了解当时情况。

1949年8月13日,"至北京饭店,初访李达兄,约其来清华讲课"[2]。

9月13日,"吴贻芳女士来访,询问此间社会学系学程之改制情形,将携归供南中设有此系之各大学参考"[3]。

1950年1月8日,"夜系中小组例会,商决课程改革草案"[4]。

1月22日,"午后约燕京大学社会学系同人来寓与本校同系同人小叙,谈今后课程与社会学系在大学教育中之地位,决定推林耀华、翦伯赞、雷洁琼、费孝通、吴景超与余六人为委员会,负责:一、研究课程之大体一致;二、与辅仁大学联系,约其亦推三人加入此委员会;三、与教育部洽谈。并订下周在耀华寓再度集会"[5]。

1月29日,"午后至燕大耀华寓,续商社会学系比较远景之课程问题,清华去景超、孝通、与余,燕京出席者为耀华、洁琼、翦伯赞,辅仁为景汉、魏重庆;获有成议,推孝通拟草"[6]。

这些知识分子为社会学学科改革、存续、发展付出的努力,后来都

---

[1] 潘乃穆:《回忆父亲潘光旦先生》,陈理、郭卫平、王庆仁主编:《潘光旦先生百年诞辰纪念文集》,中央民族大学出版社2000年11月第1版,第116页。
[2] 潘光旦著,潘乃穆、潘乃和编:《潘光旦日记》,群言出版社2014年12月第1版,第113页。
[3] 同上书,第122页。
[4] 同上书,第158页。
[5] 同上书,第161页。
[6] 同上书,第163页。

成徒劳。

1952年6月中旬直到年底,中央教育部开始对全国高等院校进行院系调整。"为了适应国家建设的迫切需要,院系调整的总方针是:以培养工业建设人才和师资为重点,发展专门学院与专科学校,整顿和加强综合性大学,逐步创办函授学校和夜大学,并在机构上为大量吸收工农成分学生入高等学校准备条件。调整工作以华东、华北两大区为重点。"[1]

据《中华人民共和国教育大事记(1949—1982)》(1984)一书史料,到1952年底,全国已有四分之三的高等院校进行了院系调整和专业设置调整。调整后,原来分布在相应院校的二十多个社会学系只剩下中山大学社会学系和云南大学社会学系。

1952年11月2日,《光明日报》刊发"本报讯",向学界和社会报道"院系调整胜利完成",说"北京各大学这次院系调整的成功,是各校历史上革命性的大事。……严格清算了资产阶级思想,……根本上清除了从欧美资产阶级抄袭过来盲目设立学校及其系、科的混乱现象。……各校教师们在院系调整中,体会到苏联教学的优越性,肯定了必须向苏联学习,都迫切地要求翻译苏联的教材。"

11月2日,是费孝通的生日。这个消息带来的失落感及其学术研究的长期空白,一直延伸到1979年正式提出"重建中国社会学"之前。

1953年,仅存的中山大学、云南大学的两个社会学系也被取消。至此,社会学在中国大陆高教系统里片甲未留。

费孝通记忆里,1936年他做江村调查时,已有"很多大学的取消社会学系,减少社会学课程"[2]之事。到他就读伦敦政治经济学院,"社会学的危机已急转直下:大学中社会学系的停办,学生数目的锐减,'试验区'的消沉——到处听见'活该,社会学本来是什么东西'"[3]。

那时,社会学的取舍存废,取决于学术因素,决策权在校方,取舍依据是有用无用。费孝通因此主张"我们要'自检',为什么我们认为重要的工作,人家觉得不重要,我们觉得有很多亟需讨论的问题,

---

[1] 马勇主编:《国事全书》第3卷,团结出版社1997年7月第1版,第3199页。
[2] 费孝通:《写在〈汶上县的私塾组织〉的前面》,《费孝通文集》第1卷,群言出版社1999年10月第1版,第392页。
[3] 费孝通:《复刊周年通讯》,《费孝通文集》第1卷,群言出版社1999年10月第1版,第537页。

人家觉得不成问题"[1]。他把当时的局部废除看作"给社会学本身一个极好的转机。在这转机中,我们可以使一个充实的、深刻的、能帮助人了解中国社会的,及能作改造中国社会基础的新社会学得到发展的机会"[2]。

遗憾的是,这个机会始终只是机会。尽管费孝通做出极大努力,且有不俗成果,但其价值欲为社会足够理解,还需漫长时光及足够教训。尤其是当社会学的存废不再是学术取舍而是政治考量的时候,结局便确定无疑,不复有任何讨论余地。费孝通的认知和主张中,政治和学术应是合作关系。他面对的现实,那时却是分裂的。

费孝通失去了他安身立命的专业教职。知识分子改造运动,则把他拖入再二再三的自我检讨和批判当中。作为一个知识分子代表性人物,这个关口很不好过。曾经给费孝通和中国社会学、人类学界带来巨大学术荣誉的《江村经济》,此时成了"直接有助于帝国主义侵略中国的阴谋"[3]。看到潘光旦连续三次检讨都不得过关,费孝通思想压力之大略可想见。他在挺身为老师做辩解的同时,自己却出现了"软弱、狼狈、悲伤、哀鸣、求饶"心理。

《我这一年》里对新政权的竭诚欢呼,对中国民主起步(高度代表性)的心悦诚服,对"超越政治"思想的规劝和批评,《兄弟民族在贵州》对人民领袖的纵情歌唱,《大学的改造》中为组织政治教育付出的心血,在清华大课上运用马列主义观点的循循善诱,在"思想总结战役"中运筹帷幄的胜将姿态……都没有让费孝通免于"改造",都不足以保证费孝通在改造中轻易过关。他须面对即将到来的政治风雨。

他必须对自己进行无情否定、猛烈攻击、彻头彻尾批判,才可能被认为"经过彻底的思想改造,完全放弃自己没落的甚至反动的宇宙观和方法论,确定自己为人民服务首先为工农兵服务的立场"[4]。

费孝通的笔,写出过《江村经济》《禄村农田》《乡土中国》《乡土

---

[1] 费孝通:《复刊周年通讯》,《费孝通文集》第1卷,群言出版社1999年10月第1版,第537页。
[2] 费孝通:《写在〈汶上县的私塾组织〉的前面》,《费孝通文集》第1卷,群言出版社1999年10月第1版,第392页。
[3] 陈撷英、费孝通等著:《批判我的资产阶级思想》,五十年代出版社1952年7月初版,第18—19页。
[4] 同上书,"编者的话"第3页。

重建》《生育制度》等著述,在新政权建立之初,写出了一篇沉重不堪的长文,题为《清洗自己,站进人民队伍》。

这篇自责自诬、自我诅咒的文章,七十多年后,可作当年知识分子承受"改造"压力、争取早日"过关"的一个文本。不了解那段历史的读者,想要读懂有点难度。但其中说起的一些事情,仍有助于对费孝通的一般性了解和理解。

"分数是我的命,曾因老师来一个电话,说我考得不好,下决心不再谈恋爱。

"我只有靠自己,靠自己的机警,靠自己的聪明。

"使劲的爬;我目不斜视,不看四围。……想当教授羡慕新南院住宅。

"我写完了一篇论文,系里决定不算,史禄国发脾气,我低声下气的愿意再写一篇。

"我应美国文化联络处之邀出国访问时,为了要护照,被迫去伪中央训练团,我有很大反感,一再交涉不愿去。最后我的软弱性使我妥协,到该团去住了一个星期。离团前,蒋匪又派人威胁入党,我不敢正面拒绝,以没有相片没有图章,不好办手续,搪塞过去。

"解放后,我为了要了解共产党,所以争取去石家庄。

"我的资产阶级立场也使我是不喜欢苏联的。

"我的内心是有一种力量要缩回来,在清华和同人们一起学习、改造。

"抗美援朝运动开始时,我正在贵州访问少数民族,知道了消息,十分兴奋。我曾想在访问工作结束后参加前线工作,想做改造美国俘虏的事,但是没有实现。"[1]

诸如此类,剔除其中的自我评价,所说都是事实。其一般文章和回忆、自述文字中,不轻易启齿的经历和心理,在政治运动中,被一种非人力能及的无形蛮力挤了出来,成为一种特殊史料。在1950年代的中国

---

[1] 这里集中出现的九处引文(从"分数是我的命"到"抗美援朝……"),皆出自上注陈撷英、费孝通等人的检讨文集《批判我的资产阶级思想》中费孝通的《清洗自己,站进人民队伍》一文,需查证,请检索原著,此处恕不逐一列出页码,并请见谅。

大陆,这类史料浩如烟海,费孝通写出的实为沧海一粟。[1]

## (二)

知识分子改造运动之后,反右运动之前,费孝通有过一段相对平和、舒心的日子。

以1956年为例,2月9日至20日,中国民主同盟召开第二次全国代表大会,费孝通当选中国民主同盟第二届中央委员会常务委员。其时,盟内同人千家驹、刘开渠、吴作人、苏步青、周建人、金岳霖、柳亚子、梁思成、童第周、冯友兰、华罗庚、钱伟长等著名知识分子,在民盟该届领导机构内的职务都是中央委员,未及常委之列。[2]

4月16日,国务院发出《关于改善高级知识分子的工作条件的通知》,要求"各省、自治区、直辖市人民委员会对科研机关、高等学校等处的科学家、教授、工程师等的工作条件作一次检查,督促有关单位采取具体措施,改善他们的工作条件。要迅速地和适当地解决缺少助手、辅助人员的困难,积极解决所缺房屋等问题,切实改善图书、文物、档案和各种资料的收集、保管、整理、利用的状况,并经常关心改善高级知识分子的工作条件"[3]。

对费孝通来说,从个人政治身份,到知识分子群体待遇,都有现实改善和乐观期待。同样重要的,是来自最高领导人一连串的吹风信息。

4月25日,毛泽东在中共中央政治局扩大会议上谈《论十大关系》。关于"党和非党的关系",他说:"究竟是一个党好,还是几个党好?现在看来,恐怕是几个党好。不但过去如此,而且将来也可以如此,就是长期共存互相监督。"[4]

毛泽东应该还记得,1947年11月30日,他曾发电报给苏共中央说:

---

[1] 就在本书即将完稿的时候,费孝通的民盟同人贺麟写下的数十本日记、笔记出现在北京旧书市场上。
[2] 参见民盟中央文史委员会编:《中国民主同盟历史文献》(上),文物出版社1991年3月第1版,第492—493页。
[3] 马勇主编:《国事全书》第3卷,团结出版社1997年7月第1版,第3355页。
[4] 毛泽东:《论十大关系》,《建国以来毛泽东文稿》第六册,中央文献出版社1992年1月第1版,第94页。

"当中国革命取得最后胜利时,依照苏联和南斯拉夫的榜样,除中国共产党外,所有政党都应退出政治舞台,这样可以更好地巩固中国革命。"[1]

斯大林的态度使他的想法从"一个党"调整到"几个党",体验了九年,觉得"好",打算"长期共存",还说了格局更大的一番话:"共产党和民主党派都是历史上发生的,都要在历史上消灭。因此,共产党总有一天要消灭,民主党派也总有一天要消灭。消灭就是那么不舒服?我看很舒服。共产党,无产阶级专政,哪一天不要了,我看实在好。我们的任务就是要促使它们消灭得早一点。"[2]

毛泽东的另一番话,费孝通听得尤其用心。"所有民主党派和无党派人士虽然都表示接受中国共产党的领导,但是他们中的许多人,实际上就是程度不同的反对派。在'把革命进行到底'、抗美援朝、土地改革等等问题上,他们都是又反对又不反对。……他们说共同纲领好得不得了,不想搞社会主义类型的宪法,但是宪法起草出来了,他们又全都举手赞成。……他们是反对派,又不是反对派,常常由反对走到不反对。"[3]

费孝通对共产党人的了解,从西南联大开始,经西柏坡得到确认和强化,在北平各界代表会议继续升温,因"改造"遇冷,因取消社会学致若有所失,又因"论十大关系"回暖。曲折过程中,费孝通见证了毛泽东真懂民主党派,懂得"忠实的对立面"是和共产党人殊途同归,懂得政党生命大限所在,不求"万岁",有超越气象。晚年费孝通曾明白表示,一生中真正佩服的人不多,毛泽东算是一个。

1956年7月26日,费孝通在《人民日报》发表《为西湖不平》一文。

"作为一个苏州长大的人,要到头发花白才去访游西湖,只这件事已够说明我是个凡俗入骨的人了。也真巧,轮到我去访游的时候,那是今年年初,又正是西湖下装的时节,露出了半个湖底。我即使要附风雅也没有客观条件。我的游法更不对头,借了辆汽车,请了位指引人,匆

---

[1] 刘彦章、项国兰、高晓惠编:《斯大林年谱》,人民出版社2003年7月第1版,第718页。斯大林于1948年4月20日签署苏共中央复毛泽东电文中,表示"不赞成"。斯大林说:"我们认为,中国的各在野政党代表着中国居民的中间阶层,是反对国民党集团的,应该长期存在下去。"
[2] 毛泽东:《论十大关系》,《建国以来毛泽东文稿》(第六册),中央文献出版社1992年1月第1版,第95页。
[3] 同上。

匆地有些像赶任务。"[1]

赶任务的特征,是"最短时期看到最多古迹为标准",费孝通在"最经济的路线"上看到"差不多一打的坟",他得出结论,"西湖原来是个公墓"。这算不得他讽刺,因为现实已足够讽刺,"这个公墓还有一个规格,一律是土馒头,洋灰水泥或是三合土"[2]。

费孝通觉得自己这结论有点"煞风景",但煞风景的话来自煞风景的事。这是批评,话很重。这是涉及城市建设规划的大事,是他昆明时期就提出的"我们将建设成怎样一个国家"之事,是他在新政权初建时曾和梁思成一起谋划过的事。

该文影响不小。费孝通说,毛泽东读了,说要找作者聊一聊。虽未如愿,最高领导人关注高级知识分子对政府工作的看法却是属实。

把费孝通带进1957年最初一段日子的,是他热心的实地调查工作。

据《费孝通学术历程与著作提要》:"一月,继续在西南调查民族社会史和知识分子状况。"[3]

民族问题调查是费孝通的老题目,"知识分子状况"调查则与他在1956年接受的一项任命有关。费孝通说:"1956年,国务院成立了专家局,专门处理知识分子问题,我被任命为副局长。我曾向领导建议两件事:一是建立智力档案,把中国究竟有多少专业人才摸摸清楚;二是实地调查知识分子里存在的问题,设法促进他们的积极性。我自己就衔命利用去西南进行民族调查的机会,顺便通过民盟的机构进行知识分子调查。"[4]

当时,费孝通是民盟中央文教部副部长。他既负有国务院专家局的政府职责,也负有民盟中央文教机构的政党职责。这次调查的目的是一个,了解情况,以助解决问题,更好地发挥知识分子在国家经济和科学、文化建设中的积极性。

这次"顺便"进行的知识分子问题调查,对费孝通在1957年间的命

---

[1] 费孝通:《为西湖不平》,《费孝通文集》第6卷,群言出版社1999年10月第1版,第499页。
[2] 同上。
[3] 潘乃谷、马戎主编:《社区研究与社会发展》(下),天津人民出版社1996年8月第1版,第1574页。
[4] 费孝通:《社会调查自白》,知识出版社1985年8月第1版,第60页。

运转折发生了根本性的影响。这一影响又从1957年延伸到他后半生。

这次调查结束后,对政府机构,费孝通向专家局发出一系列书面汇报,由该局印送各有关部门。对民盟中央,费孝通在有关会议上做口头汇报,和同人讨论。汇报和讨论引出一篇名满天下的文章——《知识分子的早春天气》。

费孝通说:"二月初从西南回到北京,民盟中央要我做一次口头汇报,谈我离京半年中在各地看到有关知识分子问题的情况。我提到了两个盖子的话:'百家争鸣'揭开了一个盖子。这个盖子一揭开,知识分子的积极性是冒起来了,表示在对科学研究的要求上,还有一个盖子要等'互相监督'来揭。这个盖子一揭开,开出来的是知识分子对政治的积极性,他们会改变过去对国家大事不大关心的那种消极情绪。但是,我接着说,第一个盖子开得还不够敞,许多领导同志不大热心。第二个盖子似乎还没有揭,有点欲揭还罢的神气。我是主张揭盖子的,因为盖子总是要揭的,迟揭不如早揭,小揭不如大揭,揭开比了冲开为妙。"[1]

费孝通做过这次汇报后,大约过了一周,民盟中央文教委员会开会讨论他的汇报。谈到对当时知识分子情况的全面估计,费孝通感到"春寒"一词还是欠点火候。以他的体验和语感,春意是主要的,若是加上"寒"字,表达上未免走拍,也就不能把知识分子表现出来的积极性烘托出来。后来,他想出"早春"两个字,感到合意,因为这个字眼和前些年知识分子在改造时期产生的晚秋感觉正好错得开,又对得上,刚好表达出他们心理上的转机。

文章的起承转合,遣词用句,费孝通一向讲究,关键处字斟句酌已成习惯。国务院专家局派他调查知识分子情况,民盟中央两次会议鼓励他为知识分子说话,他自己也决定要写《知识分子的早春天气》,其文字功夫自然派上了用场。

费孝通记录自己把握文字分寸的细节说:"有人从我这篇文章里感到寒意,认为是吹冷风,其实细细看去,我在这个温度问题上是用过心思的。比如我起初想引用李清照的'乍暖还寒'一语,后来一想,这句词,基本上是寒,暖是虚的。因此,我不直引,改了一字,写成'乍暖

---

[1] 费孝通:《"早春"前后》,《往事重重》,辽宁教育出版社1998年3月第1版,第260页。

乍寒',一字之改,提高暖的地位。当时,我嘴上也屡次念到'满园春色关不住'的句子,念来念去总觉得还是用不上。"[1]

费孝通写就初稿,是在1957年2月中旬。他不急于发表,反复琢磨、修改,又复写几份送朋友,征求意见。到2月末,费孝通正想发稿,有朋友对他说:"天气不对,你还是等一等,这样放出去,恐怕不妥当。"

这位朋友的担心,来自他听到的一个传达文艺方针的报告,说是毛泽东批评了王蒙的小说《组织部新来的年轻人》,赞成陈其通等人的文章。这位朋友因此认为"形势是要收了"。

费孝通把这话转述给潘光旦,潘光旦感到奇怪,因为他也听到有人说起毛泽东的一次谈话,内容不是收,而是放。

潘光旦听到的是合乎事实的,但在当时,他和费孝通都被相反的消息弄得有点糊涂。

那位觉得"天气不对"的朋友说到的陈其通等人的文章,应指《我们对目前文艺工作的几点意见》一文[2]。这篇文章对1956年正式提出的"百花齐放,百家争鸣"方针表示忧虑。毛泽东看到了这篇文章,认为陈其通等人意见不对。

据朱正所著《1957年的夏季:从百家争鸣到两家争鸣》一书记载:"在1957年1月下旬开的省市自治区党委书记会议上,毛泽东让印发了这篇文章。他说,陈其通等四同志对文艺工作的意见不好,只能放香花,不能放毒草。我们的意见是只有反革命的花不能让它放。要用革命的面貌放,就得让它放。也许这四位同志是好心,忠心耿耿,为党为国,但意见是不对的。一些地方在传达毛泽东这些讲话的时候,只转述

---

[1] 费孝通:《"早春"前后》,《往事重重》,辽宁教育出版社1998年3月第1版,第261页。
[2] 该文发表于1957年1月7日《人民日报》,署名陈其通、马寒冰、陈亚丁、鲁勒。陈其通时任中国人民解放军总政治部文化部副部长,其余三人都是该部干部。"百花齐放,百家争鸣"的方针于1956年公开提出后,在文艺界引起的第一个较大反应,被认为是王蒙的小说《组织部新来的年轻人》。小说主题是青年人反对官僚主义,在1956年9月号《人民文学》杂志发表后,引起广泛强烈反响。有人热烈称道,也有人严厉指责。有的文章认为这篇小说歪曲社会现实,把党的组织、人员和工作写得一片黑暗。《我们对目前文艺工作的几点意见》一文认为这种创作现象具有普遍性,认为"真正反映当前重大政治斗争的主题有些作家不敢写了,也很少有人再提倡了,大量的家务事、儿女情、惊险故事等等,代替了描写翻天覆地的社会变革、惊天动地的解放斗争、令人尊敬和效法的英雄人物的足以教育人民和鼓舞人心的小说、戏剧、诗歌,因此,使文学艺术的战斗性减弱了,时代的面貌模糊了,时代的声音低沉了,社会主义建设的光辉在文学艺术这面镜子里光彩暗淡了。甚至使有些小品文失去了方向,在有些刊物上反映社会主义建设的光辉灿烂的这个方向的作品逐渐少起来了。充满着不满和失望的讽刺文章多起来了"。

了他说陈其通等人忠心耿耿为党为国这些话,却没有说他表示了不赞成的态度。这样就似乎是毛泽东表扬了陈其通等人了。"[1]

毛泽东察知了此事。1957年3月12日,他为中国共产党全国宣传工作会议准备讲话提纲。其中第七个问题是"放"还是"收"。毛泽东专门写道:"各省传错了对四人文章的批评问题。"[2]

毛泽东断定"传错了"的范围是"各省",比朱正说的"一些地方"要大得多。

既然"各省"都"传错了",毛泽东要在这次讲话中明确表态。

他在同一提纲中写道:"'放',有百利而无一害;'收'是错误的。……两个方法(政策)领导中国,还[是]'放'的方法好,不要怕'放',不要怕批评,不要怕乱,不要怕牛鬼蛇神,不要怕毒草,我们将[在]百花齐放、百家争鸣中发展真理,少犯错误,将一个落后的中国变为一个先进的中国。"[3]

这篇讲话提纲中,毛泽东为当时的中国知识分子做了定量估计和定性分析,认为"我国知识分子大约有五百万,除了少数人对社会主义制度抱有敌对情绪,认为社会主义没有[优]越性、会失败,希望回复到资本主义时代去的以外,都是爱国主义者,都是拥护社会主义的"[4]。

在这个前提下,毛泽东还有一句话,对费孝通这样的爱国知识分子有明显感召作用——"诚心为人民服务,立志改革的人,应当能写敢写。"[5]

费孝通在这句话中看到了自己,诚心为人民服务,立志改革,能写,敢写。从《江村经济》到《知识分子的早春天气》,白纸黑字,都是证明。

## (三)

1957年3月12日,毛泽东在中国共产党全国宣传工作会议上讲

---

[1] 朱正:《1957年的夏季:从百家争鸣到两家争鸣》,河南人民出版社1998年5月第1版,第14页。
[2] 毛泽东:《在宣传会议上讲话(提纲)》,《建国以来毛泽东文稿》第六册,中央文献出版社1992年1月第1版,第376页。
[3] 同上书,第376页。
[4] 同上书,第374页。
[5] 同上书,第376页。

话。他说:"'放、'还是'收'?这是个方针问题。百花齐放,百家争鸣,这是一个基本性的同时也是长期性的方针,不是一个暂时性的方针。同志们在讨论中间是不赞成收的,我看这个意见很对。党中央的意见就是不能收,只能放。""我们准备用这个放的方针来团结几百万知识分子,……我们主张放的方针,现在还是放得不够,不是放得过多。"[1]

毛泽东这次党内讲话,整理稿当时没有公开发表[2]。当时,费孝通已把《知识分子的早春天气》送到报社。他应该不知道毛泽东就要反复申明"放"的主张。当时在"收""放"问题上有不同传言。判断形势是"收"、让他"还是等一等"的朋友,等于给他吹了一阵冷风。

费孝通说:"虽然这阵冷风是没有根据的,是阵空谷来的风,但却吹冻了我的'早春'。毛主席在最高国务会议扩大会议上讲话的那天上午,我把'早春'送出去了。那天因为有外宾来参观,要我招待,我又不知道毛主席要讲话,所以没有进城开会。晚上潘光旦先生听了讲话回来,兴冲冲地来找我,揭开了谜底。下一天一早起来拿出底稿,把后半篇重写了一道。从修正稿送去,到文章见报,又是两个多星期。……当这篇收收放放的'早春'出世,早春确是已过了时了。"[3]

潘光旦亲耳听到而费孝通不在现场的"讲话",是毛泽东在最高国务会议第十一次(扩大)会议上的讲话,时间是1957年2月27日,题目是"如何处理人民内部的矛盾"。

毛泽东为这次讲话准备的提纲上,第八个问题是"百花齐放,百家争鸣,长期共存,互相监督",其中写有陈其通、马寒冰等四人名字。他在这些名字下写道:"历史上的香花在开始几乎均被认[为]毒草,而毒草却长期[被]认为香花。香毒难分。"[4]

---

[1] 毛泽东:《在中国共产党全国宣传工作会议上的讲话》,《建国以来毛泽东文稿》第六册,中央文献出版社1992年1月第1版,第391页、392—393页。
[2] 1964年6月,人民出版社出版《毛泽东著作选读》甲种本,这篇讲话整理稿经毛泽东修改后编入。这是该讲话第一次公开发表。后编入人民出版社1977年4月出版的《毛泽东选集》第五卷。
[3] 费孝通:《"早春"前后》,《往事重重》,辽宁教育出版社1998年3月第1版,第262页。
[4] 毛泽东:《如何处理人民内部矛盾(讲话提纲)》,《建国以来毛泽东文稿》第六册,中央文献出版社1992年1月第1版,第312页。

朱正说："毛泽东在两次讲话中都批评了陈其通等四人的文章。"[1]由此可以推知，潘光旦向费孝通揭开的谜底应该是：毛泽东对陈其通等人文章的态度不是赞成而是批评；毛泽东对"收""放"问题的主张不是"收"而是"放"。

1957年3月24日，《人民日报》发表了费孝通的《知识分子的早春天气》一文。该文前半篇主要写"春"，后半篇主要写"早"。前半篇主要描述"乍暖"，后半篇主要体现"乍寒"。感觉到了光明和温暖，却没有因此头脑发热。给人以信心和希望的同时，提出了需要进一步思考的问题。生动传神地表达出了知识分子的真实心态，笔调平实，生动，内敛。在客观上有助于执政党理解和团结知识分子，同时有助于知识分子得到应得的信任，在写作心态上又表现得从容，坦诚，不卑不亢。通篇对知识分子所喜所忧、所愿所虑的表达如叙家常。结尾处一连串十个问号，足以让人警醒和深思，是典型的费式发问。

这篇文章说出了众多知识分子的心里话，引发广泛共鸣。据说当天《人民日报》成了抢手货。费孝通的长兄费振东接到朋友"稀有金属"的电话说：你弟弟这篇文章要传世的。

费孝通在调查中接触到很多知识分子，乐意交心谈话。他观察到，从知识分子方面看，他们对争鸣还有所顾虑，心里虽热，嘴上却紧，最好是别人多说，自己多听。顾虑的原因，有政治上的，怕是个圈套，鸣放过后又挨整。有业务上的，怕说外行话，出丑。从领导知识分子工作的人来看，还不能说对于"百家争鸣"的方针都搞通了。有些知识分子表示，中央的方针当然是正确的，但是我们这里还没有条件。

被他人鼓励要积极鸣放的知识分子还有顾虑，负责鼓励知识分子参加鸣放的人也不够热心。费孝通实事求是地说，虽然已经入春，但还是早春天气。知识分子的生气正在冒头，但还有一点腼腆，自信心还不那么强，顾虑似乎不少。早春天气，未免乍暖乍寒，原是最难将息的时节。

写到这里，他引用了一句古诗"草色遥看近却无"，认为这本是早春天气应有的风光。同时，这也是费孝通主张揭盖子、认为"迟揭不如

---

[1] 朱正：《1957年的夏季：从百家争鸣到两家争鸣》，河南人民出版社1998年5月第1版，第33页。毛泽东的"两次讲话"指在最高国务会议第十一次（扩大）会议上的讲话（1957年2月27日）和在中国共产党全国宣传工作会议上的讲话（1957年3月12日）。

早揭,小揭不如大揭,揭开比了冲开为妙"的原因。他期待知识分子的天气从早春顺利地过渡到仲春,真正暖和起来。

对当时知识分子工作局面的判断,对下一段应有局面的想法,费孝通和周恩来、毛泽东等人在这个时期先后表达的判断和想法比较接近。由于身份不同,角度不同,费孝通说得委婉,周恩来、毛泽东则讲得明确乃至尖锐。

1956年1月,周恩来在中共中央一次会议上很明确地批评说:"我们目前对于知识分子的使用和待遇中的某些不合理现象,特别是一部分同志对于党外知识分子的某些宗派主义情绪,更在相当程度上妨碍了知识分子现有力量的充分发挥。……目前在知识分子问题上的主要倾向是宗派主义,……低估了知识界在政治上和业务上的巨大进步,低估了他们在我国社会主义事业中的重大作用,不认识他们是工人阶级的一部分,……对一部分知识分子信任和支持不够,……有的同志对于党外知识分子甚至采取敬而远之的态度。这样,彼此缺乏了解,也就容易形成隔膜。"[1]

1957年3月6日,中宣部办公室印发《有关思想工作的一些问题的汇集》,提供参加全国宣传工作会议者参考,共编入三十三个问题。毛泽东审阅时做了二十二条批注,都值得玩味。

对于"科学家(特别是自然科学家)中认为党不能领导科学工作的人不少。他们还认为党的领导对科学的发展没有好处",毛泽东批注:"有一半对。"[2]

对于"不少科学家认为,如果工作条件没有很好解决,就拿不出什么科学成果,因此'百家争鸣'对他们的实惠不大",毛泽东批注:"他们是有些理由的。"[3]

对于"有人说提倡百家争鸣和独立思考,对学习马克思列宁主义是有妨碍的。……有人说,'经典著作是不许怀疑的'",毛泽东批注:"不

---

[1] 中共中央统一战线工作部 中共中央文献研究室编:《周恩来统一战线文选》,人民出版社1984年12月第1版,第276—286页。
[2] 毛泽东:《在中宣部印发的〈有关思想工作的一些问题的汇集〉上的批注》,《建国以来毛泽东文稿》第六册,中央文献出版社1992年1月第1版,第406页。
[3] 同上书,第407页。

许怀疑吗？"[1]

对于"党的政策是否允许怀疑？对党的政策的怀疑的意见是否允许争论？"毛泽东批注："为什么不允许争论呢？"[2]

1957年5月16日，毛泽东写了一份"指示"，即《中央关于对待当前党外人士批评的指示》，提醒"各省委、直属市委、自治区党委，各中央直属部委首长、各国家机关和人民团体的负责同志"注意，"从揭露出来的事实看来，不正确地甚至是完全不合理地对党外人士发号施令，完全不信任和不尊重党外人士，以致造成深沟、高墙，不讲真话，没有友情，隔阂得很。党员评级评薪和提拔等事均有特权，党员高一等，党外低一等。党员盛气凌人，非党员做小媳妇。学校我党干部教员助教讲师教授资历低，学问少，不向资历高学问多的教员教授诚恳学习，反而向他们摆架子。以上情况，虽非全部，但甚普遍。这种情况，必须完全搬［扳］过来，而且越快越好。无论文教界和其他方面，凡态度十分恶劣，已为多数群众所不信任的同志应当迅速调动工作，以党外资历深信誉好的人员充任，或以胜任的党员充任，以利团结党内外，改进工作。"[3]

毛泽东、周恩来的上述讲话和批注，说明他们当时对党内"甚普遍"、不利于知识分子工作的状态有相当了解。至于一些"恶劣"言行对广大知识分子的心理造成了怎样的伤害，产生的不良影响程度如何，则还欠缺较为充分的"对人民实际情况的系统反映"[4]。

周恩来在1956年初《关于知识分子问题的报告》，陆定一在1956年中《百花齐放，百家争鸣》的报告，都在知识分子当中引起了相当积极和热烈的反响。对此，中共高层很关心，但由于有"深沟、高墙，不讲真话，没有友情，隔阂得很"，他们大概只能从人之常情的角度去推知，而难于从真实调查的渠道确知。

在这种情况下，费孝通以细致深入的实地调查和长期思考为基础，

---

[1] 毛泽东：《在中宣部印发的〈有关思想工作的一些问题的汇集〉上的批注》，《建国以来毛泽东文稿》第六册，中央文献出版社1992年1月第1版，第411页。
[2] 同上。
[3] 毛泽东：《中央关于对待当前党外人士批评的指示》，《建国以来毛泽东文稿》第六册，中央文献出版社1992年1月第1版，第477—478页。
[4] 费孝通：《江村经济》，江苏人民出版社1986年10月第1版，第3页。

写出《知识分子的早春天气》，对于填埋"深沟"，拆除"高墙"，讲真话，增友情，消隔阂，促成广大知识分子中蕴藏的知识能量在国家建设中充分释放的社会条件，都具有高度建设性。

这篇文章在引发知识分子普遍共鸣的同时，也引起中共高层的高度关注。

费孝通这篇文章发表整一个月时，周恩来在1957年4月24日召开的中共浙江省委扩大会议上讲话说："各民主党派联系群众的方面不同，可以听到一些不同意见，对中国革命和建设是有利的。……如民盟，它在知识分子圈里可以听到更多的意见。有一次我来杭州，回去时在飞机上看了费孝通先生的一篇文章《知识分子的早春天气》，把知识分子心灵深处的一些想法都说出来了。共产党内也有不少能写文章的知识分子，但这样的文章我看是写不出来的，就是有这种想法也是不写的。……我也有一些党外朋友，而且过去很熟，我总希望通过他们知道一些不同意见。可是他们到了我面前，就是愿意说，也要保留几分。因为他们知道我是共产党的负责人，说话总不免要考虑考虑。甚至我的弟弟，他的心里话也不都跟我说。"[1]

被周恩来称许的这篇文章，后来也被毛泽东称赞。费孝通后来听人告诉他，毛主席的一个说法是：这篇文章写得好，是反面的好。

历史在此后突然出现曲折。这篇文章为费孝通埋下了祸根。几个月后，这成了他"反党反社会主义"的"罪证"之一。

## （四）

起草《知识分子的早春天气》前几天，费孝通在写另一篇文章，题目是《关于社会学，说几句话》。该文2月12日完稿，发表于1957年2月20日《文汇报》。

这"几句话"，是费孝通为恢复社会学的学科地位付出的努力，是发生在1957年中国知识界、学术界的一个重要事件。几个月之后，费孝

---

[1] 中共中央统一战线工作部 中共中央文献研究室编：《周恩来统一战线文选》，人民出版社1984年12月第1版，第349页。

通招致急风暴雨式的政治批判,这"几句话"也是标靶之一。

据说,当年"社会学被取消的一个最通常的理由是,历史唯物主义可以代替社会学,二者研究对象相同,有了历史唯物主义,可以不要社会学了"。[1]流传过的一个相关说法是,列宁就持这个观点,苏联因此不要社会学了。中国取消社会学是向苏联学习的结果。

类似说法也见于其他文献。1956年6月9日,民盟中央向中共中央提出《对于有关我国科学体制问题的几点意见》,其中说:"某些学科解放后竟被废除,或不成为独立科学。过去研究社会学、政治学和法律学的人很多转业了。过去很多课程因为苏联没有就取消了……"[2]

《社会人类学与中国研究》一书述及"五十年代后,中国人类学和社会学、民族学、政治学、法律学、宗教学一样,被视作资产阶级学科"的原因,也提到"苏联学科划分的影响"[3]。

《苏联大百科全书》第三版第二十四卷第一册"社会学"辞条下,有列宁谈唯物史观和社会学的关系的观点,却读不出"代替"的意思。

该辞条说:"列宁把唯物史观称为……'社会科学的同义词……',并且指出:'这个假设……第一次使科学的社会学的出现成为可能。"[4]

从该辞条还可得知,苏联不仅没有取消社会学,恰恰是中国取消了社会学之后,"苏联和其他社会主义国家社会学的迅速发展开始于20世纪50年代,特别是60年代"。[5]

有趣的是,时隔数年,中国学术界又提起社会学学科地位的话题,又是和苏联有关。

1957年1月号《新建设》月刊,发表吴景超的署名文章《社会学在新中国还有地位吗?》。这篇文章包含一些已经久违的社会学信息,也出现了重提社会学学科地位的呼声——

"1956年10月19日的《真理报》上,登载了一篇苏联科学院通讯院

---

[1] 韩明谟:《中国社会学史》,天津人民出版社1987年12月第1版,第173页。
[2] 民盟中央文史委员会编:《中国民主同盟历史文献(1949—1988)》(上卷),文物出版社1991年3月第1版,第515页。
[3] 王铭铭:《社会人类学与中国研究》,生活·读书·新知三联书店1997年6月第1版,第238页。
[4] [法]弗朗索瓦·布里科、[美]默里·L.韦克斯等著,王祖望、魏章玲等编译:《社会学的由来与发展——各国百科全书社会学条目释文集》,商务印书馆1987年10月第1版,第214页。
[5] 同上。

士费多塞也夫所写的一篇文章，报导关于国际社会学会第三次会议的情况。这次会议，有57个国家的500个代表参加，其中也包括苏联及东欧人民民主国家的代表。文章除叙述了在会议中马克思主义者与非马克思主义者的思想斗争以外，在文章的末尾，特别指出一点，就是西方国家的社会学者，发表了大量的关于劳动、文化、生活、家庭、道德、都市与乡村等问题的文献，但是这些材料，在苏联及人民民主国家中，没有受到足够的重视。……我想到中国的社会学往何处去的问题。……在百家争鸣的时代，我认为在我国……还有设立社会学一门课程的必要。"

吴景超这篇文章，是社会学在中国大陆被取消后公开谈论恢复这门学科较早的声音。这是"百花齐放，百家争鸣"方针在社会科学方面取得的一个重要成果，是要求尊重科学的呼声在政治压力稍缓时候的反弹。

1957年2月12日，费孝通在《文汇报》发表《为社会学说几句话》一文，不再从学科角度考虑，而是从研究社会问题需要的角度发言。

他说："关于社会学，我原本不想发表什么意见的。这个问题我很久已经不再去想它了。最近吴景超先生在《新建设》上把社会学的地位问题提了出来，引起了不少人的注意。《文汇报》记者要我说几句话。……这时候把社会学的地位问题提出来研究一下好不好呢？我觉得是好的，也是有必要的。我倒并不是因为苏联派代表团出席了国际社会学会，《新时代》杂志上又提出了中国没有代表出席的话，才觉得我们该考虑一下在各大学里取消社会学系是否做得对，现在应当不应当恢复的问题。我是不很赞成这种态度的。我并不想再去讨论几年前大学里取消社会学系是否是正确的。我也并不想在社会学这个名词上来做文章。我觉得应当从当前社会主义改造和社会主义建设的需要上来提出这个问题。"[1]

"苏联有社会学我们就该有社会学"这样的逻辑，与"苏联没有社会学我们也不该有社会学"是一样地没有道理。费孝通愿意出面说话，不是讨要一个社会学名分，而是列举国家建设现实当中那些需要借助社会学知识去解决的实际问题。他提出一些有关政治、文化、行政、家庭、人口等领域的现实问题，说明需要切实研究。

---

[1] 费孝通：《为社会学说几句话》，《费孝通选集》，天津人民出版社1988年5月第1版，第8—9页。

费孝通说:"我最近调查了一些党和非党的共事合作关系,我意识到这里有一门很复杂的学问,那就是怎样建立起社会主义社会里的人民内部的政治关系。……我这两年来又调查过关于知识分子问题,其中有一方面是属于知识分子思想的变化,……尽管没有进入学府来进行研究,在党派和政府机关里是有调查研究的。但是还有些人和人关系的研究却落了空。比如两性关系罢。这是存在于人和人之间一种很重要的关系,但是认真地作为一种社会生活的重要部门来加以调查研究却就很少了。现在不论是哪个地方,恋爱问题、婚姻问题、夫妇问题、养老问题、儿童问题等都有一大堆而且大家总是觉得最头痛,甚至不知道怎样处理才妥当的。"[1]

在社会主义概念上关注这些问题,费孝通的善意提示,接通了社会制度优越性的话题。不采取科学态度,不做实事求是的调查研究,问题丛生,会使人们欠缺安全感,难以体现和感受社会主义制度的优越性。

费孝通说:"我不想罗列出一大堆问题来,只是想指出这类问题是会跟着社会发展不断出现的,并不会太平无事的。对于这些问题用科学方法来调查研究比闭了眼睛说没有问题对我们有利。如果我这样说法是对的,自然要问,谁来研究,由党派和政府的干部拿出一部分力量来研究好呢,还是搞一批人出来专门做这些工作好呢?我想是专业来搞应当好些。搞得出一套学问来么?我认为是可以的。这些都是客观存在的事物,它的变化是有一定道理的,分析得出一些道理来,不就是学问么?至于这些科学称什么名称,那倒无关宏旨。如果大家觉得社会学三个字不讨厌,用这三个字也要得。如果很多人看了不舒服,想出个顺眼些的名字来,当然也好。"[2]

"也许现在还有些人怀疑这些是否够得上称什么学,我想也不必在这个字上引起争执。如果大家承认这些问题有必要系统地调查一番,那就第一步先搞调查,称作'社会调查'也可以。我想反对'社会调查'的人理由是不会太多的。"[3]

费孝通这篇文章篇幅不长,心平气和,缓缓说理。在当时情况下,

---

[1] 费孝通:《为社会学说几句话》,《费孝通选集》,天津人民出版社1988年5月第1版,第10—11页。
[2] 同上书,第11—12页。
[3] 费孝通:《为社会学说几句话》,《费孝通选集》,天津人民出版社1988年5月第1版,第12页。

这篇文章的建设性和策略性相当难得。只因后来形势急转直下，这番良苦用心被视为"费孝通、吴景超之流所要恢复的是反动透顶的资产阶级的社会学"[1]。

1957年3月6日至13日，中国共产党全国宣传工作会议在北京召开。出席这次会议的党内外思想文化工作者有800人左右。费孝通应邀出席这次会议，并就"社会问题还应研究"的有关想法做了发言。3月12日，毛泽东在这次会议闭幕前发表讲话说："情况是在不断地变化，要使自己的思想适应新的情况，就得学习。……要接受新事物，要研究新问题。"[2]

毛泽东说"研究新问题"，费孝通说"社会问题还应研究"，在思路上应是一致的。

这次会议开过不久，中宣部受命开始进行推动恢复社会学的工作，组织成立了"社会学工作筹备委员会"。此时，费孝通暂时离京，到家乡去做"重访江村"实地调查。到他6月初回到北京时，恢复社会学的筹备工作已有相当进展。这可以从"社会学工作筹备委员会第一次会议"的一份纪要上得到具体印证。[3]

这份纪要中，筹备成立中国社会学会、社会学研究机构和社会学系、配备研究人员、经费、编制、长远计划、调查课题、教学计划、学生出路等，都在议程中。

这份纪要的成文时间（1957年6月9日），距费孝通发表《关于社会学，说几句话》的文章仅隔五个月。不到半年，恢复社会学一事，从一介书生、几句议论进入中共中央议程，形成了中国科学院专人专款支持下的具体筹备工作，也列出一些即将展开的社会学调查课题，局面确实发生了很大变化。

应该说，这是"百花齐放，百家争鸣"方针在学术界取得的一个积极成果，是毛泽东几个月前在最高国务会议第十一次（扩大）会议上讲话时表示希望看到的变化。

---

[1] 科学出版社编辑部编：《反对资产阶级社会科学复辟》，科学出版社1958年1月第1版，第32页。
[2] 毛泽东：《在中国共产党全国宣传工作会议上的讲话》，《建国以来毛泽东文稿》第六册，中央文献出版社1992年1月第1版，第382—383页。
[3] 这份纪要全文见科学出版社1958年1月出版的《反对资产阶级社会科学复辟》第二辑"附录"。

三　院系调整与知识分子调查

# 四　重访江村与科学体制

## （一）

1936年8月，费孝通结束初次江村调查时，留有遗憾。"要在有限定的时间中完成一个社区的研究是件极为难的事，很容易刚摸着头路，而已没有机会继续下去深入探讨。"[1]

此后二十年里，抗战、内战，政权更替，土改，"三反"，批《武训传》，知识分子改造，院系调整，批俞平伯，批胡适，批胡风……一直处在剧烈的社会变动和政治运动中。再访江村、弥补遗憾的机会，不知在何时，似乎渺茫。

1956年初，悉尼大学人类学系主任葛迪斯（W. R. Geddes）随团访华。他是费孝通伦敦政治经济学院的后学校友，了解费孝通的学术成就，教授人类学课程一直在使用《江村经济》。他"经常在想，那里的人民后来怎样了？是不是在废墟上又建起了一个新的农村？"。[2]

葛迪斯在北京见到周恩来时，表示希望访问江村。周恩来答应了他。

这次会见，费孝通也在场。其后，费孝通和葛迪斯有过深谈，"在整整一个下午的深入讨论中"，葛迪斯说，费孝通"兴高采烈，深信不疑地为共产党对中国民族问题的正确处理方法辩护，并且热情歌颂当前社会制度的优越性。……在他看来，我是一个唯心主义的，自相矛盾的典型的资产阶级知识分子。从某些方面讲，那天下午对我来说，是一个不愉快的下午，特别是周围的气氛充满了受过灌输的一批人的千篇一律的思想，但是我毫不怀疑费孝通的真诚。固然，对各项具体政策，他可

---

[1] 费孝通：《江村通讯》，《费孝通文集》第1卷，群言出版社1999年10月第1版，第389页。
[2] ［澳］葛迪斯著，戴可景译：《共产党领导下的中国农民生活》，费孝通著，戴可景译：《江村经济》，江苏人民出版社1986年10月第1版，第272页。

能是一个活跃的批评家，然而他坚定地赞同并支持中国规模宏大的发展计划赖以制定的那种哲学基础"。[1]

5月12日，葛迪斯实现了访问江村的夙愿。据说，他"是第一个到这个村子来访问的欧洲人"[2]。

葛迪斯利用这次调查机会写出了研究报告《共产党领导下的中国农民生活》。这是费孝通江村调查后二十年里人类学界描述这个村庄历史变化的第一部著作。

葛迪斯认为，类似《江村经济》这样的研究成果，"作为知识界的一个里程碑，它的地位只有当它被用作进一步调查研究的起点时才能充分体现出来"[3]。

这是在强调追踪调查、对比研究的重要性。这说明，在葛迪斯看来，一项社会人类学的研究成果，既在于它作为既定社区社会生活的一个切片，提供观察了解途径，更在于它作为一个变迁过程的初始记录，为后续研究提供参照。

葛迪斯论证他的这个观点说："在社会人类学形成时期所做的许多研究，其资料犹如分散的岛屿一般，彼此是孤立的。这些研究之所以有价值，是因为它们提供了人类社会的各种实例，人们可以把这些实例作为基础来研究社会的一般理论。但是，如果研究都是孤立的，那么，对社会过程的了解无论是从实际知识的角度或从科学分析的角度来说，其作用都是有限的。有关具体地区的一些资料很快就会过时，它们只能提供关于变迁的可能性和原因方面的一些推测。因为每一具体地区的资料只能描述某一个时期的情况。然而，如果后来，同一个作者或其他作者，在过去研究的基础上能继续以同样的精确性对同一个社会进行描述，情况就会大不相同。从不同阶段的比较就能得出关于社会过程的有效的成果，其价值也就会超过各个孤立的研究。"[4]

葛迪斯表达学术洞见的同时，也在实践自己的主张，并在其学术实

---

[1] [澳]葛迪斯著，戴可景译：《共产党领导下的中国农民生活》，费孝通著，戴可景译：《江村经济》，江苏人民出版社1986年10月第1版，第271—272页。
[2] 同上书，第273页。
[3] 同上书，第268页。
[4] 同上。

四 重访江村与科学体制

践中表现出了一种可贵的科学合作精神。

在他看来,"重访江村"应该是社会人类学研究过程中迟早会发生的必然事件。这是从不同阶段社会实况的比较中观察变迁的需要,是揭示社会人类学可以成为人们认识社会、认识自身的一个有效工具的需要。再次描述一个曾经被描述过的社区生活,呈现、分析其变化,也许只是"重访"意义的一部分,更重要的意义在于,"重访"可以上升为超越具体研究题目、推动学科发展的一个普适性方法,具有方法论价值。

葛迪斯认为,"如果费孝通能亲自重新调查这个农村,那是比较理想的",但"费孝通的任务很重。虽然他对中国各地的发展情况,具有浓厚的政治兴趣,但民族学院的工作使他没有时间对少数民族地区以外的地方亲自进行深入的研究"。"自从二十年前他在那里进行调查以来,直至1956年底,费孝通没有再访问过这个村子"。[1]

出于一个人类学者自觉的合作精神,葛迪斯把自己初访江村的调查看作费孝通1936年江村调查的继续。他在《共产党领导下的中国农民生活》题目下写的副题是"对开弦弓村的再调查"。一个"再"字,体现出葛迪斯的合作精神。

葛迪斯对开弦弓村的访问,成为费孝通重访江村的契机。

1957年4月26日到5月16日,他和姐姐费达生一起重返开弦弓村,在村里住了二十天。费孝通记述进村时的情景说:

"我们的船刚进村栅,两岸已经传开了我们到达的消息。许多许多老婆婆在岸上叫着我姊姊的名字,和她打招呼。船一靠岸,都聚了拢来,握着她的手说:'我们老是想念你,你怎么老是不来呀。你瞧,我已经老成这样了,你还是那样。''不,你们也还是那样。'真像姊妹们久别重逢。有些老年人也还记得我,笑着说:'你一个人来,我们不会认识了,你发福了。'乡亲们这样亲切,使我们感动得眼睛发酸。

"拉着手不肯放。说什么好呢?问大家生活吧:'日子过得可好?'许多老婆婆抢着回答:'好是好了,就是粮食——'说到这里就有人插

---

[1] [澳]葛迪斯著,戴可景译:《共产党领导下的中国农民生活》,费孝通著,戴可景译:《江村经济》,江苏人民出版社1986年10月第1版,第269页、270—271页。

口了,'刚见面就讲这个,改天再谈吧。'接着问我们:'你们老先生可好?'"[1]

善意的乡亲岔开话题,费孝通却被"粮食"后边没有说出的话吸引住了。他熟悉家乡农民日常生活,熟悉乡亲们的语言交流方式和情绪表达习惯,包括微妙处的言传、会意。

河边看热闹的人群中,有很多孩子,也引起费孝通的注意。本该是学校上课时间,他们却聚在河边。费孝通问:"今天怎么不上学?"一位老人答:"哪里有钱念书,吃饭要紧。"即兴问答中,有当下农民生活状态的真实情况。

"粮食"后边的话被这位老人点了题,原来,这个"六百多户的村子里有不少人家感到了粮食有点紧张"[2]。

老乡们散去后,农业社的干部向费孝通证实了这一点。

"解放"已八年,所谓剥削现象已消灭,农业合作化搞得如火如荼(开弦弓村已从互助组、合作社进入到高级社阶段),水稻单产从1936年的每亩平均350斤提高到1956年的559斤,村里每家平均分得的粮食又不少,怎么会让人觉得粮食紧张呢?又怎会闹得孩子们没有钱上学?

费孝通要证实这种情况的真实性。他悄悄找到1936年在村中做调查时照顾他生活的保姆。一坐下来,费孝通就被粮食问题包围了。他需要尽量准确而详尽地弄清从1936年到1956年间的实情及过程,从中寻找粮食紧张和孩子们没钱上学的原因。

二十天的时间里,费孝通多方找人了解情况,邀集老乡讨论,在不同意见中鉴别、还原真实情况。当时拍摄的费孝通重访江村的多幅照片,缭绕着当时气氛,细看人物表情,如闻乡音。

费孝通花费大量时间和精力做调查,随他同去的几个助手也在高强度工作状态中。当时没有电灯,他们根据调查得来的数据打算盘,摇计算器,平均每晚用掉一斤灯油。在此过程中,费孝通对当时村民"粮食紧张"的缘故做出如下记录和分析:

---

[1] 费孝通:《重访江村》,费孝通著、戴可景译:《江村经济》,江苏人民出版社1986年10月第1版,第221页。
[2] 同上。

去年平均每亩粮食生产是559斤，虽则不能说很高，但是绝不能说低了。那么是不是留得少了？也不然。去年每人平均分到谷子547斤（其中有小部分是麦子和豆子），合米380多斤，应当说是够吃的。当然，够不够吃的标准原不是简单的。我们小小工作组里就有一位小伙子，他比我多吃三倍，……用这个标准计算当然不太合理，但可以说明如果大家放手吃起来，即使380多斤加一倍，一个人在一年里也满可以吃得完。

吃多少才够，一方面是营养问题，一方面也是习惯问题。习惯不同，各地认为足够的标准多少可以有些差别。因此，我们请了几位老乡一起来评，依他们多年的时间，怎样才算吃够了。我们得到的数字是男全劳力一人一月50斤。女半劳力35斤，十岁以下儿童20斤，婴儿不算。一家开伙，老少可以搭配。以平均四口计算，一男一女两儿童，每月是125斤，一年是1500斤，和分配给每人380斤的总数恰恰相合。这样看来，即以当地公认标准来说，现在留下的粮食应当是够的，但是也应当说，要满足这样的标准，并不宽裕；必须精打细算，……如果心中有数，把紧了吃，粮食就不至于紧张，如果放松些，很容易在青黄不接时就闹饥荒了。[1]

## （二）

费孝通重访江村之前，村里乡亲在吃粮问题上确实是放松了，所以出现"村子里有不少人家感到了粮食有点紧张"的情况。

中国农民一向克勤克俭，遵循老辈传下来的习惯，当地吃粮本不成问题。1950年代中期，中国农村合作化高潮涌进江村，影响所致，也有了浮夸风的苗头。1956年，高级社成立，费孝通说："农民们从田里回家谁都怀着兴奋的情绪，'亩产700斤没问题'，接下去的口头禅是'一天三顿干饭，吃到社会主义'。你想，如果一亩田真是一年收到700斤谷

---

[1] 费孝通：《重访江村》，费孝通著，戴可景译：《江村经济》，江苏人民出版社1986年10月第1版，第237—238页。

子,每家2000多斤的米是有把握的。放手吃吧。"[1]

谁知天不遂人愿,8月里,一场台风吹走了亩产700斤的预期收成,带来口粮紧张的后顾之忧。好在附近有些村子没有闹粮荒,有余粮可以调剂。可是,人家的粮食不能白送,要用钱买。这样一来,缺粮问题带出了另一个问题:缺钱。

农业里出的问题连带着副业出的问题。

费孝通1936年初访江村时就明白,村里农民种田,只是图个口粮,其他日常用度全靠副业。换句话说,吃饭靠种田,花钱靠副业。当时费孝通做过比较细致的估算,1936年前后,村民每年总收入中,四成半左右来自副业收入。

江村地处水乡,是历史上有名的生丝出产地,传统副业主要是养蚕、缫丝,家家户户都得了蚕桑之利。1930年代中期,村中所产蚕茧可供一个小型丝厂所需原料。后来由于多种原因,桑叶供应量减少,导致蚕桑业衰落。

据费孝通抽样调查,1936年,村中132户人家要养650张以上的蚕种。1956年,同样户数只养了130多张蚕种,相当于当年数量的两成。养蚕数量明显减少,从蚕桑中取得的副业收入自然也大为减少。这还只是养蚕。

过去江村的蚕农都有自家缫丝的本领和设备,都是要把蚕茧缫了丝才出卖,以获得缫丝过程中的利益。到费孝通重访江村的时候,蚕农已经不缫丝了,只是靠卖蚕茧换钱,这就又减少一层收入。

乡亲们为什么不缫丝了?

当年,费孝通的姐姐费达生在村里帮助农民办起来的合作丝厂,对增加村民收入发生了实际效果。当时,进这个厂的有八十多个村民,每月固定拿工资。还有许多临时和零星工作,老人也可参加,零散的劳动力因此生钱,农民多了收入。

这样的小工业一边出产品,出利润,一边还能培养技术人才,像是一个设在村里的技术学校。当时向外输送的技工就有二十多个。他们工

---

[1] 费孝通:《重访江村》,费孝通著,戴可景译:《江村经济》,江苏人民出版社1986年10月第1版,第237—239页。

资较高，每人每年可以寄回家相当一笔收入。同时，这个厂带有股份制性质，股东可按供给原料（茧和丝）和入股资金分红，避免了商人的盘剥，又使农民得到了缫丝过程中的利润。

遗憾的是，沦陷期间，这个工厂被毁，直到费孝通重访江村，也没有得到恢复。1949年新政权成立后，苏州丝厂需要人手，仅从开弦弓村就招去四十多个工人。

村民们念念不忘过去的工厂，但是按当时的国家政策，没有在村里重建工厂的可能性。村里没有工厂，没有机器，后一辈人也就没有了学习现代缫丝技术的机会，传统的土丝技术又被淘汰，养蚕的农民只好卖蚕茧了。

见微知著，面对眼前的江村实例，费孝通提出了有关国计民生的一个普遍问题——

"这里提出的一个问题，我觉得有很重大的意义的，就是这一类在农村里，也就是在原料出产地，建立的小型轻工业工厂，在今后是不是还有出现的可能和必要？……在我们国内有许多轻工业，并不一定要集中到少数都市中去，才能提高技术的。以丝绸而论，我请教过不少专家，他们都承认，一定规模的小型丝厂，可以制出品质很高的生丝，在经济上打算，把加工业放到原料生产地，有着很多便宜。不但如此，这种小型工厂还是促进农村技术改革的动力，许多屑物都是最好的原料，工农业在技术改进上都可以联系得起来。何况工业过分集中到城市里去，社会上已经出现了许多不易解决的问题，人口不必要的集中是有害无利。当然，我从来就没有主张过把所有工业都分散到乡村里去。但是我至今还愿意肯定有些加工工业是可以分散，而且分散了，经济和技术上都有好处。丝厂只是一个例子。[1]

"我提出这个主张和当前的趋势是不合的。至少过去这几年，似乎是农业社只搞农业，所有加工性质的生产活动，都要交到其他系统的部门，集中到城镇里去做。甚至像砻糠加工这样的事都不准在农业社里进行。……我希望在农业社经营范围这个基本问题上，是否可以放开来争

---

[1] 费孝通：《重访江村》，费孝通著，戴可景译：《江村经济》，江苏人民出版社1986年10月第1版，第237、226—227页。

鸣一下，多从实际研究研究，农业和工业之间究竟怎样配合联系，才最有利于我们在这个人多地少的具体情况中发展社会主义？如果领导部门觉得这种建议值得在实践里试验一下，在开弦弓恢复这个合作丝厂，我相信群众的积极性是一定很高的，而且我也愿意鼓励我的姊姊和一些专家们一起来提出具体方案的。"[1]

1929年，开弦弓村丝厂创办之后，曾被关注中国工业发展趋向的国际学者称为"现代中国极有价值的试验"[2]，中国学者也确认"开弦弓丝厂是我国历史上第一个农村合作丝厂"[3]。

1957年，费孝通从改善农民生活出发，从中国生产力发展的基础需要出发，建议恢复当年那场"极有价值的试验"，并愿意提出具体方案。

对费孝通来说，这是他在1957年中就知识分子问题、恢复社会学问题公开发表文章之后的又一篇文章。熟悉费孝通1930年代后期到1940年代后期著述及影响的人，不难看出，这是他经历"思想改造"、初心不改、就民生福利和国家前途重提旧话，再次发声。

该文证实，费孝通对提高中国农民生活正途的认识，二十年前已有相当深度。他在新政权建立前夕说过的"忠实的对立面"，不是口惠，是知行合一，是真心合作，哪怕有风险。

费孝通重提"试验"，是他对"百花齐放、百家争鸣"方针负责任的响应。他相信新的历史条件可能为中国带来乐观前景，其中有知识分子经世致用、服务民众的机会。

这位著名知识分子仍然保持着建设性的批判精神。他直率地批评"国家遭受损失事小，逾越清规却事大"的苟且心理、为政之道，温和质疑当年农村政策，提示"百家争鸣不应当停于揭露矛盾，还应当讲道理，出主意"，想办法，提方案，这是对"双百方针"极为重要、迄今未得充分评价的思想贡献。

费孝通以充沛的务实精神表达观点："在我们中国，现在已经不是选择哪条道路的问题了，而是怎样更顺利的在这条大家已经选择定了的

---

[1] 费孝通：《重访江村》，费孝通著，戴可景译：《江村经济》，江苏人民出版社1986年10月第1版，第237、227—228页。
[2] 吴江丝绸工业公司编，周德华主编：《吴江丝绸志》，江苏古籍出版社1992年9月第1版，第59页。
[3] 吴江市地方志编纂委员会编：《吴江县志》，江苏科学技术出版社1994年7月第1版，第299页。

道路上前进。问题这样提出来，就要求我们去观察在这条道路上还有什么障碍，和怎样消除这些障碍。只看见障碍而不看见道路是不对的，但是只看见道路而不注意障碍也是不好的。"[1]

这段文字，费孝通写在《重访江村》第一小节，可见"忠实"，可见清醒。该文既揭露矛盾，又讲出道理，提出办法。在1957年的鸣放中，是十分富于建设性和非常温和的声音。

1957年6月1日，《人民日报》第4版报道了费孝通重访江村和"提出了有关农村建设的意见"的消息。"费孝通在开弦弓村'下马看花'"题下，有黑体字提要——"他说：这个村的农业总产量比20年前增加了60%，但副业产值低40%。要增加农民收入，光靠农业增产是不行的。"

费孝通的看法，可以在《毛泽东选集》中找到共识。1956年，毛泽东为《湘阴县解决了剩余劳动力的出路问题》写按语说，"乡村中的剩余劳动力是能够在乡村中找到出路的。……农村副业，就全国来说，一个很大的部分是为农村服务的"[2]。最为直接和明显的事实，就是有效增加农民收入。

四十多年后，"增加农民收入的有效途径"仍是中共十五届三中全会核心议题。

费孝通在1957年冒着风险提出这问题，如能被决策层及时认真考虑，善莫大焉。由于历史陡然转向，正在《新观察》连载的《重访江村》长文被迫中断。[3]作者希望消除农村发展障碍的努力，迅即淹没在反右运动中。他被指责"恶意宣传农民收入减少"，"在副业生产上大做攻击共产党的文章"，"恶毒的指责人民政府忽视了副业生产"，"反对社会主义工业化"……[4]

---

[1] 费孝通：《重访江村》，费孝通著，戴可景译：《江村经济》，江苏人民出版社1986年10月第1版，第220页。

[2] 毛泽东：《〈中国农村的社会主义高潮〉的按语》，《毛泽东选集》第五卷，人民出版社1977年4月第1版，第253—254页。

[3] 费孝通在《社会调查自白》一书第32页说："我取得领导上的准许，……又到江村去调查了一个多月。……写了《重访江村》一文，原定分三次在《新观察》发表，可是刚发表了第二篇，反右斗争开始了，这篇文章没有写完。"《费孝通文集》第七卷收入已发表的两篇《重访江村》时，把两文合为一篇，添加原文没有的小节序号，有失当年文章原貌。合并后的文末落款时间有失严谨和准确。

[4] 科学出版社编辑部编：《反对资产阶级社会科学复辟》，科学出版社1958年1月第1版，第559页。

费孝通很难理解这些颠倒黑白的事情。当时这些帽子确实扣到了他头上。

1948年，在相近问题上，费孝通说"历史并不常是合理的，但是任何历史的情境中总包含着一条合理的出路，历史能不能合理发展，是在人能不能有合理的行为。一个被视为'书生'的人，有责任把合理的方向指出来，至于能不能化为历史，那应当是政治家的事了"[1]。

1987年，在一次少有的直率交谈中，费孝通回忆当时情况说："所有的人都可以在我写过的一切东西中找出一些内容来批判。我的大多数朋友和同事都起来批判和谴责我。他们都出来抨击我。他们不得不这样做。我发现自己被孤立了。我失去了社会地位、失去了工作的意义。"[2]

## （三）

"科学体制"问题，是费孝通在1957年积极参与国是讨论的又一个题目。

当时，科学体制问题被科学界广泛关注、热烈讨论。人们讨论的热情，和他们在1956年6月13日《人民日报》上读到的《百花齐放，百家争鸣》一文有直接关系。

该文说："要使文学艺术和科学工作得到繁荣的发展，必须采取'百花齐放、百家争鸣'的政策。""在人民内部，不但有宣传唯物主义的自由，也有宣传唯心主义的自由。只要不是反革命分子，不管是宣传唯物主义或者是宣传唯心主义，都是有自由的。"

"百家争鸣"象征的学术天地，是知识分子的理想国。民盟中央主办的《争鸣》月刊邀请了一些有代表性的科学家，在1957年4月5日开座谈会。会议由千家驹和曾昭抡主持。张景钺、钱端升、李宗恩、钱学森、童第周、曾昭抡、褚圣麟、吴景超、马大猷、孙渠、陈士骅、张维、翦伯赞、费孝通、钱伟长等在会上发言（其中后六人系书面发言）。

---

[1] 费孝通：《黎民不饥不寒的小康标准》，《费孝通文集》第4卷，群言出版社1999年10月第1版，第372页。
[2] [美] 巴博德：《经历·见解·反思——费孝通教授答客问》，费孝通：《从实求知录》，北京大学出版社1998年6月第1版，第464页。

费孝通说:"我只想提出一个问题是怎样发挥许多旧社会科学工作者的力量问题。我考虑这个问题觉得关键还是在我们怎样对待旧的社会科学。这个态度问题不解决,那些过去搞过社会科学的人的力量还是发挥不出来的。""只有解决了这个问题才谈得到真正对旧的社会科学工作者进行团结改造工作。这是发展社会科学的第一步,是起码的一步。"〔1〕

6月6日,民盟中央副主席章伯钧召集民盟部分知名学者,在南河沿全国政协文化俱乐部开会,讨论时局。与会者有曾昭抡、钱伟长、费孝通、陶大镛、吴景超、黄药眠和民盟中央办公厅主任叶笃义等。李文宜说:"座谈时大家忧心忡忡,说有的学校学生要求党委退出学校,而校党委听之任之,似乎已经瘫痪,已无力控制学生了(他们不知道这是一种策略),认为民盟的教授们有责任帮助党劝阻学生不要闹事,以免发生小匈牙利事件。"〔2〕

在后来的反右运动中,这次会议被视为一个极其严重的事件,史称"六教授会议"。这个会议本意是为执政党分忧,却被诬为"向党进攻"的黑会,成了当时形势急剧转折的一个关节,甚至成了一根导火索。费孝通在此后反右高潮中成为挨批最多、最重的人物之一。

早在"六教授会议"二十天之前,毛泽东为《人民日报》写评论员文章,已做出"事情正在起变化"的判断,并考虑反右斗争的步调与时机。从此后一系列起到定调作用的文章中,可以清楚地看到被喻为"引蛇出洞"的策略。

5月15日,毛泽东为《人民日报》写《事情正在起变化》一文说:"最近这个时期,在民主党派中和高等学校中,右派表现得最坚决最猖狂。……我们还要让他们猖狂一个时期,让他们走到顶点。他们越猖狂,对于我们越有利益。人们说:怕钓鱼,或者说:诱敌深入、聚而歼之。现在大批的鱼自己浮到水面上来了,并不要钓。"〔3〕

《事情正在起变化》原来题目是《走向反面(未定稿)》,毛泽东审阅第一次清样稿时,改了题目,"在其上方加写了'内部文件,注意保

---

〔1〕 民盟中央委员会主办:《争鸣》1957年5月号,第11页、13页。原刊存民盟中央档案室。
〔2〕 北京师范大学中文系编:《纪念黄药眠》,群言出版社1992年12月第1版,第8—9页。
〔3〕 毛泽东:《事情正在起变化》,《建国以来毛泽东文稿》第六册,中央文献出版社1992年1月第1版,第474页。

存'的字样,题下加写了说明:'(此文可登党刊,但不公开发表。此文是五月中旬写的)。……6月12日,此文印发党内。毛泽东在看已经印发的这篇文章时,……在右上角'内部文件,注意保存'后加写了以下文字:'不登报纸,不让新闻记者知道,不给党内不可靠的人。大概要待半年或一年之后,才考虑在中国报纸上发表。'"[1]

5月16日,毛泽东起草《中央关于对待当前党外人士批评的指示》时又说:"最近一些天来,社会上有少数带有反共情绪的人跃跃欲试,发表一些带有煽动性的言论,……此点请你们注意,放手让他们发表,并且暂时(几个星期内)不要批驳,使右翼分子在人民面前暴露其反动面目,过一个时期再研究反驳的问题。"[2]

6月6日,即"六教授会议"当天,毛泽东起草《中央关于加紧进行整风的指示》说:"北京的情况证明,各民主党派、高等学校和许多机关中暴露出一大批反动思想和错误思想,反动分子乘机活跃,但是他们只占各单位人数的百分之几,最反动的分子不过百分之一,百分之九十几是中间派和左派。请你们注意将你们的单位人数,在运动中,按左中右标准,排一下队,使自己心中有数。暑假将届,京沪及各地大学生将回家,其中有些人将到处活动,你们应争取主动,并准备适当应付。最后请你们注意一点,在各高等学校和各机关,凡不合理的事而又现在能解决的,应当尽快解决一批,以利争取中间派,孤立右派。"[3]

朱正在《1957年的夏季:从百家争鸣到两家争鸣》一书谈到上述《中央关于加紧进行整风的指示》说:"照这个指示所表明的意图,公开转入反右派斗争,是6月15日左右之后的某一天。这一转变却是提前到来了。提前的原因,也就是6月6日这一天,发生了另外一件没有料到的事情。这一天,章伯钧邀集了民主同盟六位教授在南河沿全国政协文化俱乐部开了一个会。"[4]

---

[1] 毛泽东:《事情正在起变化》,《建国以来毛泽东文稿》第六册,中央文献出版社1992年1月第1版,第475—476页。
[2] 毛泽东:《中央关于对待当前党外人士批评的指示》,《建国以来毛泽东文稿》第六册,中央文献出版社1992年1月第1版,第478页。
[3] 毛泽东:《中央关于加紧进行整风的指示》,《建国以来毛泽东文稿》第六册,中央文献出版社1992年1月第1版,第492页。
[4] 朱正:《1957年的夏季:从百家争鸣到两家争鸣》,河南人民出版社1998年5月第1版,第492页。

这个会因此载入史册。费孝通很可能因参加此会和此前发表的《关于社会学，说几句话》《知识分子的早春天气》《重访江村》等文章成了全国最著名"右派"人物之一。

反右运动突然改变了当时的社会气氛。费孝通从此进入与前半生完全不同的时期。一夜间，他从一个有名望、有代表性、受尊敬、身兼要职的知识分子，掉进一个无从挣扎的泥潭，成了必须接受公开批判的人，在一个接一个会议上被当面痛斥。

民盟中央的会议、民盟北京市委的会议、国务院专家局的会议、中央民族学院的会议、第一届全国人民代表大会第四次会议、中国科学院哲学社会科学部召开的座谈会、中国科学院召开的社会科学界反右派斗争座谈会……

费孝通说："那是我第一次经历这样的事情。我没有这种经验。群众攻击！所有的脸都突然转过去，在一周之中！"[1]

对于费孝通，那些态度激烈、言辞尖锐、无所不用其极的批判，迫使他在狂乱喧嚣中低头。对他构成更大精神压力的，恐怕还是"所有的脸都突然转过去"。

所有批判者都说他错了，说他反动、有罪，费孝通本人也在轮番批判中陷入思想混乱。他说："所有的人都说你错了，错了，错了，你怎么能站得住？一定是有某些错误！"[2]

对于某些人的批判，费孝通当然清楚，他们的声讨不过是个人攻击。有人和费孝通在学术的长期竞争中一直落后，可以借机会把个人嫉妒转化为公众场合的言论攻击，抬高自己，释放学术上长期以来己不如人的心理压力与忌恨情绪。同时，费孝通也清楚，"某些人"之外，更多的人与他素无恩怨，没有竞争，诸如同行、同事、助手、学生，他们也在说他错了，说他反动、有罪，这使费孝通无法不去认真检讨自己有哪些罪与错。

1957年7月13日下午，在一届全国人大四次会议上，费孝通以"向人民伏罪"为题做大会发言，不得不做自我批判。在历数自己十几项

---

[1] [美] 巴博德：《经历·见解·反思——费孝通教授答客问》，费孝通：《从实求知录》，北京大学出版社1998年6月第1版，第465页。
[2] 同上。

"罪行"之后,他说:"为什么我会犯下这样大罪?……我痛恨自己的过去,我必须转变立场;我痛恨章罗联盟,我一定要和他们划清界限,一刀两断。……让我勇敢地投入这个门,走上生路,彻底改造自己,创造向人民赎罪的机会。"[1]

多年后回首前尘,费孝通承认:"这些是混乱的头脑的产物。""我真是混乱了!""确实如此,我的思想很混乱。"[2]

混乱的心境,泰山压顶般的政治帽子,几分自我反省的真诚,加上"不可抗拒的压力",费孝通从"知识分子的早春天气"里走出来,"肠一日而九回,居则忽忽若有所亡,出则不知其所往",度过1957年的严酷之夏、萧瑟之秋和凋零之冬。

"大跃进"高潮即将到来,浮夸风将吹遍中国城乡,费孝通此时陷入被迫的沉默。

1957年5月31日,费孝通曾在《"早春"前后》一文结语处说:"'早春'之后,来日方长,暂时说到这里吧。"一语成谶,"来日"之"长",是在二十多年之后。

---

[1] 费孝通:《向人民伏罪》,《人民日报》1957年7月14日第2版。发言中屡次提到的"章罗联盟",是"莫须有"之事。1986年10月24日《羊城晚报·港澳海外版》发表《"章罗联盟"是千古奇冤》一文。文章说:中国民主同盟中央举行罗隆基诞辰九十周年纪念会,著名学者千家驹在会上说:"章罗联盟"列为反党集团是"千古奇冤"。……在民盟成员中,许多人都知道章伯钧和罗隆基在许多问题上观点对立,矛盾甚深,常常争吵辩论不休。章伯钧夫人李健生在罗隆基纪念会上讲了一段罗隆基与章伯钧的故事。1957年,罗隆基正在印度访问,从报上看到"章伯钧、罗隆基结成反党联盟"的消息,感到很突然,便气呼呼地挂电话到章伯钧家中。电话是李健生接的,罗也不称呼她,径直喊道:"去把章伯钧叫来!"章伯钧来后,罗在电话中大声质问:"章伯钧,我什么时候同你结成的联盟?为何要同你联盟?请你说清楚!"见章支吾答不上来,罗说了一句"回去同你算账!",随即用力将听筒挂上。第二天,罗隆基乘飞机回到北京,即去章伯钧家找章,满面怒容。尽管李健生热情招待,端茶倒水,罗仍怒气不消。对章伯钧劈头就问:"我们一直在吵,你凭什么承认我们联盟?"两人从下午三时谈到六时,罗隆基一直不能平静下来。最后他将手杖在大腿上一折而断,对章说:"我从前没有同你联盟,今天也不同你联盟,以后永远不与你联盟!"说罢愤然而去。
[2] 民盟中央委员会主办:《争鸣》1957年5月号,刊出的费孝通文章无标题。原刊在民盟中央档案室。

# 五 "早春"之后

## （一）

1958年最后两个多月，毛泽东出京，沿河北、河南、湖北、湖南一路对农村情况做实地调查，发现费孝通在《重访江村》中就农村现状说的话没有错。毛泽东用了远比费孝通尖锐的语言描述他看到的事实。

他认为，共产党人"实际上造成了一部分无偿占有别人劳动成果的情况……怎么可以无偿占有呢？"[1]；"目前我们跟农民的关系在一些事情上存在着一种相当紧张的状态"[2]；如火如荼的大跃进是"务虚名而受实祸"，"整个说来，大家还没有能够认识、掌握和熟练地运用客观规律"[3]。毛泽东因此承认"我们中国人大概包括我在内，是个冒失鬼……我们现在吹得太大了"[4]，甚至直言不讳地表示"我就想写上去，当一点右派"[5]。

话虽如此，对于1957年的费孝通，这是后话了。1980年，费孝通的"右派"问题才得到"改正"。他没有"当一点右派"的条件。他成了著名的"大右派"，一当就是二十三年。[6]

当年被定为右派分子的数量，官方公布数字是五十多万。费孝通或是其中最受优待的一类，没有流放，没有体罚，保留教职。

---

[1] 薄一波：《若干重大决策和事件的回顾》（下卷），中共中央党校出版社1993年6月第1版，第823页。
[2] 同上书，第820页。
[3] 同上书，第813页。
[4] 同上。
[5] 同上书，第809—810页。
[6] 1959年，费孝通接受了"全国政协委员"的身份，这是一种政治地位。费孝通说："他们摘掉了我这顶右派帽子。""理论上我是恢复了名誉，但实际上没有改变。这时我被称为'摘帽右派'。所以事实上我仍是一个右派分子。""'摘帽右派'成为像我这样的人的特殊称号，我们还是被当作右派分子对待，被剥夺许多权利，被当作一类特殊的人对待。"

他说:"我降到了最低一级的教授,我继续领足以维持我一家生活的工资。这种处境也提供某种闲暇,在头脑安静的时候我有时间读书。如果我能全神贯注地读些书这并不太坏,但那对我不容易做到。这样的处境有好几年,然后似乎是过去了。我继续到各处去旅行,总是某个小组的成员,从不独自行动。同我一起到各处去的人也有右派,如潘光旦先生。那种生活还不错。我们还有某种社会生活。在我们的小圈子里,潘光旦、吴文藻等人,几乎就是那几个划了右派的社会学者。"[1]

费孝通说"我不容易做到",是有其恩师潘光旦做对比。费孝通因"落入陷阱"被幻灭感困扰的岁月里,"潘光旦读完了全部二十四史,摘录他所能发现的任何关于少数民族的内容。他把资料抄在卡片上"[2]。

逆境中,费孝通没有像潘光旦那般安之若素,专心读书。他说:"当然。我可以看书!但是没有新出版的人类学和社会学的书。我读历史书和翻译老书。我的智识不可能有大的进步。相反,我内心十分混乱。我缺乏自信。那是我思想的真实状态。最后我只有放弃希望,没有奋斗的目标。我不相信自己。我不相信自己还能做什么事。""我不能忍受回顾,也没有未来。没有未来,又不想回顾,而还活着,那真是太坏了。然后来了'文化大革命'。那是严重的。那是真的灾难","这一切像是命运注定的,因为我既不明白为什么会发生这样的事情,也不知道会怎样发展下去"。[3]

费孝通住在中央民族学院教师宿舍,和潘光旦比邻而居。1966年9月1日,费孝通和潘光旦、吴文藻等知名教授都被拉到了院子里,接受"革命群众"的批斗。一周前,8月24日,费孝通已被红卫兵"揪了出来",并被迫开始进行"劳改"。8月27日,红卫兵勒令费孝通的妻子孟吟回乡。

费孝通不甘身心受辱,他想一死了之。二十年后,他在一篇序文

---

[1] [美]巴博德:《经历·见解·反思——费孝通教授答客问》,费孝通:《从实求知录》,北京大学出版社1998年6月第1版,第466页。
[2] 同上书,第471页。1982年春,费孝通写《潘、胡译〈人类的由来〉书后》,也说到此事:"他从戴上右派帽子后,十年中勤勤恳恳做了两件事,一件就是……重读二十四史,一件就是翻译这本书"。
[3] [美]巴博德:《经历·见解·反思——费孝通教授答客问》,费孝通:《从实求知录》,北京大学出版社1998年6月第1版,第472页。

中写道:"三十年代我应该死而没有死,四十年代人要我死而没有死,六十年代我想死而没有死。"[1]后一句说的"我想死"是他在1966年9月1日当天的念头。但他顾虑自杀会连累妻女,不敢骤然实施。他改变想法,先把妻子送到安全之地。"第二天我送妻子回苏州。碰运气我们买了一张火车票。这纯粹是巧遇。有人要退票,问我们要不要票!我们就买了那张票,我安排妻子上了火车。原来,只有那天,才可能让犯罪分子、'敌人'的家属离开北京。第二天就不可能了。"[2]

9月2日,灾难继续。费孝通说:"我剩下独自一人。然后袭击来了。他们来拿走我家里全部东西,这叫抄家。我是幸运的,他们留一间屋子给我,潘光旦没有留下任何东西。卧房也封了,……他不得不睡在洋灰地上。我的门没有全被红卫兵加封。所以我能取出我的床垫铺在地上给潘光旦睡。那时只有我俩和一位老保姆和潘光旦的外孙女,一共四人,住两间小房,包括厨房。其他房间全被关闭。他们关掉了我所有的房间,……其后的一年我们反复被拉出去斗争。"[3]

面对混乱和疯狂,费孝通要求自己"逆来顺受,躲风避雨,少惹是非,力求自保"。

潘光旦"以三个S应付"残暴,一是submit(服从),二是sustain(支撑),三是survive(生存)。那段日子里,潘光旦的几个女儿都不在身边。费孝通与他同住,朝夕相处,相依为命。

费孝通说,在经常被批斗的一年里,他们时常被强制劳动。费孝通的主要任务是打扫厕所和拔草。他因此"对校园中的全部厕所都相当熟悉"。潘光旦也"每日劳改,不因其残废而宽待",劳动任务(拔草)比费孝通还重。拔草时,禁止他坐小凳子,潘光旦只能坐在地上干活。

叶笃义曾任民盟中央副主席兼秘书长,他记述潘光旦病逝前一些情况说:"'文革'开始以后,我经常到他家去看他。他说他是以三个S应付当时形势。……后来他的前列腺病症越来越严重,费孝通不得不把他送到积水潭医院做手术。手术刚刚做完,医院里也闹起'革命'来了,

---

[1] 费孝通:《往事重重》,辽宁教育出版社1998年3月第1版,第110页。
[2] [美]巴博德:《经历·见解·反思——费孝通教授答客问》,费孝通:《从实求知录》,北京大学出版社1998年6月第1版,第473页。
[3] 同上。

给他做手术的大夫被打成反动学术权威,成为专政的对象。因此他的小便插了管子以后,就只由一个护士看护。医院里整天闹'革命',一切正常医疗手续都顾不上了。他插进小便的管子掉出来了,也没有人管。他尿在床上也没有人过问。我去看他,他叫我到民族学院告诉费孝通转告潘乃穆去接他回家。我劝他忍耐住在医院,家里的条件总还不如医院好。我说:'sustain and survive。'他苦笑着说:'第四个S,succumb(死亡)。'"〔1〕

潘乃穆记述后续情况说:"父亲于1967年5月13日住院,6月1日出院回家,6月10日去世。……他去世时我们没有一个守在身边。临终时并无遗言。多年后我了解到的情况是这样:那天晚上,老保姆看他情况不好,急忙请费先生过来。父亲曾向费先生索要止痛片,费先生没有。他又要安眠药,费先生也没有。后来费先生将他拥在怀中,他遂逐渐停止了呼吸。"〔2〕

费孝通说自己"日夕旁侍,无力拯援,凄风惨雨,徒呼奈何"。

人缘加书缘,费、潘二人师友风谊近四十年,守望相助近二十年。费孝通说:"我们长期比邻,以致我每有疑难常常懒于去查书推敲,总是一溜烟地到隔壁去找'活辞海'。他无论自己的工作多忙,没有不为我详细解释的,甚至常常拄着拐杖在书架前,摸来摸去地找书作答。这样养成了我的依赖性,当他去世后,我竟时时感到丢了拐杖似的寸步难行。"〔3〕

潘光旦的"三个S"对费孝通有相当影响,费孝通自己也在多次政治运动中修炼出定力。他相当有效地把心绪调整到能适应混乱局面的状态。有段时间,每逢星期天,他都到长兄费振东家小坐,叶笃义也每次都去。落难之时,多年知交,得些聊天闲暇,有个不用担心被检举揭发的说话环境,是当时难得的精神慰藉。

后来,叶笃义看自己的问题被越搞越大,恐怕牵连费家兄弟,表示

---

〔1〕 叶笃义:《虽九死其犹未悔》,北京十月文艺出版社1999年3月第1版,第205—206页。
〔2〕 潘乃穆:《回忆父亲潘光旦先生》,《潘光旦先生百年诞辰纪念文集》,中央民族大学出版社,2000年11月第1版,第131页。
〔3〕 费孝通:《潘、胡译〈人类的由来〉书后》,《逝者如斯》,苏州大学出版社1993年8月第1版,第79页。

不能再去看他们。费孝通知道后,写了"遁世无闷,独立不惧"送给叶笃义,是对朋友的勉励,也是夫子自道。

费孝通在"文革"中被迫写的检查、交代文字,如今能见到的手稿共有162页,字数在10万字上下。其中有一份检查提纲(1页);一份"初步检查"(35页);一份"在革命大批判中对我罪行的揭露"(14页);一份"综合材料"(83页);一份"综合材料补充交代"(29页)。根据这些手稿的文末落款和文中涉及人物的年龄,大致可确定写于1969年前后。

这些手稿,费孝通在接受一次又一次批斗的间隙中写出。当时情景如同噩梦,是他直到去世始终缄口不言的伤心话题。1999年,《费孝通文集》出版前,他"再三考虑",决意"免于收入文集"。这份史料是否能公开,何时公开,尚属未知。

1969年10月,中共中央发布战备疏散第一号令,北京大量机构和人员要疏散到外地。费孝通随着"整个学院被送往五七干校"。该校设在湖北潜江广华寺一个劳改农场,简称"沙洋干校"。费孝通在这里开始他一生中仅有的一段体力劳动者生活。

费孝通说:"在五七干校里我们的生活条件实际上改善了,但我们智力衰退了。""在那里我成为一个相当好的劳动者!我学会了怎样盖房、种棉花、烧饭。但是我没有目的地生活着。在劳动中可以不展望、不回顾,可以随时强自取乐。当你累的时候休息一会儿,抽一支香烟,那时会觉得很舒服。但是没有希望。我们和外界隔绝,一点也不知道会发生什么事。"[1]

一位享有国际声誉的学者,成了华中农田里一个体力劳动者,处在一个与外界信息基本隔绝的环境里。他慨叹:"智力有什么用处?"他失意,他茫然,他沮丧,他觉得混乱,但不绝望,没有沉沦。

在日复一日的农事劳作中,费孝通适应环境,调整心情,逐渐恢复了积极的精神状态,成为一个保持乐观情绪、尽量多做智力活动的体力劳动者。

---

[1] [美]巴博德:《经历·见解·反思——费孝通教授答客问》,费孝通:《从实求知录》,北京大学出版社1998年6月第1版,第474—475页。

这可以在费孝通的《干校家书》(1969—1971)中得到印证。

## (二)

据《干校家书》记述,费孝通在干校经历过的劳动工种有盖房子、洗石灰、守仓库、开沟平地、种棉花和玉米、放羊、看青、帮厨烧饭、分发报刊等等。其中仅种棉花一项,又有种植营养钵、大田补种、间苗、定苗、除草、松土、打药、打枝、打叶、收棉等。

费孝通描述这些劳动场面的笔触乐观,体力劳动不再使他觉得是受罚、挨整、不可忍受,倒是有一种接触并进入新生活的开心。"我们自己挖的井,已经供水,自己喝上了。自己修建的房子部分也已经有人入住"[1]。

盖房子需要搬砖,每当此时,费孝通特意站在吴文藻前面的位置,每递一块砖,他会多走两步,把砖递到吴老师手里,尽量减轻恩师的劳动强度。

在四十摄氏度的盛夏气温里,费孝通觉得在大田里干活比闷坐屋中还要爽气些。"汗反正不断,茶水送到田头,周身汗洗,想来是健身良方。'短衫汗透迎浆水'更觉切情了。"[2]

体力劳动的"健身良方"效果,使费孝通乐此不疲。露在衣衫外的皮肤晒得黝黑,他自己形容"如非洲人士"。自嘲中,也可体察到借体力劳动效果自我嘉许之意。即使是提水和泥、抟土做灶,他也从土做手艺上体会出类似早期人类制作陶器时的愉悦心情。

费孝通感慨,"干校生活中的片段,别的时代的老年人是享受不到的"。[3] "在旷野里劳动时,呼吸万里,感到人生很真实。密集的团体生活对人的表现也容易体悉,深刻得多,是活小说,较之旧生活似乎更有意义。"[4]

心情调整后,他甚至产生了"长久打算","觉得这里的生活确是不

---

[1] 费孝通:《干校家书》,《费孝通文集》第7卷,群言出版社1999年10月第1版,第121页。
[2] 同上书,第141页。
[3] 同上书,第151页。
[4] 同上书,第159页。

坏。劳动上大体可以赶得上，一般已不觉得十分疲乏，当个小工，当个半劳动力，看来是还够条件。再锻炼一个时期，可以达到靠工分过半自给的程度。颇有长期打算，终老是乡的意味"。[1]

费孝通有意丰富生活内容，例如绘画。他写信托付费振东在北京为他买一些必备用品，具体说明"买写生板和写生本，像五分簿那么大就行。再买几支4B的软铅笔和小学生用的一套颜色铅笔，一块好橡皮"。费孝通希望绘画能成为他的"一种老年自娱之道"。他说："默察自己，耳朵不灵，声韵之道无缘，但于形象色彩还有一定想象力，不妨发展一下。这里乡村生活，接近自然，颇能引人入胜。先写生，再创造。用最简单的铅笔来表达，也符合当前条件。"[2]

"五七干校"是十年浩劫中的一个政治处所。费孝通《干校家书》共有二十二封，其中多半谈到当时的政治运动。这从一个侧面反映出干校生活中政治因素的充斥。

费孝通在干校中当过"邮递员"，负责分发报刊。有时听传达报告，也能多少了解、分析、推测外界时局，这是他"呼吸万里"的一部分。费孝通对于国内政治和国际时局的议论，成为《干校家书》中值得细品的一个部分。

例如，"'乒乓外交'的背景也比较明确了，主要是在增加对'西方'的接触，看来是会很快增加起来，这是一个意味深长的斗争。由于这个新形势，国内各方面都会起很大的影响，其中也就包括了像我这一类人的处理、对待和使用的问题。再配合了'出版'方面透露出来的要求，对知识分子、文化事业都得有一系列具体的政策。有一句话很令人深思，'封是容易的，启封却困难了'。……我自己的思想却是'此间乐，不思蜀'，这里的日子实在好过。如果大多数文化人士俱有此想法，那就是个很大的问题了。怎样扭得过来，我还看不清楚。"[3]

费孝通远观"乒乓外交"牵动的世界格局，做出"新三国演义"的解说——

---

[1] 费孝通：《干校家书》，《费孝通文集》第7卷，群言出版社1999年10月第1版，第132页。
[2] 同上书，第133页。
[3] 同上书，第153—154页。

天下大势逐步显形,在我是远交近攻,抑敌于苗。前指美苏,后指日本。对方是远围近吊,以共制共。前指苏印日的联合,而美退居后方。后指美欧合作搞东欧,用中国牵住苏修。此乃最近显形的大略。三国都感孤立,都感压力,都出于不得不突破现状。一时频传头条新闻。……新三国演义中,我占人,苏占地,美占天。天者历史之余威。地者背靠地极,出可攻,退可守。人者意识形态的先进。三者各有所长,骄者败。最近十年中风云变幻当层出不穷,大有可观。[1]

关于即将到来的中美关系巨变,费孝通的观察背景也很开阔。"中美首脑会晤事引起此间不少议论,……其间小波折不会少,但五月为期,如推迟,尼克松下届总统就当不成。看来基辛格的'胃病'经过扎了一针,也就可以止住。病痛移到了勃老的头上。柯西金草原骂街,铁托翘翘尾巴,看不出克里姆林宫有什么牌好打。这一回书已交代明白,扬基失了东南亚,又赔上一个台湾,北极熊孤立得发慌,有点热石头上蚂蚁。东方出了巨人,急得周围小把戏团团转。现在是要看下一回。"[2]

纵横捭阖、举重若轻的笔调中,费孝通1940年代中后期的政论、时评风采重现。

费孝通关注世界变局,落点是在中国。他说:"几千年的历史,七亿人口,百多年的屈辱,要在三十亿人口中站起来,决不是件小事。"他期待"下一回"中有中国真正站起来的契机。

九一三事件的发生,对中国政局和社会具有巨大转折意义。费振东写信给费孝通说到此事。费孝通在干校也听了"传达",他在回信里说起前数年里的政局变化推测:"无声中隐着巨雷,使人纳闷。雷声一响,也就开朗了。回想几年前的妄测竟其落实,天下事凶吉有兆。定时炸弹自我爆炸早在'政变论'中伏下杀机,这不是事后诸葛亮,我们不是早就见到了的吗?但是事物发展得如此迅速和鲜明,却是预料所不及的了。看来现在一切事物都是'浓缩'了,过去要十年百年才完成的过

---

[1] 费孝通:《干校家书》,《费孝通文集》第7卷,群言出版社1999年10月第1版,第162页。
[2] 同上书,第176页。

程，现在几年几月就够了。话还是不必多说了，还是争取多活几年，多看看这个急速变动着的世界吧。"[1]

1972年，费孝通结束干校生活，回到北京。他说："我和吴文藻、他的妻子等人组织成一个翻译组，用了一年多时间把两部世界史翻译成中文。"[2]他说的是《世界史》和《世界史纲》，前者是他读大学时的历史课本，后者是他平生爱读之书。

1972年5月，费孝通的老朋友、美国哈佛大学教授费正清应周恩来邀请访问北京。他在自传里记述见到费孝通的情况："在北京大学校长周培源先生为我们举行的首次晚会上，……我们还见到了我们的老朋友，社会学家费孝通，他刚从干校（五七干校）回来，他说他在那里学会了种棉花。他又挽起衣袖，指着那结实的手臂说，这都是给站在墙上的泥瓦匠抛砖的时候锻炼出来的。他的声音压得很低，因为据说有人通知过他不准用英语与我们交谈。后来我们访问了他所在的民族学院，但他一句话也没有说，学院的负责人是一位对民族学一窍不通的军宣队长，他略带夸张地向我们介绍了院里的情况。这时我们才意识到，我们这些教授朋友仍然未完全摆脱控制，至于允许他们参加我们的欢迎会不过是对少数几个人的恩赐罢了。"[3]

费正清体察到了费孝通当时"仍然未完全摆脱控制"的处境，感到惊讶。费孝通认为他不可能完全理解自己那时的处境。他说："所有的人都了解部分的处境，但他们没有可能全部地理解这种处境。这是不合于外国头脑的情况，他们不可能理解，而我们不知道怎样去表达它。甚至现在也很难表达、解释那一时期的心情和实际生活。那是很不容易，非常特殊。那是最不寻常的生活。"[4]

费正清是著名的中国问题专家，他指导的博士生阿古什（R. D. Arkush）学位论文的选题方向是关于费孝通和中国社会学的研究，题目

---

[1] 费孝通：《干校家书》，《费孝通文集》第7卷，群言出版社1999年10月第1版，第166—167页。
[2] ［美］巴博德：《经历·见解·反思——费孝通教授答客问》，费孝通：《从实求知录》，北京大学出版社1998年6月第1版，第475页。
[3] ［美］费正清著，黎鸣、贾玉文等译：《费正清自传》，天津人民出版社1993年8月第1版，第528页。
[4] ［美］巴博德：《经历·见解·反思——费孝通教授答客问》，费孝通：《从实求知录》，北京大学出版社1998年6月第1版，第476—477页。

是 *Fei Xiaotong and Sociology in Revolutionary China*，当时已有初稿。费正清知道了费孝通的处境，没有谈这件事。不久后，费孝通还是听到传说，得知哈佛大学有人写了他的传记。随后，消息被证实，他收到一个来自美国的邮包，里面是那本传记初稿打印本。

费孝通描述他当时的心情说："杯弓蛇影，令人心悸。……当时我的心情凡是受过和我相同经历的人是可以想象得到的。'树碑立传'，罪恶滔天，何况又是出于洋人之笔，其祸大矣。我提心吊胆地过了一阵，没有人来追究，总算混了过去，直到粉碎'四人帮'后才敢示人。"[1]

"这本传记稿本我曾偷偷地读过几遍，……这个稿本引起我的兴趣的倒是在别人笔下看到的'自己'，看到了人家怎样在看我，经历了多年的'批判'，读到此稿，真是另有一番滋味。什么滋味呢？我明白了为什么儿童们喜欢花了钱去'大世界'照哈哈镜。我后来曾把这种滋味写信告诉一位蛰居多年比我年长的朋友。他在复信里引了李白的一首诗：'众鸟高飞尽，孤云独去闲。相看两不厌，只有敬亭山。'鸟会飞，云会去，一生的事迹，却和敬亭山一样是客观存在的，丑恶的抹不了，秀丽的也搞不臭。童叟相加，境界始全。"[2]

1980年，费孝通访美，阿古什得到和费孝通相见的机会。他带着大包资料，包括传记原稿和费孝通外祖父早年的著作，希望费孝通解答一系列问题。费孝通的反应出乎阿古什预料，关于传记内容真伪的问题，他一概没有作答。阿古什一时不大能理解费孝通的意思，不免扫兴。后来，他接到了费孝通写于1982年4月26日的一封信。

费孝通说："我曾对你说：'我将以一个历史学者来对待你和尊重你，不把你看成一个新闻记者。'……我必须尊重每一个认真研究过我的学者对我评论的权利，而且应当从中取得教益。如果容许我说一句表达我内心感受的话，我想说，不少地方你对我是过誉了。'过誉'是说，你对我的评价比我对自己的评价偏高了一些。这也好，我还活着，把过誉的部分作为对我的鼓励，在今后的日子里补足就是了。你对我的批评、所指出的缺点，我认为是恰当的。"[3]

---

[1] 费孝通：《我看人看我》，《逝者如斯》，苏州大学出版社1993年8月第1版，第178—179页。
[2] 同上书，第179—180页。
[3] 同上书，第176页、177—178页。

阿古什从信里完全理解了费孝通的善意。他把出版不久的 *Fei Xiaotong and Sociology in Revolutionary China* 一书邮寄给费孝通。费孝通把他写给阿古什这封信的全文工工整整抄录在这本书扉页的后面，满满两页，文人气息扑面。

第三部

# 社会转型与文化自觉
# （1979—2005）

# 一　重建社会学与三访江村

## （一）

1980年5月8日，中共中央统战部向中共中央提交《关于爱国人士中的右派复查问题的请示报告》。该报告说，1957年开展的反右派斗争，全国划了右派分子四十九万余人，以后又陆续划了几批，共计五十五万余人。1959年到1964年，先后五批约摘掉三十余万人的右派帽子。[1]

该报告就"二十七名代表性较大的民主党派、无党派上层爱国人士"的右派复查问题向中共中央做出请示，其中"拟予改正"者二十二人，分别是章乃器、陈铭枢、黄绍竑、龙云、曾昭抡、吴景超、浦熙修、刘王立明、沈志远、彭一湖、毕鸣歧（岐）、黄琪翔、张云川、谢雪红、王造时、马哲民、费孝通、钱伟长、黄药眠、陶大镛、徐铸成、潘大逵。"拟维持原案"的五人，分别是章伯钧、罗隆基、彭文应、储安平、陈仁炳。

6月11日，中共中央就批转中央统战部《关于爱国人士中的右派复查问题的请示报告》发出通知，"中央决定给尚未摘掉帽子的右派分子全部摘掉帽子"，"对被划为右派的人进行复查，把错划的改正过来"。[2] 该通知同意中央统战部的意见，对"拟予改正"的二十二人予以改正，对"拟维持原案"的五人确定只摘帽子，不予改正。

6月23日，全国政协、中央统战部为此召开民主党派和无党派人士座谈会，费孝通在会上发言，说自己是这次得到改正的"还活着的六个人中的一个"[3]。"我尽管已经年逾古稀，但在这个会上，在诸位老前辈

---

[1] 马勇主编：《国事全书》第4卷，团结出版社1997年7月第1版，第4046页。
[2] 同上。
[3] 费孝通说的"还活着的六个人"，指费孝通、钱伟长、黄药眠、陶大镛、徐铸成、潘大逵。

面前，还算是个后生。我这一生经历固然没有诸位老前辈那样丰富，变动之大恐怕确是史无前例的。这样巨大的变动决不是偶然的，是历史决定的。……像我这样一个从旧社会里培养出来的知识分子，老话所说的"书生"，……跌跌撞撞、颠颠扑扑是势所难免的，在不同程度上需要一个适应的过程。"[1]

这话确实只有书生才说得出。这位书生饱经磨难，未表怨尤，他在意的是"两笔老账，想写两本书：一本是我二十年前许下的愿，想到我调查过的江苏本乡的一个农村里去调查一次，为后代留下一本关于这个农村在半个世纪里所发生的变化的忠实记录。国内外的同行们都督促我早日偿清这笔欠账。第二笔账是欠我前妻的，我们两人在三十年代一起在广西大瑶山调查，她当时想写的调查报告因为她不幸逝世没有完成。我希望在有生之年完成她的宿愿，写出一本经得住时间考验的书来偿还这笔欠账。"[2]这笔账，是欠前妻的，也是欠社会的。

费孝通不失时机表明"书生"本色，表达晚年最牵挂的事以及紧迫感，是想尽快回到学术工作中。他"恳切希望"给他配备"一些助手"，以利早日把还账之事提上日程。后来他在民盟内部会议上说起"改正"，在心情更放松的情况下说，"我是最先下水，最后出头"，深感"余生有限"，如果还能有十年时间，希望能抢回失去的二十年。

这一天确实来得太迟。二十多年学术空白，是他年华最好的时候。仅是从十年浩劫结束，到"改正"身份，就过去三个春秋。燕园当年，派克教授因大雪迟到十几分钟，进门就深深道歉。费孝通还记得派克那句话："头发白了，我的工作愈不准我偷懒了。"[3]

1928年，认识派克之前，费孝通写过一句话："我哪有这许多心情来回味酸苦！"[4]五十多年后，酸苦倍增，也更难有回味酸苦的心情。

1977年2月24日，邓小平在北京主持全国政协五届一次会议，费孝通出席了这次会议。这可能是他反右运动后首次在这类场合露面。

---

[1] 费孝通：《费孝通同志在全国政协、中央统战部召开的民主党派、无党派人士座谈会上的发言》，中国民主同盟中央委员会：《中央盟讯》1980年第8期（总第84期），第3页。

[2] 同上书，第4页。

[3] 费孝通：《社会学家派克教授论中国》，《费孝通文集》第1卷，群言出版社1999年10月第1版，第127页。

[4] 费孝通：《年终》，《费孝通文集》第1卷，群言出版社1999年10月第1版，第32页。

费孝通说:"政协大会在人大会堂开幕那天,我在主席台前走过,偶一抬头,迎面冲着我的是一张那么亲切、熟悉、爽朗、热情的笑脸。两人相对凝视了一刹,我刚刚把手伸向对方,他却顺手一拉,紧紧地把我抱住,一对白发老翁搂成一团。这种在这样的会场上不常见的场面,顿时引起了周围一阵会心的欢笑。紧搂着我的不是别人,是阔别多年而常常怀念在心的一位少数民族朋友,来自云南的彝族张冲同志,……三十年前我在昆明教书时,鼓励和支持我参加反对国民党发动内战的民主运动的朋友中有他;二十年前我到云南去进行少数民族社会历史调查时鼓励和支持我的朋友中有他。……我常惦记他而消息不通。久别重逢,百感交集。"[1]

《中央民族学院学报》1977年第2期发表费孝通署名文章。他走出多年沉寂。该文中,"无产阶级专政下继续革命""两个阶级""两条道路""两条路线"之类词语还带着"文革"烙印,"我们这些从旧社会过来的人""更好地接受思想改造"等语句,还会心有余悸,但毕竟是"余"悸了。费孝通个人命运正随国运发生变化。

1977年岁尾,费孝通听到成立中国社会科学院的消息,他写了四千余字长信给负责该院筹建的胡乔木、于光远,表示"社会科学院的成立激动了我们一般社会科学工作者无限的期待",并联系自己"文革"中参与《民族问题资料摘译》工作的感受,"略抒所见,以供采择"。他说:"阔别多年,未免疏隔。岗位工作又使我们联系了起来。旧相识还应重新相认,取古人以文自见之义,特附上《摘译》9期各一份,其中(4)'译后'及(9)'提要'是我这年里所写的两篇短文,请赐教。三四十年代之初生之犊,看来已甘为巴滇山道上背盐的驮马矣;牛也罢,马也罢,驰驱未息,殊可告慰。余不一一。"[2]

1978年,费孝通由中央民族学院调至中国社会科学院民族研究所,任副所长。他的少数民族研究题目自1935年瑶山调查起步后,两次被迫中断,一次是抗战续以内战,一次是反右续以"文革"。费孝通表示,"原有意集中力量搞民族研究。是年,我参加了庆祝宁夏和广西两个民

---

[1] 费孝通:《民族研究向前看》,《费孝通文集》第7卷,群言出版社1999年10月第1版,第177页。
[2] 费孝通:《信一封》,《费孝通文集》第7卷,群言出版社1999年10月第1版,第195页。

族自治区的纪念活动,又重访金秀瑶山,提高了我对民族研究的兴趣。我在政协民族组的一次关于民族识别问题的发言里也流露了我当时想进行调查的线索。"[1]

1978年11月,费孝通出席日本京都东亚学者学术讨论会,作题为"对中国少数民族社会改革的一些体会"的学术讲演。这或是1949年后费孝通第一次现身国际学术讲坛。他在讲演中乐观描述了"中国少数民族在这近三十年短短时期中的巨大变革",表示在中国的事实中建立起来的信心使他对"人类的前景充满信心"。

1979年秋,费孝通应邀赴加拿大麦吉尔大学,作柯明斯讲座(Cummings Lecture)学术讲演。在"中国的现代化与少数民族的发展"题下,他提出了一些事关中国改革开放全局的问题。如"中国的现代化必须走自己的道路","有可能出现在企图缩短国与国之间的差距的过程中,不是缩短而是扩大了国内民族与民族之间的差距","注意当地的生态条件来进行建设,是促进我国现代化的一个重要原则","二十一世纪的中国文化经济中心应该在有充分资源的地方"……

这次讲演,透露出费孝通从微观研究向微观与宏观并重过渡的重要信息。这是他"第二次学术生命"的突出特征之一。

费孝通无暇回味酸苦,有心关注现实。他要求自己跟上社会变化,写出文章,记录现实,提出主张。他为自己拟定"老人守则"如下:

一、活到老,学到老,力求不断更新自己的精神面貌、业务水平。不要太落后于时代,成为社会前进的碍脚石,当然更不要成为拦路虎。

二、得之于社会的要还之于社会。要把一生从前人学得的和自己创造的知识尽可能交给下一代,不要把国家的智力财富带到火葬场去殉葬。

三、确保晚节,力求在永息时刻心安理得,问心无愧。天下固然没有无瑕白璧,但一生做事总可以及世自清,不留遗憾。

四、天天锻炼,力保健康,争取长寿。多活些日子并不是为了自己,而是为了多为国家、社会做些有益的事情,不要成为社会包袱,做

---

[1] 费孝通:《学历简述》,《费孝通选集》,天津人民出版社1988年5月第1版,第6页。这里说的"发言"指他1978年参加全国政协民族组会议时的发言。发言稿后来发表于《中国社会科学》1980年第1期。

个对人民有用的人。

五、为儿孙做个好榜样，不要为他们的物质享受多费心计，要从怎样养成他们靠自己力量克服逆境打算。给他们财富和地位做遗产是害他们，不是爱他们。

六、为自己从事的事业培养好接班人。把历史看成没有止境的接力赛跑的跑道，接好上班，传好下班，乐在其中。[1]

## （二）

1979年春节过后，中国社会科学院院长胡乔木委托费孝通出面，主持恢复中国社会学的事务。据说"恢复"一事来自邓小平提出的"补课"。

费孝通说："'补课'两字是小平同志1979年在'坚持四项基本原则'的讲话里提出来的。他是针对那些在大学里停止了有二十多年的社会学等学科而说的。'需要赶快补课'这句话，成了后来重建社会学的根据。他所说的'补课'是指这些学科应当在大学课程里'补足'，也就是恢复的意思。后来我们觉得说恢复还不如说'重建'为更妥当些，因为如果社会学按二十多年前的老样再端出来，似乎不太合适，还是根据当前形势的需要'重建'为好。"[2]

事实上，"恢复"社会学的话题1978年已经提出。"胡乔木同志在1978年与念过社会学的老先生聚会，商讨怎么恢复这门学科时，表示过去的做法是不对的。"[3]

1978年春，中国社会科学院规划局为开展社会学研究召开座谈会。1981年第1期《社会学通讯》刊登费孝通1981年5月20日在第二期社会学讲习班开学典礼上的讲话。他说："三年前，乔木同志委托社科院规划局陈道同志召开座谈会，通知了三十多人，到会的不到二十人。我知道有一个我的老学生，因为要求重建社会学，1957年被错划成右派，弄到北大荒去劳动了几年。收到开会通知时，他老伴说，你好不容易爬出

---

[1] 费孝通：《老人守则刍议》，《费孝通文集》第8卷，群言出版社1999年10月第1版，第255页。
[2] 费孝通：《补课札记——重温派克社会学》，《费孝通文集》第15卷，群言出版社2001年12月第1版，第133页。
[3] 费孝通：《社会调查自白》，知识出版社1985年8月第1版，第68页。

来，现在不能再陷进去了，结果他不能来了。这件事说明，当时与搞社会学有关系的人，都还有很多顾虑。"

费孝通说："社会学毕竟停止了几十年。要人们放弃已经长期改行的专业再来从事屡遭批判的'社会学'，心里终究不那么踏实，没有多少把握，自然要心有余悸。"〔1〕

另一篇文章中，费孝通说这个座谈会"没有谈出结果"〔2〕。他本人也没有做积极响应。他当时的真实想法是，"社会学停顿了三十年，现在要重建这门学科，就必须从头做起，培养新的一代，那就有很多准备工作要做。要培训教员，要编教材，要筹备研究机构和教育机构，这里有大量的行政组织工作。当时我年纪已快到七十，再花几年在这一类的工作上，这一辈子可能就谈不上实地调查了"〔3〕。

费孝通渴望回到老本行，做实地调查和学术研究。用他常说的一个说法，这是个人定位，也是为社会做事。于是，个人定位与时代定位发生了矛盾。时代定位是执政党纠正错误，在中国恢复社会学的学科地位，需要费孝通出面、出力、出思路、出办法。

"1979年，胡乔木同志又说，不能等了，希望能在各大学办社会学系，把架子搭起来。"〔4〕

1981年5月20日，费孝通在第二期社会学讲习班开学典礼上讲话，说起当时情况："1979年春，乔木同志又把我们找去，说必须开展社会学的研究工作。"

1981年10月5日，费孝通在江苏省社会科学界座谈会上讲话，提到1979年社会学研究会成立会的情况说："乔木同志出席了会议。会上我们的发言，还将了乔木同志一军。他立即表态说，我希望综合性大学都能成立社会学系。……有条件就上马，不要等到我们开追悼会时再来办！这句话多厉害。"

"搭架子"的组织工作派到了费孝通头上，费孝通也意识到了胡乔木的心情及内涵。

〔1〕 费孝通：《社会调查自白》，知识出版社1985年8月第1版，第68—69页。
〔2〕 费孝通：《为社会学再说几句话》，《费孝通选集》，天津人民出版社1988年5月第1版，第14页。
〔3〕 费孝通：《学历简述》，《费孝通选集》，天津人民出版社1988年5月第1版，第6页。
〔4〕 费孝通：《社会调查自白》，知识出版社1985年8月第1版，第69页。

费孝通提出了"重建"前提条件,首先"摘掉社会学'反动'的帽子。摘帽人应当是党内的负责同志"。[1]这两条,分量很重,确实是"将军"。胡乔木承诺满足这两个条件。

"1979年3月,酝酿成立社会学研究会,一些老先生和党内支持恢复社会学的同志,以及社会上同情社会学的人,都来参加了。会上,胡乔木同志讲了社会学与历史唯物主义的关系,并且强调历史唯物主义不能代替社会学,社会学是在马列主义思想指导下,科学地研究中国社会的一门学问。"[2]

费孝通说,胡乔木"这个讲话,可以说是我们重建社会学的根据"[3]。

3月15日至18日,中国社会学研究会召开成立会,费孝通被推举为该会会长,田汝康、陈道、雷洁琼、罗青、林耀华、李正文、杜任之等就任副会长。

1999年11月10日,费孝通在上海大学上海社会发展研究中心揭牌仪式上讲话,回忆当年,"恢复社会学首先要在大学里成立社会学系,这是一项很具体的事,这个事情太大了!而且当时社会学界已经没有多少人了——死的死,老的老,我这个七十岁的人还算是年轻的了。这个事要我出来做,老实说我是不很愿意的"。[4]

不情愿,还是做了。费孝通说"一干就是二十年"。多年后,他说到李慎之问他怎么为自己一生"画句号"的问题,他表示,个人定位服从时代定位。

在后来一个讲座上,费孝通说起"怎么下这个决心的"。"在十年浩劫里,我们许多社会学界的老师、朋友没能像我这样活过来。我这余生可以说是得之意外。我觉得,我应该好好地用它来在事实上证明'社会学是一门可以为人民服务的学科'。为了给前人昭雪,为了实现我早年的宿愿,也为了使后人不背上包袱,一种责任感,成了一种内在的动

---

[1] 费孝通:《为社会学再说几句话》,《费孝通文集》第7卷,群言出版社1999年10月第1版,第256页。
[2] 费孝通:《社会调查自白》,知识出版社1985年8月第1版,第69页。
[3] 中国社会学会编:《社会学通讯》1981年第1期,第10页。
[4] 费孝通:《培养真正有学问的人才》,《费孝通文集》第15卷,群言出版社2001年12月第1版,第94页。

力,使我毅然打消了先前的顾虑。同时,从继续认识中国社会的意愿出发,我要在我的晚年为社会学学科的重建尽点力。"[1]

1979年3月15日,中国社会学研究会正式成立。费孝通在会上发言,题目是"为社会学再说几句话"。1957年,他为争取社会学存续"说几句话",惹下文祸。二十多年后,费孝通愿意"为社会学再说几句话"。没有人保证他不再惹祸,他还是说了。

中国大陆重建社会学一事被正式提上官方日程。

3月18日,费孝通主持社会学研究会首次理事会,讨论筹建中国社会科学院社会学研究所和在部分高校筹建社会学系的问题。费孝通说,社会学研究会"当时只有几个编制人员,从民盟借了一间房子,就这么一点重建的'家当'"[2]。

研究会条件简陋,费孝通本人的工作和生活条件也未免窘迫。他记录当时情景说:"我正在握笔发愁,一位多年不见的老同学找到了我的门上。他一见我伏在床边的小桌上写稿,就想起了几十年前我们在中学宿舍时的情景,不禁哑然失笑,说:'你怎么还在闹住宅问题?'我告诉他说:'实不相瞒,这是我被第三代挤得这样的。老伴有病,把女儿一家调回来照顾她,人多了,空间就少了,还不该让点地方给新生的接班人!'"[3]

如果费孝通的时间、精力、工作和生活条件也可归入他说的"家当",社会学重建工作就是在这点家当的基础上开始的。

1979年春,费孝通随中国社会科学院代表团赴美国访问。这是他第二次访美。从4月14日离京到5月17日返国,历时月余。费孝通想借机尽量多了解国外社会学发展情况,争取恢复建立起中断多年的中美学术交流。

这次访美是应美国与中国学术交流委员会之邀,主人安排日程,受访部门接待,都做了认真准备。费孝通说,中方代表团"到一个研究机关相见如仪后,开始座谈,由他们的研究人员就他的专业发言,几乎都

---

[1] 费孝通:《社会调查自白》,知识出版社1985年8月第1版,第69页。
[2] 同上书,第71页。
[3] 费孝通:《为社会学再说几句话》,《费孝通选集》,天津人民出版社1988年5月第1版,第14—15页。

有手稿或提纲。发言后再和我们进行讨论。到了各大学,由负责人和我们集体会晤,然后,我们各就专业到各系去'交流',方式和研究机关相同,但大多要问我们这方面的情况,交谈较多。我在国外被认为身兼两科的学者,一是人类学,一是社会学。在美国各大学里除了极少数两科合在一个学系里,一般都各自立系。所以我接触的对象也就比别人加了一倍。每到一校,至少要有两次'交流'的座谈。重点大学还要加班加点。"[1]

费孝通在访问过程中结识了不少新朋友,也和一些老友重逢。费孝通说:"从初访到重访相隔三十五年。三十五年对我个人来说刚占去了我过去岁月的一半。三十五年前还是东华一小生,年华正茂,现已饱经风霜,垂垂老矣。当年在美国相识的学者大多也已经登上鬼录,尚在人间而还没有退休的真是凤毛麟角了。"[2]"尽管这样,旧地重游还是有方便之处。目前当令的一代不少是我相识的老一辈的子弟。他们虽然没有见过我,但从老一辈的口中听到过我,这次相见也就倍加亲切了。至于那些久别重逢的老朋友,一见面有的甚至含着泪,拉着我的手久久不肯放。他们很多已不相信此生中还会见到我,甚至有人把我早年给他们的通信都交给图书馆做研究资料了。我胖乎乎的形象在他们面前出现时,他们那种惊喜交集之情,反而使我不知所措。"[3]

费孝通见到了燕园老同学、匹兹堡大学知名教授杨庆堃,这次会面,对费孝通主持重建社会学意义重大。据李沛良说,他是1965年被杨庆堃派到匹兹堡大学学社会学的。从那时起,"杨庆堃教授就一直盼望着中国社会学有一天能够重建"[4]。

"从七十年代末开始,费先生获得了杨先生的协助,携手重建中国社会学,其中的重要计划之一是培养人才。在杨庆堃的建议下,费孝通先生决定借助前者在匹兹堡大学和香港中文大学打下的基础,在美国岭南基金会的资助下,组织两校的教授去中国内地办班讲学,并在1980年

---

[1] 费孝通:《美国与美国人》,生活·读书·新知三联书店1985年8月第1版,第222页。
[2] 同上。
[3] 同上。
[4] 李沛良:《中国社会学的重建与"两岸三地"的交流》,周晓虹主编:《重建中国社会学:40位社会学家口述实录:1979—2019》(上),商务印书馆2021年5月第1版,第47页。

和1981年两个夏天,在北京连续办了两期各为期两个月的社会学讲习班。"[1]这是中国大陆重建社会学初期的重要事件。

2019年12月26日,李沛良在香港中文大学的办公室回忆:"我记得那年5月底我和创楚要飞去北京授课,临行前又收到杨教授来信,其中有一段说:'你们之能去北京,去讲授被禁了三十年的社会学,是个创举,来之不易,深盼一切准备都能担当起这个历史性的任务。'"[2]

北京讲习班前后,杨庆堃尽力协助费孝通选拔学员出国深造。对此事,许倬云有所知,曾对助手回忆说,当时杨庆堃教授很不容易找了一笔钱,和费先生商量好,选一批社会学的好苗子出来培养。但到后来,确定人选的决定权不在费先生手上,另由他人决定。结果那次派过来的人,他们多不满意。最后成器者寥寥无几。费孝通对此颇感无奈。

那段时间,费孝通的时间、精力主要用于重建社会学的师资培训、教材编写、设立机构、恢复招生等事务性工作。他还在北京市宣武区(今属西城区)试办社会调查基地,指导社会学工作者对该社区居民做调查,从实践中培养专业人才。

为了帮助更多人了解社会学的应用价值,费孝通应邀到一些专业会议和行业学习进修班上,讲社会学在相应专业中的用途。他去全国机械学会谈"社会学和企业管理",去中国心理学会医学心理学进修班,"与精神病医师谈社会学"。他的"目的在促进各应用学科间的协作"。

一位素有国际声望的老学者,像是一个社会学科普辅导员,一遍遍解说社会学的用处、益处,希望为这门学科吸引更多关注者、求知者。他内心隐忍着一种痛切。"事实告诉我们,一门学科挥之即去是做到了的,要呼之即来却不那么容易。"[3]

除了学科体系要求的社会学重建工作,还有社会常规运行和发展要求的具体服务事务。费孝通记得清楚,"我们提出了要重建社会学之后,第一个找到我们门上来的是江苏省的公安厅。他们说公安就是公共的安全。社会秩序不好,解决问题不能只靠抓人,要做到无人要抓才是好的

---

[1] 李沛良:《中国社会学的重建与"两岸三地"的交流》,周晓虹主编:《重建中国社会学:40位社会学家口述实录:1979—2019》(上),商务印书馆2021年5月第1版,第48页。
[2] 同上。
[3] 张冠生采写:《世纪老人的话:费孝通卷》,辽宁教育出版社2003年6月第1版,第130页。

公安局。怎样才能使得没有人犯罪，能不能叫偷东西的人不偷呢？这些问题我们没有学，需要请教社会学"[1]。费孝通说，在社会基层实干的人，往往更能懂得社会学的价值。

（三）

1980年初，中国社会科学院社会学研究所成立，费孝通出任该所所长。

1980年春，费孝通第三次访问美国，参加在丹佛举行的国际应用人类学会年会。他接受了该会颁发的马林诺夫斯基纪念奖，作了题为"迈向人民的人类学"的演讲。他的讲词庄重、恳切，带着重建社会学初期对国际学术交流的热切期待。

他说："在这样一个时刻，千里迢迢，远涉重洋来到这北美胜地丹佛，接受应用人类学学会给我今年的马林诺夫斯基纪念奖，我的心情已经远远超过了寻常的欣慰和感激。这一时刻把我带回到了四十二年前我和我的这位在我一生的学术事业上打上了深刻烙印的老师分手时的情景。他再三叮嘱我，一定要把对中国社会文化的研究继续下去。他对我们中国人民和中国文化怀着深厚的同情和爱慕，具体地表现在他对我们这些中国学生的那种诲人不倦、关怀体贴的教育上。他希望他所创导的社会人类学的研究方法也能在中国的社会科学的园地里做出可能的贡献。"[2]

从1938年师徒二人伦敦分手，到1952年社会学在中国大陆被取消，费孝通所做的学术工作对得起恩师栽培。后来的历史曲折，谁也没有料到。

在费孝通人生经验中，历史向他这样的学者提出了很高要求，给的却是十分苛刻的条件。他说起的"四十二年"时光，有一半处于可悲的学术空白。

"时至今日，就我来说，岁月飞逝，成绩安在！在这一时刻，要我

---

[1] 费孝通：《开展社会学研究》，《社会学的探索》，天津人民出版社1983年6月第1版，第411页。
[2] 费孝通：《迈向人民的人类学》，《民族与社会》，天津人民出版社1985年8月第1版，第64页。

来接受以纪念他的名义授予我的荣誉,除了深深地感到惭愧之外,我还能说什么呢?更使我不安的是在这位老师的巨星陨落之后不久,世事的变化使我和海外同行长期阻隔。今天又能欢聚一堂实属喜出望外,但试问我能带些什么来奉赠给久别重逢的老友呢?如果朋友们容许我冒昧地利用这个讲台来叙一叙我个人这多年来从事社会人类学或社会学这门学科的经历和体会,我将感激你们的宽容,这种私人间的恳谈其目的无非是在疏浚那一度被堵塞的思想渠道,为今后的切磋砥砺扫除一些障碍。但愿别久增情谊,枝异见新妍。"[1]

情感充沛的演讲中,费孝通把自己作为一个人类学家的基本立场、观点、主张和追求表达得异乎寻常的鲜明、透彻而充分。这篇讲词在他的著述中独树一帜,成为领略费孝通在国际高层学术讲坛讲演风采不可多得的文本。

"用社会科学知识来改造人类社会";"走出关闭着的理论家的书斋进入人类学开阔的园地里的新鲜空气";"充满着悲欢离合、动人心魄的戏剧般的人生的舞台";"人类学一定要成为一门应用的科学";"为历来被侮辱为还不够人的标准的那些'野蛮'、'未开化'的化外之民恢复了人的尊严和地位";"人类学开始转变为一门为建立一个民族平等的世界,为各族人民发展进步而服务的科学"……

上述表述遍布于这篇讲词中,有效地揭示出社会人类学强烈吸引费孝通心志的巨大魅力,也可以使人体察他被强行剥夺研究条件的二十多年里内心深藏的苦楚。同时,预示了费孝通"第二次学术生命"中贯穿始终的思想主题和人生追求。

这篇讲词还透露出,费孝通当时重读了马林诺夫斯基的一些著作。在操办重建社会学大量事务工作的同时,费孝通在读书,在"补课",为下一步的研究工作做应有的准备。

重读马林诺夫斯基的书,意味着费孝通仍向往田野调查。更深一层,是他要汲取老师的思想资源,思考重建中国社会学的学科定位、服务对象、研究方法等问题。如果用费孝通式的连续问句表达,不妨尝试

---

[1] 费孝通:《迈向人民的人类学》,《民族与社会》,天津人民出版社1985年8月第1版,第64—65页。

着模拟如下:

重建社会学的任务为什么是在这个时候提了出来而不是别的时候？现在的世界是个什么样的世界？中国是个什么样的中国？中国社会学的位置在什么地方？我们这些社会学研究者的位置在什么地方？社会现实正在给社会学研究提供哪些素材？其中提出了哪些课题？这些课题中的重大问题或关键问题是什么？我们应该去做哪些事情？怎样去做事情？把事情做到什么地步才可以说社会学算是重建了起来？……

费孝通很明白中国社会学先天不足、后天失调的状态。他说："我们中国社会学自西方传入时，也不很成系统，内容并不清楚，大家也都在摸索，但还是努力进行了不少有价值的工作。本来是一个先天不足的年轻学科，经过中断近三十年的打击，到1979年再重建时，为了尽快培养新人，短期内要把学术机构建立起来，只好采取'先有后好'的方针，所以我说这个学科的问题还不仅仅是需要创新的问题，还要认真补课。"[1]

一门学科可以挥之即去，却无法招之即来。这是费孝通说起重建社会学话题时多次重复的一句话。"重建"就是从头做起。从组织结构看，须有学系、学会、研究机构、图书资料中心、学刊和出版机构，此为"五脏"。从知识架构看，须有概论、方法、社会心理学、城乡社会学、比较社会学、国外社会学等学科的系统知识做支撑，此为"六腑"。费孝通用"五脏六腑"做比喻，也是他"第二次学术生命"从概念到情感在学科上的投射。

中国大陆重建社会学的消息，很快引发海外反响。金耀基说："内地重建社会学的过程中，……最早的支持来自杨庆堃教授。杨教授和费孝通先生是早年同学，在我的印象中，当时是他主动和费孝通联系上的。……杨庆堃他们与费先生在重建社会学上一拍即合。那时候国际社会学界对费孝通非常推崇，虽说费老的专业已经荒废了很久，但是他作为中国社会学的象征是举世公认的。"[2]

---

[1] 费孝通:《重建社会学与人类学的回顾和体会》,《费孝通文集》第15卷，群言出版社2001年12月第1版，第75页。

[2] 金耀基:《探索现代中国的伟大转型》，周晓虹主编:《重建中国社会学：40位社会学家口述实录：1979—2019》(上)，商务印书馆2021年5月第1版，第25—26页。

2005年，岭南大学校友会《岭南校友》编辑部编印《纪念社会学家杨庆堃教授》一书，费孝通在"代序"中说："1979年我到美国去，看见了我燕京大学的同学、前广州岭南大学社会学系主任、当年匹兹堡大学功勋教授杨庆堃先生，讲了政府叫我组织社会学的重建，我很困难。我说这个任务怎么办呢？他替我出主意，做了一个计划。他说第一步，要培养一批能教社会学的人，重新办起来。不要恢复我们过去的东西，而是重新把社会学在中国建立起来。怎么去培养一批人呢？便宜的办法是我们借助他们打下的基础，在香港、在美国打下的社会学的基础。这有两个地方，一个是匹兹堡大学，一个是香港中文大学。……我听他的建议，回来之后想出各种办法来。在八十年代我们开始办第一、二期讲习班。没有他的帮助，我当时的起步不可能那么快。"[1]

从1980年暑期开始的几年里，由费孝通主持，每年开办"社会学专修班"。通过紧张、浓缩、示范等速成方式，大约培训了三百人左右。

李友梅参加了1981年的专修班。她说："那时社会学学科自身需要补课，最紧缺的就是教师队伍。为了解决社会学师资队伍的空缺问题，在费先生的召集下，南开大学哲学系组织从全国各高校文科中选拔高年级学生和青年教师去学习和进修，……费先生为专业班邀请了国内外著名的社会学家授课，其中有美国哥伦比亚大学的布劳教授、美国纽约州立大学的林南教授以及国内的雷洁琼、吴泽霖、林耀华、袁方等一批社会学前辈。强大的师资力量保证了专业班授课的水准和质量，特别为我们这些刚跨入社会学的'外专业'的学生打开了专业之门。"[2]

专修班学员接受学科启蒙过程中，时有震撼。彭华民说，"从前我们的老师都是讲马克思主义理论，讲别人的观点，突然有一位教授站在这里讲他自己的理论，分析人的行动，太吸引人了。……林教授从头到尾给我们输入了一整套实证主义的研究方法。……中国社会学重建开始的时候是实证主义占上风的"[3]，这显然与费孝通的学术理念、主张与实

---

[1] 金耀基：《探索现代中国的伟大转型》，周晓虹主编：《重建中国社会学：40位社会学家口述实录：1979—2019》（上），商务印书馆2021年5月第1版，第25—26页"脚注"。
[2] 李友梅：《不断从实求知，推进中国社会学话语建设》，周晓虹主编：《重建中国社会学：40位社会学家口述实录：1979—2019》（上），商务印书馆2021年5月第1版，第389页。
[3] 彭华民：《中国社会学重建的宏观叙事与个人体验》，周晓虹主编：《重建中国社会学：40位社会学家口述实录：1979—2019》（上），商务印书馆2021年5月第1版，第533—534页。

践是一致的。

2019年，南京大学社会学院启动中国社会学重建口述史研究项目，彭华民受访时回忆道："我本科经济学老师教我们从《资本论》中的一个观点演绎到中国社会主义经济应该怎样发展，是逻辑推演，极少实证；而到了社会学这里突然发现应该从实证资料分析中得出结论，实事求是，感觉完全是一个新学术天地。"[1]

指导专修班培训的同时，费孝通组织编写基础教材《社会学概论》。他提出明确的编写原则："我们在编写教材时，首先要实事求是，从中国的实际出发，以认识中国社会为目的，写出符合我国国情的，具有中国特点的教材。要达到这一要求，编写者必须要走向社会，进行社会调查。中国的社会学离不开对中国社会的调查。离开了生动、丰富的中国社会现实，社会学的内容就必然空洞无物，从根本上说也就失去了存在的意义。"[2]

在费孝通指导、督责下，这一原则明显也适用于设系、开课、编刊等方面的"重建"要求。

1985年，国家教委召开社会学学科会议，确认"重建"工作已初步完成草创阶段任务。费孝通说：戏台已经搭成，且看演员们各自表演了。

## （四）

1981年6月，费孝通接到伦敦政治经济学院弗思教授一封信。弗思得知费孝通获奖的消息，建议他在领奖时要做的赫胥黎讲演中谈谈江村1936年以来的变化和看法。

此前，费孝通已得到英国皇家人类学会邀请他接受赫胥黎纪念奖章的通知。

弗思的建议和费孝通的想法不谋而合。一年前，费孝通在宣布为他正式"改正"的座谈会上说过，他有两笔欠账要偿还，第一笔就是关于

---

[1] 彭华民：《中国社会学重建的宏观叙事与个人体验》，周晓虹主编：《重建中国社会学：40位社会学家口述实录：1979—2019》（上），商务印书馆2021年5月第1版，第535页。
[2] 费孝通：《社会调查自白》，知识出版社1985年8月第1版，第72—73页。

江村历史变迁的后续记录。

1981年10月1日，费孝通实现了三访江村的愿望。

费孝通的实地调查，命运注定了时间跨度的漫长。以江村为例，从1936年初访到1957年重访，隔了二十一年。从重访到三访，又过去了二十四年。

江村档案材料里，保存着费孝通三访江村经过的概要记录。

"他于国庆节偕其姐姐费达生和中国社会科学院社会学研究所的吴承毅、王康、林友苏等几位同志赴开弦弓村访问。他们乘坐在迎接他们的小轮船上，从震泽至开弦弓村，十二华里路花了一个半小时，都感到交通不便。费孝通对庙港乡党委书记徐胜祥说：'若要富，先修路。交通不便，经济就发展不起来。'乡党委领导立即表示了要筑公路的愿望。（后经费孝通向江苏省政府有关领导建议，在省市交通部门的关心和支持下，1982年底开弦弓村通了汽车。）这次访问由于时间紧迫，费孝通一行在开弦弓村只耽了四天。他们向干部群众询问农业、多种经营、乡村工业、土地、人口、文化教育、经济收入、家庭结构和生活方面的情况。费孝通感到农民不仅已解决了吃饭问题，而且还有了钱花，非常高兴。"[1]

"他们参观了1968年重建的村缫丝厂，察看了产品的质量等级。费孝通边看边说：'乡村工业一定要讲究质量。'还自豪地告诉乡里的人，开弦弓村的白厂丝三十年代时在国际上就有名气了。费孝通看到工厂里设备落后，规模较小，就对乡里领导同志讲，要提高技术，加强管理。（后来由费孝通出面向苏州丝绸工学院求援，1982年11月他那时年七十九岁的姐姐费达生带领丝绸工学院杨志超教授等专业人员到开弦弓村缫丝厂对干部职工进行培训。乡里还派十六名高中生到丝绸工学院培训。）"[2]

四天调查时间，和1957年葛迪斯访问江村的时长一样。但费孝通是本乡人，自有便利。更重要的是，葛迪斯是借《江村经济》书中文字对比现实，费孝通是重返同一现场，在近半个世纪的三次亲历中见证变

---

[1] 资料来源：开弦弓村委会《费孝通访问江村概述》（油印本），未公开出版，第3页。
[2] 同上。

迁。再二再三访问同一地方,是费孝通一生实地调查的突出特点。

自费孝通重访江村后,村里从1958年开始,像中国农村许多地方一样,建立了人民公社。"大跃进"时期,生产上的过高指标超出实际生产能力,经济上的平调政策挫伤了农民生产积极性。农业生产受挫,粮食减产,农民收入减少。1960年全国因浮夸风陷入困境时期,江村也曾出现人口外流谋生的情况。

1962年到1966年,是江村经济恢复和发展时期。村里粮食增产,蚕桑发展,传统副业有所恢复,人均年收入在1966年达到119元。费孝通说:社员们至今把1962年作为生活进入富裕的转折点,他们说,"从那年起我们每天吃三顿干饭"。

1966年到1976年,全国动乱时期,江村经济陷入停顿状态。当时强调"以粮为纲",集体副业和家庭副业都受限制,粮食产量平均递增率大为下降,不到"文革"前的一半。人均收入水平一直徘徊不前,止于1966年的水平。

为增加收入,村民想过不少办法。1968年,他们在村里重建缫丝厂,由于技术和设备都不行,水平还赶不上费达生在抗战前建立的合作丝厂。"文革"结束后,乡村工业有了生长缝隙,也有了积累,从1978年开始扩充设备,更新技术,到费孝通三访江村,已逐步发展成一个有二百多工人的小型现代工厂。农民进厂挣工资,增加的收入远远高过农业劳作收入。1981年,江村农民人均收入接近300元。

农民收入增加,直接反映在日常生活中。温饱之后,青年人结婚时添置生活用品,盖新房子,这类事引起费孝通的特别兴趣。他说:

"我们参观过一家新房,……当场估计了一下全部用具和衣服的总值大约两千多元。这个数字曾经引起结婚费用太高的批评。过于讲究排场固然不好,但是也应当看到事实上这正是农村的生活资料更新的重要过程。[1]

"这三年来开弦弓村农民收入的增加,其中相当大的一部分是通过结婚的过程而消费在家庭生活和物质更新上的。……就在我们参观的新房隔间是老一代的卧室。在这间卧室里我看到的是我幼时所熟悉的我祖

---

[1] 费孝通:《三访江村》,《爱我家乡》,群言出版社1996年6月第1版,第43页。

母房里的陈设,我祖母是太平天国时嫁到我家的。我直觉地感到过去农村生活里生活物质基础更新率是这样缓慢,使两代卧室的对比如此之鲜明。"[1]

费孝通由此考虑一个大问题,"从全国来看,每年流入农村的货币达到几百亿元,用什么商品去满足农民的需要呢?因此我们有必要去调查研究农民需要什么"[2]。

比农民消费问题深一层的,是产业结构的变化。江村不仅重建和发展了当年缫丝厂,1979年,还新建了一个丝织厂、两家豆腐坊。费孝通捕捉到一个事实——"乡村工业的发展使这个农村集体经济结构发生了重大变化"。

这一变化是一个更大变化的苗头,表现出一个费孝通为之鼓舞的趋势。他认为:"在开弦弓村所见到的农村经济结构的变化在中国并不是个别的特殊现象。即使不能说中国几十万个农村都已发生这样的变化,但是可以说这是中国农村的共同趋势。"[3]

费孝通分析说,中国农村经济发展不平衡,穷队和富队差距相当大,按人均收入水平,最富的队已超过1000元,大约有四分之一的队却不到50元。富队所以能富,最普遍的原因是发展了副业和工业,凡是单打一种粮食的队大多数属于穷队。

他用江村的例子说明,"从农村经济结构中农、副、工三个方面来看,发展前途最大的显然是工业。乡村工业还可以分为两种,一种是用本地区所产的原料加工制造,例如从养蚕、制丝、织绸、刺绣,到制成消费品,直接在市场上销售。另一种农村工业是为都市里的大工厂制造零件。……由于乡村工业的发展,苏州地区有些突出的农村已经出现农村居民职业结构的重大变化,就是主要从事工业的人口在比例上超过了主要从事农业的人口,或是说在农村里用在工业上的劳动力已超过了用在农业上的劳动力。最高的记录已达到4:1的比例"[4]。

这是让费孝通惊喜的新鲜事实。方向上,合乎他的愿望。数据上,

---

[1] 费孝通:《三访江村》,《爱我家乡》,群言出版社1996年6月第1版,第43页。
[2] 同上书,第44页。
[3] 同上书,第47页。
[4] 同上书,第48页。

超出他的预期。他说这是"巨大进步"。

（五）

带着三访江村观察到的事实和对这些事实的思考，费孝通开始为期两周的三访英伦之旅。

他于1981年11月7日启程赴英。访问期间，东道主用国与国之间的应有礼遇接待他。举行会议时，先请中国驻英大使讲话。去参观一个地方，现场要升国旗。费孝通把如此高规格的待遇看作中国的荣誉，一介书生的学术工作可以发生实际的国际政治影响。

11月18日，费孝通又一次走进伦敦政治经济学院。授奖仪式上，他发表了题为"三访江村"的演讲。

"从青年时代踏进这门学科，我就已经向往的荣誉，经过了半个世纪坎坷的道路，到了垂暮之年，突然落到自己身上的时候，欣慰愧赧可能是形容此时内心感受最适当的语词。去年英国皇家人类学会通知我，要我在今年冬季到伦敦来接受赫胥黎纪念奖章是完全出乎我意料的。古人云，'人贵有自知之明'。以我学术上的成就来说，我决不敢妄想和从这个世纪开始时起接受这奖章的任何一位著名学者相提并论。但是我一想到这个光荣榜上开始列入中国人的姓名时，我感到衷心喜悦。这表明了英国皇家人类学会的学者们怎样重视这门学科。今后的发展将有赖于全世界各国、各民族的学者们的共同努力。"[1]

接下来的讲词中，费孝通表示他愿意"讲一些只适合于朋友间茶余酒后的谈话，为大家摆一摆这个已经为西方学者熟悉的开弦弓村半世纪来的变化、当前的问题和今后的前景"。他用自己调查到的数据和事实，从历史、土地、人口、粮食产量、家庭副业、乡村工业、人均收入、分配原则、生活水平、体制沿革、经济结构乃至教育、医疗、婚俗等方面，具体讲述了江村在近半个世纪里发生的历史变化，表达出中国农村工业化在方向和方式上的乐观前景。

他的讲演远远超出了"茶余酒后"的分量。"中国农民的代言人"

---

[1] 费孝通：《三访江村》，《爱我家乡》，群言出版社1996年6月第1版，第31页。

风采依旧。

费孝通说，他在江村看到的农业、副业、工业三者之间在经济总量中比例的明显变化，以及在苏州一带了解到的农村居民职业结构所发生的重大变化，使他"觉得特别兴奋"。他在四十多年前初访江村后所设想的目标，经过数十年的历史曲折，开始出现在现实中。更重要的是，这一现实为今后中国宏观经济特点显露了苗头。

费孝通当年主张工业下乡，是想推动多种多样的工业生产尽可能广泛地分散到广大农村中去，避免工业生产过分集中在城市的局面。应该说，在乡土特点明显的中国，在具有几千年农工相辅历史传统的农村，这是符合实际的发展路径。若能实现工业分散在农村发展，既可以增加工业在国民经济中的比重，在人口分布上又不至于过分集中，避免产生大量脱离农业生产、农村生活的劳动者。费孝通认为，在这个意义上，中国乡村工业将是具有强大生命力的经济发展生力军。它将为具体实现工农结合、逐渐消除工农差距和城乡差距开出切实有效的发展道路。

改革开放初期，在国际学术讲坛上，费孝通以实地调查中的可见事实为依据，对中国农村工业化现实进程做出客观描述和乐观展望，应该是相当引人注目的话题。

1947年1月30日，也是在伦敦政治经济学院讲台上，费孝通依据他在禄村、易村、玉村实地观察到的大量事实，依据魁阁的丰富研究成果，告诉西方世界里关注中国农民命运、关注中国命运的人们，当年"在中国，现代技术并没有带来物质生活的提高，相反的，在国际的工业竞争中，中国沦入了更穷困的地步。现代技术所具破坏社会完整的力量却已在中国社会中开始发生效果。未得其利，先蒙其弊，使中国的人民对传统已失信任，对西洋的新秩序又难于接受，进入歧途。在歧途上的中国正接受着一个严重的考验"[1]。

从1947年到1981年，中国经历的"考验"连绵不断，一直持续到十年浩劫结束。据研究者统计，1949年政权鼎革之后，"文革"结束之

---

[1] 费孝通：《中国社会变迁中的文化结症》，《乡土重建》，观察社民国三十七年八月初版，第14页。

前,曾有五十多场政治运动。每一场,费孝通都是亲历者。这样的考验,是出乎他意料之外的。当年说"严重",后来即便"严峻"也不足以描述。到1970年代中期,已"濒临崩溃",严重考验已蔓延成生死考验。好在上天有道,不为尧存,不为桀亡。中国经受住了严峻到或许是人类史上绝无仅有的空前考验。

费孝通在三访江村过程中见证的事实,为这场赫胥黎纪念讲演灌注了足够自信。此后发生在中国农村工业化进程中的事实,持续证实费孝通有关发展乡村工业主张的合理性和预见性。他用"及身见梦"表达自己内心的无上安慰。

当年,费孝通在伦敦政治经济学院写博士论文,向西方读者讲述中国农民生活的故事。如今,费孝通在伦敦政治经济学院作学术演讲,告诉关注中国命运的人们,中国人民已终止歧途,正进入改革开放新时期,开始步入农村工业化的史诗般进程。中国农民的生活正在开始历史性的变革。

伦敦政治经济学院,似乎是上天为费孝通准备的应许之地。

1938年,费孝通在伦敦政治经济学院写《江村经济》,预言"这种悲剧在建设我们的新中国过程中是不可避免的。这是我们迟早必然面临的国际问题的一部分。……内部冲突和巨大耗费的斗争最后必将终止。一个崭新的中国将出现在这个废墟之上"[1]。

1947年,费孝通在伦敦政治经济学院演讲"中国社会变迁中的文化结症",期待"世界文化史中可能再有一次文艺复兴。这一次文艺复兴也许将以人事科学为主题,中国和其他东方国家传统可能成为复兴的底子","也许我们几千年来在这方面的研讨和经验,未始没有足以用来参考的地方"。[2]

1981年,费孝通在伦敦政治经济学院的赫胥黎纪念演讲即将结束的时候,当众许下一个心愿。他希望,到1986年,即初访江村的第五十个年头,由他根据江村五十年历史变迁中的第一手资料写出《江村经济》续篇,即设想中的《江村五十年》一书,送到在座的朋友们手上。

---

[1] 费孝通:《江村经济》,江苏人民出版社1986年10月第1版,第202—203页。
[2] 费孝通:《乡土重建》,观察社民国四十八年八月初版,第15页。

费孝通透露说："我这个希望的根据是我们中国社会科学院的社会学研究所在我出发来伦敦之前已经做出决定，将在开弦弓村建立一个社会调查基地，一个可以进行继续不断地观察的社会科学实验室。如果这个社会调查基地能顺利地建成，通过年轻的研究工作者的集体努力，我相信刚才许下的愿是可以实现的。"[1]

---

[1] 费孝通：《三访江村》，《爱我家乡》，群言出版社1996年6月第1版，第49页。

## 二 "草根工业"与小城镇

### （一）

1982年1月6日到14日，费孝通第四次访问江村，继续调查乡村工业和中国农村发展相关问题。在他心目中，这是中国社会变迁的核心话题之一。他的关注和研究，始于青年时期，1957年被迫中断，"改正"之后，有了接续前缘的条件。

费孝通1930年代中后期开始关注乡村工业。1980年代中后期，中国乡村工业蓬勃兴旺，进入快速发展期。半个世纪过去，乡土重建仍然是中国社会发展的基础问题。费孝通始终怀有急迫心情，也始终明白急不得。它是需要当下着手的现实问题，又是会被拖得很久的历史难题。

1948年6月19日，在清华园胜因院宿舍楼上，费孝通在《乡土重建》书稿结尾处写道："我这本《乡土重建》能完全不成为一个幻想么？我不敢说，因为现实告诉我们，我们讲'重建'还太早，洪流正在冲洗，《劫后灾黎》的'后'字还用得不太切当。乡土要重建必须有一个前提，那就是有一个为人民服务的政府。……有一天重建乡土的前提存在了，我这里所提出的问题还是要我们细细研究的。……也许早一天把这些问题着手研究，到重建的时候到来时，不致完全靠一时的冲动去应付，而遭受许多不必要的损失。"[1]

《劫后灾黎》是吴景超写的一本调查日记。1946年，他受国民政府行政院善后救济总署（简称"行总"）蒋廷黻委托，访察贵州、广西、

---

[1] 费孝通：《乡土重建》，观察社民国三十七年八月初版，第168—169页。

湖南、广东、江西五省灾情,写下沿途万余里见闻实录。[1] 抗战方胜,内战又起,党争诉诸武力,天灾人祸,民不聊生。费孝通认为,黎民还在"劫"中,这书名中的"后"字说早了。再说,当年政府也不是为人民服务的政府,乡土重建无从谈起。

数十年后,费孝通三访江村时,想起当年提出的问题,他觉得到"细细研究"的时候了。他要回到1936年开始的题目里去。

中国农村经济发展面临的问题中,一个突出问题是人多地少。苏南地区人口密度在全国居前列,人多地少矛盾更突出。当地农民在长期生产和生活实践中,把种植业、畜牧业和手工业结合在一起,最典型的就是种桑、养蚕和缫丝。费孝通说,苏南农民的活路,一半靠在副业上。

据他当年调查数据,农民的生活是吃用各半,吃饭靠农业,另一半需求靠副业。男耕女织,农副相辅,这种结构是自然形成的经济结构。也因为有这个结构,苏南地区成了世人眼里的"天堂"。天堂里的农民,命根子分两半,一半拴在土地上,另一半拴在副业上。随历史发展,工业来了。从副业到工业,怎么衔接、过渡和转换?这是新问题。

费孝通热切关注农民的实践,老而弥笃。他加密访问江村的频次。1982年10月,第五次访问。1983年5月和10月,第六、第七次访问。1984年10月,第八次访问……跟踪现实,追溯历史,察过程,看变化,找原因,说道理。他确信,农民为改善生活,一定会找到办法。

1949年政权鼎革后,有个时期,规定农民只能种粮食,不准搞副业。最厉害的时候,任何副业都是"资本主义尾巴",要统统割掉,"七种八养九行当"都被禁止。苏南地区农民另想办法,开出新路,从60年代末开始兴办社队工业,从工业里取得过去出自副业的收入。

1985年7月,费孝通第九次访问江村,他依据多年追踪、记录的实况,向读者报告:"在农民眼光里,社队工业是开辟增加收入,满足生活需要的一个新的副业。它的作用与过去在家里饲养几头羊并无差别,至于手段和形式的不同是另一回事。因为副业的本性就是易变,什么收益最大就搞什么,怎样搞赚钱最多就怎样搞,七种八养九行当轮着

---

[1] 吴景超:《劫后灾黎》,商务印书馆民国三十六年二月初版。该书正文第一页就有记载,"东溪的街上多乞丐,饭馆门前的两旁,都占满了。我们的筷子刚放下,便有四个小乞丐,一拥而前,把菜汤剩饭,一齐倒在他们的饭碗里"。

转。"[1]

"副业的项目变化不定，社队工业也可以经常换牌子、转产品，……家庭副业的收入是由所有家庭成员分享的，社队工业也在社或队的范围内搞利益均沾，招工一户一工，工资尽量缩小差距，保证收入均摊。搞副业只求收入，讲究勤快，而不计成本，缺乏精密计算的效益概念……凡此种种，与现代工业的特征相背离而使人费解的事，在农民看来极其自然，理应如此。道理就是工厂并不是别的东西，只不过是他们自己的又一副业阵地而已。"[2]

连续数年追踪调查，费孝通持续见证着乡村工业的坚韧生命力，认知也在加深。

从1930年代中期到1980年代初期，他主要从中国农村社会的乡土特性去辨析农民增加收入的出路。1980年代中期，他把中国乡村工业发展放到国际背景上，从中国农民群众的创造性实践中看出了一条中国工业化道路。在《九访江村》一文中，费孝通说："在初期短短几年里，苏南的社队工业到处蔓延，落地生根，历经艰险而不衰。社队工业的这种强盛的生命力和普遍的适应性，不能不使人联想到那野火烧不尽、春风吹又生的小草，草根深深地扎在泥土之中，一有条件它就发芽，就蓬蓬勃勃地生长。这种社队工业，可以称作草根工业。"[3]

费孝通认为："与西方工业革命的历史相对照，草根工业无疑是中国农民的一个了不起的创举。西欧工业的发生，一股出自城市侵入农村的力量把农村作为工厂的猎地，农民变成工业发展的猎物。而中国的农民却发自一股自身内在的动力，……他们有力量冲破资本主义工业发展初期的老框框，他们根据自己的生活需要去改变工业的性质，让工业发展来适应自己。在草根工业中，农民表现了充分的主动性，这不是当今中国社会的一大特点？"[4]

切实推动草根工业发展，对于费孝通具有特殊意义。

---

[1] 费孝通：《九访江村》，《费孝通学术精华录》，北京师范学院出版社，1988年6月第1版，第85页。
[2] 同上书，第85—86页。
[3] 同上书，第86页。
[4] 同上。

1930年代，他在《江村经济》中确认，"社会科学应该在指导文化变迁中起重要的作用"。

1940年代，他带领魁阁团队，兵分多路，深入社会变迁现场，积累"指导"所需资本。

1950年代，他在大学改造、院系调整、知识分子调查、重访江村和恢复社会学的呼吁中再做努力。

经过1960、1970年代的沉默期，1980年代迎来历史机遇，费孝通蓄积半个世纪的热忱终得释放。他奔走，他观察，他记录，他思考，他言说，他书写，他顶得住长年鞍马劳顿，也经历了又一轮政治压力。

费孝通说："那时江苏搞了社队企业，受了很大压力。……争论得很厉害，甚至要否定了。在无锡会议上是否定了。""江苏省委在我们去之前，1982年在西康路39号开了一个月的会。这里面很有意思的。"[1]

事实上，当时高层有争论，草根工业一度遭受非议和压制。费孝通没有停止发声。他利用多种机会，凭借调查到的第一手资料，以令人信服的实例为发展乡土工业大声疾呼。

在费孝通步步追踪过程中，草根工业一步步顽强发展，创造了巨量物质财富，增强了地方经济实力，有效提高了农民生活水平。事实胜于雄辩。

费孝通记忆中，"经过一段时间的观察，逐步走上被肯定的结果"。也是邓小平提出"黑猫白猫"话题的效应。高层人物纷纷出面说话。费孝通说："提得最高的是薄一波同志。以前他是不相信的。他说：'这样子发展下去，可以出奇迹。'胡启立同志说'大有希望'，'是中国式的社会主义道路'，'必由之路'。……耀邦同志讲了三句话：农民致富之道；国营企业的重要补充；国民经济的重要力量。"[2]

邓小平也表态了。他称"乡镇企业异军突起"，一言九鼎。草根工业赢得正名——乡镇企业，名正言顺，可以放胆、放手去干了。

顺着乡镇企业星火燎原的势头，费孝通从长江三角洲追踪到珠江三角洲。

---

[1] 张冠生记录整理：《费孝通晚年谈话录》，生活·读书·新知三联书店2019年5月第1版，第657页。

[2] 同上。

1984年7月，费孝通应邀访问香港。他在《港行漫笔》一文中说，在港逗留期间，他最感兴趣的是香港新兴的小型工厂。在九龙东边的工业区观塘镇，他看到了与内地常见的工厂格局大异其趣的生产场面。香港工厂有很多都和居民住宅一样，挤在一座座多层大楼里。有的一层一厂，有的一层多厂。费孝通名之曰"蜂窝厂家"。他说自己当时产生了一个念头，想有孙悟空的本领，吹上一口仙气，把这些挤在多层大楼里的"蜂窝厂家"吹散到内地的广大农村中去，让它们变成无数个乡镇企业。

当时，珠三角一带许多乡镇里，已出现费孝通希望从香港"吹"到大陆的那类工厂。1988年，费孝通访问东莞，看到自己几年前的想法在当地已成现实。他立即跟上珠三角乡镇企业发展现实。中山、顺德、东莞、佛山、南海、花都、阳江、广州……一城一池跑，一乡一镇看。他从事实中看到，珠江三角洲上的这类加工企业，几乎都是从香港过来的，其中大部分是原来挤在香港大楼里的"蜂窝厂家"。

香港和大陆两地之间在工人工资、土地价格上的明显差额，推动了产业转移。港商把加工、制作、装配等工序放到珠三角地区，把订货、备料、核算、营销等业务留在香港，等于在香港开店，在大陆办厂。费孝通称这种格局是"前店后厂"，是1980年代珠三角乡镇企业一大特点。

相对于以社队集体工业为特征的"苏南模式"，费孝通提出了"珠江模式"概念。

从"苏南模式"到"珠江模式"，费孝通追踪着中国乡镇企业的发展变化。

1992年9月25日，费孝通在香港中文大学举办的首届"潘光旦纪念讲座"发表演讲，题目是"中国城乡发展的道路——我一生的研究课题"。他举证说，中国乡镇企业的总产值1991年已超出一万亿元，与当年的国营企业平分秋色，成为中国经济的"半壁江山"。

从发展速度看，乡镇企业从千亿产值发展到万亿产值的时间，是从1984年到1991年，用了七年；中国大陆的社会总产值从千亿增长到万亿的时间，是从1952到1983年，用了三十年。中国社会长期延续的"农村搞农业，城市搞工业"的经济结构发生了历史巨变。

亿万农民在国家没有投入的情况下，创造出巨量财富，自我完成了从农民到工人的角色转换。约有一亿农业劳动力转移到乡镇企业，相当于1950年代初到1980年代初三十年间中国城市工业吸收劳动力的总合。[1]

1998年5月20日，费孝通做福建南安实地调查，听说当地辉煌阀门厂准备从重庆下岗工人中招收二百多人到厂工作，他评价这是与国有企业的合作，是乡镇企业的新贡献。他说："我是最早讲发展乡镇企业的人，现在是'异军突起'了，成了大事业。事业是中国农民干出来的，不是我的功劳。但可以说像我这样的知识分子出了力量，讲了实话，政府也看到了效果，形成了共识，并且形成了一条大政方针，解决了一个大问题，出来了一个国家经济的支柱。"[2]

## （二）

1936年，费孝通初访江村时，留意过航船的功用，意识到这个水乡和外部世界的联系，从这种联系中观察集镇在农民生活和农村经济中的地位、功能。

《江村经济》中专列小标题谈"贸易区域和集镇"问题，费孝通说："每个贸易区域的中心是一个镇，它与村庄的主要区别是，城镇人口的主要职业是非农业工作。镇是农民与外界交换的中心。农民从城镇的中间商人那里购买工业品并向那里的收购的行家出售他们的产品。城镇的发展取决于它吸引顾客的多少。……航船的制度使这一地区的城镇把附属村庄的初级购买活动集中了起来，……"

集镇问题引发了费孝通的兴趣。当时他边养伤边调查，活动范围不宜再大。出国前时间有限，也不允许他把调查题目从江村扩展到集镇。费孝通把想法留在心中，他说，集镇将是一个有趣的研究课题，但是对这一问题的详细分析，需要对整个地区做更广泛的调查，不是当时的研究条件所能满足的。

---

[1] 参考费孝通著：《行行重行行——乡镇发展论述》，宁夏人民出版社1992年8月第1版"再版代序"。
[2] 张冠生记录整理：《费孝通晚年谈话录》，生活·读书·新知三联书店2019年5月第1版，第406页。

1948年，费孝通写《乡土重建》，又一次说起愿望中的集镇调查。"从乡村的研究里，我曾想逐渐踏进更复杂的市镇社区。可是因为种种限制，我并没有如愿以偿。我所计划的街集调查并没有实行。一直到现在我还在找求机会去实地研究一个市镇。至于比市镇更复杂的都会，我还不敢做任何具体的研究计划。"[1]

1982年初，费孝通四访江村，感觉到研究街集、市镇的时机相对成熟了，他提出一个水到渠成的课题——从农村升一级，研究作为农村政治、经济、文化中心的集镇。当时，吴江县的一些集镇刚刚露出一点从衰落转向复兴的迹象。

吴江的小城镇在历史上很有名气，"吴江七大镇"远近皆知。震泽的航船交通，盛泽的万匹丝绸，松陵的行政中枢，同里的私宅园林……在相当长的时期烟火繁盛，市井兴旺。但在1950至1970年代，吴江小城镇一度衰落。

费孝通对由盛而衰的原因分两方面看。从农村方面看，由于"以粮为纲"，搞单一经济，取消了商品生产，农民不再有商品到镇上去交换，小城镇自然失去了作为农副产品集散中心的物质和经济基础。从小城镇方面看，由于提出"变消费城为生产城"，搞商业国营化，集体和个体的经商活动受到限制和打压。镇上居民无以为业，不得不另找活路。小城镇留不住人，自然人口流失，烟火渐消，渐趋衰落。

1980年，中共中央总书记胡耀邦到云南做调查，看到保山县板桥公社的小集镇破烂不堪，场景凄凉。他在当年年底一次会议上提出了发展商品经济、恢复小城镇的课题。

1981年，费孝通到天津开会。在中共天津市委工作的李定把胡耀邦提出恢复小城镇的事情告诉了费孝通。费孝通悠然心会，及时把小城镇调查题目引入社会学重建工作。他提出"类别、层次、兴衰、布局、发展"的十字研究提纲，做出开展小城镇调查的系统研究计划，首先在吴江开始小城镇调查。

费孝通当初做江村调查时，有个希望认识中国农民生活的思想背景。四十多年后的小城镇调查，同样有借助微观调查认识中国全局的

---

[1] 费孝通：《乡土重建》，观察社民国三十七年八月初版，第152页。

愿望。

他说:"管中窥豹所见的毕竟是豹的一个部分。吴江县小城镇有它的特殊性,但也有中国小城镇的共性。只要我们真正科学地解剖这只麻雀,并摆正点与面的位置,……在一定程度上点上的调查也能反映全局的基本面貌。吴江县地处全国经济最发达地区之一的苏南,我们以吴江小城镇为调查点进行深入分析,或许是触到了小城镇问题的塔尖。所谓塔尖是指吴江县小城镇建设的今天有可能是其他地区发展的明天;现在在这里出现的问题有可能将来在别的地方也会碰到。假如我们对这些问题的发生、发展有一个科学的认识,那么对不同地区今后的小城镇建设无疑有指导和参考意义。"[1]

1983年春末夏初,费孝通用一个月的时间,对吴江十来个小城镇做初步调查,对其现状、历史和兴衰过程有了基本了解。以此为基础,他写出了调查报告。

1983年9月21日,江苏省小城镇研讨会在南京举行,费孝通讲了"小城镇 大问题"的道理。这是他的小城镇研究课题第一个标志性成果。这篇发言稿后来成为《瞭望》周刊1984年初连载的长篇调查报告,引起广泛关注。

在《小城镇 大问题》中,费孝通特别提到小城镇衰而复兴的动力问题。四十多年前,费孝通曾跟随江村的航船到过震泽,看到云集在镇区河道里的几百条航船。当时他把镇看作农民和外界交换商品的贸易中心,这是符合历史事实的。进入1980年代,见到吴江的小城镇开始复苏,他先想到是农副业商品生产和流通推动了小城镇走向复苏,后来发现是错觉。在吴江小城镇调查过程中,他根据看到的事实纠正自己的想法,明确表示,吴江小城镇兴盛的主要和直接原因,是农村工业的迅速发展。

吴江小城镇调查得到初步成果后,费孝通开始扩大调查范围。

1983年11月11日到12月6日,他随全国政协小城镇调查组,对常州、无锡、南通、苏州四个城市所属十二个县的小城镇做了调查。

1984年春,费孝通指导的调查工作从苏南地区转向苏北地区。他在

---

[1] 费孝通:《行行重行行——乡镇发展概述》,宁夏人民出版社1992年8月第1版,第4页。

二十天行程中对徐州、连云港、盐城、淮阴、扬州等地的小城镇做实地调查。这年仲夏和初冬，费孝通分两次调查了南京、镇江、扬州三市之间三角地带上的小城镇。

调查范围逐步扩大。费孝通接连写出《小城镇　再探索》《小城镇　苏北初探》《小城镇　新开拓》系列调查报告。他认为，小城镇可以成为中国走出的一条独特的城市化道路。

城市化是每个民族在现代化过程中都会碰到的现实问题。发达国家曾为此付出农村凋敝、农民流离失所的代价。中国的小城镇发展，表现出减轻代价、避免社会震荡的可能性。农村中大量富余劳动力就近在小城镇就业、安居，进入都市生活，大城市将因此避免民工潮的致命冲击，避免过分臃肿、无限膨胀的城市病。费孝通把小城镇比喻为"农村人口的蓄水池"，主张中国搞好小城镇建设，为第三世界国家探索出一条新路。

费孝通的小城镇主题系列文章引起有识之士关注。胡耀邦读后，专门写有一段推荐语。新华出版社把这一组文章集为《小城镇四记》，该书出版时，胡耀邦这段批语刊于该书扉页。

"发展小城镇这件事，我们党内许多同志还没有接触过，我也是蜻蜓点水，因此不可能有一致的看法，更不可能拿出一套正确的措施。既然拿不出，就不必急忙做决策，用简单的行政手段推行。凡属不成熟的事硬着头皮去干，事情必然成不了功。我在这方面吃苦头是很多的。但这本小册子是值得一看的。文字将近四万，太长了一点，但是好看。费老毕竟是一位有专长的学者。而这篇东西持之有据，言之成理，能给人以一定的思想启迪。"[1]

邓小平也觉察到中国小城镇发展的战略重要性，他说：农村改革时，我们完全没有料到的最大的收获，就是乡镇企业发展起来了，……解决了占农村剩余劳动力百分之五十的人的出路问题。农民不往城市跑，而是建设大批小型新型乡镇。

浙江温州龙港，是完全由农民建设起来的新型城镇。1982年，当地是一片渔村，人口不足一万。1984年成了镇的建制，定居者开始增加。

---

[1] 费孝通：《小城镇四记》，新华出版社1985年6月第1版，"序"前。

1986年，费孝通初访温州，镇区只有一条土路，但兴旺的工商业给他以深刻印象，人气在上升。1990年，龙港镇人口数量接近五万。1994年冬，费孝通重访温州时，全镇人口超过十三万。镇区高楼林立，马路纵横，主人可以邀请费孝通下榻于镇上的三星级宾馆了。

1995年春，费孝通到珠江三角洲访问东莞市清溪镇。该镇一度是"东莞的西伯利亚"，远离工商业中心，是珠三角起步相当晚的地方，1980年代后期才有较大动作。由于兴办乡镇企业，得以较快发展，原来不足三万人的清溪镇，在四五年间吸纳了十三万名外地工。

龙港、清溪这样的小城镇，在不长时间内，吸纳了数倍于原住民的农村劳动力进入城镇，从农业进入工商业，这样强大的吸纳能力，是大中城市难以想象的。如此成就在官方文件中只是数字对比，在费孝通眼里则是生动有趣、激动人心的现代化过程。持续多年的民工潮所以没有酿成大的社会动荡，是陆续兴起的千万个小城镇提供了足够有效的疏导渠道。

1994年8月31日，费孝通应邀赴菲律宾首都马尼拉，接受当年"拉蒙·麦格赛赛社会领袖奖"。授奖词说：费孝通为农村工业化提出"离土不离乡"原则，以小城镇为基础的工业化是提高农民收入和减轻大城市人口压力的有效途径，为中国经济繁荣打下了基础。

从1995年到1999年，费孝通继续关注小城镇发展，适时把农村城市化的题目从小城镇逐步扩展到中等城市、大城市和特大城市。1999年4月上旬到5月中旬，费孝通又回家乡江苏，从南京到苏州走了一趟。小城镇调查仍是此行的重要题目。

这次调查中，费孝通提出，发达地区的小城镇建设已到再上一个台阶的时候。现在应同时注意大中城市的发展对小城镇发展的辐射和带动作用。他说："我国人口众多，地域广阔，怎样'城市化'的问题，……恐怕还是要走大、中、小城市和村镇同时并举遍地开花的道路。……看来我们需要搞几个特大都市，更多的大城市和中等城市以及大量的小城市和小城镇来容纳更多的人口。"[1]

"我初步的想法，是以沿海的上海、香港、京、津和内地的重庆为

---

[1] 民盟中央委员会编：《中央盟讯》1999年第5期。

重点发展五百万到一千万人的大都会;以二百万到五百万人规模的大中城市为主体,带动辐射周边地区;以星罗棋布的几万个十万人上下的小城镇和几十万人上下的小城市为依托,承载下一步农业产业化进一步解放出来的富余劳动力和农村工业化的浪潮,形成中国农村工业化和城市化的全国多层次、一盘棋的合理布局。"[1]

---

[1] 民盟中央委员会编:《中央盟讯》1999年第5期。

# 三　古稀余年，行行重行行

## （一）

费孝通的社区研究，从1935年瑶山调查开始，经江村、云南三村、苏南乡村、江苏全域小城镇，追随着中国社会变迁步调，研究地域逐渐扩大，题目也在扩展。从村庄扩大到小城镇后，费孝通在追踪观察小城镇发展变化的同时，从1980年代中期开始，留意研究区域发展问题，进入更大范围的实地调查。

1996年，他回顾当时情况说："1984年我结束了对江苏的初步调查后，除了继续在江苏各地跟踪观察外，我的研究重点跳出了江苏。一路是沿海南下，经浙江、福建到两广；一路是进入边区，从东北过内蒙古入甘肃、青海，并访问了新疆和宁夏。此外还在沿海和边区之间中部地区的河南、湖南和陕西了解一些情况。到1988年底的足足四年多里，我东西穿梭，南北奔走，使我的思路得以开拓和提高。"[1]

费孝通社区研究地域的扩大，有意无意顺着行政区划层级逐步展开，从村庄到乡镇，从乡镇到县，从县到市，从市到省，从一省到多省，纵横中国大陆。越来越多的见闻和思索，使费孝通看到了超越行政区划界限的经济发展历史事实和现实状态。

1985年2月，中央政府决定，把长江三角洲、珠江三角洲和闽南三角地带开辟为经济开发区。消息公布后，民盟福建省委决定筹办"闽南三角地区经济技术开发研讨会"。费孝通当时已是民盟中央副主席，他对该会筹备工作予以热情支持，到会讲话，鼓励组织盟内专家参与地方经济建设的研究和咨询工作。他认为，开这样的会是民盟工作的创举，

---

[1] 费孝通：《学术自述与反思》，生活·读书·新知三联书店1996年9月第1版，第88页。

其他地方的民盟组织也可以举办类似活动。这类活动的实质，是动员民盟积聚的智力资源为经济和社会发展服务。

费孝通倡导这类盟务工作，既有学术兴趣，也有政治考量。他主张，作为中上层知识分子政治集团的民盟，为国家经济社会发展提供智力支持，是一种社会服务职责。

1986年3月19日，费孝通参加民盟中央执行局总结会议，在会上说："民盟究竟要做些什么工作？我的想法是，民盟要协助党做工农和知识分子联盟的工作。现在战略重点转移到经济建设上来，要搞经济建设，就不能没有知识分子。而民盟是知识分子政党中比较重要的一个。……知识分子愿做事，觉得条件不够，有力无处使，潜力大。要有使他们发挥力量的政治和物质条件。我们民盟就是为他们创造这些条件去工作。这是我们的历史责任。"[1]

1986年，费孝通参加民盟广东省委筹办的"海南黎族苗族自治州经济社会发展战略研讨会"，进一步表现出他在此类课题上的积极姿态。费孝通的社区研究进入区域发展研究阶段，福建、海南两个研讨会可谓序幕。

1987年，费孝通就任民盟中央主席。这年8月，他在甘肃做调查的时候，注意到甘肃和青海交界地的农牧过渡区。这个区域里，除汉族外，还有一些少数民族，如裕固族、土族、撒拉族、东乡族、回族等。他们生活在青藏高原和黄土高原之间，是大陆农业和牧业的过渡地带。经过实地调查，费孝通提出设想，发展这个区域的经济，需要借助它特有的历史传统，恢复起来一个农牧贸易基地，共同建设一个向青藏高原发展的贸易中心。

费孝通把设想讲给甘肃、青海两省党政领导听。按照他的思路去做，既有利于当地发展，也考虑到了全国格局。双方都有利，自然容易促成共识。有了这个基础，费孝通拟向中共中央、国务院正式提出设想，建立一个经济协作区，促进农牧两区域之间的贸易，带动当地经济与社会发展。费孝通说："这个建议在我的研究工作中标志着进入区域

---

[1] 张冠生记录整理：《费孝通晚年谈话录》，生活·读书·新知三联书店2019年5月第1版，第679页。

发展研究的开始。经济区域发展的概念丰富了我社区研究的内容。这使我意识到,八十年代后期,以此为标志,我的研究工作又进入了一个新的层次。"[1]

费孝通家乡在江苏,他熟悉东南沿海一带,又看了西北地区实况,两相对比,沿海和内地特别是边区发展不平衡的问题十分明显。费孝通认为,从共同富裕的要求看,东西差距事关全局。于是,费孝通提出有关临夏、海东两地合作建立经济协作区的想法后,就近扩大调查范围。

1988年夏,费孝通把甘肃、青海两省和宁夏、内蒙古两个自治区作为同一课题所涉地区,从区域发展角度做整体考察,形成初步设想。

从青海龙羊峡到内蒙古托克托,黄河上游大约一千公里河段左右辐射约百公里的地带,是中国西北地区经济文化相对发达的多民族聚居区。这片地区可以走协同发展的路子,就是利用黄河上游水量充沛、落差巨大、沿河矿产资源丰富的优势,以水电为龙头,发展原材料工业和深加工工业,稳定发展农牧业,在"共同规划,有无相济,互利互惠,共同繁荣"原则下,建设起一个大的经济中心,带动大西北地区生产力和民众生活水平整体提高。

费孝通将这一设想与上述两省、区党政领导做了充分沟通和协商,达成共识。

1988年7月11日至13日,"黄河上游多民族经济开发区建设研讨会"在甘肃兰州宁卧庄宾馆召开。费孝通带队,民盟中央多位领导人到会,与会相关省区领导也都表现出充分的积极性和迫切感。会后,费孝通以民盟中央主席名义和钱伟长副主席联名上书,向中共中央和国务院提出建议,建立"黄河上游多民族经济开发区"。这项建议很快得到批复,并下达中央政府相关职能部门具体筹划、落实,后因1989年政治风波而搁浅。

费孝通对这个开发区的寄托可谓雄心勃勃。他说:"把这一千公里黄河连起来看,提出建立十二个大型水电站,以解决这个地带的能源问题。由水电产生能源;能源推动矿山资源开发。通过资源开发带动这个'协作区'三千万人民的致富,从而促使整个区域的商品经济的良性

---

[1] 费孝通:《学术自述与反思》,生活·读书·新知三联书店1996年9月第1版,第298页。

循环。这个经济区启动的结果,将形成西北地区一个经济发展中心。这个经济中心的恢复和发展,更长远的意义就是重开向西的'丝绸之路',打开西部国际市场。从某种意义上来说,西部国际市场比东部国际市场更有潜力。东进的外向型经济发展,势必受到日本和亚洲'四小龙'这道屏障的阻遏,而西进中亚、西亚和中东地区,我们却有一定的优势。……我们完全可能建立一个很大的西部国外市场。"[1]

这是民盟中央通过区域发展研究参与国是的第一个较大动作,应该说是一次成功的尝试。此事前后,费孝通建议民盟中央组建"区域发展研究委员会",借助这一专门机构,积极推进这方面工作的开展。

1989年,民盟中央和山东省政府合作研究黄河三角洲区域发展问题。费孝通为此到黄河三角洲做实地调查。他记述心情:"站在黄河三角洲广阔的土地上,我想到了世界各国著名河口的三角洲多数已发展成为现代经济区,我国的珠江三角洲和长江三角洲也都已成为国内的经济发达地区。想着这些,我似乎亲身感受到脚下地层中正涌动着巨大的发展动力,也更清楚地意识到黄河三角洲是我国东部沿海地区一块亟待开发的宝地。同时又想起我提出过黄河上游多民族经济开发区的建设,接着再提出建立黄河三角洲开发区的问题,正好首尾相应。"

研究黄河三角洲具体开发思路时,费孝通发现,有个基本概念需要讨论,就是黄河三角洲的地域范围问题。他认为,过去说的黄河三角洲,实际上是黄河口的概念。三角洲应该是包括河口在内的一个经济区域。从自然地理上看,河口可以是一个区域。从经济区域上讲,就必须有"口"有"腹",而不能光有河口。

费孝通因此提出,可以考虑把稍远一些的潍坊、淄博划入黄河三角洲。这两个具有一定实力的中心城市,加上两市所辖农村腹地,将使黄河三角洲的开发更具力度。虽然这两个城市离河口略远,但从区域发展要有中心城市带动来讲,是合乎实际也合乎逻辑的。

这是一个可以举一反三的宏观思路。

---

[1] 费孝通:《全国一盘棋——从沿海到边区的考察》,《费孝通文集》第11卷,群言出版社1999年10月第1版,第331页。

## （二）

1992年，邓小平视察中国南方，把珠江三角洲和长江三角洲加快发展提到新的历史高度。尤其是上海浦东开放开发，更是举世瞩目。费孝通配合全局发展步调，及时提出了"上海走什么路子"的问题。

上海曾是东亚地区和世界闻名的大都会，是亚洲重要的金融和贸易中心，也是中国民族工业的一处重要策源地。改革开放后，邓小平提出在大陆建设几个香港的设想，使费孝通联想到孙中山当年在《建国方略》中设计的东方大港。

费孝通重读《建国方略》，依托一生实地调查的关怀和经验，参考多年区域发展研究心得，上海发展思路呼之欲出。他认为，"上海的发展宜更上一层楼，在更高层次上从区域经济发展的观点出发，考虑成为长江流域的贸易、金融、信息、科技、运输中心。换句话说，使上海在经济上成为长江三角洲和沿江地带工农业商品总调度室或总服务站，成为一个具有广阔腹地的内地香港"[1]。

这个基本设想形成后，费孝通在后续调查中查看事实，扩展思路，力求深思熟虑。

1990年"两会"期间，作为全国人大常委会副委员长的费孝通来往于上海、江苏、浙江等代表团驻地之间，与当地代表商讨发展大计。

4月初，费孝通写出了关于建立长江三角洲经济开发区的建议。

4月9日，他将这份建议提交中共中央。

4月10日上午，中共中央总书记江泽民在中南海第二会议室约见费孝通，就他的建议听取论证。据说费孝通连续谈了一个多小时，主要意见是：长江三角洲是我国与世界发生联系的枢纽地带。在这里建立经济开发区，对促进长江三角洲的发展，带动全国经济，具有重要意义。设想中的这个开发区，以上海为龙头，江浙为两翼，长江流域为腹地，通过陇海线大动脉沟通西北原材料基地和"三线"蕴藏的技术力量，带动全国经济健康发展。

新闻媒体及时报道了这次会谈。费孝通的设想赢得江泽民当场赞

---

[1] 费孝通：《学术自述与反思》，生活·读书·新知三联书店1996年9月第1版，第301页。

同。有理由相信,费孝通的建议在后来关于开发浦东的战略决策中起到关键的论证作用。

1996年5月,费孝通参加各民主党派中央、全国工商联领导人和无党派代表人士对京九铁路沿线地区的考察活动,随考察团先后访问河南商丘、安徽阜阳、湖北麻城、江西井冈山和广东深圳。每到一地,都安排有汇报、座谈、参观等活动。

一路走下来,费孝通印象最深的是,各地都在"抢抓机遇",都表示出要求国家给予优惠政策和在当地安排大型建设项目的强烈渴望。

费孝通能充分理解地方干部希望脱贫致富、加快发展的心情,同时他又认为,"机遇"的内涵应该是京九铁路为沿线地区接通了市场通途,而不是为要政策、要项目增加了砝码。在考察全程的最后一站,费孝通提出了"看'京'还是看'九'"的问题。

他在深圳座谈会上说,京九铁路两端很有意思,一个是北京,是中国改革开放决策中枢,是出政策的地方;一个是九龙,代表中国通过改革开放要融进去的国际市场。他主张,京九铁路沿线地区今后的发展,主要应该看"九"而不是看"京"。

费孝通说:"香港回归后,九龙代表的这个市场就和内地更好地联系起来了,中间的桥梁就是深圳。深圳的经济实力和经济素质已进入全国大中城市前列。希望深圳的同志看到这个关键地位,发挥优势,创造条件,为京九沿线地区发展多做贡献。南中国的进一步发展与繁荣,必须扩大它的腹地的实力,加快腹地的发展。只有腹地发展起来,南部的经济重镇才能根基牢靠。"[1]

"京九铁路的通车,香港主权的回归,为南中国扩大腹地提供了难得的机遇,也为我国广大中西部地区加快发展提供了很好的机遇。我理解这个机遇的意思,就是一条铁路为沿线地区接通了一个大市场的门径。接下来的任务是带货上路,进入市场。带货就是我们要拿得出市场所需要的东西,上路就是把已有的交通条件利用起来,进入市场就是把拿上路的东西变成财富,增加农民收入,增强地方的经济实力。只

---

[1] 费孝通:《为京九铁路沿线城乡发展提供一些意见》,《费孝通文集》第14卷,群言出版社1999年10月第1版,第334页。

有这样,机遇才有实际意义,否则就落空了,也很难证明这个路是个机遇。"[1]

此后几年里,费孝通把加快京九铁路沿线地区发展问题作为实地调查的一个重点课题,每年都安排时间去做"线上选点"的调查。

1996年5月的那次兵团式调查,主要是一次政治活动,人数众多,随团跟有多家中央级报刊记者,沿途发消息,做报道,造声势。

费孝通在此后几年做的是小分队调查,务实,深入,不做报道,只做科学研究。他希望用几年时间,一站一站地重走一遍京九铁路全程,看现状,找问题,做分析,想办法,最终就如何加快京九铁路沿线地区发展提出具体可行的设想和建议。

在实地调查中,费孝通经常和基层干部、农民群众一起谈话。为了更好地沟通,他把"线上选点,以点连线"的想法通俗地说成"串糖葫芦"。到1998年,费孝通已为此专门到河北衡水、河南商丘、安徽蒙城、江西九江和南昌等地做了调查。他计划在1999年争取"串糖葫芦"的调查课题告一段落。

费孝通从1980年代中期提出的区域发展研究课题,成了他此后十几年间实地调查最主要的内容。他为此跑遍了中国除西藏和台湾之外的所有省份,其中比较重要的研究成果,除上述黄河上游、黄河三角洲、长江三角洲等地的发展方略之外,还有《关于加快环渤海地区的建议》《关于西北黄土高原和西南岩溶地区扶贫开发的建议》《关于加快中部地区发展的建议》等。

在以公函形式向中央政府正式提出建议的同时,费孝通还在有关文章中提出过一系列值得注意的区域发展观点,如:以香港为中心,(香)港珠(江三角洲)经济一体化,形成华南经济区;在图们江口建设开放城市,和大连、烟台、威海等北方沿海城市连成一体,形成中国与世界经济的北方接轨站,依托东北广大腹地,建立面向东北亚发展的基地;以自发形成的中原经济协调会和淮海经济协作区为基础,推动它们连片发展,以亚欧大陆桥为骨架,建设大陆桥经济走廊;采取点—线—面的

---

[1] 费孝通:《为京九铁路沿线城乡发展提供一些意见》,《费孝通文集》第14卷,群言出版社1999年10月第1版,第334页。

思路，以攀枝花工业中心为启动力，联合凉山自治州，开发成昆铁路沿线地区的丰富资源，开辟通向东南亚的南方丝绸之路，推动西南云贵高原地区全面发展……

十多年里，费孝通积极倡导、直接参与和具体指导的区域发展研究课题还有：福建九龙江流域发展研究，广东梅县客家地区发展研究，汕尾市发展规划思路研究，长江经济带开发研究，长江密集产业带发展战略暨横向经济联系，南昌—九江工业走廊发展研究，长江荆江段和洞庭湖综合治理，江西鄱阳湖防洪治理；江苏太湖整治与水资源开发利用，甘肃河西走廊开发研究……

在这些个案研究的推进中，费孝通一点点积累着对中国经济和社会发展现实状况的宏观认识。他对个案的关注显然是多维的，既关注个案研究本身的科学性，也关注其成果是否在其所涉区域的经济和社会发展中发生实际效果，同时关注诸多个案在生产力布局上的棋局关系，关注诸多个案所共同具有的那些可以从经验上升到理论层面的问题，"例如：经济区域和行政区域怎样既相联系，又有区别？经济区域内部的结构，如中心、腹地、口岸、道路怎样组合，又怎样安排？各层次的经济区域怎样形成和发展，它们又怎样受到自然和人文，即地理因素和历史因素的促进和约束？……像这样的问题还有许多"[1]。

费孝通在实地调查中见证，在市场因素作用下，中国各地已出现跨越行政区划界限的区域发展的事实。这一事实是在国际经济出现"洲际经济区域"设想及其实践、全球一体化趋势的背景上发生的。费孝通认为他有关中国区域发展的研究只是一篇大文章的破题，他说：

> 在这种背景下，我提出这个区域发展的研究课题。……我从农村的微观研究，进入小城镇的比较研究，经过六十年的时间，提出了这个更大的课题。这个课题不仅要把中国的经济发展看成一盘棋，而且应联系着全球性经济发展的大趋势来思考，确是一篇不像是我这一生可以亲自写到底的大文章。这篇文章我算是破了题，但怎样做下去还需要认真探索，更需有志同道合的学人共同努力。我

---

[1] 费孝通：《学术自述与反思》，生活·读书·新知三联书店1996年9月第1版，第310页。

相信总有一天能看到我们国家作为一个具有实力的统一体,矫健地踏进全球一体的大社会。我也愿意为这篇大文章的写作付出我最后的一段生命。[1]

## (三)

从经济角度说,费孝通一生不曾受穷,但被穷困两字敲打了大半生。

1927年新年,费孝通问一位雪中老人:"老先生!你为什么这么老还要自己出来采薪呢?"[2]这是他同情穷苦人的早期表达。

1938年,费孝通在《江村经济》末章写道:"中国农村真正的问题是人民的饥饿问题。"[3]这是他对当时国情的实际认知。

1951年,费孝通带领中央访问团西南分团访问贵州,"演节目,山中下来的人来看,破衣烂衫,没有衣服穿"[4]。这给他留下终生记忆。

1984年10月,费孝通初访"陇中苦甲天下"的甘肃定西,在一个七口之家的农户中见到"一家人只有一条裤子,谁外出谁穿"的情景。[5]

1985年12月,费孝通"去海南岛。在公路附近的村子里看了一看。这里还很穷。三块石头一个灶、一根竹竿一块板。衣服都挂在竹竿上,没有箱子。一块板是睡觉的。"[6]

1995年6月,费孝通第五次到贵州。在毕节一个村寨,走进农户,他再次目睹赤贫现象。屋顶破烂,可见天光,地上用碎砖块靠墙根摆出一个长方框,框中地面放干草,是户主和孩子睡觉的地方。

费孝通出身士绅家庭,没有在社会底层受穷的经历。他的全部贫困记忆都是关于同胞的,关于中国农民的。这种记忆至少保持了七十年。

1948年冬,费孝通住在清华园胜因院,没有钱买煤取暖。"对着空炉子,想到的只是这亿万人苦难的天下!"[7]

---

[1] 费孝通:《学术自述与反思》,生活·读书·新知三联书店1996年9月第1版,第312页。
[2] 费孝通:《新年的礼物》,《费孝通文集》第1卷,群言出版社1999年10月第1版,第13页。
[3] 费孝通:《江村经济》,江苏人民出版社1986年10月第1版,第200页。
[4] 张冠生记录整理:《费孝通晚年谈话录》,生活·读书·新知三联书店2019年5月第1版,第94页。
[5] 中国民主同盟甘肃省委员会编:《费孝通与甘肃》,群言出版社2014年12月第1版,第6页。
[6] 费孝通:《社会学在成长》,天津人民出版社1990年6月第1版,第51页。
[7] 费孝通:《铁幕安在》,《费孝通文集》第5卷,群言出版社1999年10月第1版,第188页。

2003年9月,费孝通写《又一次访问定西》一文,说"定西是个穷地方,所以我多次地来。这一次来和我第一次来,感到定西的变化太大了"[1]。

费孝通笔下的"又一次",是第七次。先后七次追踪调查,前后延续十九年,费孝通从74岁到93岁,为此"行行重行行"。这是他一生为同胞摆脱贫困提供智力服务的缩影。

1984年第一次调查中,费孝通对定西党政领导说:"定西的贫困已经很久了,现在还未达到自给状态。今后不要在粮食上老做打算。要打破定西经济结构的现状。种草种树是对的,是第一位的任务,但同时还要求转移,要转到工业方面去,……赶快办工业,不办工业没有出路。"[2]

1984年10月14日,新华社《国内动态清样》第2609期发表了费孝通的主张。10月21日,习仲勋在该期写批语:"费孝通先生的调查,是理论结合实际,经过认真分析之后提出的好意见,是值得重视的,也是可行的。"[3]

1985年8月,费孝通重访定西。他特意声明"是以一位学者的身份来进行科学研究和考察的。所以希望省上在接待上不要讲排场,非研究人员不要陪同。……希望尽量少请客吃饭,已是七十五岁的高龄了,加之负担过重,根本不能吃许多东西,频繁的请客吃饭,只能耽误考察工作,耽误休息"[4]。

1988年7月,费孝通第四次访问定西。此时县里已有沙发厂、地毯厂、工艺品厂,还有较大型的水泥、电解铝等项目。费孝通表示,"能源、工业都要搞国营,老百姓得到的好处不多,要扩散到民间,发展'草根'工业,让官富民也富,过去我们这个地方出去的原材料不少,但老百姓拿不到,要拿出一部分叫民富。……你们需要我们帮助的,就来找我。我就是帮穷朋友,……我一辈子关心的就是穷朋友"[5]。

费孝通引导当地办工业,要办能富民的工业。对"强国富民"之类

---

[1] 费孝通:《又一次访问定西》,《费孝通文集》第16卷,群言出版社2004年7月第1版,第146页。
[2] 中国民主同盟甘肃省委员会编:《费孝通与甘肃》,群言出版社2014年12月第1版,第8页。
[3] 转引自中国民主同盟甘肃省委员会编:《费孝通与甘肃》,群言出版社2014年12月第1版,第9页。
[4] 中国民主同盟甘肃省委员会编:《费孝通与甘肃》,群言出版社2014年12月第1版,第12页。
[5] 同上书,第31页。

口号，他主张"民富才能国强"。一次座谈中，费孝通说："发展生产力，这是书本上的话，也许不符合老乡们的说话习惯。说他们都懂的话，发展生产力就是要让人民富起来，生活就会好起来。这就叫硬道理。"[1]

1991年，费孝通从西北走到西南。6月份，他访问了大小凉山，10月里，到了"八山一水一分田"的武陵山区，"在这山区的腹部里转了一圈。从湘西凤凰、吉首，进川东的秀山、酉阳、黔江，入鄂西的咸丰、恩施、来凤，又转到湘西的龙山、永顺，然后从大庸市出山。一共走了21天、1100多公里"[2]。

这一带是集中连片贫困地区，到费孝通做实地调查那一年，还有四百万同胞在温饱线下生活。即便已初步解决温饱问题的地区，也还时常出现返贫的事。

费孝通说："到现场去一看，贫穷的原因是不难明白的，那就是田少人多，广大土地不宜于种粮食。看到像在山坡上贴大字报般的耕地，立脚锄地都困难，听说每年都有失足跌伤的事件。在这种客观条件下，要求山区粮食自给是极难做到的。事实上，湘西一州即便风调雨顺每年缺粮要上1亿公斤，一逢灾荒那就缺得更多了。"[3]

武陵源距离定西很远，两地的生态条件差别不小，但"不要在粮食上老作打算"的道理是一样的，两地都适用。费孝通又一次说起乡镇企业，"这地方的农民已经在打算办乡镇企业了。他们也已经明白'无工不富'的路子。但是尽管有此愿望，却还缺少必要的条件。……这种地区的农民要一步跨入工业时代难免困难重重"。其中一大困难"是缺乏科学种田和发展多种经营的必要知识"[4]。

1940年代中后期，费孝通讨论《乡土重建》问题时曾说："从基层乡土着眼去看中国的重建问题，主要的是：怎样把现代知识输入中国经济中最基本的生产基地乡村里去。输入现代知识必须有人的媒介。知识

---

[1] 张冠生记录整理：《费孝通晚年谈话录》，生活·读书·新知三联书店2019年5月第1版，第301页。
[2] 费孝通：《武陵行》，《行行重行行——乡镇发展论述》，宁夏人民出版社1992年8月第1版，第501页。
[3] 同上书，第506页。
[4] 同上书，第511—512页。

分子怎样才能下乡是一个重建乡土的基本问题。现在的情形却正是相反，乡土社会中一批一批的把能有机会和现代知识接触的人才送走了，为此我写下了'损蚀冲洗下的乡土'。"[1]

在1991年的武陵山区，在贫困现场，费孝通老话重提，是他因改革开放有了信心。

翻阅《费孝通文集》和《费孝通晚年谈话录》，可知他从1980年被"改正"后，就开始频繁说起知识分子为经济发展、社会进步服务的话题，持续说了二十多年。

1981年10月6日，费孝通在北京写文章说："我们知识分子的眼睛应该向下面看，要面向实际，面向人民大众。""我们江苏向全国输送知识分子的比例之大是有名的，可是有多少知识分子在本乡本土服务呢？"[2]

1982年5月31日，费孝通在武汉的一次谈话中说："农民现在需要知识。……现在江苏农民看见知识分子，态度就变了。他问你呀，要你去呀。他们都埋怨什么呢？说我们培养这么多知识分子，都不回乡。这话说得对呀！"[3]

1983年7月11日，费孝通在贵州一次报告会上说："知识分子谁没挨过打？谁没有被关过？我们不在乎。为什么？为了国家的兴亡，所以不计旧账。我们要的是向前看。我们不尽力把知识使用出来就对不起我们的子孙。"[4]

2002年7月，费孝通在北京一个专题座谈会上提问："作为一个高级知识分子集中的政党，民盟怎样配合这个知识、科技领先的信息时代，贡献我们的力量？"[5]

2005年4月，民盟中央主席丁石孙、常务副主席张梅颖一道访问定西。张梅颖回忆说："我每次去看望费老，他都会拉着我的手说：要走

---

[1] 费孝通：《乡土重建》，观察社民国三十七年八月初版，第163页。
[2] 费孝通：《建立面向中国实际的人民社会学——从三访"江村"说起》，《费孝通文集》第8卷，群言出版社1999年10月第1版，第132、133页。
[3] 张冠生记录整理：《费孝通晚年谈话录》，生活·读书·新知三联书店2019年5月第1版，第639页。
[4] 费孝通：《开发智力资源》，《费孝通文集》第9卷，群言出版社1999年10月第1版，第134页。
[5] 费孝通：《"补课"问题应引起知识界的注意》，《费孝通文集》第16卷，群言出版社2004年7月第1版，第49页。

啊！要下去看啊！每当听到这话，我都非常感动。我想，就从定西开始吧。"[1]

2003年8月31日，费孝通在雨中到达定西。这是他的第七次访问，也是最后一次。这一年，是费孝通断续绵延七十多年实地调查的收官之年。他现场经历、见证、记录了定西地区整体脱贫的过程，确证了当地马铃薯、中药材、草畜业、食用菌和花卉等支柱产业的兴起，生态农业已进入良性循环状态。

在农户王明家的院子里、雨地上，王明拉着费孝通的手说："您老人家这么大岁数还大老远跑来看我们，老天爷都高兴啊，下了一天雨。"

费孝通确认他看到的是真相。雨水是真的，老乡的情感也是真的。

当地人还记得他第一次到定西的一个故事。车队行驶中，费孝通想看到没有经过踩点和事先准备的地方，他问身旁的司机：你能不能让我们这部车停下来，车队还能继续往前走？司机答：可以试试，我说车子有点小问题，需要检查一下。

费孝通嘱咐照他说的法子做，果然瞒过了接待方，如愿看到了农户家庭实情。就是那一次，他见到了"一家人只有一条裤子"的农户，全部家当加起来不值当时的十元人民币。

## （四）

对史书，费孝通下过功夫，早年曾圈点《史记》。他在读史过程中读出一个问题，即过去的史书是在以汉族为中心的观点下写出来的。他对这种写法"一直有反感"。当年参与筹建中央民族学院时，费孝通曾具体考虑，"怎样才能跳出这个观点来写中国历史"。他为此建议，聘请一批历史学家、语言学家、民族学家到中央民族学院执教，开设一门综合介绍各民族历史的基础课。建议虽得允准，却找不到愿意承担这门课的人。许多历史学家没有讲授这门课的准备，过去也确实没有人从民族的角度系统地讲过中国通史。

---

[1] 中国民主同盟甘肃省委员会编：《费孝通与甘肃》，群言出版社2014年12月第1版，第39页。

费孝通决心自己登台尝试。他为此写了一本讲义，讲了一个学期。这本讲义没有发表，后来束之高阁。应和了无用之用的道理，在十年浩劫中得以幸存。

1978年，广西壮族自治区政府为庆祝该区成立二十周年，邀请费孝通重访瑶山。

年近古稀的费孝通带着四十多年前的记忆入山，看到了瑶山的历史变化。当年他和王同惠历尽千辛万苦，付出了血和命的代价，也没能抵达瑶山的中心地带——金秀。重访瑶山时，从南宁到金秀只用了六个小时。一段历史两端，对比过于悬殊，站在原地抚今追昔，容易产生隔世之感。费孝通用"换了人间"概括自己的感受。

费孝通还记得当年目睹的生活情景。瑶民吃苞米和野菜，穿破衣烂衫，住在简陋的竹棚里，很少有一家人有一床完整的棉被。夜风紧时，寒气袭人，黑洞洞的屋里，只有灶膛里的燃柴有一点摇动的亮光。若想再亮一些，就得点燃松明。满屋的油烟熏得人眼酸痛难耐，他有过亲身体验。

重访瑶山，费孝通到达金秀瑶族自治县是在傍晚，看到了金秀河两岸灯光明灭，如人间星斗。瑶族同胞家家通了电，可以定期看到电影，如自行车、收音机、缝纫机等现代化生活用品，也成了家庭日常用品。

费孝通把重访瑶山的见闻写成《四十三年后重访大瑶山》一文，发表于《中国建设》杂志（中文版）1980年第1期。这篇文章，使费孝通的许多老朋友得到他劫后复出的信息，也引起广西梧州两位普通中学教师的关注。这两位教师是一对夫妻，丈夫邱艾军在梧州市五中任教，"文革"中被划成"小牛鬼蛇神"，整日做体罚性质的劳动改造。一天，他在学校附近一处地方挖土，无意中发现一块石碑。碑上刻字清晰，全文如下：

> 吾妻王同惠女士于民国二十四年夏，同应广西省政府特约来桂研究特种民族之人种及社会组织。十二月十六日于古陈赴罗运之瑶山道上，向导失引，致迷入竹林。通误踏虎阱，自以为必死。而妻力移巨石，得获更生。旋妻复出林呼援，终宵不返。通心知不祥，黎明负伤匍匐下山，遇救返村，始悉妻已失踪。萦回梦祈，犹

盼其生回也。半夜来梦,告在水中。遍搜七日,获见于滑冲。渊深水急,妻竟怀爱而终,伤哉!妻年二十有四,河北肥乡人,来归只一百零八日。人天无据,灵会难期,魂其可通,速召我来。中华民国二十五年五月费孝通立。〔1〕

邱艾军从碑文得知,这是著名教授费孝通为以身殉职的爱妻所立墓碑。他为碑文中流露的人间至情而感动,希望把石碑保护好,有朝一日告慰费孝通。

其时正值"文革",他懂得,公开说明此事,石碑肯定在劫难逃。当地红卫兵不一定知道费孝通是什么人物,不如暂不声张,干脆放在明处,也许更安全。他搬回石碑,放在自己宿舍门前,当石台用。红卫兵果然视而不见。这块石碑安然度过十个寒暑。

1980年初,邱艾军的妻子刘志鹏在《中国建设》杂志上读到费孝通重访瑶山的文章,夫妻两人立刻写信告诉费孝通,王同惠的墓碑保存完好,并附上用铅笔拓出的碑文。

费孝通回信说:"寄来用铅笔拓出的墓碑,所费的时间和劳力是相当多的,使我很过意不去,……拜托你照顾此碑,也是我的一桩心事。"费孝通还写另信确认,"确有此碑,并承梧州五中邱艾军同志及博物馆何虚中同志寄来拓片。碑中梦告一事,系当时幻境,是一种心理状态"〔2〕。

后来,这块石碑重新立在白鹤山上。费孝通特意选定1988年12月16日趋访拜谒。这天是王同惠遇难五十三周年忌日。费孝通面对石碑,默默献花、鞠躬。回到住处,他写下埋在心底半个世纪的悼亡诗。

> 心殇难复愈,人天隔几许?
> 圣堂山下盟,多经暴风雨。
> 坎坷羊肠道,虎豹何所惧。
> 九州将历遍,尘世惟蚁聚。

---

〔1〕 费皖:《我的叔叔费孝通》,辽宁人民出版社2010年10月第1版,第157页。
〔2〕 同上书,第163页。

石碑埋又立，荣辱任来去。

白鹤留翼影，落日偎远墟。[1]

这首诗，可以和费孝通另一段文字对照来读。他说："我是活在你的昐咐里。要永不凋谢的百合？要通神的金斧？你尽昐咐，我踏遍天边地角，任何血债，都甘心偿付！就是死，也要是你的昐咐。"[2]这段话所透出的强烈的情感表达，是在费孝通结缘王同惠之后，他们一起去瑶山之前。像是谶语，像有神力，字字句句对得上一年之后他们的瑶山经历和体验。

费孝通说，有机会重访瑶山，他主要是想看看老朋友，事先并没有去做调查的打算。六巷的乡亲还记得他和王同惠。1935年的六巷，他们住在"瑶王"之子蓝济君家里，"时遇一位村民伤风致癫，连日师公作法驱鬼，无济于事。费孝通取出随身携带的药品为其治疗，不久风疾驱除，相安无事。两位远方雅客遂被瑶民奉以'神人'之美称"[3]。

山里瑶族老朋友的热情温暖着费孝通，他产生了再到瑶山做调查的念头，打算以1935年瑶山调查为基础，做进一步的深入研究。

费孝通说他"想到很多值得研究的问题"，第一个就是瑶族形成的问题，举一反三，他认为："各个民族的形成可能有不同的过程。在这里很清楚，不同语言、不同来源的人，大家认为自己是瑶族，而且组织成了一个共同体，互相合作，有了共同意识，可它里面还容许不同的个体存在。从这个实例里面可以看出一些规律来，不仅适用于金秀的瑶族，也可能适用于中华民族。"[4]

1981年8月，费孝通三上瑶山。他参加广西龙胜各族自治县成立三十周年庆典后，再次访问金秀瑶族自治县。第一天，他找了盘瑶、山子瑶的冯春香、赵德朝、黄金旺、李文柱等人，第二天找了茶山瑶、坳

---

[1] 费孝通写出这首诗后，后来书赠亲友，个别字句略有改动。在不同著述中出现的这首诗因此会有不同版本。费孝通写成一首诗后，若有余兴及闲暇，会做推敲、改动，直到较为满意。本书作者见证多次类似情形，在《费孝通晚年谈话录》中曾做记录，如1997年4月8日和4月20日同一首诗的先后两稿。这首悼亡诗，此处引用的是费孝通写在一册《花篮瑶社会组织》卷首图片和正文之间过渡空白页上的亲笔手书原文原件。该书暂存作者书房。

[2] 费孝通：《杂草七则》，《费孝通文集》第1卷，群言出版社1999年10月第1版，第282—283页。

[3] 费孝通：《六上瑶山》，群言出版社2015年4月第1版，第321页。

[4] 费孝通：《从事社会学五十年》，天津人民出版社1985年8月第1版，第94页。

瑶、花篮瑶的陶胜和、苏道放、刘绍良、莫建华、覃庆光等人。两天中，费孝通像又一次翻开瑶族历史大书，举凡历史来源、迁徙路线、衣食住行、起居生产、宗教信仰、婚姻习俗等，都有了新的了解和理解。老乡们口中所言，手头所指，既有上辈人的历史传说，也有亲历和见闻。费孝通接触到大量第一手资料。

1982年8月，费孝通四上瑶山。这次是参加金秀瑶族自治县成立三十周年庆祝活动。费孝通为表祝贺之情，特意备了礼物。金秀域外的瑶族同胞，如都安瑶族自治县、巴马瑶族自治县等地代表，都成了费孝通的座上客。他还了解到了南丹县白裤瑶的一些情况。他留意瑶族不同支系的对比，进入到对瑶山以外瑶族情况的调查。

一个源自瑶族调查的"多元一体"概念开始在费孝通心目中成型。

1988年12月，费孝通作为中央代表团副团长参加广西壮族自治区成立三十周年庆典，第六次访问瑶山。他又一次到访六巷村，见到当年和王同惠合影的蓝妹国。

九十多岁的蓝妹国迎来鹤发童颜的费孝通。两位老人，一居京华，一在深山，跨越千山万水和五十三年时光，又一次相聚。那天的六巷，如在节日中。

费孝通做民族研究的起点是瑶山，但他的民族研究课题并不局限在瑶山。在重访瑶山到六上瑶山的十年中，他领衔承担国家重点课题"边区少数民族地区发展研究"，先后到过内蒙古、宁夏、甘肃、青海、新疆、湖北、湖南、贵州、云南、四川、广西、广东、吉林、黑龙江等少数民族聚居地区。在和少数民族同胞的频繁接触和交流过程中，费孝通逐渐积累、深化对民族问题的认识。一个厚积薄发的想法接近成熟。

1989年夏，费孝通到山东威海暑休。他带上了那本十年浩劫中幸免于难的讲义，结合后来几十年对民族问题的思考，整理出《中华民族多元一体格局》长文。该文核心观点是：

中华民族是包括中国境内五十六个民族在内的民族实体。它们已结成相互依存、不能分割的统一整体。这个民族实体中的所有归属成分都已具有高一层次的民族认同意识，处在共休戚、共存亡、共荣辱、共命运的感情和道义多元一体格局中,五十六个民族是基层,中华民族是高层。

形成多元一体格局有个从分散到多元结合成一体的过程。在这个过程中,必须有一个起凝聚作用的核心。汉族是多元基层中的一元,由于汉族发挥凝聚作用而把多元结合成为一体。这一体不再是汉族而成了中华民族,一个高层次认同的民族。

高层次认同并不取代或排斥低层次认同。不同层次可并行不悖,甚至在不同层次的认同基础上可以各自发展原有特点,形成多语言、多文化的整体,实质上是个一体多元复合体,其间的内部矛盾是差异的一致,通过消长变化适应多变的内外条件,获得这个共同体的生存和发展。

费孝通表示,这几个观点是他经过多年探索和思考得到的,是从研究中国民族现状和历史实践中形成的。在这种认识里,中华民族、汉族和少数民族各得其所,分属不同层次的认同体。汉族和五十五个少数民族同属于一个层次,互相结合而成中华民族。如果把具有多元一体格局的中华民族的形成过程如实地讲清楚,就是一部从民族观点描述的中国通史。费孝通说,这是他"在民族研究领域中悬想已久而至今没有能力完成的一个目标"。

《中华民族多元一体格局》最初发表于香港中文大学设立的Tanner讲座。1990年5月,国家民委民族问题研究中心以费孝通这篇文章的题目为中心议题,举办国际学术研讨会。国内外四十多位学者出席该会,阐明各自对中华民族多元一体格局的见解。会议"讨论综述"说:

> 与会的学者们一致的看法是,费孝通教授以八十高龄,提出了"中华民族多元一体格局"这个重要的研究新成果,……把对汉族的研究与少数民族的研究结合起来,对中华民族构成的全局和中国的民族问题作了高层次的宏观的新概括,从而提出了民族研究一个重大的新课题,具有对科研和实践的指导意义。它不仅是费先生几十年民族研究的一个重要方面的总结,也是他在进入成熟阶段树立的新的学术高峰;同时,也是自1978年以来,我国民族研究已得到新

发展的集中表现和对中华民族进行新的探索的良好开端。[1]

## （五）

1986年2月，费孝通第一次访问温州，走访了四个县、五个镇，还有市区两个街道工厂，历时九天，行程三千里。

临近温州时，公路两旁不时有标牌，"货运温州""货运山东"。费孝通边看边想：运进运出的货物都是什么？货运流量何以这样大？这些货物是怎么运的？运货的是哪些人？

1970年代中期，温州桥头镇上开始出现小商品，表带、手套、发卡、塑料花等。1979年又多一个品种，纽扣。据说是一位外出弹棉花的王姓手艺人，从江西买回一批处理纽扣，在镇上摆摊销售。生意不错，众人仿效，镇上的纽扣摊子一年里冒出来一百多家。

1983年初，永嘉县政府因势利导，有意识地把桥头镇培育成纽扣专业市场。三年下来，费孝通到访时，全镇有七百多个纽扣店、摊，全国三百多家纽扣厂生产的一千多个品种的纽扣，桥头镇都有销售。因品种齐全，采购员在上海等大城市奔波一个星期都难完成的采购任务，在桥头镇个把小时就解决问题。当时每天流动在桥头镇的外地客商有两三千人，日成交额超过十六万元。镇上一年销售纽扣五十亿粒以上。

桥头镇纽扣市场的发展，消化了当地剩余劳动力，还吸收了临近地区很多劳动力。当时有五千多人在镇上做纽扣生意，还有九千多人在全国各地采购销售。九千多名购销员，组成一个全国流通网络。"货运温州"，是各色各款纽扣和其他生产资料进入温州。"货运山东"，是桥头镇的纽扣源源不断直接送达各地售货店、成衣铺和用户。这个流通网络使桥头镇的生产经营顺畅连通全国市场，桥头镇生意兴隆，成了"东方第一大纽扣市场"。

桥头镇景象只是温州商业异常活跃的实例之一。当时的温州，类似纽扣市场的其他商品专业市场已有四百多个，遍布全境。金乡的徽章、标牌市场，柳市的小五金和低压电器市场，宜山的再生纺织品市

---

[1] 费孝通主编：《中华民族研究新探索》，中国社会科学出版社1991年5月第1版，第406—407页。

场，肖江的塑料编织袋市场，北港的兔毛市场，塘下的塑料拉丝编织品市场，虹桥和钱库的综合商品市场……每天流动在温州市场上的总人数有四十五万。1984年，全市商品零售总额为十八亿元，其中十大专业市场销售额占到十亿元。改革开放之初，当地民营经济如此活跃，引人注目。

费孝通先后走访了塘下、柳市、虹桥等镇的专业市场和家庭工厂。他把见闻写进《温州行》说："在塘下、柳市和虹桥，我分别走访了几户家庭，并看到他们生产的松紧带、小电器。我们一再询问他们的生产是谁在组织，又是谁在帮助推销。我之所以提出这些问题，是因为我看到了当前在我国经济中一个极为重要的'大市场'。这个市场不仅包括在各镇上街巷里看得见的数以万计的店面和摊子，而且还包括散在全国各地十多万名每天在火车、轮船上运转，甚至深入到偏僻地区活动的商贩大军；各家各户的生产者就是靠同千千万万零售商店和摊子，甚至同无数消费者个人之间建立起了一个生动活泼而又似乎无形的流通网络。"〔1〕

身处温州经济呈现的民间活力中，费孝通受到的触动，不亚于当年去西柏坡途中看到"一行红星"的时候。不同的是，当年是革命，现在是建设，革命的目的就是建设，而且"这个力量已冲出省界，在全国，甚至已越出'国境'，在国营商业渠道触及不到的领域里发挥着促进商品流通的作用。这是一件极有意义的新生事物，不仅为理论工作者提供了新的研究园地，而且是当前体制改革必须重视的民间自发的流通网络"〔2〕。

1937年夏，费孝通到留学于德国的二哥费青那里度假，见到过上门推销小商品的温州人。费青说，在柏林、巴黎等欧洲大陆不少城市中，中国生意人数以万计。他们多数来自温州青田一带，起初是背着著名的青田石漂洋过海，在德国、法国、意大利等地做石刻生意。带的石料用完了，转而做小买卖。这些人靠挨家挨户、彬彬有礼地上门服务来经商赚钱，养家糊口，在异国他乡求生存、求温饱、求发展。

---

〔1〕 费孝通：《行行重行行——乡镇发展论述》，宁夏人民出版社1992年8月第1版，第280—281页。
〔2〕 同上书，第281页。

活跃在1980年代中期全国市场上的十万名温州供销员，多数是从前走南闯北的手艺人和卖货郎。费孝通留意过他们的生计，他说："这些年我在北京随时都能见到叫卖棉胎、修补皮鞋的浙南人，就是远在新疆、内蒙古以及海拔三千多米的甘南高原，也都见过他们的身影。"[1]

温州人如此漂泊在外，能换来什么样的生活，是费孝通关心的问题。桥头镇的干部告诉费孝通，这个镇每天收到全国各地桥头人汇来的款子有六七万元。当时桥头镇在外的供销员大约万人，若按这个比例推算，当时温州的十万供销大军每天可寄回家乡六七十万元，一年就是两亿元以上的收入。这就是当时温州十多万家庭工厂的原始资本。

费孝通说："有了资金，家庭工业才能在时机成熟时如雨后春笋般地遍地生长。家庭工业的发展又使原来到处流浪的手艺人和购销员摇身一变，成为这个地区生产事业的组织者。这些人物的发展历程是很有意思的。……他们最早是出卖手艺的流动匠人，即所谓劳动输出。后来他们就把外地商品捎回家乡出售，成了商人；然后自家生产商品，出外采购原料和推销成品，又成了购销员；接着发展到和各地签合同，带回家乡，分给各户生产。这时，他们已是邻里间的经纪人了。有的甚至用贷款或预付贷款的方式支持外地生产，在这种情况下，他们所经营的商品的厂家，实际上已成了区域间产销的组织者。现在我们就可以看出，这些人物的个人经历正反映了商品经济发展的过程。"[2]

初访温州期间，费孝通特别注意一个事实，他始终没有听到产品滞销积压的事。问及原因，得知温州已基本上是市场导向，以销定产。要供货就先签合同，按合同组织生产，销路在生产之前已解决掉，所以资金周转很快。桥头镇的商业资本约二十几天周转一次。温州的供销员，也是走在生产过程前边、指挥生产的联络员。

经过九天实地调查，费孝通得出结论说："温州家庭工业或联户工业的发生和发展，一刻也离不开'大市场'，也可以说它是依托这个大流通网络的附属品。因此，我觉得温州农村经济发展的基本特点是以商带工的'小商品，大市场'。"[3]

---

[1] 费孝通：《行行重行行——乡镇发展论述》，宁夏人民出版社1992年8月第1版，第281页。
[2] 同上书，第281—282页。
[3] 同上书，第282页。

费孝通写出长文《温州行》，连载于《瞭望》周刊1986年第20、21、22期。当时，社会上对"温州之路"议论纷纷，甚至提到"姓社姓资"高度。《温州行》的发表产生了很大影响，对温州人和所有正在探索市场经济的人，是相当有力的鼓舞。

1994年11月，费孝通重访温州。

八年前，费孝通从杭州坐汽车出发，辗转两天才到温州。八年后还是从杭州出发，乘飞机，四十多分钟即到。温州基础设施已大有改观。

从机场到住所途中，费孝通注意到沿途在修建高等级公路。迎接他的主人说，温州近年建机场、修公路、造桥梁这些项目，都不靠国家投资，主要靠民间集资。费孝通感慨：阔别八年，温州变化之大，民间经济实力之深厚，令人惊叹！

进入调查现场后，费孝通捕捉到温州巨变中一个关键因素：温州家庭工业、个体经济已升级为股份合作经济。八年前，剩余劳动力很多，国家投资很少，交通能源基础设施又很差，温州农民向非农产业转移，只有从投资少、成本低、能耗少、技术简单、流通方便的小商品起步。住房作厂房、手边闲钱、传统手艺、空闲时间，都成了生产本钱。温州人抓住时机，敢闯敢干，很快就上了一个台阶。后来其他地方群起效仿，都搞小商品，一家一户分散进行的小规模生产经营面临的市场压力越来越大，推动温州的家庭工厂走向以股份合作为主要形式的联合经营。

费孝通实地考察了一家股份合作企业——瑞安华光经编厂。这家企业前身，正是费孝通八年前访问过的一个家庭工厂。厂长拿出当时费孝通观看松紧带生产现场的照片，作为一份特殊礼物送给他。照片上是八年前的小作坊，眼前是在设备、技术、产品水平等方面都进入全国同行最前沿的现代化企业。这是温州巨变的一个标本。

温州巨变的另一个标志是，当年十万供销大军到1994年已扩至百万，光是北京就有十万人上下。这支百万大军在全国各地摆下五万个柜台，还有的走向海外。据说巴黎的"温州一条街"把犹太人的生意都挤跑了。

百万大军走出温州的同时，温州的快速发展也需要劳动力，大量外地人到温州打工。费孝通重访温州时，听说外地工人数已有五十万，他边做记录边念叨:"出去一百万,进来五十万,这里边意思很深。"

在温州苍南县灵溪镇专业市场,费孝通看到大门两边写的楹联:百业振兴,四海升平。他念念有词,颇生感慨。温州人想的是家门口的百业振兴,还有更大天地里的四海升平。他们用小商品接通大市场,家门口直通五湖四海。温州人出家门,走四方,闯出一条丰衣足食、遂生乐业的路子。他们从个体走向群体,从家庭走向社会,从打工走向办厂,从养家立业走向更高追求。表示祈愿的楹联,流露出他们的心迹。"百业振兴"还是经济上的愿望,"四海升平"则是内涵丰富得多的社会理想了。

温州许多平民百姓都知道费孝通初访温州后讲的"小商品,大市场",在关键时刻为他们发展个体和私营经济说了话。为了和这个说法接得上,费孝通反复斟酌,把重访温州的文章题目确定为"家底实,创新业",发表于《瞭望》周刊1995年第12、13两期。当时正是温州完成原始积累、进入"第二次创业"的历史阶段,费孝通的文章又为温州人鼓了一把劲。

1998年10月,费孝通三访温州。他首先注意到了温州企业的整体变革趋势。

初访温州,他走进家庭作坊式企业,看到沿街摆摊的小商品市场。重访温州,他走进了股份制、现代化企业,看的是苍南、瑞安等地服装、药材、灯具等大型专业市场。三访温州,接待他的是正泰、德力西、庄吉等企业集团。他看到了更大规模的建材、家具等专业市场。

温州企业规模在变,组织形式在变,运行机制在变。改革开放初期,温州靠个体企业形成推动力,筑起经济发展第一个台阶。从1980年代中期开始,温州个体企业向股份制合作企业转变,带动温州经济又上一个台阶。到费孝通三访温州时,温州的企业组织形式又有提高,正向现代企业制度转变,酝酿出温州经济走上第三台阶的力量。

费孝通访问的几家企业集团,都已完成资本、组织和产业结构重组,进行了产权制度、董事会制度和企业家制度改革。它们都非常重视质量、人才、科技以及市场战略,已趋向于专业化、标准化、科层化和法治化。

费孝通说,他从听到、看到、问到的种种事实中,感受到一种蜕变于传统、进入现代化社会的前景。他说：一步一个台阶，自己真像是走过了温州企业发展的真实历史。

他也注意到了温州市场的变化。过去是企业依赖专业市场推销产品，现在的销售渠道是专业市场和市场网络并存。过去以温州本地市场为主，现在转向本地市场和外地市场并举。过去以内销为主，现在内销和外销并举。过去以有形市场为主，现在有形市场和无形市场并举。大约二十年里，温州市场因素不断萌生，市场形态不断丰富，市场机制不断加强，市场体系不断完善，温州经济正向现代市场经济靠拢，开始同国际经济接轨。

费孝通提出了瞩望温州经济的下一个目标：筑码头，闯天下。这六个字也成为他三访温州的文章标题。该文发表于《瞭望》周刊1999年第7—8期（合刊）。

该文结尾处，费孝通写道："我已经不是第一次被温州精神所感染、所激动。我体会到的温州精神就是不甘心落后，敢为天下先，冲破旧框框，闯出新路子，并且不断创新。温州人从家庭作坊、摆摊叫卖、沿街推销、设店开厂发展到股份合作、企业集团、资产经营、网络贸易，我也似乎看到了中国的市场经济从初期的萌芽到和国际接轨全过程的演示，并且觉得可以从中捉摸中国市场经济发展过程中的一些内在逻辑和规律。"[1]

1999年5月12日，费孝通乘252/253次列车第四次访问温州，住在温州饭店。早晨抵达，稍事歇息，下午即与温州党政领导见面。他对蒋巨峰书记说："这次来温州，同上次来，差了半年。时间上接得很紧，但看来应该说来得很及时。这半年里，我又跑了不少地方。这些不同的地方提出了一个共同的问题，就是小城镇发展问题。十几年前，我写文章提出了小城镇的问题，认为小城镇是个大问题。现在过了十几年，小城镇已经不仅是个大问题，而且是个大战略了。……这不是哪个人要做的题目，是时代提了出来，我们不得不做的题目。我快九十岁了，没有多少时间了。做事情的时间有限，先破个题吧。现在小城镇发展碰到很多矛盾，比如有体制问题、政策问题，牵涉大政方针，甚至是法律问

---

[1] 费孝通：《筑码头　闯天下》，《费孝通文集》第14卷，群言出版社1999年10月第1版，第472页。

题。要动这些问题不容易,新政策出台也很难,但不能等。能不能用偷梁换柱的办法,不动大的体制,又可以实际把事情做起来?还是要闯出路子,敢于试验。这个事情不容易,是一场考试。看来,到2010年,温州要交出一份考卷,要多得几分,对别人有启发。"[1]

这是推心置腹的谈话,不是一般例行公事的场合能说出来的话,是真心话。

紧张的调查日程结束前,费孝通在永嘉抽空游了楠溪江。漫步在苍坡古村中,遇到老人、孩童,他往往主动打招呼、问候,聊上几句,享受片刻闲适。

5月15日,费孝通再访桥头纽扣市场。午饭间,钱兴中市长问:"费老,这次来,给温州留下什么话?"费孝通说:"我还要来,等下次吧。"

## (六)

1997年6月30日,费孝通从深圳出发,去香港参加香港主权回归交接仪式。

深港两地交通便利,以往去,多是乘汽车。几个月前,费孝通到香港中文大学讲学,也是汽车直达。学术交流,越直接就越流畅。这次去,情况特殊,费孝通是作为中央代表团重要成员。政治活动自有政治仪轨,为此特设航班。一起一降,不到二十分钟到港。

大陆学界有人认为费孝通在学术与政治之间通达无碍,这次香港之行或可作标志。没有早年的学术地位,便没有他后来的政治地位。没有晚年的政治地位,他不可能就座于香港主权交接仪式主席台。那一刻,全球瞩目,他处在靠近正中的直播镜头焦点位置。在现代国际政治运行的这一高峰现场,费孝通大脑里运行着书生气质的学术思维、文化思考。

1997年7月18日,费孝通出现在郑州越秀学术讲座主讲席上。这天,老朋友沈昌文请他到郑州三联书店分销店,和当地书友见面,聊聊

---

[1] 张冠生记录整理:《费孝通晚年谈话录》,生活·读书·新知三联书店2019年5月第1版,第532页。

香港回归。

沈昌文对他熟悉的当地朋友们说:"今天是越秀学术讲座第七十五讲,是费老来讲的第四次,记得费老第一次来讲的时候,……说自己就是个读书人,所以很愿意到越秀来,参加学术讲座,跟读书人交谈。……费老最近经历了一个很大的事情,大家在电视里都看见了,就是费老到了香港,现场参加香港主权回归的交接仪式,……作为一个读书人,一个学养深厚的社会学家,一个活跃的社会活动家,在那样一个现场,肯定是有很多想法的。所以我们就请费老给我们谈谈香港回归问题。"[1]

费孝通接着沈昌文的话说:"各位都是朋友。我在全国很多地方跑着做调查,每次到河南,沈昌文先生总要把我抓到这里来,同大家见见面,聊聊天。我很感谢他。……沈先生今天给我出的题目是'香港归来话回归'。我来讲,就是照着题目写文章。"[2]

接下来,他说了一句意味深长的话。"心想敞开,嗓子敞不开了。"

费孝通从"国耻"说起。"这个场面很感人。一辈子啦!我们从小就知道'国耻''国耻'的,有'国耻纪念日'嘛!我今年八十七岁了。从生下来就在'国耻'里边了,八十七年没有断啊。这一次总算出了一口气,翻了身了。我第一个想法就是出了一口气。第二个呢,……我们还要再争一口气,就是今后香港要好好发展。……过去英国是'日不落'嘛,……这次要落了,而且是我亲眼看着落下来的。这是个值得纪念的日子。接下去,要争口气。'一国两制',大家都知道,报纸上都有。话说出去了,很多人觉得我们不一定能做成。我们要争口气,要真的把'一国两制'做出来。这个事情,要费很大力量。全国人民要借此把自己的私心杂念放在一边,创造一个历史奇迹。"[3]

香港回归后,可能会有"私心杂念"干扰后续治理事务的问题。这是费孝通的预判。从青年时期开始,他看过中国的党争,也看过英国和美国的党争。英美党争的结果,他写入《初访美国》和《重访英伦》。

---

[1] 张冠生记录整理:《费孝通晚年谈话录》,生活·读书·新知三联书店2019年5月第1版,第276页。
[2] 同上书,第276—277页。
[3] 同上书,第276—278页。

中国党争的结果,他写入《皇权与绅权》等著述,说"中国却到现在还没有找出一个夺争政权的和平方式。……在传统中国只有'取而代之'的故事,流的是人民的血,得到宝座的却是少数幸运的流氓,像刘邦,朱元璋一派人物"。[1]他还说过:"不论战争是否是中国蜕变成现代化国家过程中必要的节目,这总是件惨事。"[2]

历史的经验值得注意。历史的新经验有待创造。费孝通说:"过去的人类历史上,'一国两制'没有人搞过,以前也是很难想通的。小平同志能想出这个办法,这里边的道理讲起来长了,中国文化的一个特点在里边。这就是'中'啊,'中庸之道'的'中'啊。不是西方的想法。我们要做成这件事,做好这件事,就能打开一个缺口,为人类历史打开一个缺口。"

"贯彻'一国两制'的方针,就是香港要稳定,不改变他原来的这一套,要继续繁荣,这个是不容易的事情。很多人感到奇怪呀,这能行吗?很多人不习惯呀,做惯了我们这一边的老办法。……很多习惯势力会成阻力,我就不举例了。人家要看我们的好看啊,……你们腐败啊,你们贪污啊,现在你们收回了香港,看你们怎么办啊。怎么办?我看这也是个机会,我们可以当作一个机会,把香港的事情做好,也借机会净化一下自己。……所以,收回香港,也是对我们的一次考试。要想考得好,大家都要争气,……很明显,老办法不一定行啊。所以必然有一个'争气'的问题。"[3]

费孝通的所谓"争气",不是谈认知,也不是谈态度,是谈行动。他一向知行合一,话题自然会落到"怎么样才算争气"。费孝通说:"'两制'要做好的话,我们这一'制'要懂得人家那一'制',人家也要懂得我们这一'制'。……要使得人家懂得自己是怎么回事,我们自己先讲出来嘛。东方世界是什么样的,东方人怎么回事,东方文化一向主张的是什么,社会主义到底什么意思,为什么可以同资本主义共处在一

---

[1] 费孝通:《皇权与绅权》,《费孝通文集》第5卷,群言出版社1999年10月第1版,第467页。
[2] 费孝通:《读张菊生先生〈刍荛之言〉》,《费孝通文集》第5卷,群言出版社1999年10月第1版,第534页。
[3] 张冠生记录整理:《费孝通晚年谈话录》,生活·读书·新知三联书店2019年5月第1版,第279—280页。

个国家里边,把道理讲出来嘛!把道理讲清楚嘛!"[1]

把道理讲出来,讲清楚,是费孝通的期待,也是塑造和改进中国国际形象的需要。事实上,这道理尚未讲出来,讲清楚。有能力问题,或也有时机问题。所以,费孝通又说:"这个事情,现在还不能说得太透。要把它说清楚,我可能也没有这个能力。"[2]

这个话题,晚年费孝通常做思考,也不止一次说起。北京大学百年校庆活动中,有国际性的学术系列讲座。在"21世纪:文化自觉与跨文化对话"主题演讲中,费孝通鼓励中国同行和学生"真正沉到社会现实当中去研究实际问题,研究我们的改革迫切需要回答的具体问题"。他举例说:"我们现在天天讲'中国特色',……要是问一句,中国特色是什么呢?现在还没有人出来讲清楚。大家都在说中国特色,似乎都懂得这套东西,实际上可能并不懂得。可是你不能说不懂,……这一套是很厉害的,不求你懂,可是你得冒充懂,人家喊,你也跟着喊就是了。……也许没有人能讲清楚。他们不懂,我也不懂。不懂还要讲,为什么?有它的道理。这就又得深一层去看。我们这些研究社会学和人类学的,要研究这个问题,要回答这个问题。"[3]

这段话,语气和分量都很重。接下来,费孝通现身说法,做出破题式的引导:"我们可以看到,马克思主义到了中国,变成了毛泽东思想,现在又变成了邓小平理论,这也是中国化了。同德国的马克思主义相比,已经有了很大的区别。这说明有一个中国文化里边的东西,也可以说是中国特点,在那里影响外边进来的东西。这个现象值得我们好好研究。讲不出来中国特色,就不能自觉地去实现中国特色。特色是什么?表现在哪里?怎么形成的?作用是什么?由于研究得不够,所以现在还讲不清楚。"[4]

费孝通把话题延伸到"一国两制"。他认为:"它不光具有政治上的意义,还有文化上的意义。它本身是不同的东西能不能相处相容的问

---

[1] 张冠生记录整理:《费孝通晚年谈话录》,生活·读书·新知三联书店2019年5月第1版,第280—281页。
[2] 同上书,第281—282页。
[3] 张冠生采写:《世纪老人的话:费孝通卷》,辽宁教育出版社2003年6月第1版,第96—97页。
[4] 同上书,第99—100页。

题。这个试验很厉害，成功了，很有意义。这在人类历史上是个重要的事件。人家以为，资本主义和社会主义是对立面，可是在中国，它们可以和平共存，一国两制。邓小平提出一国两制，不一定是从理论上想，他是从实际里边感到可以这样做，结果成功了。我认为其中就有中国文化在起作用。中国文化骨子里有这个东西，和为贵。在他身上，在一定时候，这个东西发挥了作用，他来了灵感。可以'一国两制'啊，为什么一定要斗来斗去呢？这样想了，这样做了，对立面合了起来，对大家都有利。这个事实摆进人类历史里去，可以帮助人们看到，世界上的不同制度和文化，也有和平共处的可能性，可以形成对立面的统一。'一国两制'这个创造，将是中国文化对当今世界的一大贡献。"[1]

费孝通的话题在政治和学术间穿梭往复，引人思索。他把话题进一步打开，说起了中国实力和前景的近忧远虑。

从改革开放起步到香港主权回归，大约二十年里，中国按邓小平的思路，不争论，不折腾，集中精力发展生产力，具备了一定的综合国力，才有点本钱同英国谈收回主权、"一国两制"。费孝通说："继续这个势头，是可能的。假如我们再努力二十年，而且能保持现在的速度，到2020年前后，我们就可以说，在世界上边，我们不算一个小国了。那时候，面貌就确实改变了，格局就真的改变了。改变格局的条件，就是看我们能不能继续发展，能不能创造，能不能争气。……即便是真的争气，问题也还没有完，争了气之后，强大起来之后，该怎么办？这是第二个问题。是不是也像美国一样，我们做老大？……照着我们现在这个势头发展，当老大不是没有可能。等你们长到我这个年龄，很可能会碰到这个问题的。这是西方人曾经面临的问题，就是怎样做好老大。他们没有做好。我们有机会的时候，能不能做好？对这个问题，不能临渴掘井，要未雨绸缪。我们脑筋要清醒，现在就要清醒。"[2]

费孝通提示讲座现场的三联书店书友说："我们今天说的发展势头，主要还是经济总量。可是要说内涵呢？我们还差得很多。我们这套文

---

[1] 张冠生采写：《世纪老人的话：费孝通卷》，辽宁教育出版社2003年6月第1版，第100—101页。
[2] 张冠生记录整理：《费孝通晚年谈话录》，生活·读书·新知三联书店2019年5月第1版，第283—284页。

化，虚弱很长时间了。几百年里边，没有真正振兴起来。"[1]

三十多年前，费孝通重访英伦时曾说过的一句话，如果在这个讲座上再读一次，也还有现实意义。当年，他说，"一个社会的真正改革，不在换个国旗，也不在换个宪法，而是在每个人的心上。……有感情，有爱，有人性"[2]。

---

[1] 张冠生记录整理：《费孝通晚年谈话录》，生活·读书·新知三联书店2019年5月第1版，第284—285页。
[2] 费孝通：《英雄和特权》，《费孝通文集》第3卷，群言出版社1999年10月第1版，第464页。

## 四　文化自觉，落叶归根

### （一）

"世变方激，赶快补课"，是费孝通八十岁后经常说起的话题。他的补课内容主要有两个方面，一是社会学基础知识，二是中国传统文化思想资源。下决心在生命最后一段要做的事，重要性不言而喻。费孝通特意记录了补课决心下定的时间，"1998年6月份"。[1]

1998年暑期，费孝通从手边存书中找出美国老师派克教授的传记，还有当年燕京大学社会学系师生为送别派克编印的文集，厚厚一本。他边读边写《温习派克社会学札记》，"越来越感到自己在学术上需要好好补补课。特别是在听了北大一百周年期间国外学者那系列讲演之后，更觉得自己有此需要。分析一下我这种自觉的迫切心情，看来是由于这几年来，特别是这一年来，我日益觉得所处的时代变动得太大和太快了"。[2]

"我已说过多次，'身逢盛世'。时代是对得起我的，但我却有点负了时代。……我所处的这个盛世已为我提出了多少有意义的题目，但大多我却让它们在手边滑过去了，至多也只能说掠得一点影子。人为什么总是抓不住，吃不透？关键还在自己能力不足。能力不足是由于自己这一生里投下的功夫不够。这方面我有自知之明，总结一句话是求知之心还不够迫切和踏实，常满足于浅尝而止，难逃不深不透。……不管以后的日子还有多少，当前我的脑子似乎还抵用，于是自己提出了'决心补

---

[1] 费孝通：《补课札记——重温派克社会学》，《费孝通文集》第15卷，群言出版社2001年12月第1版，第157页。
[2] 同上书，第133—134页。

课'。"[1]

这本派克传记,是费孝通1979年4月访问美国哈佛大学时所得赠书之一,书名为 Robert E.Park: Biography of a Sociologist,系"派克第一代及门弟子休斯(Everett C.Hughes)"面赠。回京后,在费孝通家中书架存放近二十年,此时成为他的补课入门读物。

费孝通跟随传记所述,看到了传主一生的社会学背景,也看到了社会学的社会和历史背景。背景上,有派克从密西西比河上的一个顽童成长为美国社会学一位领袖人物的历程,应和着费孝通从太湖边的小镇走向世界学坛的路途。

从《温习派克社会学札记》中,可以读出费孝通和这位美国老师多方面的相似和相通。

派克认为,"我们自身的生活就是最好的社会学的素材","社会学就在自己的生活里"。费孝通时常从吃饭、穿衣、电视、球赛谈出社会学的话题和道理。

派克"要求自己能理解这个世界上在芸芸众生里生活的人们,懂得他们为什么这样行动和具有怎样的感受"。费孝通晚年把自己的研究从生态层次提升到心态层次,要求自己留意人们的欢乐、悲伤、追求、梦想……

派克"兼顾城乡两端探索人类社会发展"。费孝通在1990年代中后期的调查重点,从中国农村延伸到城市,实地研究城市居民社区问题。

派克曾在1910年访问欧洲,"了解那些在欧洲农村里已待不住但又没有条件远走他乡的大批……城市劳工的人们的生活环境",费孝通研究中国农民中大批富余劳动力"离土不离乡"的转业过程,建议把小城镇作为"人口的蓄水池"。

1910年是费孝通出生的年份。1990年,他像1910年的派克那样关注农民命运,了解到中国农村"劳务输出的一条是去城市里做各种服务行业"[2]。这对异国师生确有前缘。

---

[1] 费孝通:《补课札记——重温派克社会学》,《费孝通文集》第15卷,群言出版社2001年12月第1版,第134页。
[2] 费孝通:《近水楼台先得月——在阜新市郊区谈经济发展战略》,《费孝通文集》第12卷,群言出版社1999年10月第1版,第63页。

八十年前后，不同国度、不同时代的学术同行，碰到了相同的社会问题，他们有同样的悲悯和关怀。关注底层民众命运的同时，传记中的派克"是一位思想领域里的探险者"，"一生不甘为稻粱谋"。这一点更使费孝通备感亲切。

在1997年一次深谈中，费孝通说："我们这些从事社会学研究的人，一定要站在时代潮流冲击的焦点上，这时候你能摸得着时代变化的脉搏。这个不容易的，得不怕当'右派'，弄得不好就当'右派'。也许不再反右了，但可以是别的名堂。还可以有波动，还可以让你入另册。当然我们不要自己去找麻烦，可是麻烦找到你的话也不要怕，扣帽子也不要怕。扣也不大灵光了，大家也不会接受了。"[1]

这样的话题，费孝通很少说起。但只要说，态度总很明确。他从不标榜自己"探险"，只是尊重实际，说出实话，尽力触及问题实质。

费孝通的补课读物，还有一本派克的代表作 Introduction to the Science of Sociology。他所以要补"引论"，源于自认"是个半路出家的和尚，在初入大学时没有念过社会学概论这样的入门必修的基础课"。

对这本一千多页的巨著，书名中强调的"科学"概念，费孝通有强烈共鸣。他认同派克的观念，社会学不是"一门对付当时社会上出现不正当现象的学科"，也不是"那种讲做好事的说教"，"而是用理性来对待社会现象的科学"[2]。他特意把对书名中"这门科学"一词用意的领悟写入札记，显然和社会学在中国大陆的命运有关，有所暗示、有所对照。

书中所有为使社会学成为科学的努力，都是费孝通特别留意的地方。比如派克在序言中的提示："这本书不应看作是许多材料的堆积，因为它是一个体系的论述。"比如派克对青年教师伯吉斯（Ernest W.Burgess）的爱护与培养。费孝通赞叹"派克老师心目中是为指导一个新加入这个学术队伍的人怎样一步一步地踏进这片知识领地。他一刻也不忘记这是一门正在成长中的学科，没有现成的定论可以用来灌输进新

---

[1] 张冠生记录整理：《费孝通晚年谈话录》，生活·读书·新知三联书店2019年5月第1版，第346页。
[2] 费孝通：《补课札记——重温派克社会学》，《费孝通文集》第15卷，群言出版社2001年12月第1版，第192页。

学者们的脑中,只有启发他们用自己的观察和思考去耕耘这片土地"。[1]

在燕园,派克是这样做的。在伦敦政治经济学院,马林诺夫斯基是这样做的。在云南大学和西南联大,费孝通是这样做的。几十年后,在北京大学和上海大学,费孝通还是这样做的。

1986年,费孝通陪同胡耀邦访问欧洲四国,与法国社会学家克罗齐耶(Michel Crozier)见面时,推荐学生李友梅到他门下,希望一起指导这位中国学生。克罗齐耶为李友梅争取到学习机会和奖学金后,如约帮她完成了组织社会学的训练,取得博士学位。其间的训练过程,是学院派方法。"组织社会学的DEA课程设置非常精致,实际上,这些课程是要让学生掌握有克罗齐耶及其团队开创的组织社会学的决策分析方法。授课的教师中有大学来的,也有从企业和政府机构请来的;不仅有讲专业理论和方法论的,有讲组织案例分析的,也有讲调查访谈技巧的。"[2]

李友梅说:"他与费先生带学生的方法不一样,费先生带学生到田野调查,不会要求学生应该用什么理论工具做,而是通过与学生讨论问题,引导学生带着思考深入社会开展调研,边做边学,逐步贴近实际。费先生带学生的这个过程是一个对悟性要求很高的过程,同时也是培养学生社会关怀的过程。"[3]

派克的另一著述《论城市》,被费孝通看作"一本从《引论》基础上发展出来的专论"[4],也被他作为"补课入门的进口"。这和费孝通的"老来所思"有关。

1990年代初,面对中国城市化进程的加速,费孝通要求自身的研究跟上去,也希望动员更多学术资源,及时研究社会生活新变化,例如职业人口流动,新经济组织成长,外来劳动力增加,居民生活区重组,城市管理体制变革,人际交往方式变化,社区服务方式创新,等等。

---

[1] 费孝通:《补课札记——重温派克社会学》,《费孝通文集》第15卷,群言出版社2001年12月第1版,第194页。
[2] 李友梅:《不断从实求知,推进中国社会学话语建设》,周晓虹主编:《重建中国社会学:40位社会学家口述实录:1979—2019》(上),商务印书馆2021年5月第1版,第393页。
[3] 同上。
[4] 费孝通:《补课札记——重温派克社会学》,《费孝通文集》第15卷,群言出版社2001年12月第1版,第206页。

费孝通走访城市社区和居民家庭，约请社区、街道、居委会的干部做现场访谈，感到上海的社区建设为基层行政体制现代化找到了办法。若能进一步完善，有可能促成一个适应于中国现阶段发展需要的社区生活系统。他说："在这个从实求知的过程中，我对上海城市社区这个社会结构的基础有了一些初步的认识，感觉到社区相比于街道，它与市民日常生活各个方面有着更为广泛而深入的联系，包括政治、行政、经济、社会和文化等多种系统，其中最直接的联系是社区居民的衣食住行、生老病死。这个如同小社会的社区由于更注重自下而上的运行逻辑，因此它提出的日常问题往往会超出街道组织管辖的范围。"[1]

1999年11月，上海大学成立上海社会发展研究中心。费孝通出席该中心揭牌仪式，就任该中心主任。此前，他于1998年保留北京大学教授一职，辞去其他所有公职、兼职。

此事背景，有中国城市化进程的加快，也有上海方面的敏感和诚恳。赵启正当时主持浦东新区工作，他对费孝通说：浦东需要社会学。徐匡迪时任上海市市长，他邀请费孝通到上海研究社区建设问题。上海具有相对悠久的工商业发展历史和市民社会传统，又较早提出"小政府，大社会"的新体制目标。费孝通对赵启正说：你们找对了对象。

费孝通最后一段实地调查中，社区研究调查相当频繁。2000年，他有九次外出调查，六次以社区为主题。2002年五次外出调查，四次是专题研究社区发展。这是费孝通九十岁后重点研究题目之一。联系他晚年常讲起的"开风气，育人才"，费孝通愿意在城市社区研究上花费心血，用意不难领会。一次小范围谈话中，费孝通有句话，不妨看成点题之语：乡镇企业是"草根工业"，社区发展就是"草根民主"。

费孝通的晚年补课，在案头，也在农家；在田野，也在社区。在社会变迁过程中，他个人的补课，连接着中国社会学学科建设的补课，也连接着中国社会组织发育的补课。再深一层，还有费孝通暮年文章、演说中不时暗示的一种补课，即中国社会学、人类学者对当下自身职业使命、文化角色应有认知的补课。

---

[1] 费孝通：《九十新语·己集》，北京大学社会学人类学研究所ISA工作论文2001.003，第22页。

## （二）

读派克传记、派克著述，写读书札记的过程中，费孝通体会了他和派克之间的相通、相续，也看出了差别和自身不足。他写道："派克是个好老师，而我不是个好学生，很多他早在七十年前就说过的东西，我要到老来才仿佛有点一知半解。……我只能理解到现在我们这个所谓的'后现代'时代，也许正是派克老师曾指出过的那个已形成了一个全球的共生体系还缺一个相配套的共识或道德体系的半完成状态。"[1]

费孝通说："我想到了另一位老师，死在我怀里的潘光旦老师。他在七十年前已经用中国语言表达了派克老师用拉丁语根拼出来的英文字表示的人文区位学，潘光旦老师用了我们两千年前老前辈孔孟的经典上的话来表达同样的意思，至少是相通的意思。"[2]

潘光旦1922年留学美国，是带着《十三经注疏》去的，那是他当年求知所需。七十多年后，它成了老师对学生的开示。

对中国传统文化的补习，费孝通没有留下补习社会学基础理论那样的札记文字，实际上也用了相当的心力。他说自己从小接受的是西式"新学"教育，没有进过私塾。《三字经》《百家姓》《千字文》《论语》《孟子》等都没有从小念过，对中国传统文化缺少基本训练。这样的好处，是不受旧思想束缚，可是缺陷也很大，该用的时候说不出、用不上。他很羡慕前辈学者对国学经典烂熟于心，该用的时候张口就来。

费孝通为此感叹：到了八十岁的时候，想起了八岁该看的书。

晚年调查行程中，费孝通常把一本开本很小、购自孔庙的《论语》带在手边，以便闲时阅读。助手又帮他买来一些名家著述，如钱穆的《国史大纲》《中国文化史导论》《中国近三百年学术史》，陈寅恪的《唐代政治史论稿》《柳如是别传》，冯友兰的《三松堂自序》，《梁漱溟全集》，等等。费孝通翻阅群书，表示对这些学者心仪已久。

梁漱溟是费孝通一向敬重的前辈，他称梁漱溟"是当代中国一位卓越的思想家"，对梁的为人与治学"一直抱着爱慕心情"。费孝通认为，

---

[1] 费孝通：《九十新语·己集》，北京大学社会学人类学研究所ISA工作论文2001.003，第22页。
[2] 同上。

梁先生以"好用心思"和"误打误撞"概括自己的治学,"正道出了一条做学问的正确道路。做学问其实就是对生活中发生的问题问个为什么,然后抓住问题不放,追根究底,不断用心思。用心思就是思想。做学问的目的不在其他,不单是为生活,不是为名利,只在对自己不明白的事,要找个究竟"[1]。

2003年,费孝通回忆说,自己1945年加入中国民主同盟的时候,梁先生是民盟的秘书长。他们接触不多,谈不上私交。自己当年从燕京毕业后,参加过梁先生在山东邹平主持的乡村建设工作,知道梁先生的心志。晚年又读他的书,发现自己有两条线和梁先生接上了,一条是对社区的研究,另一条是在中国现代化出路的想法上,主张尊重中国文化实际传统和需要,承认传统,从文化传统的基础出发,改造其中不合乎现代社会需要的地方,来适应新的社会要求和时代潮流。总体讲,要避免激进变革,不是走革命路子,而是走渐进路线,逐步改良。

在现代中国,改良主义者坚持主张,要有坚韧的历史担当,费孝通深有体会。他知道在革命者那里"这个词不好听"。他由衷称赞梁漱溟说:"我认识到他是一个我一生中所见到的最认真求知的人,一个无顾虑、无畏惧、坚持说真话的人。我认为,在当今人类遇到这么多前人所没有遇到的问题的时候,正需要有更多的这种人,而又实在不可多得。什么是文化,文化不就是思想的积累么?文化有多厚,思考的问题就有多深。梁先生不仅是个论文化的学者,而且是个为今后中国文化进行探索的前锋。"[2]

梁漱溟也欣赏费孝通。《暮年漫谈》中,费孝通说起一段轶事:"据说,梁先生去世前,有人问先生:在民主党派人士中,对谁的印象最好?他随口答道:费孝通。费孝通这个人样样通,近年来深入农村工矿,使他更通了,他的名字里就有一个'通'字嘛。他还对另一位访问他的人说:费孝通是走江南谈江南,走江北谈江北,希望现在的年轻人也能如此。"[3]

---

[1] 费孝通:《梁漱溟先生之所以成为思想家》,《费孝通论文化与文化自觉》,群言出版社2005年10月第1版,第49页。
[2] 同上书,第50页。
[3] 费孝通:《暮年漫谈》,《中央盟讯》编辑室:《中央盟讯》2005.5专刊,第31页。

一次外出调查途中，费孝通谈起了陈寅恪。不久前，他读《柳如是别传》，开卷即有感触，说起心情："我想看《柳如是别传》，已经想了很久了。想看这本书，主要是想知道那个时代的知识分子的心情和文化仪式。那是一个过渡时期、变革时期。从明朝到清朝，是一大变化。经历了两个朝代的知识分子，是一种什么样的心情，柳如是和钱牧斋可以算是某一种类型知识分子的代表，值得看一看。陈寅恪为写这本书，要读非常多的书。他很有才气，也很有学问，写这本书也有很深的用意。……他是借柳如是的心情说自己的心思。他们在一个很重要的方面可能是相通的，都是前朝人物，都有追求自由的心志，都要找到文化上的归宿。"[1]

费孝通的话题，自然过渡到了自己。他说："这本书考证得很细，列举大量的史料，读着不容易，我才看了第一本。从这一本的内容里边，我想到了一个词，叫'归宿感'。我觉得，陈寅恪写这本书，有找归宿感的意思在里边。'归宿'和'认同'这两个词不一样。归宿包括认同，但比认同要深。认同是观点上的一致，可以不发生情感上的联系。归宿里边一定会有情感。这种归宿感是文化上的归宿感。柳如是的归宿是前朝。有的人的归宿是在后朝。'各领风骚数百年'就是各有归宿。你在写我的传记，哪里是我的归宿，我的归宿感是什么样的，弄明白这一点很重要，也很难。"[2]

钱穆及著述，为费孝通带来更多亲切感。钱穆祖籍无锡，与费孝通故乡邻县。钱穆读书的苏州草桥中学，费孝通的父亲曾在那里教书。钱穆曾先后在燕京大学、清华大学、西南联大教书的时候，费孝通正巧在这三所大学读书、教书。他俩一直没有交往，用费孝通的话说，"好像被一层什么东西隔开了，相互间有距离。他没有进入潘光旦或吴文藻的圈子里"。后来，面临政权鼎革，费孝通选择留在大陆，钱穆先是去香港创办新亚学院，后来又到台湾，离得就更远了。

费孝通说："一直到进入了二十一世纪我退休了，为了补课我才仔细读他的书，越读越觉得他同我近了。有很多相通的地方。比如我觉得

---

[1] 张冠生采写：《世纪老人的话——费孝通卷》，辽宁教育出版社2001年10月第1版，第88页。
[2] 同上书，第88—89页。

在社会和自然的关系上,最好的表达方式就是中国古代'天人合一'的说法。……读了钱穆先生的书,仅从他所强调的,从'天'、'人'关系的认识上去思考东西方文化的差异这一观点,就使我……有了豁然开朗的感觉。"[1]

豁然开朗之后,费孝通想为《读书》杂志写一篇文章,写自己和钱穆著述人生的离合,文化思考的殊途同归,但没有来得及,未能如愿以偿。他认为,"钱穆、陈寅恪的东西都是反思出来的"。陈寅恪认识世界的一个办法,叫"神游冥想",讲究"心有灵犀一点通"。

费孝通对此方法兴致很高,他表示,陈寅恪、钱穆的东西,加上胡适、杜威的东西,综合起来,应该可以讲出点道理。自己的国学底子差,老来补课,越补越觉得缺得厉害,补不胜补。费孝通感叹道:要想真的把这个世界说出点道理,不容易啊!司马迁那时候就讲"天人之际",我们现在还是说不清楚。

一次谈话中,费孝通又说到"天人之际"。他说:我脑筋里边的"天人之际"是从钱穆那里来的。钱穆去世前对他夫人说,"天人之际"还有新的意思,可是他没能讲出来就走了。我想写一篇文章,题目叫"有朋自远方来",写写我读钱穆的感想。

费孝通说,对于钱穆,我曾经觉得很远。读了他的书才知道,他对事物的看法,有些地方和我很接近,有些想法更觉得亲切。我想在文章里发挥这些看法。现在对"天人之际",我有一套看法,就是世界观和人生观的问题。首先要确定一个基本命题:人是自然的一部分。自然发展到一个时候,有了人这样一种生物。这种生物具有一个特点,这个特点是智力。智力使人有别于其他动物。动物有记忆,有条件反射。人除了这些之外,还有创造性,有历史的积累和连续性,有过去、现在和未来。这是人类社会的特点。现在还没有把这个特点讲清楚。人对于人文世界还缺乏自觉。天人之际、古今之变究竟是怎么回事,并不清楚。司马迁的父亲叮嘱儿子,要研究这个东西。这才是真正的人的学问。

从司马迁到费孝通,古与今,在"人的学问"上相通。

说到这里,费孝通又想起派克,"他当时已决心冲进思想领域里遵

---

[1] 费孝通:《暮年漫谈》,《中央盟讯》编辑室:《中央盟讯》2005.5专刊,第30页。

循杜威博士的实证主义方法用平白的语言来表达……哀乐无常，悲欢交织的人生。他要求自己能理解这个世界上在芸芸众生里生活的人们，懂得他们为什么这样行动和具有怎样感受"。[1]

这是派克的修为，也是费孝通的心志，他在学术反思中表达过对普通人喜怒哀乐的关注，在国际论坛上表述过对文明进程的追踪。"七十年来，我用社会科学的方法，包括二十世纪以来的实证主义方法，对农业文明、工业文明进程中的文化变迁进行了力所能及的调查和思考。"[2]

从派克到费孝通，中和西，在"人的学问"上相通。

费孝通继续说想法。他认为，天人之际就是自然界和人文世界的关系。人文世界是自然界在一定阶段上的异化。有了人文世界，自然世界就出现了一个对立面，可是这个对立面仍然在自然世界里边。复杂性就在这里。人文世界有延续性，所以在天人之际中又出来了一个古今之变。人类学是研究人文世界的学问，是人的学问。研究人是怎么从自然界里异化出来的，这是天人之际里边的大学问。钱穆是抓住这个题目了。这个题目不是哪个人要讲，而是人文世界发展的需要。无论经济、科技怎么发展，还是要回来的，回到天人之际的问题上来。要有人能讲清楚天人之际。现在还讲不清楚，所以，还要补课。

## （三）

1992年9月25日，费孝通在香港首届"潘光旦纪念讲座"发表学术讲演，讲演的题目是"中国城乡发展的道路——我一生的研究课题"。他概要回顾江村调查之后五十多年的研究历程，表示"如果天假以年，在我这一生中还有一段生存的时间，还是极愿意在已有生态研究的基础上，更上一层次，把心态研究做一点破题和开路的工作"[3]。

费孝通这一想法，有国内经济与社会发展背景，也有国际事务中局

---

[1] 费孝通：《补课札记——重温派克社会学》，《费孝通文集》第15卷，群言出版社2001年12月第1版，第158页。

[2] 张冠生记录整理：《费孝通晚年谈话录》，生活·读书·新知三联书店2019年5月第1版，第610页。

[3] 费孝通著：《学术自述与反思》，生活·读书·新知三联书店1996年9月第1版，"序言"第2页。

部冲突持续不断的背景。

从国内背景看，进入1990年代初期，费孝通认为："现在走到小康的路子是已经清楚了，我已认识到必须及时多想想小康之后我们的路子应当怎样走下去。小康之后人与自然的变化不可避免地要引起人与人的关系的变化，进到人与人之间怎样相处的问题。这个层次应当高于生态关系。在这里我想提出一个新的名词，称之为人的心态关系。心态研究必然会跟着生态研究提到我们的日程上来。"[1]

从国际背景看，费孝通早有论说。由"潘光旦纪念讲座"学术讲演前推四年，费孝通在《〈外访杂写〉前言》（1988）中说："我这四五十年心里确是有一个疑问在烦恼我：这个世界上这么多人怎样能和平相处，各得其所，团结起来，充分发挥人类的潜力来体现宇宙的不断发展？这是个大题目。……大大小小的群体之间，尽管生活上已你离不开我，我离不开你，但是心理上还是各有各的想法，各是其是，各美其美，甚至还要以我之是强人为是，以我之美强人为美，一句话，相互不理解，相互不容忍。这个'多元一体'还少一个共同的意识基础。怎样使人群间能相互理解是我要探索的课题。"[2]

由这篇《〈外访杂写〉前言》前推四十年，费孝通在《美国人的性格》（1947）中说："我总觉各种文化里长大的人不能相互了解是当前世界的一个严重的问题。以往，世界上各地的人民各自孤立地在个别的处境里发展他们的生活方式。交通不便，往来不易，各不相关。现在却因交通工具的发达，四海一体，天下一家，门户洞开，没有人能再闭关自守，经营孤立的生活了。在经济上我们全世界已进入了一个分工合作的体系，利害相联，休戚相关，一个世界性的大社会业已开始形成。但是各地的人民却还有着他们从个别历史中积累成的文化，不同的文化中有不少价值标准是不相同的。……很显然的，我们只有积极的促进这世界性社会的形成。我们也就得极力克服文化的个别性所造下的障碍。"[3]

---

[1] 费孝通：《孔林片思——在"北京大学社会学十年"纪念会上的讲话》，《逝者如斯——费孝通杂文选集》，苏州大学出版社1993年8月第1版，第313页。

[2] 费孝通：《〈外访杂写〉前言》，《费孝通文集》第11卷，群言出版社1999年10月第1版，第301页。

[3] 费孝通著：《美国与美国人》，生活·读书·新知三联书店1985年8月第1版，第213页。

20世纪行将结束时，从海湾战争到南联盟的炮火，局部性"人类自相残杀"行为仍在继续。进入21世纪，美国9·11恐怖袭击事件、俄罗斯大规模人质危机事件、西班牙首都马德里大爆炸事件、英国首都伦敦连环爆炸恐怖袭击事件……作为人类学家，费孝通自然对这局势高度关注，他要对事关人类安危存亡问题发表意见。

1992年，他重提当年话题，认为"人与人之间怎样相处，国与国之间怎样相处的问题，这本是第一位的问题。……看来人类在这个问题上还没有足够的觉醒"[1]。

1993年初夏，费孝通收到英迪拉·甘地国际学术会议（1993）邀请函。该函由印度已故总理拉·甘地遗孀索尼亚·甘地签发，请费孝通莅会讲演。

该会议创始于1987年，每两年开一次，每次一个主题。1987年的会议主题是 Towards New Beginnings；1989年的会议主题是 The Making of an Earth Citizen；1991年的会议主题是 The Challenges of the Twenty-first Century；1993年的会议主题是 Redefining the Good Society。

费孝通把这次会议主题译为"重释美好社会"，他利用暑期北戴河休假时间，认真准备讲稿。他和助手反复讨论要点、提纲，认为自从人类形成群体以来，"美好社会"总是群体生活不可缺少的意念。它是人类社会意识中必备的要素，表现在各个群体的神话、传说、宗教、祖训、哲学等多种样式的意识形态中，不仅体现了组成群体的个人在生活里追求的人生导向，也是群体用社会力量来维护人和人相处的规范。"美好社会"的内涵是不同群体在不同的客观条件下，经过不同的历史过程提炼出来的，这导致各群体内部对"美好社会"的理解是大体一致的，和其他群体所认为的"美好社会"则是有区别的。

不同群体之间的不同价值观念，可能造成费孝通提到的下述局面。

任何一方触及到另一方生存利益而发生冲突时，双方都会利用自己的价值观，对内作为团体凝聚力量，对外作为指责对方的对抗力量，形成意识形态纷争。这种纷争可能发展到兵戎相见的激烈程度。历史上不

---

[1] 费孝通：《孔林片思——在"北京大学社会学十年"纪念会上的讲话》，《逝者如斯——费孝通杂文选集》，苏州大学出版社1993年8月第1版，第311页。

同群体之间以价值观念的歧义为借口而发生的战争史不绝书。

费孝通对世界历史做了简要回顾。欧洲的文艺复兴和宗教革命，带来了现代经济和科技的发展，整个地球上的各大洲都紧密地联系了起来。原来分布在五大洲广大地域上的无数人类群体，从此不再相互隔绝。但是心态秩序的建设没有跟上经济和科技发展的步子。几百年下来，人类还没有形成一个和平共处的秩序，使大家能同心协力地建设共同认为的美好社会。相反的事情倒是常见。从海上掠夺、武装入侵、强占资源开始，进而建立殖民地，划分势力范围，形成了以强制弱、争霸天下、战争不绝的形势。

避免暴力，减少代价，改良社会，促进和平，是费孝通一以贯之的主张。他认为，各群体之间不同的意识形态，不应成为冲突和战争的根据。如果能具体分析人类各群体所向往的美好社会，基本上总是离不开安全和繁荣这两个愿望。这愿望是可以通过群体间的和平协作来实现的，没有理由一定引起你死我活的对抗。那样反而离安全和繁荣越来越远，离危机和毁灭越来越近。

费孝通同时也承认，意识形态的歧义之可以被利用来引起对抗，也有人类常有的心态做基础，那就是"非我族类，其心必异"的本位中心主义。这种唯我独美的心态，很容易导致强迫别人美我之美。别人不从，就会引起冲突乃至对抗。

费孝通回忆说，他在20世纪里已经生活了八十多年，从出生不久就发生的第一次世界大战算起，到20世纪末，可以说，一直生活在大大小小的战争阴影下。这使他感觉到，全球性的世界大战，可能就是20世纪在人类历史中的独特标志。在这个世纪之前，群体间的战争是常有的，但是没有蔓延到全世界那样大的范围。可以设想，如果20世纪的这个特点延续到21世纪，再来一次世界规模的战争，已有的人类文明，甚至整个人类历史，很可能将告结束。

为免除这种危险前景，费孝通提出了比较现实的思路："二十世纪最后十多年中所发生的这些新事物值得我们深入地进行理解，……在群体间尚没有通过长期的交流达到自觉的融合之前，可以在求同存异的原则下取得和平共处并逐步发展，为进入融合一致的大同世界准备条件。"[1]

"作为人类学者,入门的第一课就是要设身处地地从各群体成员的立场去理解各群体人们的实际生活。我们要学会'美人之美',像各群体自己的成员那样欣赏和领悟他们所爱好的价值体系。'美人之美'并不要求'从人之美',而是容忍不同价值标准的并行不悖。但要求摆脱本位中心主义,而采取了多元并存的观点。应用到经济上,是不要阻碍有利于双方的竞争,不采取只图单方面的短期利益的保护主义,而坚持相互开放和机会平等;应用到政治上,首先是不要干涉别的主权国家的内政,不以力服人,而以对话代替对抗,平等协商来处理国与国之间的矛盾。这是在人类的各群体还没有融合成一体,而政治和经济已经密切联系的现阶段,也可能就是即将来临的二十一世纪,我们可以力求做得到的现实态度。"[2]

费孝通想起一年前的曲阜之行和孔林思绪,想到中国传统文化思想资源。他举例说,中国古代的孔子从根本上否定本位中心主义。孔子提出"有教无类",是说在可以教化这方面,人是不分类别的。他还主张"己所不欲,勿施于人",意思是,自己不愿意接受的事情,不要强加于人。人的价值观念可以通过教化趋向一致,但是强加于人就违反了人与人相处应遵循的道理。

在孔林,费孝通想到了中国历史上的春秋战国时代。那是思想开放、百家争鸣、学术繁荣的时代,是知识分子在历史舞台上纵横捭阖、大显身手的时代,足可追慕。

1995年初,费孝通接受《战略与管理》杂志记者采访,他说:冷战结束五十年了,还没有看到全世界思想家活跃发言的景象。虽然不缺少合纵连横的苏秦张仪之流,如基辛格、布热津斯基等,但还没有孔子、孟子、荀子、墨子、庄子,没有大家出现。费孝通热切盼望中华民族的文化复兴,希望中国人在建设良好的心态秩序方面做出独特贡献,希望自己的"心态研究"课题不仅破题,而且能开出一条路。

---

[1] 费孝通:《对"美好社会"的思考》,中国民主同盟中央委员会、中华炎黄文化研究会编:《费孝通论文化与文化自觉》,群言出版社2005年10月第1版,第131页。
[2] 同上。

费孝通在《孔林片思》中写道——

"世界正在进入一个全球性的战国时代,是一个更大规模的战国时代,这个时代在呼唤新的孔子,一个比孔子心怀更开阔的大手笔。"[1]

"我们这个时代,冲突倍出,海湾战争背后有宗教、民族的冲突,东欧和原苏联都在发生民族斗争,炮火不断。这是当前的历史事实,在我看来这不只是个生态失调,而已暴露出严重的心态矛盾。我在孔林里反复地思考,看来当前人类正需要一个新时代的孔子了。新的孔子必须是不仅懂得本民族,同时又懂得其他民族、宗教的人。他要从高一层的心态关系去理解民族与民族、宗教与宗教、国与国之间的关系。目前导致大混乱的民族和宗教冲突充分反映了一个心态失调的局面。我们需要一种新的自觉。考虑到世界上不同文化、不同历史、不同心态的人今后必须和平共处在这个地球上,我们不能不为已不能再关门自扫门前雪的人们,找出一条共同生活下去的出路。这使我急切盼望新时代的孔子的出现。看来我自己是见不到这个新的孔子了,但是我希望在新的未来的一代人中能出生一个这样的孔子,他将通过科学、联系实际,为全人类共同生存下去寻找一个办法。"[2]

## (四)

1995年夏,北京大学社会学人类学研究所举办"社会-文化人类学高级研讨班"。费孝通做专题开讲,题目是"从马林诺夫斯基老师学习文化论的体会"。

他对学员说:"从1993年苏州会议上宣读的《个人·群体·社会》开始,我一连写了好几篇比较长的文章,都属于'算旧账'的回顾和反思。……我觉得这种回顾和反思性质的文章对我很有好处。"[3]

1996年秋,"费孝通教授学术活动六十年欢聚会"在江苏吴江举行。

---

[1] 费孝通:《孔林片思——在"北京大学社会学十年"纪念会上的讲话》,《逝者如斯——费孝通杂文选集》,苏州大学出版社1993年8月第1版,第314页。
[2] 同上书,第314—315页。
[3] 张冠生记录整理:《费孝通晚年谈话录》,生活·读书·新知三联书店2019年5月第1版,第102页。

他为此选编《学术自述与反思》一书,在序言里明确表白了借回顾做反思的心情。

《重读〈江村经济〉序言》是费孝通的系列反思文章之一。他在该文开篇处再次说起"反思反思,结结账"的话题。温故知新,他发现,"这篇短短八页的序言触及到社会人类学里许多至今还应当反复琢磨的基本问题"[1]。

马林诺夫斯基在序言中明确表达"我的预言"说:"未来的人类学不仅对塔斯马尼亚人、澳洲土著居民、美拉尼西亚的特罗布里恩德群岛人和霹雳的俾格米人有兴趣,而且对印度人、中国农民、西印度群岛黑人、脱离部落的哈勒姆非洲人同样关注。"[2]

当年预言,如今早已成现实,标志着人类学的进步。这一步迈得并不轻松。

重读序言的费孝通意识到,马林诺夫斯基做此预言时,心里很明白,要跨过"文野之别",拨转人类学研究方向朝向文明世界,不是轻易之举。事实上,当时已在研究现代民族关系、触及文野鸿沟问题的马林诺夫斯基,对人类学跨越文野之别,提高一步,有所筹划,"他要为人类学更上这层楼,从对野蛮人的研究过渡到对文明人的研究,筑好一顶楼梯。但是由于寿命的限制,只遗下了一大堆残稿,后来,虽经他的门生于1945年整理成了《文化变迁的动力》(*Dynamics of Culture Change*)一书,但他想建立的这顶楼梯还只是一个初步设计的图稿,里面还有许多空隙没有填实"[3]。

《江村经济》可以说是马林诺夫斯基的设想在东方世界的响应与实践,所以得到他的高度褒奖。但在费孝通这里,《江村经济》只是"无心插柳",老师的褒奖之言入耳,褒奖的深意一时还难体会到家。把《江村经济》放到人类学发展历史要求的大背景上,看清其功能,需要足够的学术训练和知识储备,费孝通当时还不具备,也就难以明察老师

---

[1] 费孝通:《重读〈江村经济〉序言》,《费孝通文集》第14卷,群言出版社1999年10月第1版,第13页。
[2] 费孝通著,戴可景译:《江村经济》,江苏人民出版社1986年10月第1版,"序"第3页。
[3] 费孝通:《重读〈江村经济〉序言》,《费孝通文集》第14卷,群言出版社1999年10月第1版,第17页。

为他写序言的用心。

时隔近六十年，费孝通重读序言，对马林诺夫斯基推重《江村经济》的心思有了进一步的体会，同时也看到了一个令人深思的事实——

"马老师……明确反对的是'在异国的土地上猎奇而写作'，提倡的是'一个民族研究自己民族的人类学'。这样明确的态度却没有灌入他的一些学生耳中。由于我长期没有与国外社会人类学者有过深入的接触，对国外学坛不应凭传说任意作出议论。事实是我实在还没有听说过国外的人类学家中有对自己民族或国家的人民进行过严肃的研究。我希望我这样说是出于我的孤陋寡闻。但是反对研究自己社会文化的人却是有的，比如埃德蒙·利奇（Edmund Leach）教授在1982年出版的《社会人类学》里明确表示，他根本不赞成一个初学人类学的人能从研究自己的民族入手，就是说他怀疑本民族的人能从研究本民族进入社会人类学的堂奥。我实在不明白他这种成见是否能说还是欧洲人的种族优越感在作弄他，连人类学者都跳不出这个魔掌？"[1]

"利奇教授"是费孝通留学伦敦政治经济学院时同一师门的老同学，其爽直、明快、词锋尖锐、雄辩出众的风格，使费孝通印象深刻，两人保持着多年友谊，也保持着不同的学术见解。

马林诺夫斯基在《江村经济》序言中"这样明确的态度"没有被包括利奇教授在内的一些门生接受，没有形成西方人类学者研究本民族社会文化的气候，在费孝通看来，是20世纪人类学史上十分引人注目、值得深思的问题之一。

若以百年为一个时间单位，观察这篇序言发表后将近六十年里的史实，应该看得更清楚。至少在费孝通见闻范围内，尚未听说过马林诺夫斯基的主张和倡导成为西方人类学家的自觉实践。马林诺夫斯基成功实现了从书斋到田野的进步时，进入的是"他者"的田野，不是研究者本民族的田野。也就是说，他转换的是研究空间，不是研究对象。

《江村经济》走出关键一步，既转换研究空间，也转换研究对象，提供了一个人类学者在本民族田野工作中进行有效研究的实例。马林诺

---

[1] 费孝通：《重读〈江村经济〉序言》，《费孝通文集》第14卷，群言出版社1999年10月第1版，第20页。

夫斯基在《江村经济》序言中对此给予充分肯定，指出"本书的内容包含着一个公民对自己的人民进行观察的结果。这是一个土生土长的人在本乡人民中间进行工作的成果。如果说人贵有自知之明的话，那么，一个民族研究自己的民族的人类学当然是最艰巨的，同样，这也是一个实地调查工作者的最珍贵的成就。"[1]

费孝通说，马林诺夫斯基去世之后，英国人类学者中间对马老师这一主张的反响使他滋味难言。事实上，费孝通研究本民族社会文化的学术实践曾受到怀疑，甚至责难。

费孝通说："责难是一个包括人数众多、历史悠久、文化复杂的民族或国家，只研究其中的一个由少数人组成的小社区，能不能了解这个民族整体的社会文化？这正是利奇教授在1992年所写的《社会人类学》一书中向研究中国农村的社会人类学者提出的责难。"[2]

为答复这种质疑，费孝通在《人的研究在中国》（1990）一文中说，他写完《江村经济》时已经意识到，把一个农村看成是全国农村的典型，用它来代表所有的中国农村，是不对的。但是把一个农村看成是一切都与众不同，自成一格，也是不对的。体质人类学的学术训练，使费孝通对客观事物存有"类型"概念。在条件相同的情况下，会发生相同的事物，相同条件下形成的相同事物就是一个类型。

如果承认客观事物中存在着不同的类型，承认形成江村的条件也会形成其他一些农村，江村可以作为中国农村的一个类型，那就可以再去发现其他类型的中国农村。把中国农村的各种类型都找出来，用比较方法一一描述，应该可以不需要把千千万万个农村一一观察而逐步接近于了解中国所有的农村。也就是说，有可能用微型社会学的研究方法去搜集中国各地农村的类型，通过对这些类型的认识，达到接近对中国农村社会文化的全面认识。

费孝通认为，这个逻辑是成立的。他在云南时期对禄村、易村、玉村的比较研究，在"第二次学术生命"中的农村—小城镇—区域发展—全国一盘棋，一步步扩展过程中的学术实践和成果，都可作为实证，乐

---

[1] 费孝通著，戴可景译：《江村经济》，江苏人民出版社1986年10月第1版，"序"第1页。
[2] 费孝通：《重读〈江村经济〉序言》，《费孝通文集》第14卷，群言出版社1999年10月第1版，第25—26页。

观回答"窥斑知豹"是否可能的问题。

在《重读〈江村经济〉序言》中，费孝通对这个问题做了进一步申说，并且明确了微型社会学的基本理论依据——

> 最近我在重温马老师的文化论时，又有所启发。在人文世界中所说的"整体"并不是数学上一个一个加起而成的"总数"。同一整体中的个体有点像从同一个模式里印刷出来的一个个糕饼，就是说这个别是整体的复制品。生在社会里又在社会里生活的一个个人，他们的行为以至思想感情的方式是从先于他存在的人文世界里学习来的。学习基本上就是模仿，再加上社会力量对个人发生的规范作用，即所谓教育，社会用压力强制个人的行为和思想纳入规范中，一个社区的文化就是形成个人生活方式的模子。这个模子在满足个人生活需要上是具有完整性的，每个人生活需要的方方面面都要能从这个人文世界里得到满足，所以人文世界不能是不完整的。[1]

"社会人类学者首先要研究的对象就是规范各个个人行为的这个'模子'，也就是人文世界。从这个角度去看，人文世界里的'整体'就必须和数学里的'总数'在概念上区别开来。这是'微型社会学'的基本理论依据。"[2]

"利奇认为我们那种从农村入手个别社区的微型研究是不能概括中国国情的，在我看来，正是由于他混淆了数学上的总数和人文世界的整体，同时忘记了社会人类学者研究的不是数学而是人文世界。"[3]

"研究中国农村的社会人类学者"面对的质疑和责难，还包括一个"自知之明"是否可能的问题，实质上是人类学者是否应该进入自家田野的问题。

费孝通说："利奇公开认为中国人类学者不宜从本国的农村入手进

---

[1] 费孝通：《重读〈江村经济〉序言》，《费孝通文集》第14卷，群言出版社1999年10月第1版，第26—27页。
[2] 同上书，第27页。
[3] 同上。

行社会人类学的研究工作。这是他用委婉的语气反对马老师所赞赏的'本地人研究本地文化'的主张。他在批评若干本中国学者出版的研究中国农村的著作之前,有一段他自己的经验之谈。他说:'看来似乎是很可怪的,在亲自具有第一手经验的文化情境里做田野作业,比一个完全陌生的外客用天真朴素的观点去接近要观察的事物困难多得多。当人类学者研究他自己社会的一鳞一爪时,他们的视野似乎已被公众的甚于私人的经验得来的成见所扭曲了'。"[1]

费孝通用自己田野工作的具体经历说明,简单地用"本文化"或"异文化"的区别为他的社区研究定位,也许并不准确。他认为,自己经历过的三次人类学田野作业经历(瑶山、江村、禄村)可做例证。"如果把我这三次田野工作互做比较,我对所接触到的人、事、物能心领神会的程度确实是不同的。在江村,基本上我不必通过第三者的帮助就能和对方交往,在禄村就不能那么随心所欲了,在瑶山里我更是离不开能说汉话的人的帮助。如果说社会人类学的田野作业离不开语言作为取得认识的工具,那么我实在不能同意利奇所说的在熟悉的田野里工作比在不熟悉的田野里工作更困难的说法。"[2]

费孝通回顾当年在瑶山调查中"用从自己比较熟悉的文化中得来的经验去认知一个不熟悉的文化"的经历和思路,表示自己田野作业的对象在实质上并没有所谓"本文化"和"异文化"的区别,只有田野作业者怎样充分利用自己或别人的经验作为参考体系在新的田野里取得新经验的问题。"如果要以研究者自己的文化出生[身]来比较在工作上哪里方便?根据我的经验,只以传媒手段的语言来说,本土人研究本土文化似乎占胜一些。"[3]

费孝通又说:"人类学者能不能研究别的社会依赖于他能不能参与别的社会的生活实际,首先要解决好是个'进得去'的问题;而以自己社会为研究对象的人类学者能不能研究得好却依赖于他能不能超脱

---

[1] 费孝通:《重读〈江村经济〉序言》,《费孝通文集》第14卷,群言出版社1999年10月第1版,第28—29页。
[2] 同上书,第30页。
[3] 同上书,第32页。对原文中的"文化出生",笔者以为更宜于以"文化出身"表述本意,故此处改"生"为"身"。

他所生活在其中的社会,是个'出得来'的问题。由于研究的对象不同,出现了进和出的区别。参与的程度和超脱的程度不同,也就决定了研究成果的质量。埃德蒙·利奇所提到早年研究自己社会的中国人类学者有些著作不尽如人意,我认为那是出于有些作者超脱的程度不足。这在初期尝试时是不可避免的。如果因质量不高而否定这种研究,那就过分了。"[1]

《重读〈江村经济〉序言》篇幅较长,费孝通做出相当充分的论证,对中国社会人类学者进行本土微观研究的合理性,有理由抱持正面、积极、肯定的看法。这没有妨碍作者对微型社会学方法的限度进行反思。

这篇长文的后面几节,费孝通对他认为"微型社会学在空间、时间和文化层次上所受到的限制"做出分析,发现自己"所指出的限制实在是出与我对自己所研究的要求超过了微观的范围。我一直想闯出微观的限制走出农村,逐步扩大我的研究范围和层次"[2]。

费孝通还以马林诺夫斯基在《江村经济》序言里表达的期待为参照,反思"这种微型研究实际上存在着相当严重的不足之处"。马林诺夫斯基的期待是这样表达的:

> 在本书中,费博士集中力量描述中国农民生活的基本方面。我知道,他打算在他以后的研究中说明关于祭祀祖先的详细情况以及在村庄和城镇中广为流传的关于信仰和知识等更复杂的体系。他还希望终有一日将自己的和同行的著作综合起来,为我们展示一幅描绘中国文化、宗教和政治体系的丰富多彩的画面。对这样一部综合性著作,像本书这样的专著当是第一步。[3]

费孝通说,如果把马林诺夫斯基的期待作为目标,《江村经济》只能看成是一部有关中国国情的综合长卷的起步工作。有这个目标在,不能不承认微型社会学的限度。承认限度不是否定限度内的成就及其价

---

[1] 费孝通:《人的研究在中国》,天津人民出版社1993年10月第1版,第13—14页。
[2] 费孝通:《重读〈江村经济〉序言》,《费孝通文集》第14卷,群言出版社1999年10月第1版,第47页。
[3] 费孝通著,戴可景译:《江村经济》,江苏人民出版社1986年10月第1版,"序"第4页。

值。以微型研究为第一步，可以得到比较坚实的基础，在这个基础上更上一层楼。事实上，费孝通的确是在这一基础上渐次铺开他一生所写的长卷。

## （五）

费孝通对助手说过，他的大脑活动有类似屏幕显示的功能。晚上躺下，当天写的文章可作视觉效果的文字回放，无需纸笔，闭目凝神就能扫视、阅读、斟酌，做出修改。

老来回首前尘，一幕幕人生场景汇聚眼前，他有怀旧，有反思，有前瞻。

"文化自觉"是费孝通晚年学术反思中提出的概念，带有明确、开阔的前瞻性。这一概念的提出和论说，引起的关注和讨论，或可看作他学术反思收获的最重要成果，是他力争晚年在学术研究格局上有所突破的成功尝试。

1987年6月，费孝通为其选集出版写序说："我这一生所处的时代是个伟大的时代，对每个人提出了很高的要求，而又给人很苛刻的条件，像一个严格的老师在考验一个学生。我到目前为止，取得的分数是不高的。当然我还有不太多的时间，可以争取再增加几分。"[1]

1997年，费孝通写出《人文价值再思考》一文，不妨看作一份历时十年的答卷，把打分的权力留给读者。他用接近定义的方式表述其"文化自觉"概念。

"文化自觉只是指生活在一定文化中的人对其文化有'自知之明'，明白它的来历、形成过程、所具的特色和它的发展趋向，不带任何'文化回归'的意思，不是要'复旧'，同时也不主张'全盘西化'或'全盘他化'。自知之明是为了加强对文化转型的自主能力，取得决定适应新环境、新时代时文化选择的自主地位。文化自觉是一个艰巨的过程，首先要认识自己的文化，理解所接触到的多种文化，才有条件在这个正在形成中的多元文化的世界里确立自己的位置，经过自主的适应，和其

---

[1] 费孝通编选：《费孝通选集》，天津人民出版社1988年5月第1版，"自序"第1—2页。

他文化一起，取长补短，共同建立一个有共同认可的基本秩序和一套与各种文化能和平共处、各抒所长、联手发展的共处守则。"[1]

关于文化自觉概念的成型过程和契机，费孝通提到两件事：一是他重读《江村经济》序言时的一个自问，二是他在第二届社会-文化人类学高级研讨班上的讲话。

重读《江村经济》序言时，费孝通自问：在不少西方学者那里一时还难于跨越的"文野之别"鸿沟，自己怎么会似乎毫不经心地跨过了呢？马林诺夫斯基对这个问题的解答中，包括了作者的"态度尊严、超脱、没有偏见"。

费孝通认为："他替我所做的答复是归根于中国和欧洲在文化上的差别，即他所说的道德态度上的基本差别。中国人在马老师看来并不像欧洲人那样心存民族偏见和仇恨。……欧美人类学里反映出来的'文野之别'历来被认为是文化本质之别，甚至在三十年代还有人怀疑土著民族的头脑是否具备欧美白种人所认为人之所以为人的理性。……在我们的传统文化里也有夷夏之别，但孔子一向主张'有教无类'。教就是可以学习得到文化，类是本质上的区别。……有教则夷即入华，人的本质是一致的，并没有不能改变的本质上的区别。通过我的行为和思想，在马老师眼中看出了我们中国人和欧美人在道德素质上的不同，也许就是这种不同，使我在进入人类学的领域时，很自然地闯过了'文野'这一关。这一点认识使我更感觉到要理解一门学科的发展绝不能离开学者所有的文化素质。"[2]

1997年1月5日至12日，北京大学社会学人类学研究所主办的第二届社会-文化人类学高级研讨班在北京大学举行。

费孝通在闭幕发言中说："我们当前的社会人类学走向何处？也就是我们从四面八方、五湖四海来到这里参加这个研讨班，所为何事？在这个班刚开始时，我自己也回答不了这个问题，但经过了实践，我开始觉得有点明白了。我们大家一起回顾了几代人对人类文化的研究经过，大家都亲自参加了'田野工作'，对……社会生活进行了观察和思

---

[1] 费孝通：《人文价值再思考》，《从实求知录》，北京大学出版社1998年6月第1版，第435页。
[2] 费孝通：《反思·对话·文化自觉》，《从实求知录》，北京大学出版社1998年6月第1版，第389页。

考,……又在这班上互相对话、讨论。到最后一刻,我想总结一下,问一句:我们大家在搞什么?心头冒出四个字'文化自觉'。这四个字也许正表达了当前思想界对经济全球化的反应,是世界各地多种文化接触中引起人类心态的迫切要求,要求知道:我们为什么这样生活?这样生活有什么意义?这样生活会为我们带来什么结果?也就是人类发展到现在已有开始要知道我们的文化是从哪里来的?怎样形成的?它的实质是什么?它将把人类带到哪里去?这些冒出来的问题不就是要求文化自觉么?"[1]

费孝通由"文化自觉"话题追溯自己早年经历,使这个概念的形成和一生经历、体验联系起来,显示出文化自觉的"过程"内涵。

他举例说,童年时,祖母有个习惯,每一张有字的纸都专门收拾起来,聚在炉子里焚烧,她告诉费孝通要"敬惜字纸"。费孝通记得住这话,当时却不明其中含义,稍长几岁后还嘲笑祖母是老迷信。他从十四岁开始发表文章,在相当一段时间里没有意识到发表出来的文章会对别人产生一定影响,也没有意识到作者对文章的社会效果负有责任。

"相当一段时间",含有费孝通对"过程"曲折的暗示。他说:"我长到了老祖母的年纪时我才明白'敬惜字纸'的文化意义。纸上写了字,就成了一件能为众人带来祸福的东西,不应轻视。我一旦理解了祖母的行为和教训,我心头相当郑重,因为我一生对字纸太不敬惜了,想写就写,还要发表在报章杂志上,甚至还编成了书,毫不经意地在国内外社会上流行。'文化大革命'时期,大字报上攻击我到处放毒,罪该万死。事后想来,不无道理。如果我确是发表了一些有害于人民的文章,不能不说是贻害了人。'文革'结束了,别人不再批判我了。我却想到了祖母的遗教,应当自己回头看看我过去的文章和著作。……我也明白我写下这么多字纸,并不是我个人的作品,而是反映当时中国知识分子的心态。是非祸福自有历史去公断,不必由我去审定,我要审定也无此能力。但是我至少应当回头把这些旧著作为客观存在的东西,凭老来的眼光,反思一下,再花点字纸,写点反思文章,聊尽作为历史载体

---

[1] 费孝通:《反思·对话·文化自觉》,《从实求知录》,北京大学出版社1998年6月第1版,第394页。

的责任。"[1]

上述引文中的想法，表达了费孝通晚年写反思文章的衷曲。他觉悟到自己可以作为一个历史载体，是因为其经历和感受中有历史信息的交汇，浓缩。"衷曲"也还是历史作用于人的产物。

在这里，费孝通把自己在这段历史中的经历表述为"是在不同文化的接触、矛盾中求安身立命"的过程。旧的文化已不能给人以心安理得的生活方式，新的文化又在错综复杂的历史变迁中迟迟没有定型。也许新文化的形态正是不再定型？

处在这样一种"上不着天，下不着地"的状态里，想要活得明白的人不能不去想，自己身处的这种尴尬状态究竟是怎么来的？今后的人类是否还能找得到他们的祖先在过往历史中安身立命那种意义上的"天"和"地"？如果有可能找到，应该在哪个方向？怎么才能接近？如果"失乐园"之后的"复乐园"在历史事实上只是一种幻想，"上不着天，下不着地"状态本身就是未来人类的"天"和"地"，那么人类自身发展对于宇宙演化究竟具有什么意义？

关注农民收入和就业问题的同时，费孝通也在思索这类问题。

在第二届社会-文化人类学高级研讨班上，费孝通谈到他读过的一本美国畅销书《塞莱斯廷预言》。他认为"这本书实际上是一本西方文化的反思录"，他从中听出了"文化自觉"四个字。

费孝通说，这本小说没有惊险场面，却激动了在电影中见惯惊险场面的美国读者，两年里销售六百万册。一叶知秋，"预言"值得我们深思。作者从第一个千年的西方文化说起，前一个五百年里，欧洲正是所谓中世纪。人们在"原罪意识"控制下，把自己交给上帝支配，浑浑噩噩过了半个千年。经过宗教革命，人们推倒了神的权威，却被世俗追求所控制。对个人生活的关切，把人带进物质生活的小天地，只求舒适地生活，不问为什么活着。

随着科技大为发达，人类利用资源的能力猛增，对地球上有限的资源肆意开发、掠夺。这样又过五百年，众生所依赖的大地亏损到日暮途

---

[1] 费孝通：《反思·对话·文化自觉》，《从实求知录》，北京大学出版社1998年6月第1版，第395页。

穷的地步,"可持续发展"的自救之声不绝于耳。西方世界出现"千年忧患"情结,其中有对西方文化的反思。

费孝通对研讨班学员说:"我觉得作者主张在跨入21世纪之前,西方文化应当清理一下自己的过去,认清自己的真实面貌,明确生活的目的和意义,这不也正是我这一段时间里所想到的'文化自觉'吗?看来文化自觉是当今世界共同的时代要求,并非哪一个人的主观空想。在座的都是有志于研究人类学的学者,对当前人类的困惑自然会特别敏感,对当前新形势提出的紧迫问题自然会特别关注。……希望大家能致力于我们中国社会和文化的科学反思,用实证主义的态度,实事求是的精神来认识我们有悠久历史的中国社会和文化。"

耄耋之年,费孝通再三呼吁"文化自觉",尤其是说到"实证主义的态度,实事求是的精神"这句话,隔着六十多年时空,回应着他初出茅庐时说过的那句话。

1935年,费孝通为研究中国社会和文化,带着实证主义态度与方法走进瑶山,付出了新婚妻子殉职、自己身负重伤的代价。他在《花篮瑶社会组织》编后记中说:"我们只希望同情于我们的朋友能不住地在这道路上走,使中国文化能得到一个正确的路径。"〔1〕

这两句话,连接着费孝通早年和暮年,连接其两段学术生命。沧桑一世,心力费尽,坎坷历遍,是为中国文化找出路。用当年吴文藻的话说:何等正大!

"何等正大"的探路人,在1957年被迫止步。到1979年再度起步,大好光阴被剥夺去,心志未被剥夺。在重建社会学的繁忙事务中,费孝通接续上早年对"正确的路径"的探寻。

当时,"由于杨庆堃教授,香港中文大学社会学系就成为帮助内地重建社会学的桥头堡"〔2〕。中大新亚书院院长金耀基有心促成更广泛、深入的学术交流,并做筹划。此举得到新亚书院创始人钱穆的赞同,他写信给金耀基说:"君有意以新亚为中心,时时约集南北双方学者,彼此见面,此事乃当前极有意义之计划,盼能持续举行,必于国家民族前途

---

〔1〕 费孝通、王同惠著:《花篮瑶社会组织》,江苏人民出版社1988年11月第1版,第67页。
〔2〕 金耀基:《探索现代中国的伟大转型》,周晓虹主编:《重建中国社会学:40位社会学家口述实录:1979—2019》(上),商务印书馆2021年5月第1版,第26页。

有大贡献，幸努力为之。"[1]

1983年春，首届"现代化与中国文化"研讨会在香港中文大学祖尧堂召开。对与会的诸多中国大陆学者来说，这是他们1949年后第一次踏足香港。"台湾的李亦园、杨国枢、文崇一、凌纯声诸位教授也都欣然与会。会议引起来极大的轰动，而'两岸三地'的社会科学家也真正有了一次坦诚、自由、绝无禁忌的论述与交流。"[2]

费孝通到会做学术演讲，题目是"家庭结构变动中的老年赡养问题——再论中国家庭结构的变动"，并见到对他仰慕已久的金耀基、许倬云等著名学者。费、金、许三位的一幅合影，成为海峡两岸暨香港学术文化历经劫波、终至交汇的一个象征。

金耀基说："1983年那次会议以后，费孝通先生曾数度来中大做讲演或参加会议，我也有机会与他或长谈或短叙。费先生想的最多、说的最多的，就是内地的社会科学如何找回失去的三十年，尽快重振复兴，他所关怀的不只是社会学和人类学，而是整个社会科学。"[3]

为"使中国文化能得到一个正确的路径"，费孝通跳得出自己的学科，跳得出中国大陆，以利动员海峡两岸暨香港的社会学、人类学学术资源，动员整个社会科学领域的学术资源。

（六）

1986年10月，《江村经济》由江苏人民出版社出版。这是费孝通的博士论文 *Peasant Life In China*（1939）的汉译本。从此，汉语读者有机会读他的学术奠基之作了。

费孝通手边存放的1939年伦敦Routledge书局所出该著原版书，纸页已泛黄。

英、汉两个版本，隔着近半个世纪。费孝通为此写诗一首：

---

[1] 金耀基：《探索现代中国的伟大转型》，周晓虹主编：《重建中国社会学：40位社会学家口述实录：1979—2019》（上），商务印书馆2021年5月第1版，第21—22页。
[2] 同上书，第22页。
[3] 同上书，第23页。

愧赧对旧作，无心论短长。
路遥知马力，坎坷出文章。
毁誉在人口，浮沉意自扬。
涓滴乡土水，汇归大海洋。
岁月春水逝，老来羡夕阳。
阖卷寻旧梦，江村蚕事忙。

费孝通的旧梦，在乡土，在江村，在蚕事。魂牵梦萦者，中国农民过上好日子。

1986年11月，天津人民出版社为费孝通出版《杂写丁集》，其中的《江村五十年》一文回顾了"五十年前的夏季"到该书出版之间的江村历史变化。不长的篇幅中，他选了1936、1949、1957、1978、1984等时间点，记录江村"在历史长河中留下的波信"，预言既有变化"只是更大更富有意义的变化的前奏"。[1]

《江村五十年》，本来是费孝通想写成的一本书，因种种无奈，只写出一篇短文，太遗憾。他没有怨天尤人。廓然大公，物来顺应，五十年的见证既是变化前奏，有机会持续跟踪、记录家乡"更大更富有意义的变化"，费孝通自有安慰。

在《杂写丁集》另一篇文章中，费孝通说："苏南农村这几年发展的工业，不是上头叫办的，而是农民自己创造出来的。""以农业做基地，通过家庭这个细胞来发展。开头是靠农业积累资金，'以农养工'，随着工业的发展，收入的增加，反过来'以工补农'。农村破破烂烂，农民节吃俭用，……厂房就是农民的家，工人就是农民的子女。……草根工业就是从这里来的，从农村种地的人里长出来的，它的根深深扎在泥土之中。由于农民可以把住房让出来安装机器，自己的子女可以不计报酬地参与劳动，不要国家一分钱投资，这一切就赋予草根工业无限的生命力。亏本不认输，倒了又爬起来，真是'野火烧不尽，春风吹又生'。国家一办工厂，就要组织一批人马，往往搞得机构臃肿，养一大批工人，官僚化，赔老本。因此，城市里是工厂养人，农村里是人养工

---

[1] 费孝通：《江村五十年》，《杂写丁集》，天津人民出版社1986年11月第1版，第44页。

厂。"[1]

乡土、家庭、农民生活、工农相辅、继替、草根、民间活力……费孝通农村研究著述中的一些要素概念,集中出现在这段文字中。字里行间,有常识,有情感,有道理,有褒贬,更有作者对父老乡亲的深情和寄托。

关于乡亲们的创造,费孝通还提供了另一角度。"农民现在很注意智力投资,培养人才,有的地方自己办起了农民大学,如江苏的沙洲职工学院,请钱伟长同志当名誉校长。青年学生一进国家办的大学,就只求考试及格,等着毕业端'铁饭碗'。农民办的大学大不一样,国家不承认,没有文凭好拿,但他们不靠文凭吃饭。草根工业的蓬勃发展,农民自己起来办大学,逼出了一个经济体制的改革,又逼出了教育体制的改革。"[2]

农民要过好日子,农村要发展,急需教育系统提供合适人才,等不及,只能自己干。类似这样的学校,费孝通在江苏见过沙洲职业学院,在山东访问过乡镇企业学院。农民在乡村工业里创造的财富,反哺农业,反哺教育,其中的意义,费孝通有独属于他的深切感受。他在《乡土重建》中就讨论过乡村人才流失的问题,他曾为此焦虑,乃至自责。

1947年暑期,费孝通回乡探亲。傍晚纳凉时,他和老父亲闲谈,领悟到两代人"对乡土的关系"大不一样。父亲在与他相仿的年龄上留学归国,第一件事是在本乡办学,接着是组织县议会,后来又促进太湖淤塞地的拓荒垦田,兴办水利。母亲也在费孝通出生前后在家乡开办蒙养院。他们都是一心为家乡服务的知识分子。

费孝通看着父亲,想到现实,"到现在除了那个中学外,一切都没有了影子,这三十多年,一个想为地方基层的乡土服务的人,失望而老了。他期望于他的下一代"[3]。

"他的下一代"是否能如其所愿?费孝通说:"除了我的姊姊还继续着为本乡丝业的改良,得到相当收获外,我们兄弟四个全飞出了家乡,

---

[1] 费孝通:《说草根工业》,《杂写丁集》,天津人民出版社1986年11月第1版,第34—36页。
[2] 同上书,第37页。
[3] 费孝通:《漫谈桑梓情谊》,《费孝通文集》第5卷,群言出版社1999年10月第1版,第461页。

不再回去了。"[1]

费孝通天性向往桃源生活,却无法逃避现代机器工业进入农村。他本有和姐姐一样的"宗教般的热忱",渴望服务于乡土和乡亲,却被社会变迁送进都市,相去日远。他发现"自己一生中,早年和现在,对于乡土关系的日渐疏淡,差不多已成了无处值得留恋,无处不能驻足的游移分子。再看看别人,这显然是一个相当大的趋势"。[2]

在这大趋势里,费孝通和家乡的联系,大致是日常的思念,偶尔的探亲。复杂难言的情感由此而生,不无沉痛。费孝通自责道:"当我在盛暑的黄昏里,和老父闲谈后,更觉得我们这一代实在有深切忏悔的必要。抗战时期在后方的人,口口声声说,桑梓蒙难,寝食难安。可是,这些是真话么?在沦陷区里的父老们当时引颈西望,眼巴巴地盼望久别的孩子们回乡,回来干么?土地荒了要重垦,故垒败了要重修,这一切,一个破碎的江山要重建。可是,他们得到的是什么?回来的何尝是他们的子弟,血管里流着他们的血液的子弟?不是了,变了,是一批无情的外乡人!带来了更深的痛苦,更看不到出头日子的漫漫长夜!"[3]

到《江村经济》汉译本出版,"漫漫长夜"早已结束。从初访江村到重访江村,隔了二十一年。从重访江村到三访江村,隔了二十四年。从《江村经济》英文版出版到汉译本面世,隔了四十七年,也可谓"漫漫"。直到中国大陆改革开放后,从1981年三访江村开始,费孝通才获得每年都能访问江村的条件。他说:"苏南是我的家乡。党的十一届三中全会以后,我重新回家乡搞农村调查,几乎走遍了家乡的大小乡镇。"[4]

走遍家乡大小乡镇的同时,费孝通走向更大的世界,走向无穷的远方,无数的人。他在家乡调查中听说定西贫困,于是从东南走向西北。他在西北看到少数民族的贫困情况,于是走向边区。他希望看到大陆最小少数民族的生活现实,于是走向东北。他又参考描述人口分布的"胡

---

[1] 费孝通:《漫谈桑梓情谊》,《费孝通文集》第5卷,群言出版社1999年10月第1版,第461页。
[2] 同上书,第465页。
[3] 同上。
[4] 费孝通:《发展如蜕变,说城镇与区域经济》,《费孝通文集》第16卷,群言出版社2004年7月第1版,第103页。

焕庸线"走向他曾经熟悉的西南。为缩小大陆东西部的发展差距,他连续多年去中部地区,了解中原、淮海两个经济协作区发展情况……就在《江村经济》汉译本出版当年,费孝通还陪同胡耀邦访问欧洲英、法、德、意四国。

费孝通走遍世界,出发点是江村,是家乡。叶落归根的时候,他思乡心切。

1995年11月上旬,中共中央统战部组织实地考察活动,活动名称为"各民主党派中央全国工商联领导人无党派人士苏南浦东考察"。

11月2日上午,从常熟到张家港途中,费孝通对中共江苏省委书记陈焕友说:"明年我要办两件事。一是研究太湖水资源的保护和开发,二是沿长江考察中下游地区,研究'接力站'的问题,目的是接通中西部地区,开发内地市场。到1997年,我就可以休息了。到时候回家乡,写写文章,写写书。"[1]

陈焕友和费孝通说起江苏小城镇的事情。这是费孝通为家乡发展付出很多心血的课题,他说:"小城镇是我们走出的一条路子。我们在世界上的第三世界国家开了个头,有价值。现在有好多人还看不到这一点。我们要接着搞下去。"[2]

11月5日,考察团实地访问吴江盛泽古镇。费孝通对陈焕友说:"江苏省在全国是带头的,当带头人不容易啊!中国都能像江苏省这样就厉害了。……眼前江苏有两个大事要做起来,苏北搞交通,接通苏南,加快流通。苏南开发太湖水资源。这是我明年的一个主题。再往后,我逐渐减少政务活动,做这辈子最后一件事,看看中国怎么走出一条不同于西方的工业化道路。其实我三十年代就开始找了。找到这个路子,走通它,中国对世界的贡献就大了。我估计,到下个世纪中期,世界上会出现一个大竞赛,东方道路和西方道路的竞赛。苏联开了竞赛的头,也是想走出另一条路子。没有成功,但是留下了教训。现在轮到我们来做这

---

[1] 张冠生记录整理:《费孝通晚年谈话录》,生活·读书·新知三联书店2019年5月第1版,第118页。
[2] 同上。

个事。经过十几年，已经有了点苗头。我们还得抓紧做下去。"[1]

十年前，费孝通说过"更大更富有意义的变化的前奏"。十年后，当初的"前奏"已成"苗头"，"更大更富有意义的变化"已现迹象，就是费孝通瞩望中的21世纪中期东西方大竞赛。

## （七）

1992年11月，费孝通到无锡参加"乡镇企业研讨会"，发表题为"乡镇企业的新台阶"的讲话，曾顺道对苏州、无锡、常州、南京做实地考察。

1997年3月，费孝通再访苏南，来到常州。这次的考察主题，是关于太湖水资源的开发利用。途中，他像小学生一样说了一句话，"我想多懂一点水"。

3月24日，在江南春宾馆，费孝通对市长孟金元等人说："我这次来，距上次有五年时间了。想看看有哪些变化。心里边有三个具体的题目。一是水的问题。上有天堂，下有苏杭。苏杭好在什么地方？好在有水。江南水乡嘛，水是我们的本钱。运输、生产、生活，都离不开水。现在水资源有了污染，有了铁路和高速公路，大家对水运想得少了。水资源怎么治理？怎么开发利用？这是我近两年心里边的一个问题。二是想看看乡镇企业。对'草根工业'，我一直比较有感情。三是小城镇建设，也想知道现在到了哪一步，往后怎么搞法。"[2]

3月26日，费孝通到了张家港。在馨苑度假村华园紫晖厅，他对秦振华书记说："前些天在北京开人大会，我对江苏组的代表说想法，讲今年打算为家乡做的事。一是看太湖，二是看洪泽湖。研究家乡水资源的利用和开发。江南好，好在水上边。水是我们成为'天堂'的本钱。我希望大家都注意这个问题。保住本钱，利用本钱。水现在污染得厉

---

[1] 张冠生记录整理：《费孝通晚年谈话录》，生活·读书·新知三联书店2019年5月第1版，第120—121页。
[2] 同上书，第210页。

害，要抓紧治理。要造福后代，不能贻害子孙。"[1]

和秦振华交流过想法后，费孝通回到住室，对助手说："这次出来，我们沿太湖走一圈，可以写一串文章，一篇篇地写，不写长。一篇一两千字，每篇写一个问题。……有不少题目，'运河'写一篇，'旧城加新城'写一篇，'中等城市'以常州为例子写一篇，'家庭经济细胞'写一篇，'港口城市'写一篇……"[2]

费孝通拿出随身带的小笔记本，其中有他写下的文章题目。分列两栏的题目中，左栏是：做人之道，有人缘，涵养功夫，性格素质，抑制冲动，为别人着想，调适自己的感情，感受别人的感受；右栏是：体贴……新城加旧城，运河新貌，生态循环，效应交织，垃圾处理，农民要有书读，现代化的负效应，规矩与出格……

走到吴江的时候，费孝通又一次访问江村。他巧遇1985年10月里第十次访问江村时见到的一个女孩儿。当时的照片，放在汉译本《江村经济》卷前多幅照片之首。十二年过去，故人重逢，费孝通欣喜地端详着眼前的少女，喃喃自语："这是历史的折叠啊！"

乡音绕耳，乡思难收。费孝通对姐姐费达生说自己的想法，亲情萦怀，妙语连珠。他说：明年人大换届，我可以退下来了。退下来后，想为家乡再做点事情，做一篇"小"文章。题目是"以水兴苏"。江苏的"苏"，写成繁体字很有意思，有草，有禾，有鱼。鱼米之乡啊！鱼米之乡离不开水。我想多懂一点水。"小"文章就是水的文章。中间一竖是长江，左右两点是太湖、洪泽湖。我先把太湖跑一圈，有了一个点。下半年打算去洪泽湖。不能让"小"字少一点。少一点就成"卜"字了，就前途未卜了。我这些年一直在做"小"文章，小商品、小城镇，都是"小"。现在做水的文章，还是个"小"字。老小老小，人老了又变小了。这次围着太湖转，就是当小学生。一路请教，知道了很多新知识。

在无锡，环保部门的专家告诉费孝通，当地水资源的最大污染源，不是一般想象中的工业污水，而是居民的生活污水。

费孝通谈起了历史上的"马桶文化"。他说，过去我们苏南一带的

---

[1] 张冠生记录整理：《费孝通晚年谈话录》，生活·读书·新知三联书店2019年5月第1版，第212页。
[2] 同上书，第214页。

文化中有一套好东西，形成了良性循环，周而复始，有一段很长的历史。当然，这主要是农业文明时期的循环。如今，现代化打破了这个老的循环。怎么办呢？退不回去，只有建立起新的循环。这是一篇大文章。20世纪里边，西方文化领了头，有很多成果，但是也造成了很严重的局面。中国文化与西方文化一个很不同的地方，就是讲协调、平衡，讲人与自然的平衡与合作。我们要建立新的循环，是在高水平上达到与自然的平衡与协调。

走到浙江湖州，考察间隙，费孝通参观了飞英塔。该塔附近有一座牌楼，两侧楹联引起了他的兴趣。上联为"自觉觉他觉性圆满即是佛"，下联为"宏观观物观行结合成上人"。费孝通指着楹联，表示要在牌楼前留影。他对同行者说："这和我的一生有贴合的地方。'自觉'就是我说的'文化自觉'，'观物'就是我的田野调查嘛！"

太湖边上的吴县有个镇，名叫"甪直"，是个千年古镇，又有"中华环保第一镇"之称。费孝通特意前往访问。座谈结束后，主人安排他乘车游览新区。一路上，住宅小区、工厂新区、高级别墅区、大型游乐场在车窗外一一闪过。最后，车队在游乐场"惊险大世界"门前调头回返。到达住处，待车停定，费孝通一反平时习惯，并不起身下车。他不大满意这样的安排，大声说："不到老镇心不死！"主人明白了他的心思，车队重新出发。

车到老镇，费孝通兴致顿生。他弃车而行，沿着一条小河边的老街漫步。指点沿河错落的老式民居，聊自己早年的小镇时光，享受难得的闲适和随意。

费孝通信步走进一家路边小店，与店主攀谈。街坊邻居、随行助手、新闻记者、陪同官员等挤满店堂，热闹异常。唯有一位服饰很有当地特点的老妇人，身在屋内，心在热闹之外。她仪容整洁，神态安详，倚着里屋门框，静观来人。多年跟随费孝通实地调查、拍摄电视素材的编导王韧也在现场，他希望拍到费孝通和乡亲聊天的场面，告诉她说：费老从北京到这里，走了很远的路，来看望乡亲，希望她能出去和老人家见面。未料越是恳求，她越是坚辞不出。

见此情况，费孝通打圆场说，她不想出来，不能勉强人家，我们走吧，他们也该吃饭了。

回到住处，费孝通还想着方才一幕，王韧也遗憾那老妇人没能进入镜头。两人遂有一段很长的对话，节略如下：

王：费老，我看您在进行户访的时候，特别喜欢和老人说话。

费：我去找老人说话，是想让他感到有人愿意找他。见有人乐意找他说话，他的反应很舒服，我也很舒服。我是研究人的，一个表情也有文化的意义在里边。

王：今天那个老太太不愿意出来，您是怎么看这个事的？

费：看到了一个文化的变化。我们诚心请她，老太太却不肯出面。我想到了一个题目，叫"文化的自卑感"。中国现在最怕的，就是文化的自卑。不肯出来的意思，是她要走了。文化要走了。自己觉得不能出来见人了。不是大家不要她，大家欢迎她出来，可是她自己觉得她那一套不行了。这样一来，她真的要走了。不是人家要淘汰你，是你自己要走了。你这文化要退出舞台了。老了，老到自己没有信心了。她对她的文化没有信心了。

王：我很想知道您觉得"文化要走了"时候的内心感受。

费：很惨哪！我是联系中国文化想这件事。这是个很惨的局面。我们不能走到这一步。真的弄到这一步，那就难了，就得整个换一套了。但实际上不是每个人都想换。现在时兴港式的东西了，很多年轻人的头发要披起来，这叫老太太怎么接受啊？她不可能接受这一套，可是又觉得自己这一套拿不出来了。你看多苦啊！

你看过我写的讲"文化自觉"的文章。我讲文化自觉，一个意思就是敢于拿出来。我们有好东西啊。可是老太太做不到了。不是她个人做不到，而是这套文化虚弱了几百年了。现在有个大问题，中国人不敢真正拿出自己的面貌来。对不对？本来好的东西，自己认为不好了，有时候，觉得自己还有好东西，可是只能自己看，不能拿给人家，不敢亮相。我们要敢于在世界上亮相。我就是这句话：文化自觉就是敢于在世界上亮相！

王：还是要敢于坚持自己。

费：首先是要有自信。你自己都没有信心了，怎么坚持啊？我们很友好，她家里人也希望她出来，可是她觉得她那一套装束不能出来。这个厉害啊!我知道,现在我们中国也有人觉得自己不行了的。这个很苦的。

王:费老,听您说出"文化要走了"这句话,我心里很震惊。从前我读您的《访美掠影》,您在一个美国教授家里,从东西方不同的饮食习惯里谈出了走什么样的现代化路子问题。今天老太太家里这一幕,您又从她不肯出来的心理,看出了文化的自卑感问题。

费:所以我后来说,不要叫她出来了。不要叫人家痛苦啊。假定她勉强坐在我们这些人面前,就更痛苦了。她回到自己的世界里,梳妆一番,还是有快乐的,还有人欣赏她。可是叫她到我们面前,她不肯,因为她知道,我们不是她那个文化里的人。

王:平时没有外人来欣赏她,突然有一群人来到面前,有人欣赏她,她害怕了。如果经常有人来欣赏她……

费:不是这样。她还没有理解到我们欣赏她。她的理解,有点像我对你的理解一样,觉得其中有个目的。你来找我,我知道你是要拍电视。老太太觉得我是好奇,看看她,是要表示我对群众很好,而不是真正欣赏她。我们这批人里,真正欣赏她的没有几个,只是觉得今天这个场面里有这么一个老太太很好。天底下真正知道好歹的人有几个啊?

王:费老,我感觉得出来,您和这样的小镇有一种很深的感情。

费:我是从小镇上出来的嘛。我的心情很复杂。从小熟悉的小桥流水这种文化存在不下去了。旁边这个力量多强啊!那是个"惊险大世界"。这个东西厉害!它追求的是惊险,要这个世界整个惊险起来。中国文化不是这个样子。我们是讲人和自然的协调,讲人与人的和睦。这是祖宗传下来的好东西。我们要敢于拿出来,有文化的自觉,有文化的自信。

费孝通和王韧这次对话的完整实录比较长。这里保存的上述文字,是实际对话的节略式摘要。费孝通所谈话题和感触,延伸到他此后十多天里的思索和写作中。他为这次经历写出一首古风样式的诗作,初稿写于1997年4月8日,改定于4月20日。其间至少三易其稿,修改过程记

录于《费孝通晚年谈话录》第233页至240页。他最终改定的这首诗全文如下:

> 为觅童时境,
> 弃车入旧镇,
> 小桥流水石驳岸,
> 实物犹存未失真;
> 老妪腰缠裙头扎巾,
> 小我二十春,
> 叩问何不移家入新村,
> 答云鸡犬犹恋窝;
> 此处多旧邻,
> 街狭弄深楼相接,
> 推窗攀谈笑语频,
> 沿街堂前摆餐席;
> 谈笑不避过路人,
> 满桌多乡味,
> 鱼鲜菜蔬新,
> 此间无惊险,
> 欢乐属天伦;
> 挥别老乡亲,
> 低头自思量,
> 推陈乃出新,
> 文化转型为何如此费精神。

"文化转型"是费孝通很早就开始思索的问题。从他感慨"如此费精神"前推五十年,1947年夏,他曾在一篇文章中说:"这几年来,我们中国人,常常会感到惶惑和失望。我们看到了自己国家繁荣发达的大好机会,不幸,也眼看着我们失之交臂。我们可以怨恨人们的愚蠢,可以指摘某某那些人的作恶,但是我们如果再问一下,为什么中国会有这些人,为什么这些人会在这紧要关头把我们的船触礁在混乱的水里,这原因显然不只是我们中国人命运不佳,或是偶然的被一辈群魔所害,而是我们累积下的文化和这个现代国际局面发生了冲突。这冲突我们有可能避免,但是并没有避免。没有避免也有其原因,应当引起我们的深思。"[1]

一个问题,被一位学者从1947年思索到1997年,尚未放下,确实是"费精神",费去他多半生的精神。

---

[1] 费孝通:《美国人的性格·后记》,《费孝通文集》第5卷,群言出版社1999年10月第1版,第51页。

尾声

## 这叫我去问谁呢?

# 一　静静地回味

## （一）

1943年，费孝通写《人生的时序》一文，想象暮年时分。

"假如我头发有雪白的一天，在家园里种菊花，有个报馆的编辑来拉稿子，那时我不知会对他作什么面孔。春天没有到，开了桃花是不祥之兆；霜打的梨花至少是个奇迹。人何尝不是如此，一个年代有一个年代应做的事。农业怕失时，人生怕失序。五谷和人基本都是生物机体，一样都是受生物规律所支配。"[1]

2003年，费孝通满头银丝。这一年，他的实地调查地点有南京、上海、大庆、哈尔滨、太原、兰州、西安、广州、东莞、深圳……研究题目有城镇化、城市文化、灾害治理、农业高科技、"泛珠三角9+2计划"实施、中国大陆区域发展、文化自觉……在田野和书桌间，这一年，他写出十多万字的文章。他还顾不上种菊花，只是越来越觉得"跑不动了"。

2003年12月28日，费孝通住进北京医院。一生实地调查，行于所当行，止于不可不止。"告一段落的当儿"，不请自来。

2004年9月，费孝通自定书名并题签的图册《老来依然一书生》出版。一幅幅照片，从早年被母亲抱在怀里，到暮年古镇留影、等身著述，正合他大脑屏幕上一幕幕往事。

书生忧患读书始。进入燕京大学前，费孝通的所有阅读和书写，都是他读社会学和人类学的预备。

费孝通自认，其学术生命"是从吴文藻这里开始的，我不能忘记

---

[1]　费孝通：《人生的时序》，《费孝通文集》第3卷，群言出版社1999年10月第1版，第55页。

他。他认为不能完全靠书。接下去我碰到的几个老师都是这样的,这是我的命运。史禄国和帕克都认为要到生活里边去,一直到马林诺夫斯基,也是这样。"〔1〕

从实求知,是费孝通从几位老师那里续来的使命,是他的宿命。1933年,他已十分明确、自觉地确认:"我们要明了中国文化的状态和它形成的过程,只有从认识实际生活下手。"〔2〕

1935年夏,费孝通完成了体质人类学基本训练,和王同惠一道走进瑶山同胞的实际生活。他们付出血和命的代价,写下中国人类学早期实地调查的特殊一页。

1936年春,费孝通在广州医伤,听到《社会研究》停刊的消息,觉得"一切都完了,天在和我作对"。该刊是他和同道向社会报告学术进展信息的公共平台。他说,专刊"夭折的消息,衬在南国多雨的早春里,使我们除'一支烟接一支烟'外,相对半天,没有半句话"。〔3〕

费孝通响应"作对"。他回到北平,完成了《花篮瑶社会组织》的编写。

1936年夏,费孝通到江村养伤,村里的实际生活场景"新奇巧妙",化解了他的悲观情绪。调查过后,费孝通怀着留恋暂别江村,负笈英伦。他以江村调查资料写出的《江村经济》被导师誉为"里程碑","某些段落确实可以被看作是应用社会学和人类学的宪章"。〔4〕

瑶山调查、江村调查和留学经历,使费孝通明白,"中国确已不能再自甘于农业社会了。尽管像我一样眷恋家乡,甚至衷心希望有归农这一天的人,也已经渡过好几个洋海,在空中飞过好几个钟点,……人是已经静不下来了"。〔5〕

静不下来,还须一日千里般赶路。当时伦敦地道车站广告里的"Good Night, London; Good Morning, Paris",昭示着人们时空观念的

---

〔1〕 张冠生记录整理:《费孝通晚年谈话录》,生活·读书·新知三联书店2019年5月第1版,第510页。
〔2〕 费孝通:《中国文化内部变异的研究举例》,《费孝通文集》第1卷,群言出版社1999年10月第1版,第83页。
〔3〕 费孝通:《复刊周年通讯》,《费孝通文集》第1卷,群言出版社1999年10月第1版,第536页。
〔4〕 费孝通:《江村经济》,《费孝通文集》第2卷,群言出版社1999年10月第1版,第215页。
〔5〕 费孝通:《论旅行》,《费孝通文集》第3卷,群言出版社1999年10月第1版,第27页。

变化。空间距离改用时间概念表述，天下在变。

费孝通学成归国后，到昆明教书，去乡下调查。战时后方，社会变迁速率超过世界任何地方，他以"云南三村"为观察室，实地见证中国乡土重建的艰难，获得清醒认知。"中华腹地，年复一年地滋长着人口，可耕的可说都耕了。悠久的历史固然是我们的骄傲，但这骄傲并不该迷眩了我们为此所担负的代价。这个旧世界是一个匮乏的世界，多的是人，少的是资源"。[1]

国家不幸诗家幸。昆明时期，费孝通学术生命进入高峰期。他热情推动专业性的实地调查和社区研究，也参与民间层面的知识普及和公民素质养成。他学而不厌，诲人不倦，从战时昆明魁阁一直写到抗战胜利后的北平清华园。

## （二）

费孝通的著述脍炙人口，广为流传。《乡土中国》《乡土重建》《内地农村》《民主·宪法·人权》……包括他自我评价最高的《生育制度》，都出于这一时期。

《与时代俱逝的鲍尔温》中，费孝通说其文风，似在说自己。"善于用单音字，短句子，通俗而平易，淡如水，清如涟，絮絮如老妪话家常，亲切而近人；简洁，明白，淳朴，坦荡，是属于阴柔的一路。英国的性格如它的景色，阴柔胜于阳刚：旷野草原，凹凸起伏而不成山冈，虽不能极目万里，但宽放舒畅，也不会起局促之感。"[2]

1949年，政权鼎革。"与时代俱逝"成了谶语。费孝通文风发生显著变化。《我这一年》《大学的改造》《兄弟民族在贵州》等书字里行间，是与时俱进的费孝通。他相信"革命的进行开展了每个知识分子为人民服务的机会"[3]，他看到"知识分子的积极因素应时而动了起来"[4]。

---

[1] 费孝通：《乡土重建》，《费孝通文集》第4卷，群言出版社1999年10月第1版，第302页。
[2] 费孝通：《与时代俱逝的鲍尔温》，《费孝通文集》第5卷，群言出版社1999年10月第1版，第238页。
[3] 费孝通：《大学的改造》，《费孝通文集》第6卷，群言出版社1999年10月第1版，第19页。
[4] 费孝通：《知识分子的早春天气》，《费孝通文集》第7卷，群言出版社1999年10月第1版，第25页。

费孝通说:"作为知识分子,我在1949年新中国成立以后看到和体验到了早春天气的到来,……从抗战时期开始到新中国成立,一直到'反右'以前,我们中国绝大部分的知识分子是有一股劲、一种'正气'的,他们准备改造自己、创造新东西的力量已经显现出来,知识分子在等待一个新的时代,成为一代新人。"[1]为此,他忙于配合新政,训练新人。

潘光旦见费孝通忙于清华"大课"、"群情沉湎于团体学习"[2],"人人参加,而人人敷衍客气,满口马列八股"[3],打算"得间当与孝通就此谈之,盖孝通为此事前后最出力之人也"[4]。

师生情深。即便想法有别,还是彼此爱护。稍后,潘光旦在"知识分子改造"运动中落难,费孝通力排众议,为老师辩护。再后,师徒二人一同被打为"右派"。最后,潘光旦在十年浩劫中被红卫兵折磨到气息奄奄,费孝通抱恩师入怀,"无力拯援,凄风苦雨,徒唤奈何"[5]。

当时,费孝通也被迫害到曾考虑自杀的地步。他说:"我的学术研究在四十年代有个高峰,后来就低下去了。不光是低,而且丑化。不光是别人丑化我,我也变得丑化我自己。后来又有机会'行行重行行',是在一定限制下出来的。利用可以给我的一点条件去做事情,可是不太可能回到当年的高峰状态了。"[6]

1980年6月,费孝通的"右派"问题终被"改正"。他获得"第二次学术生命"。沉寂多年,费孝通重现学界,又出国门,带去社会学在中国大陆得以复活、重建的信息。费孝通说:"国外有些朋友见了我,先是觉得惊奇,我还活着;接着更惊奇的是我没有垂头丧气,还是四十年前的那股劲,不怨人,不怨天,照样干。"[7]

---

[1] 费孝通:《重建社会学与人类学的回顾和体会》,《费孝通文集》第15卷,群言出版社1999年10月第1版,第78—79页。
[2] 潘光旦著、潘乃穆、潘乃和编:《潘光旦日记》,群言出版社2014年12月第1版,第128页。
[3] 同上书,第147页。
[4] 同上书,第147页。
[5] 费孝通:《潘、胡译〈人类的由来〉书后》,《费孝通文集》第8卷,群言出版社1999年10月第1版,第295页。
[6] 张冠生记录整理:《费孝通晚年谈话录》,生活·读书·新知三联书店2019年5月第1版,第476页。
[7] 费孝通:《中国的现代化和知识分子问题》,《费孝通文集》第9卷,群言出版社1999年10月第1版,第72页。

1981年10月,费孝通第三次访问江村,续写他的"农村"文章。家乡变化给他以巨大惊喜。他说:"我觉得特别兴奋的是在这里看到了我几十年前所想象的目标已在现实中出现,而且为今后中国经济的特点显露了苗头。"[1]

费孝通为家乡和国家生产力的发展而鼓舞。他说:"我们正从一个乡土社会进入到一个现代化的社会。这个变化简直太生动了!从每一个社会细胞里面,即每一个家庭里面,都能看到这样的变化。……农村里有了小型工业,媳妇变了,婆婆也得变。这真可叫作思想改造!"[2]

1936年那次江村调查,费孝通细察村民生活变迁,感觉"新奇巧妙得令人要狂叫三声"。四十多年后,他又一次体验,又一次感到莫大快慰。费孝通以江村作为其第二次学术生命的实际起点,追踪"苗头",跟上变化。"1981年写出《三访江村》,1985年写出《九访江村》……在农村调查基础上升入小城镇调查,希望逐级攀登,搞清楚中国的城乡网络。……再走出江苏到沿海内地和边区各地做比较研究。"[3]

## (三)

从1980年"改正",到2003年最后一次外出调研,村寨、市场、企业、社区、贫困地区、少数民族地区……费孝通每年用于实地调查的时间多在160天以上,研究题目从乡镇企业、小城镇到区域发展、贫困地区和少数民族发展,到"全国一盘棋""富了以后怎么办"……为实践和发挥社会科学对文化变迁的指导作用,他奔走不停,走一地,写一篇,借《瞭望》周刊《半月谈》等期刊,陆续发表行程报告,如实记录他经历、见证和参与的改革开放进程。

1990年,费孝通寿满八十。他觉得"八十岁可能是一条年龄界限,跨过了这条线,一个人会觉得心情上轻松、自由些,因为余下的岁月已

---

[1] 费孝通:《三访江村》,《爱我家乡》,群言出版社1996年6月第1版,第49页。费孝通说的"几十年前所想象的目标",写在其著述《内地农村》序言中。可参考《费孝通文集》第4卷第185—186页的整段文字。其中一句说:"中国将来工业化的过程,若是在民主方式中去决定,我相信乡村工业的发展很可能成为一个主流。"
[2] 费孝通:《社会调查自白》,《费孝通文集》第10卷,群言出版社1999年10月第1版,第41页。
[3] 费孝通:《学历简述》,《费孝通文集》第11卷,群言出版社1999年10月第1版,第314页。

不大可能改变这一生铸下的功过了。他可以有平静的心情来检视过去在人生道上留下的步步脚印了"[1]。

费孝通心情或许多少轻松下来了，但身子、日子、调查日程都还紧。奔九老翁仍在奔走，眼还在看，大脑还在想，手还在写。

1992年，费孝通写了十年的行程报告结集出版，书名《行行重行行》。

《故里行》《闽东行》《温州行》《淮阴行》《临夏行》《海南行》《甘肃行》《包头行》《凉山行》……通常他习惯乘火车外出，窗外掠过的村庄、城镇、工厂、田野，都是他的调查现场。凭借几十年的丰富经验，他常从烟囱和水塔的疏密状况大体判断当地的工业发展程度，从村镇居民的住房、穿戴估算当地农民人均收入的大致水平。

该书前言中，费孝通告诉读者："我所能看到的是人人可以看到的事，我所体会到的道理是普通人都能明白的家常见识。……走了这几万里路，写下了这几十万字，心里似乎觉得对这段发展历史多少有了一点认识。这十年，中国农民生活上的变化是十分深刻的。"[2]

1980年，费孝通说过一句流传很广的话："我身边只有十块钱了，一年用一块也只能用到八十岁。"[3]他有强烈的紧迫感，希望能用十年追回失去的二十年。他认为："处在社会变迁中的学术工作者，应当努力为社会现实的发展与人民生活素质的改善，付出不懈的劳动。"[4]

"学术工作者"和《老来依然一书生》中的"书生"，是一个意思。费孝通享寿九五，历尽沧桑，走遍天下，本色不改，老来依然。在北京大学一次会议上，费孝通说："我一向在名片上不印任何公职，只写某某大学教授，这说明了我自己对于学术工作的重视和偏爱。"[5]

在费孝通认知中，人类需要和发明学术，是为了派用处，最大的用处是提高人类生活素质。为此，他总是尽量多地接触民众生活，尊重实际，看重实效，推重实证，从实求知。为使所知为真知，既需要经验积累，还须做学术反思。

---

[1] 费孝通：《缺席的对话》，《旧燕归来》，江苏人民出版社1991年4月第1版，第124页。
[2] 费孝通：《〈行行重行行〉前言》，《费孝通文集》第12卷，群言出版社1999年10月第1版，第234—235页。
[3] 费孝通：《社会调查自白》，《费孝通文集》第10卷，群言出版社1999年10月第1版，第5页。
[4] 费孝通：《开风气　育人才》，《费孝通文集》第13卷，群言出版社1999年10月第1版，第384页。
[5] 费孝通：《开创学术新风气》，《费孝通文集》第14卷，群言出版社1999年10月第1版，第146页。

1996年出版的《学术自述与反思》，是费孝通晚年学术反思的初步成果。他重读自己的早年著述，如《江村经济》《生育制度》等，重读求学时期老师的著述，如马林诺夫斯基的《〈江村经济〉序言》，派克的《社会学概论》等，引发深长思索，写出系列文章，作多次演讲，提出"文化自觉"主张。他自觉地把这些劳作归入中国社会学重建的必须作为。

1999年，上海大学成立上海社会发展研究中心，费孝通为创始主任。他在揭牌仪式上回顾二十年的社会学"重建"过程，"这二十年里，全国已经有几十所大学建立了社会学的教学和研究机构，大约有1000多毕业生干上了社会学这一行。但是，现在我们的社会学是不是'像'个社会学了呢？我看还不像，至少还是不稳固的。从某个角度看，可以说中国的社会学还没有真正建立起来，它只是有了个样子，还没有充实的内容"[1]。

2003年6月，"《小城镇　大问题》发表二十周年纪念会"在江苏举行。费孝通因身体原因不能到场，写了书面发言。11月，他为发言文字定稿，其中说到一生学术脉络："最近一段时期，我把自己多年来的一条基本思考路线打通了，理出了一个框架，就是'江村经济—行行重行行—文化自觉—天下大同'……这些认识不是随意想出来或写出来的，而是随着我所生活的这个时代近100年的发展变化，从实求知所得来的。"[2]

稍早时候，同年8月31日，是个雨天，费孝通第七次访问定西。他去两家农户串门、聊天，看了土豆贸易市场，话题从定西延伸到甘南，又从甘肃省扩展到黄河上游乃至中国西部地区发展思路。这是他晚年研究中国经济发展和社会转型的重点课题之一。其中，农耕、饥饿、手工业传统、工业化、农民收入、温饱、小康、社会转型、文化变迁等，作为核心元素，分布在不同发展时段，串出一段历史。在这个意义上，定西几乎是一种全要素存在，可以接通费孝通自1930年弃医从文到2003

---

[1] 费孝通：《培养真正有学问的人才》，《费孝通文集》第15卷，群言出版社2001年12月第1版，第94页。

[2] 费孝通：《我的思路框架》，《费孝通文集》第16卷，群言出版社1999年10月第1版，第193—194页。

年实地调查收尾全程中不同阶段的研究主题。

费孝通的现实观察和学术思索,无意间呼应了国际社会人类学界的一项前沿课题。

2003年,在德国哈雷,马克斯·普朗克社会人类学研究所创立所长克利斯·哈恩为《人类学的四大传统:英国、德国、法国和美国的人类学》一书写前言,他说,"我们当前的研究项目中的压倒性多数都是关于当代社会转型并以田野作业方法为基础的。"[1]克利斯·哈恩说的"我们",即马克斯·普朗克社会人类学研究所及其同人。

费孝通不一定熟悉这个研究机构,"当代社会转型"和"田野作业方法"则会使他感到熟悉、亲切,乃至兴奋。他从学术起步就研究社会转型,一直追踪到老,田野作业更是他极力主张、绵延一生的研究方法。

克利斯·哈恩表示:"我们意在鼓励跨越一切民族的和意识形态的边界的良好接触。"[2]

大体是同时,费孝通在书写一篇长文,文中有言:"我们应该以一种开阔的心态,面向全人类各种文明中蕴藏的智慧,像印度文明、伊斯兰文明、希伯来文明、东正教文明、美洲土著人文明、非洲文明等,这些文明中都包含着人类长期积累的高度智慧,值得我们去深入研究、借鉴和吸收。尽管这些文明今天在外在形式上不一定都那么'强盛',但文化和智慧的价值,是不能简单地以经济、军事实力为标准来衡量的。人类的各种文化中,都可能隐含着很多永恒的、辉煌的、空前绝后的智慧,我们要学会欣赏它们、理解它们、吸收它们,这也是我说的'美人之美、美美与共'的本意之一。"[3]

从德国哈雷到中国北京,从克利斯·哈恩到费孝通,同一时间里,东西方学术同行在考虑同一方向的问题,提出了近似主张。不同者,克利斯·哈恩仅表达主张,费孝通既表达主张,也说出道理。克利斯·哈恩鼓励"接触",费孝通倡导"欣赏""理解"和"吸收"。克利斯·哈

---

〔1〕 [挪威]弗雷德里克·巴特、[澳]安德烈·金格里希、[英]罗伯特·帕金、[美]西德尔·西尔弗曼著,高丙中、王晓燕、欧阳敏、王玉珏译,宋奕校:《人类学的四大传统:英国、德国、法国和美国人类学》,商务印书馆,2021年8月第1版,第1页。

〔2〕 同上书,第3页。

〔3〕 费孝通:《试谈扩展社会学的传统界限》,《费孝通全集》第17卷,内蒙古人民出版社2009年10月第1版,第461页。

恩批评社会人类学是"迄今为止最缺乏世界性的领域之一"，费孝通在反思，在和他的学生讨论，本该最具世界性的社会人类学，当下应该有什么样的思考和实践，并身体力行，到老未衰。

费孝通的反思和实践，最迟从《孔林片思》开始，从做出"全球性战国时代"的描述、呼唤"比孔子心怀更大的大手笔"[1]开始，到2003年，已持续十多年。启发其反思的，是现实问题。支撑其反思的，是他自早年开始积累的生活经验和断续绵延七十多年的观察、记录、思索、感触和领悟。

1982年的最后一天，费孝通写《我看人看我》，显出其自我观察的特殊角度。到2003年，又经历二十多年磨洗，他更有了作壁上观的从容。在五千年的中国、五百年的世界背景上，他兴趣盎然地看社会变迁，看变迁中的自己，看人和社会的互动，省察社会对自己发生的影响，也留意一介书生正心诚意、格物致知、躬身实践对社会发生的影响。

他超然，宁静，悲欣交集。静静的回味中，一生经历与著述奔来眼底。

## （四）

1986年，费孝通为潘光旦的译著、霭理士《性心理学》出版写"书后"，说起霭理士"一生的道路并不是平坦顺当的"。作为"最文明的英国人"，他曾因"遭到保守势力的打击而退职"。他所著《我的生平》一书，和费孝通的《江村经济》同在1939年出版。霭理士在该书序言中说："一切著述都是一场不断的奋斗。每天早晨，凡是真正思想活跃的作者必须重新征服一切阻碍以取得表达的自由。"[2]费孝通深有同感。

静静的回味中，费孝通借霭理士《我的生平》序言里另一段话，表达心情。

"我的一生有时像是用流血的双脚走向基督受难的圣地。凡是我的双脚踏过的地方都盛开了芬芳的玫瑰。我已在任何一个方面都尝到了天

---

[1] 费孝通：《孔林片思》，《逝者如斯》，苏州大学出版社，1993年8月第1版，第314页。
[2] 费孝通：《重刊潘译注〈性心理学〉书后》，[英] 霭理士著，潘光旦译著：《性心理学》，生活·读书·新知三联书店1987年7月第1版，第553页。

堂里的愉快。胜于理解的宁静牢住我心。青年时所打算的一生事业在半个世纪里能得到完成，和它所给我的安慰，不能不说是超过了我梦寐所求。"[1]1939年的霭理士，相当贴切地说出了费孝通2003年的心思和感受。

静静的回味中，费孝通有大安慰，也有由衷的自责。

把个人放在中国社会变迁背景上，费孝通感慨道："我们这个国家从来没有经历过像这几十年那样激烈的变动。重大的社会改革理应在思想领域里引起相应的激荡，孕育一代文章。'一介书生逢盛世'，我多少自觉到不应辜负这个时代。但是主观努力总是抵不过严峻的客观条件，以致到这时候还是不得不自己承认，'分数不高'。"[2]

遗憾之余，还有自责。费孝通说："论我得之于社会的投入，应当说是优裕的。像我一样'受过当时正规教育全部过程'的人，在我同辈的青年中屈指可数，比我年轻的几代人更不用说了。我依靠家庭的支持完成了大学的教育，这笔费用全部是由我母亲从我父亲为数不多的工资里节约出来的。我出国留学是国家公费，实际上是取之于退回的庚子赔款，是人民的血汗。这样的投入跟我其后交给社会的产出看来是很不相称。我总是有一种自责的心情，'应当做得更好一些'。"[3]

往事如烟，往事非烟。尤其是晚年，费孝通的"我看人看我"给他启发，也让他自省。说到经历和著述，他人的安慰、宽宥之语，常常转化成他的反思。"在这样的条件下，能做到这样，已经很不容易啦。"对类似的话语，他理解其中的善意，又总觉得这是对作者的宽慰，不是对作品实际价值的评价。那意思是说，本来可以写出更好的作品，但是没有出来，原因是客观限制。

费孝通坦言："我固然可以用以安慰自己，但是天下哪有一个杰出的作家不是从重重困难的条件里挣扎出来的？'文章憎命达'，说出了历史的真实。我不够格。"[4]

---

[1] 费孝通:《重刊潘译注〈性心理学〉书后》,[英]霭理士著,潘光旦译注:《性心理学》,生活·读书·新知三联书店1987年7月第1版,第553页。
[2] 费孝通编选:《费孝通选集》,天津人民出版社1988年5月第1版,"自序"第2页。
[3] 同上。
[4] 同上。

1993年8月,费孝通为出版《逝者如斯》写后记说:"我在这集子里间接介绍了我一生的经历,和我对自己的要求。我希望读者能体会出我这种一直想要追赶前人而总是落在后面,心急气喘的心情,而落到现在这个人已老、路还遥的境地。我不怨别人,只恨自己没有把我最好的那段年富力强的时期真正用在刀口上。到如今,力不从心之苦应当说是自招的。"[1]

　　许倬云素来仰慕费孝通的道德文章,称他是"自己赶不上的天才"。这位天才则仰慕他的前辈学人,称他们"才也有,学也有",说自己"才还有点,学就不行了"。他体验到的力不从心,固然和一度岁月荒疏有关,"赶不上"也是一种近于决定性的缘由。

　　天分太足,学养即便再厚植几分,可能还是"赶不上"。费孝通时常有"我看人看我"的愿望,许倬云这句评价也属"人看我",也可作借镜一看。

---

[1] 费孝通:《往事重重》,辽宁教育出版社1998年3月第1版,第167页。

## 二 "这叫我去问谁呢?"

### (一)

《费孝通文集》第1卷第1页第2行,出现他一生著述的第一个问号。

从这一问开始,文集十六卷,卷卷有问号。粗略做手工点算,可见费孝通先后写下的将近七千个问号。《费孝通晚年谈话录》中,还有一千五百多个问号。这是他对一生所历近百年社会变迁的观察和思索如实记录的重要部分。

费孝通一向敬重的梁漱溟,自视为"问题中人"[1]。若有机会把费孝通留在世间的问号奉于梁漱溟案前,或也可得评"问题中人",引为同道。

1937年1月11日,费孝通在伦敦写信给廖泰初,讨论"我们从这个观点中所产生的研究收获是不是民族生存上必需的知识?有它无它是不是无关宏旨?是不是把握不住时代的动荡?是不是不值青年人用生命和世俗的幸福来换取的?"[2]

1941年1月12日,费孝通在昆明写《劳工的社会地位》,说起"士农工商",思索"在市镇里,再穷也不能把长衫当去,长衫代表什么?""靠肌肉为动力的时代的劳动,本是牛马的事。人们和牛马做同样工作,哪里会被人看得起呢?"[3]

1943年4月10日,费孝通在呈贡写《清明怀故乡》,"老母翻开补了

---

[1] 梁漱溟:《我的自学小史》,生活·读书·新知三联书店2014年6月第1版,第88页。
[2] 费孝通:《关于〈动变中的中国农村教育〉的通讯》,《费孝通文集》第1卷,群言出版社1999年10月第1版,第401—402页。
[3] 费孝通:《劳工的社会地位》,《费孝通文集》第2卷,群言出版社1999年10月第1版,第472页。

又得再补的春衫,针上穿了线,又停住,春风吹来怎么还是这样冷?儿女们带去的棉衣,已经五年了,破得不知成什么样,线没有这样长,有谁在替他们缝补?"[1]

1947年11月26日,费孝通在北平写《损蚀冲洗下的乡土》,"回头看看一般谈政治和经济改革的人,眼睛却大多只对着中枢政策,这一大片广大苦海里在法外特殊政治机构中苟延喘息的老百姓的惨景,连提都没有人一提,怎能不令人痛心?"[2]

1948年2月16日,费孝通在清华园写《所谓家庭中心说》,"我们所谓以家庭作为生活中心的说法有多少事实根据?我们一天里有多少在家里?一天里接触的人中有多少是家里人?更具体一些,夫妇之间坐在一起谈话说笑一天有多久?亲子之间又怎样?"[3]

1949年8月31日,费孝通参加北平各界代表会议后,写下政权鼎革前夜的思索:"究竟怎样才算是一个民主的社会呢?"[4]

1980年3月,费孝通在美国丹佛接受应用人类学学会马林诺夫斯基奖仪式上演讲。国际学界在费孝通沉寂二十多年后又一次听到他的声音:"我早年所追求的不就是用社会科学知识来改造人类社会这个目的么?"[5]

1982年8月19日,费孝通在吉林社会学学会座谈会上讲话,担心"到2000年很多老年人靠谁生活呢?……现在强调生一胎,到将来就更复杂了,由谁来挑起这副担子,怎么个办法挑起来,是我们现在就要想到的问题。"[6]

1984年6月27日,费孝通在北京写《旧话相应——〈柳无忌散文选〉书后》,感慨"哪一条人生的路上没有'累积的苦痛,抚膺的怒气,

---

[1] 费孝通:《清明怀故乡》,《费孝通文集》第3卷,群言出版社1999年10月第1版,第96页。
[2] 费孝通:《损蚀冲洗下的乡土》,《费孝通文集》第4卷,群言出版社1999年10月第1版,第354页。
[3] 费孝通:《所谓家庭中心说》,《费孝通文集》第5卷,群言出版社1999年10月第1版,第396页。
[4] 费孝通:《我这一年》,《费孝通文集》第6卷,群言出版社1999年10月第1版,第95页。
[5] 费孝通:《迈向人民的人类学》,《费孝通文集》第7卷,群言出版社1999年10月第1版,第418页。
[6] 费孝通:《开展社会学研究》,《费孝通文集》第8卷,群言出版社1999年10月第1版,第413页。

二 "这叫我去问谁呢?"

过去现在,有意无意的错误',种种不如意的事呢?苦笑过后,回过头来,……从宁静的回忆中,优游自在,……"[1]

1987年10月31日,费孝通在梁漱溟思想国际学术讨论会上发言说:"环顾当今之世,在知识分子中能有几个人不惟上、惟书、惟经、惟典?"[2]

1990年8月16日,费孝通在莫斯科十月广场科学院招待所写《红场小记》,"久仰的'圣地'果真出现在眼前。摆弄了我一生的风暴,不就是从这里起源的吗?"[3]

1995年4月25日,费孝通在漯河市郾城县黑龙潭镇半截塔村访问农户,想起多年存疑的问题。"我们是站在什么地方?……我们摸着的石头是什么?"[4]

1997年7月1日,费孝通在香港政权交接仪式现场见证历史切换,"中国国旗升上去,英国国旗降下来,一升一降,历史都在里边了。我在那里一边看一边想,为什么会有这一天?"[5]

1999年9月30日,费孝通回顾重建社会学历程说:"我们这一代人,正经历着人类历史上一次最激烈和最巨大的社会文化变革,它正在发生些什么变化?怎样变化?为什么这样变?"[6]

2002年8月6日,费孝通参加中华炎黄文化研究会座谈会,提出自己暮年里想得最多的问题:"人类发展到现在已开始要知道我们各民族的文化是哪里来的?是怎样形成的?它的实质是什么?它将把人类带到哪里去?"[7]

---

[1] 费孝通:《旧话相应——〈柳无忌散文选〉书后》,《费孝通文集》第9卷,群言出版社1999年10月第1版,第470页。

[2] 费孝通:《梁漱溟先生所以成为思想家》,《费孝通文集》第11卷,群言出版社1999年10月第1版,第142页。

[3] 费孝通:《红场小记》,《费孝通文集》第12卷,群言出版社1999年10月第1版,第83页。

[4] 费孝通:《豫中行》,《费孝通文集》第13卷,群言出版社1999年10月第1版,第256页。两问中,前者对应于"中国人民从此站起来了",后者对应于"摸着石头过河"。

[5] 费孝通:《向人民学习 为人民服务》,《费孝通文集》第14卷,群言出版社1999年10月第1版,第287页。

[6] 费孝通:《重建社会学与人类学的回顾和体会》,《费孝通文集》第15卷,群言出版社2001年12月第1版,第71页。

[7] 费孝通:《关于"文化自觉"的一些自白》,《费孝通文集》第16卷,群言出版社1999年10月第1版,第55页。

## （二）

费孝通留意、思索的问题，从柴米油盐到人类命运、宇宙演化[1]，从家乡江村到无穷的远方，从定西老农到无数世人，无不蕴含着这位中国知识分子的关怀和寄托。费孝通是个什么样的人？他留下的八九千个问题[2]，看一遍，或看一半，哪怕只看十分之一，也能多少有所领悟。

对这些问题的关注、发现、提出、分析、解说、反思，贯穿费孝通学术生命始终。他素来视民如伤，学术为本，实证为法，躬身田野，如实记录，为当局者做"善谋"，摆事实，讲道理，出主意，想办法。为此，承平日子里，他甘于吃苦，风餐露宿。山雨欲来时，他不避风险，廓然大公。残酷打击中，他逆来顺受，保持思考。一旦有条件恢复正常生活和学术研究，他顾不得回味酸苦，立即回归田野，回到民众生活中，为他们提高生活水平做调查，写文章，提建议。从1980年"改正"，到2003年年底住院，费孝通以老迈之身不停奔波了二十三年。

少年早慧，青年成才，中年成器，盛年成"鬼"，晚年得道，暮年回首前尘，费孝通一生劳作，记录于十六卷本《费孝通文集》代表的等身著述，也有到老未曾化解的心底遗憾。

他始终没有感受到他期盼的、他应得的历史信任。

费孝通有足够的参与热忱，却碰上意外的冰凉。他感慨"我们这个社会总教人做好人，可是总不准备奖品"。1957年，他深切地体会了受误解的滋味。1998年12月21日，费孝通说起当时，"晚上还会做梦，那东西出来。好像一下子给人家……说不出来了。受冤了"。[3]

把话说重一点，费孝通曾有感受，"我能不能划在人的圈子里也成

---

[1] 1988年春，费孝通在陕西宝鸡参观三国遗址时，曾在现场表示，"如果天假以年，他真想探讨一下'人—社会—宇宙'这三者之间关系的问题"。此事见张荣华、高拴平编印的《怀念费孝通》（自印本）一书，第320页。
[2] "八九千个问题"指《费孝通文集》（全16卷）和《费孝通晚年谈话录》中可以统计出的数量。另外，经费孝通慎重考虑，"免于收入"其文集的"检讨"和"交代"文字中，也有"问题"。费孝通病故前的住院期间，有亲属探视时曾问他"是不是又想了很多新问题？"他在纸上写下"多得很"。此事见张荣华、高拴平编印的《怀念费孝通》（自印本）一书，第327页。
[3] 张冠生记录整理：《费孝通晚年谈话录》，生活·读书·新知三联书店，2019年5月第1版，第511页。

了问题"[1]。这话写在《费孝通散文》序言位置，该多沉痛？他说自己"和'正道'格格不入"，"入不了世人所规定下的圈子，不能甘心在别人划下的框框里做个顺眼的角色，成了圈外人物"[2]，该多悲凉？

《纪念黄药眠》一书出版时，费孝通题写道："踏着荆棘饮着苦酒勇敢地面向光明。"[3]

1998年9月20日，在苏州南园宾馆，费孝通又说起"圈外"话题。他说："我就是这一辈子没有嫁出去。'圈外人语'，这个话意思很深。我一辈子没有进圈子。唱戏要有台子，我没有，只是清唱。清唱一生。别人不为我搭台子，我自己搭。搭来搭去，快搭好了，别人就拿去了。"[4]

这种经历，费孝通平时不大往心里去。到了生命终点，蜡炬成灰，一生难消的隐痛浮上心头，应是人之常情。他不是过不去，只是想起了。1934年，费孝通就把他人生最后一幕写出来了，"我早预备走，但心里梗梗地好像总有什么放不了的。这世界还有放不了的？自己也难信。今天才恍然，原来是你。但是放不了的不还是要放了？"[5]

属于个人际遇的，放不了的也还是要放了。属于公众事务的，放不了还是放不了。比如，社会学的学科发展，人类学的普世使命。费孝通放不了，还有自责。他说："我写了这么多年，六十多年，好像还只是在表面，不是深层的。深一层的东西还不敢碰它，适可而止了。超过了当时的文化高度，人家也不能接受你的东西。"[6]

2000年8月，费孝通为第七届"现代化与中国文化"研讨会起草讲稿。该会有海外学者参加，问题应该谈得深一点。他说："在最近几次有关文化问题的讨论中，我用'和而不同'来概括我国文化传统中人文价值的基本态度，也用'和而不同'来展望二十一世纪的人文世界可能

---

[1] 张冠生选编，费孝通著：《费孝通散文》，浙江文艺出版社1999年4月第1版，《圈外人语》第2页。
[2] 同上。
[3] 北京师范大学中文系编：《纪念黄药眠》，群言出版社1992年12月第1版。
[4] 张冠生记录整理：《费孝通晚年谈话录》，生活·读书·新知三联书店，2019年5月第1版，第475页。
[5] 费孝通：《杂草七则》，《费孝通文集》第1卷，群言出版社1999年10月第1版，第285页。
[6] 张冠生记录整理：《费孝通晚年谈话录》，生活·读书·新知三联书店，2019年5月第1版，第510页。

出现的面貌。这不是我的发明,这是中国传统文化的遗产。我反复申说这四个字,包含着我个人对百年来社会学、人类学在认识世界方面诸多努力的一个总结,也隐含着我对人文重建工作基本精神的主张,更饱含着我对人文世界未来趋向的基本盼望和梦想。也就是说,我们所做的学术研究既要体现人文世界的实际面貌,同时又必须为人类群体之间的相互依存提出值得追求的方向。"[1]

这是社会学和人类学界当下履行学科职责的及格线。费孝通对中国学界的履职能力并不乐观。公开场合,写文章,作演说,他会表达得委婉、含蓄些,即便提出批评、"警告",语言上也留有余地。私下说起来,话就相当不客气了,直抒胸臆。

1997年11月19日,费孝通到上海做实地调查,研究浦东新区失地农民"浮在半空中没有着落"的问题。他对长期在当地做调查的李友梅说:"现在的中国社会学还停留在李景汉时代。吴文藻开始做起来的事情还没有扎根。有人还在那里打架,你搞我一下,我搞你一下,拉山头,树大旗。这样搞下去,社会学没有希望。"[2]

此前一天,11月18日,费孝通在无锡,说起16日参加的"发达地区城市化进程中建筑环境的保护与发展研究项目成果鉴定暨验收会",他在现场听了项目总负责人吴良镛院士的讲述,感到梁思成后继有人,说:"我那天说梁先生后继有人,是感慨我自己。梁先生后继有人了,我是后继无人啊!"[3]

费孝通的孤独感,很早就有,很少流露。1936年,他在江村做调查时,曾在《江村通讯》最后一篇中说:"读龚定庵的《书金伶》,竟使我有些害怕,曲之高者,真不是闹着玩的。话说得太远,没有经验过的当然不知道我在说些什么,若是本领更强的或早已超过了这种境界,只有在这边际上的人物才会觉到这种情绪,不幸的就是我老是在'边际'上过活着!"[4]

---

[1] 张冠生记录整理:《费孝通晚年谈话录》,生活·读书·新知三联书店,2019年5月第1版,第611页。
[2] 同上书,第369页。
[3] 同上书,第368页。
[4] 费孝通:《离乡》,《费孝通文集》第1卷,群言出版社1999年10月第1版,第390页。

这段文字,是费孝通孤独感的早期表达,也是他一生总在"圈外"的预言。从他带着江村调查资料到英国,到他1938年完成博士论文,马林诺夫斯基为这篇论文写下序言,再到1996年费孝通重读这篇序言,其孤独感一直默存于心。

蓄之既久,不妨最后一说。费孝通在长文《重读〈江村经济〉序言》最后一节说:"马老师在《江村经济》的序言里实际上已经点明,介绍我时首先他说我是'中国的一个年轻的爱国者',他同情我当时关心自己祖国'进退维谷'的处境,更同意我以我这个受过社会人类学训练的人来进行为解答中国怎样适应新处境的问题。从这一点出发我提出要科学地认识中国社会文化的志向,为此我走上了这一条坎坷的人生道路,一直坚持到暮年。实际上,真正了解我学人类学的目的,进入农村调查工作的,在当时——甚至一直到现在,在同行中除了马老师之外,为数不多。我在西方的同行中长期成为一个被遗忘的人。我有一次在国际学术会议上自称是被视为在这个学术领域的一匹乱闯的野马。野马也者是指别人不知道这匹马东奔西驰的目的何在。其实这匹四处奔驰的野马并不野,目的早已在六十年前由马老师代我说明白了的。"[1]

## (三)

2003年年底,"乱闯的野马"跑完全程,住进北京医院。他东奔西跑的目的,了解的人不多。奔走一生的感受,知音更少。一生职志,费孝通已说出,辞世前,他还有最后的话。

费孝通生命最后一段时间中,从学术角度和他接触较多的是潘光旦的女儿潘乃谷教授。

潘乃谷说:2003年10月,"可能他自己感到再出去开会和大家交流已不容易了,所以嘱咐我把他的所思所想记录下来,……我协助他整理了四篇简短的信件和书面讲话。它们是:《老来还是要向前看》《给南京

---

[1] 费孝通:《重读〈江村经济〉序言》,《费孝通文集》第14卷,群言出版社1999年10月第1版,第48页。

纪念"小城镇大问题"发表二十周年座谈会的信》《给"第八届现代化与中国文化"研讨会的信》《在纪念费孝通教授"小城镇大问题"发表二十周年座谈会上的讲话》。现在他走了，回过头来重读它们，才领悟到这就是费先生最后想要和我们说的话"[1]。

另一段文字，是费孝通在病中写出，嘱咐潘乃谷琢磨、誊清，可看作他的遗言。

这是"最后"的最后，全文如下：

> 病时所思，作为留言可也。
> 
> 成人以来立志以脑力劳动为人民大众谋些福利，即所谓志在富民。回顾此生这个志愿基本上做到了的，至于有什么效果就让别人在身后去评论了。自觉在我这一代人中是尽力为这目的去努力的一个。但所学不够，更不深入。学习得不够认真，不够高要求。这是直话。成绩不如条件好，多得于人而出得不够，也可说辜负此生的机遇。这是真心话。受于人者远过于援于人，这个天平上我不是个成功者。我是想做得更好更多些的，但到自觉时，存信者不坚是件大苦事。作为一个教训，不要失去时间和机会，要有自觉。这是为什么我说要补课的真实原因。其实我是想自责耳。有心理条件时不主动充分争取，多留着一些尾巴，失之极易，追已难及，这是我自己最后的一点心理，也是忏悔，是一点自己的悔恨，一点自知之明。
> 
> 当此初，作力追取要及时，莫悔恨失之措臂。举个例子说，我所师从的几位老师是很难得的，但我并没有好好地学，把他们的成就继承下来。比如史禄国的 Psycho-Mental Complex of Tungus，其涵义很深，我没有搞清楚。又如潘光旦的新儒学的见解，我也没有好好学会。其他如 Park 和 Malinowski 我只是掠了个皮毛，没有深入。学习不认真是我的大毛病。[2]

---

[1] 张荣华、高拴平编印：《怀念费孝通》（民盟中央自印本），第196—197页。
[2] 同上书，第199页。

一介书生，留下的最后文字，是忏悔。带走的，有未了心愿，还有未解的问题。

未了心愿中，属于著述的，至少有五个题目。

1948年8月28日，费孝通写道："储安平先生暑假里到北平来，他希望我把在《乡土重建》后记里所预告的《中国社会结构》早一点整理出来，我对这件工作着实踌躇，因为这件工作要做到自己能满意的程度决不是这几年内可以完成的。"[1]

1998年1月21日，费孝通对助手谈读《史记》心得，从司马迁的"天人之际"说到钱穆，说"我准备写一篇文章，……叫《有朋自远方来》。钱穆对于我，很远啊。可是他对事情的看法有些地方和我很接近"。[2]

1998年1月23日，知名出版家沈昌文登门拜访费孝通，两人长谈。说起身世，自然说到绅士。费孝通说："'绅士阶级'这么一种人，gentry，是怎么分化的，怎么消失的，我想写出来。"

1999年1月15日，费孝通对方李莉说："有关文化的死活我一直想写成一篇专门的文章，但现在精力不行了，你今后发挥发挥写出来。"[3]

1996年10月13日，费孝通对助手谈写作计划。"现在是在公务活动的缝隙里边抓时间写，等我从民盟和人大退下来以后，就有时间好好写文章了。把已经想好的这个大文章系列一篇篇写完，最后再写一本，叫《传外杂俎》或是《传外札记》，从家庭写到最高的政治，写出我看到的、我经历过的社会到底是一个什么样子的社会，我经历过的一些历史大事件到底是怎么一回事。比如反右，到底是怎么回事，我要把自己知道的都写出来，留下来，让后人知道更多的真相。反正我快要死了，死前把它说出来，也是一种责任。"[4]

未解问题，如本节文字前述，从十六卷本《费孝通文集》逐册选取

---

[1] 费孝通：《皇权与绅权·后记》，《费孝通文集》第5卷，群言出版社1999年10月第1版，第499页。

[2] 张冠生记录整理：《费孝通晚年谈话录》，生活·读书·新知三联书店2019年5月第1版，第383页。

[3] 费孝通：《文化的传统与创造》，《费孝通文集》第14卷，群言出版社1999年10月第1版，第455页。

[4] 张冠生记录整理：《费孝通晚年谈话录》，生活·读书·新知三联书店2019年5月第1版，第196页。

一二。弱水三千,此为一瓢。他做"另案处理,免于收入"其文集的"检讨""交代"文字中,目前新发现的费孝通晚年谈话录音磁带上保存的声音中,以及他辗转病床的浩茫心事中,还有"多得很"的"新问题"。他都希望有思考,有交流,希望有机会找人请教。他十七岁时心中的"人类究系何物"这问题,到老仍在心上。

1943年3月,在费孝通一生学术研究高峰期,在昆明呈贡古城,他为《生活导报》写《鸡足朝山记》末篇,最后一句是:"这叫我去问谁呢?"

这是费孝通当年自忖,也适用于他2005年4月24日往生之前最后一瞬。

1928年,费孝通自问:"何怪乎在我生命道上会有重出无穷的荆棘怪兽来阻我吓我呢?"[1]何其准确的预感。他的一生中,从青少年到暮年,确有荆棘怪兽,"重出无穷","亦阻亦吓"。所有这些,最终没有挡住他"生命道上"的寄托和奔赴。

2005年的早春,荆棘,怪兽,阻,吓,都已远去。费孝通日趋安静,得大自在。

## (四)

1928年,费孝通为自己确定了"唯一的责任"[2]。一生中,他恪尽职守。对"荆棘蔓蔓的人生道上"经历的"许多值得留意的事情",他尽力如实记录,留下等身著述。"后面很努力赶来的同类们",正接续着对中国与国际社会变迁的观察、记录、思索、表达、交流。

1995年,费孝通提出人类学、社会学、民族学"三驾马车"构想,促进了同道的研讨和实践。写出《人类学之梦》[3]的群体,写出《走出乡土》的个体[4],都在"努力赶来"。

---

[1] 费孝通:《新年的礼物》,《费孝通文集》第1卷,群言出版社1999年10月第1版,第29页。
[2] 参考本书"序幕"中"手笔初试"一节相关引文。
[3] 参阅徐杰舜、李晓明、韦小鹏主编:《人类学之梦》,知识产权出版社2016年10月第1版。
[4] 参阅陈心想著:《走出乡土:对话费孝通〈乡土中国〉》,生活·读书·新知三联书店2017年4月第1版。

前有古人,后有来者。许倬云洞察这一传薪续火的场景,表达感想说:费孝通、杨庆堃的工作,"要到三个世代以后""才有人真正接下去",让他伤心。"三个世代以后,有这么一批人能接下去",又使他欣喜。[1]

"三个世代"前后的人,都有了。许倬云应属"三个世代"之间实质上的连线人。

费孝通辞世后,他晚年留下的话题,能接得上、谈下去、谈开来的人,尚不多见,《许倬云十日谈》(2022)引人瞩目。其中古与今、中与西、天与人之间的广泛话题和恢宏气象,不妨看作费孝通暮年话题的延续和拓展。

费孝通当年写下"这叫我去问谁呢?"是问询桃源踪影。他知道那是乌托邦,问号只是自忖,并不曾想真去问谁。如果他有机会读到《许倬云十日谈》,听听许先生的"九十自述",讨论一番"人类如何建立'理想国'",再就"当今世界的格局与人类未来"作开怀谈,确认吾道不孤,也许会想:不妨问问许先生。

也许还是保留自忖状态,迹近坐忘。

1993年2月16日,费孝通写《〈史记〉的书生私见》一文,留下一句话,两个问号:"让这台戏演下去吧,留个问号给它的结束不是更恰当么?更好些么?"[2]

这台戏,是人类社会文化变迁历史活剧,是天人之际,古今之变。

费孝通留的问号,是一位中国人类学者对"人类究系何物"的永恒追问。[3]

---

[1] 许倬云:《"走出乡土"之后怎么办》,陈心想著:《走出乡土:对话费孝通〈乡土中国〉》,生活·读书·新知三联书店2017年4月第1版,第334页。
[2] 费孝通:《逝者如斯》,苏州大学出版社1993年8月第1版,第321页。
[3] 参见本书"序幕"中"手笔初试"一节费孝通表达早年心事的文字。

# 代后记　传灯人

> 在时代精神的需要下，并不需师承而特达自兴……在他们内心深处，同样存着一种深厚伟大的活动与变化。
>
> ——钱穆：《国史大纲》

"三个世代"，是近来从许倬云先生著作里学到的一个说法。

以往读、写过程中，留下些片段印象，和许先生相关。"三个世代"的说法，使这些片段连缀起来。印象转为意象，成了一幅图景。

远景是五千年人类文明演进，中景是百多年中国历史风雪，近景是三位抱薪人雪中行路。钱穆先生在前，费孝通先生居中，许倬云先生殿后，可谓"秀才教"三人行。

三位前辈"以迂愚之姿，而抱孤往之见"（钱穆先生语），不舍昼夜。

他们抱薪为续火，为传灯。对中国文化，他们怀敬意，寄温情，共认其正大光明。

## 一

1930年，许先生出生，面临双重不幸。一是个人不幸，他天生肢端残疾，手脚不能用。二是国家不幸，翌年"九一八"事变，为他早年蒙上巨大的国家危难阴影。

1930年，钱先生从苏州省立中学到燕京大学国文系任教。他面谏司徒雷登，力促"燕大中国化"。原来的M楼、S楼、贝公楼，因此改作"穆楼""适楼""办公楼"。

1930年，费先生由东吴大学转燕京大学念书。他选定社会学专业，聆听吴文藻教授讲"社会学中国化",去社会底层做实地调查,为外来学科增添中国素材。

"中国化",在国文系和社会学系,说的是不同话题,话题背后是同一个国运问题。中国知识分子在贫弱国势中寻找改造国家和社会的工具。

余英时说:"钱先生自能独立思考以来,便为一个最大的问题所困扰,即中国究竟会不会亡国?"

费先生早年曾随母亲多次逃难,记忆到老。"一辈子啦!从小就知道'国耻''国耻'的。有'国耻纪念日'嘛!"(《费孝通晚年谈话录》)

许先生说,他的童年被日军"切开",有过"八年的颠沛流离"。小小年纪,一再经历生死场。"躲不过炸弹与机枪;死的人没有罪,只因为他们是中国人……"(《问学记》)

1939年,钱先生写成《国史大纲》。该书"国难版"扉页上,钱先生郑重写下:"谨以此书献给前线百万将士!"让人联想曾慕韩先生诗句:"书生报国无他道,只把毛锥当宝刀。"当年有学生把《国史大纲》从上海带到北平,一些师生整书抄录,以传他人。

1939年,费先生出版《江村经济》,投身云南三村调查。他说:"我当时觉得中国在抗战胜利之后还有一个更严重的问题要解决,那就是我们将建设成怎样一个国家。在抗日的战场上,我能出的力不多。但是为了解决那个更严重的问题,我有责任,用我所学到的知识,多做一些准备工作。那就是科学地去认识中国社会。"(《云南三村·序》)

1939年,许先生继续流徙。他说:"我七岁时抗日战争全面爆发,那时候我都不能站起来;到十三岁才能真正拄着棍走路,别人都在逃难,我就依靠父母带着我走。"(《往里走,安顿自己》)。一幅旧照上,他和小姑妈、两个弟弟在沙市江边留影,是他逃难经历的一幕。

许先生记录实况:"在豫鄂边界的公路上,日本飞机用机枪扫射慢慢移动的难民群;轧轧的机声和哒哒的枪声交织成我脑子中一连串的问号。……目击过抢滩的木船突然断缆;那浩荡江声中的一片惊呼,也把一个大大的问号再次列入我的脑中。"(《心路历程》)

## 二

1949年，钱先生到香港，开始创办新亚书院。费先生留在大陆，继续在清华园执教。许先生考入台湾大学，开始接受正规高等教育。

三位学者分布于大陆、香港与台湾三所学校，都处在各自人生的一个新的开端上。

钱先生"手空空，无一物"，租九龙伟晴街华南中学课室和炮台街宿舍，筚路蓝缕。许先生听他讲过当年："老师学生没有薪金，大家一同睡在书桌上，有饭一起吃。那一段日子都不知怎样熬过来，只是靠一股气顶下来。"（《问学记》）

费先生选择留在大陆，身负知识分子改造重任，组织清华园"大课"。

许先生选课于台大历史系、中文系、外文系、人类学系。求知视野如此开阔，钱、费二位都在其中。

许先生少年时就仰慕钱、费两位乡贤。他赞叹"《国史大纲》可说是在日本人的枪炮声、炸弹声中写成"，认为"费先生发在《观察》上的文章，每篇都有见识"，称费先生是"自己赶不上的天才"。及修人类学、社会学，许先生知费先生归属功能学派，有了独特发现——"钱先生一辈子没有认识社会学中的功能学派，写《国史大纲》的时候，西方社会学的功能学派还未当令，但此书所用方法和角度，都与功能学派相当切合"（《问学记》）。

许先生见人未见。钱、费方法归一。这是现代中国学界尚未经人充分注意的一则佳话，是人类学、社会学训练给了他洞察力。

陈心想博士熟读费先生的《乡土中国》，写《走出乡土》，许先生为其书稿写跋语，说到中国社会学的断续，感慨作者"比费孝通、杨庆堃二位晚生六十五年，我读到他的文章，内心的感受，悲欣交集。伤心的是，要到三个世代以后，费、杨二位的工作，才有人真正接下去；欣喜者，三个世代以后，有这么一批人能接下去"。

从断裂看接续，出困境向化境，是许先生的本领。天赋他不良于行，也赋他敏于求知、求智。读其"问学"，随其"观世"，听其"史论"，察其"心路"，像观赏一部人文纪录片。只见许先生志于道，据于德，勤于学，精于思，善于谈，游于艺。这一切，依于仁。

许先生伤心或欣喜，不为自己，是为他人，为学问，为文化，为众生。他说过，"世界的日子好过，我的日子也好过"。"我更多的是从老百姓的角度去看待这个世界，理解我们的时代。"（《许倬云十日谈》）"人溺我溺、人饥我饥"（《心路历程》），也是他说过的话。他相信同情心可以转化为责任感，去为社会公义坐言起行。

他尊敬、崇拜的钱先生、费先生，都是学界义人。

## 三

费先生想过一个问题，燕园、清华园和西南联大，他和钱先生三度同处一个校园，为什么"我们两人一直没有碰头"？他觉得"被一层什么东西隔开了，相互间有距离"（《费孝通全集》第17卷）。后来，钱先生到了新亚书院和外双溪素书楼，隔得更远了。

1990年，钱先生作古，留下毕生著述。最后一课，留下对"天人合一"的彻悟。

1990年，费先生说：我今年八十岁了，想起八岁该看的书还没有看。我要补课。我的上一辈学者，从小熟读经典，用的时候张口就来。我想起一句，还要去查书，才能说得准。

读了钱先生的书，费先生说："越读越觉得他同我近了，有很多相通的地方。比如我觉得在社会和自然的关系上，最好的表达方式就是中国古代的'天人合一'。……读了钱穆先生的书，……有了豁然开朗的感觉。"（《费孝通全集》第17卷）

早年里，十七岁的费先生曾对着风雪中人大声发问："老先生！你为什么这么老还要自己出来采薪呢？"（《山水·人物》）晚年补课，读钱先生，他有了答案，也有了体验。

费先生说，他想写一篇《有朋自远方来》，写写心中的钱先生。

钱先生说："大凡一家学术的地位和价值，全恃其在当时学术界上，能不能提出几许有力量的问题，或者予以解答。"（《阳明学述要》）

许先生说："学术研究就是不断给自己找问题。"（《许倬云十日谈》）

费先生说："经济上休戚相关，兴衰与共了，文化上还是各美其美。……两者不协调，这是当今国际社会的一个大问题。""人与人、民

族与民族、国家与国家怎么相处……将是二十一世纪的一个关键问题。"（《费孝通晚年谈话录》）

为言语和文字通俗，费先生常做比喻。他说："我曾借用中国历史上的术语，把二十世纪比喻为一个更大的战国时代，事实上的国家关系中也确实出现了更大规模的合纵连横现象。"（《世纪老人的话——费孝通卷》）《许倬云十日谈》中，有人提问："当前的形势和人类历史上的哪个阶段或者时刻是比较相近的？"许先生回答："可能当今的时代相当于中国的战国时期、希腊的城邦时期……"

略读费、许相关言说，会发现，两人的观点、主张，像在一个研讨会上。费先生破题，许先生接续。费先生提示："中国人口这么多，应当在世界的思想之林有所表现。……五十多个世纪这么长的时间里，中国人没有停止过创造与发展，有实践，有经验。我们应当好好地总结，去认识几百代中国人的经历，总结出好的经验，为二十一世纪的人类发展作出贡献。"（《世纪老人的话——费孝通卷》）

许先生具体解说："中国地区从上百种新石器文化一步一步整合，从以前沿着河流的整合，变成沿着道路的整合，再变成网状的整合：最后到汉朝的时候，主流文化就有高度的异质性。这一路整合的过程中，古老中国文化不断吸收差异、承认差异。中国文化的高度异质性在于容许不同的东西共同存在，……""我个人的理想是，未来世界可以模仿中国几千年走过的过程，从中获取处理当下国与国之间关系的思想资源。"（《许倬云十日谈》）

## 四

1997年，费先生参加香港主权回归交接仪式，现场见证"英国旗降下来，中国旗升上去"，切身感受改革开放以来累积的国家实力，领悟中国文化对不同文化和制度的融汇、统摄功能。回到内地，他和三联书店读者座谈，大段说起钱先生，推荐读《国史大纲》，推重钱先生"整理中国历史，认识中国文化"的功德和意义，提示年轻一代珍惜"现实当中从历史里边保留下来的活着的东西"。

费先生由现实说未来，提示年轻人想问题。中国"强大起来之后，该怎么办？是不是也像美国一样，我们做老大？""你们长到我这个年龄，很可能碰到这个问题的。"他预言，"再努力二十年，而且能保持现在的速度，到2020年前后，……格局就真的改变了"（《费孝通晚年谈话录》）。

2005年，费先生作古。2022年，许先生接续这个话题。他主张："中国做带头羊，但不做'唯一的'带头羊，可以做几个带头羊里面的一个。我们有自己的负担，有十几亿人要喂饱肚子，……不要忘记做头头的人是必须准备吃亏的人。""做头马要付出代价，要比别人累、比别人苦，得任劳任怨。个人如此，国家如此；个人如此，民族如此；个人如此，社会如此。都是这样的。"（《许倬云十日谈》）

1938年，钱先生著文讨论社会与政府孰高孰低。他引顾亭林言论说："国家兴亡，肉食者谋之。天下兴亡，匹夫有责。"认为"言天下，亦犹言社会，其地位尚远高于政府之上，而一士人一匹夫可以直接负责，而政府之事，可置之不问"（《现代中国学术论衡》）。

2006年，许先生写"劫难七印"，说中国人百多年里付出无比代价，才将传统"天下国家"架构转为现代民族国家。"目前正在进行的巨变项目中，区域性政治群体……明显地将要取代民族主权的国家了。……中国必须及早面对潮流，知所避趋。"（《中国文化与世界文化》）

钱先生曾谆谆嘱咐学生：记住你是一个中国人。许先生写《脱离以中国为中心的世界观》说："我一方面记住自己是一个中国人，另一方面也是世界人类中的一个成员。"（《问学记》）

## 五

1999年，费先生说："我的实际是立言重于立功，甘心做个旁观者，而不做操作者。"（《费孝通晚年谈话录》）2008年，许先生说，"我其实是做了一辈子'旁观者'，常常不能亲身参与其中"。（《观世变》）两位旁观者在同一方向关注人类未来。

2001年，费先生问："在一个大变化的时代里，我们如何生存和发展？怎样才能在多元化并存的时代里，真正做到'和而不同'"？（《费孝通文集》第15卷）2020年，许先生问："再往后面走，是我们自己拥

有继续往前演化的能力呢,还是我们没有这个能力?"(《许倬云十日谈》)

人类命运还有更多可能性。看出这一点,使费先生的问题又深一层,可通萨根"暗淡蓝点"境界。如许先生自勉:"要有一个远见,能超越未见。"(《许倬云十日谈》)

许先生的远见,来自意愿,他希望看见;来自学养,他能看见;来自现实问题刺激及其开阔、深入的思索,他有机会看见。

钱先生一生浸身于传统文化和思想资源,对国故富于温情与敬意,也有大惑,曾表示"东西文化孰得孰失,孰优孰劣,……余之一生亦被困在此一问题内"。(《八十忆双亲·师友杂忆》)

费先生自认"东方的底子",又喝足洋墨水,打通东西,初觉脱"困",写《人生的另一条道路》,质疑"东西的盛衰是一个循环",设想"有没有一个共同的光明?"(《初访美国》)晚年提出"各美其美,美人之美,美美与共,天下大同",确认共同光明的可能。

许先生早年亲历国难,后求学于中国台湾、美国,深耕于"中央研究院",执教于国际名校,比钱、费二位更具文化比较研究优势,已不为钱先生之"困"所困。他和今天的读者共同面对的当下问题,是钱、费二位未曾遭遇的。许先生提出钱、费二位不曾提出的论题,扩展和深化两位前辈的思想疆域,水到渠成。《许倬云十日谈》中"人类如何建立'理想国'"等话题,已深入到怎样"美"人之美、如何"美美与共"层面。

从治史看,许先生认为"不能将历史约束在一个民族与一种文化的框架内",主张并实践"打开这个框架"(《观世变》),这是《国史大纲》等钱著选题与视野的自然延伸与演化,呈现出重要学术思想的成长性质。

从治学看,许先生"盼望将来没有人文科学、社会科学跟自然科学三个领域的界限,我们都在遵循一个真正美好的秩序"。(《许倬云十日谈》)这是对费先生晚年试图"扩展社会学的传统界限"的升级式扩展。

不为许师多高明,应是鸿蒙借君手。费先生说过,到一定时候,时代自会找人出来做事。

# 六

不久前，冯俊文先生从美国发来两幅黑白照片。一幅是许先生在台北和钱先生的合影，一幅是许先生在香港和费先生、金（耀基）先生的合影。三个世代的学者，经由许先生连线，从心思到影像，三代学术因缘有了视觉呈现。"不需师承而特达自兴"的传灯场景，真实发生在面前，我们得有机会亲证，何其荣幸。

史实中，费先生和钱先生没有过接谈，许先生和费先生没有过深谈，这无妨他们头顶上共有同一片星空，更有同一则心中律令。

1949年，钱先生选择"自我流放"（费先生语），艰辛办学，摩顶放踵，全身心护佑中国传统文化。1957年，费先生不意"落入陷阱"（费先生语），1980年"改正"后夙兴夜寐，匆匆于道，"用余下的十年追回失去的二十年"（费先生语）。2020年，许先生脊椎痛到生不如死，自感朝不保夕，不知道自己能不能坚持到讲完，像钱先生当年办学"全靠一口气撑着"（钱先生语），晨钟暮鼓完成"十日谈"……无不是在为士人定位，为故国招魂，为文化续命，为人类求前途，为生民开太平。

生命过程中，许先生常感孤独。拜望钱先生，读费先生，又知吾道不孤。更远处，还有更多志士仁人。他说："很多人像我一样承受过去留下的担子，宁死也背着担子。这是中国文化最大的本钱。"（《许倬云十日谈》）

前有古人。如今，许先生负重于九旬，燃学灯，待来者。

《十三邀》访谈视频、《许倬云十日谈》的传播，使得《往里走，安顿自己》尚未全面发货，就须紧急加印三万册，首印八万多。

2022年9月10日许先生和俞敏洪对话的直接浏览量近五百万。

知乎开学季的许先生主题演讲"工作到九十二岁是什么体验"，阅读量1.3亿，1.5万人次参与讨论……

许先生的"孤往"演为众议，形成持续热点，分明已现"许倬云现象"。

这是许先生为人为学境界的魅力，更是三个世代传灯之功。三代学人的关怀越出学界，触发社会思考。九十岁感染了十九岁。借许先生的话头说，三个世代以后，国内青年才听到他的心事，让人感慨。三个世代以后,他有机缘"晚年开了新的门户,有机会跟国内的青年才俊一起讨论问题",同声同气,使人欣喜,也激励了许先生的"晚年转向"。

## 七

凝视"秀才教"三人行图景,费先生对钱先生,许先生对钱、费二位先生,都有深度认同。他们世代不一,心思聚在一处,晚年都进到"究天人之际,通古今之变,成一家之言"的殿堂。"在他们内心深处,同样存着一种深厚伟大的活动与变化"。上至宇宙,下至草木,中间无穷人事,在在萦怀。生而为人,人能如此与天地参,这场景何其动人。

钱、费、许身影中,有师从,吕思勉、潘光旦、李济之等,栩栩如见。也有私淑,王阳明、朱熹、司马迁、孔夫子等,清晰可辨。清流如许,高贵,虔敬,可师,可从。

冯友兰先生说过一段话,大意是人类文化像一团真火,古往今来,多少思想家、学问家、诗人、作家,用自己的膏血当燃料,传续这团真火,欲罢不能。他以诗言志:"智山慧海传真火,愿随前薪作后薪。"

聚在许先生身边,后生们看得眼睛发亮,跃跃欲试。其中一些翘楚,已有相当准备。

三个世代的"传灯"接力,来者众,是实情。以许先生关注的中国社会学存续发展为例,周晓虹教授主编的《重建中国社会学:40位社会学家口述实录:1979—2019》可证,陈心想博士的同道,阵容可观。那个阵列里的学者,已属两个世代。

许先生说过:"我真是抱了很大很大的希望。"

周晓虹教授在上书"后记"中表达的一个愿望,可看作对许先生希望的回应。他设想,到"2029年即中国社会学恢复与重建五十周年的时候,完成本次遗漏的社会学家的补访,同时再访问五十位比我们年轻一轮的社会学家,用一百位中国社会学家的个人成长史与学术演进史,回应一百年前即1930年孙本文等老一辈社会学家建立中国社会学社及吴文藻、费孝通等创立社会学'中国学派'时的伟大设想"。

尊敬的许先生,您看,届时又是一场三个世代的传灯。那年,您九十九岁。

此刻，天下大疫弥漫。生物疫情飘忽无常。至暗时刻，见白衣卿相，岸然前行。

虽千万人吾往矣。举学灯，穿长夜，自光明。

张冠生

2023年1月28日

癸卯年正月初七

北京博雅西园

# 参考文献要目

［美］罗伯特·F.墨菲著，王卓君、吕乃基译：《文化与社会人类学引论》，商务印书馆，1991年11月第1版。

［英］A.C.哈登著，廖泗友译，冯志彬校：《人类学史》，山东人民出版社，1988年9月第1版。

［英］马林诺夫斯基著，费孝通等译：《文化论》，中国民间文艺出版社，1987年2月第1版。

［英］马林诺夫斯基著，弓秀英译：《西太平洋上的航海者——美拉尼西亚新几内亚群岛土著人之事业及冒险活动的报告》，商务印书馆，2017年3月第1版。

［英］马林诺夫斯基著，卞思梅、何源远、余昕译，余昕校：《一本严格意义上的日记》，广西师范大学出版社，2015年1月第1版。

［英］詹·乔·弗雷泽著，徐育新、汪培基、张泽石译，汪培基校：《金枝》（上下册），中国民间文艺出版社，1987年6月第1版。

［挪威］弗雷德里克·巴特、［澳］安德烈·金格里希、［英］罗伯特·帕金、［美］西德尔·西尔弗曼著，高丙中、王晓燕、欧阳敏、王玉珏译，宋奕校：《人类学的四大传统——英国、德国、法国和美国的人类学》，商务印书馆，2021年8月第1版。

［英］雷蒙德·弗思著，费孝通译：《人文类型》，商务印书馆，1991年1月修订第1版。

［美］戴维·阿古什著，董天民译：《费孝通传》，时事出版社，1985年11月第1版。

［英］詹姆斯·艾伦著，费青、费孝通译，刘豪兴编：《在龙旗下：中日战争目击记》，上海人民出版社2014年8月第1版。

［美］R.麦克法夸尔 费正清编，谢亮生等译：《剑桥中华人民共和国史·上卷·革命的中国的兴起：1949—1965年》，中国社会科学出版社，1990年8月第1版。

［美］R.麦克法夸尔 费正清编，俞金尧等译：《剑桥中华人民共和国史·下卷·中国革命内部的革命：1966—1982年》，中国社会科学出版社，1992年8月第1版。

*Irving Babbitt: Literature and the American college*，The Riberside Press，1908.

蔡和森著：《社会进化史》，东方出版社，1996年3月第1版。

韩明谟著：《中国社会学史》，天津人民出版社1987年12月第1版。

李培林著：《社会学与中国社会巨变》，社会科学文献出版社，2020年11月第1版。

孙本文著：《孙本文文集》第一卷，社会科学文献出版社，2012年5月第1版。

李景汉编：《定县社会概况调查》，中国人民大学出版社，1986年3月第1版。

乔健、李沛良、李友梅、马戎主编：《文化·族群与社会的反思：第八届现代化与中国文化研讨会论文集》，丽文文化事业股份有限公司2005年初版。

徐经泽主编：《社会学中国化——中国大陆学者的讨论》，山东大学出版社，1991年5月第1版。

李培林主编：《费孝通与中国社会学》，社会科学文献出版社，2011年7月第1版。

周晓虹主编：《重建中国社会学：40为社会学家口述实录：1979—2019》（上下卷》，商务印书馆，2021年5月第1版。

马雪峰主编：《魁阁文献1·张之毅文集》，社会科学文献出版社，2019年12月第1版。

张美川、马雪峰主编：《魁阁文献2·魁阁学者劳工社会学研究》，社会科学文献出版社，2019年12月第1版。

刘兴育、马雪峰主编：《魁阁文献3·云大社会学田野调查老照片》，社会科学文献出版社，2019年12月第1版。

马雪峰、苏敏主编：《魁阁文献4·魁阁三学者文集》，社会科学文献出版社，2019年12月第1版。

潘乃谷、王铭铭编：《重归"魁阁"》，社会科学文献出版社，2005年11月第1版。

中国民主同盟云南省委员会编：《费孝通与云南》，群言出版社，2013年5月第1版。

费孝通、王同惠著：《花篮瑶社会组织》，江苏人民出版社，1988年11月第1版。

费孝通著，戴可景译：《江村经济》，江苏人民出版社，1986年10月第1版。

费孝通著，惠海鸣译：《中国绅士》，中国社会科学出版社，2006年1月第1版。

费孝通著：《初访美国》，生活书店，民国三十五年六月初版。

费孝通著:《内地农村》,生活书店,民国三十五年七月初版。

费孝通、张之毅著:《云南三村》,天津人民出版社,1990年11月第1版。

费孝通著:《民主·宪法·人权》,生活书店,民国三十五年八月初版。

费孝通著:《重访英伦》,大公报馆(版权页未署出版日期)。

费孝通著:《乡土中国》,观察社,民国三十七年四月初版。

费孝通著:《乡土重建》,观察社,民国三十七年八月初版。

费孝通著:《生育制度》,天津人民出版社,1981年5月第1版。

费孝通著:《我这一年》,生活·读书·新知三联书店,1950年8月初版。

费孝通著:《兄弟民族在贵州》,生活·读书·新知三联书店,1951年11月初版。

费孝通著:《大学的改造》,商务印书馆,2017年6月第1版。

费孝通著:《访美掠影》,生活·读书·新知三联书店,1980年2月第1版。

费孝通著:《小城镇四记》,新华出版社,1985年6月第1版。

费孝通著:《美国与美国人》,生活·读书·新知三联书店,1985年8月第1版。

费孝通著:《费孝通民族研究文集》,民族出版社,1988年10月第1版。

费孝通著:《学术自述与反思》,生活·读书·新知三联书店,1996年9月第1版。

费孝通著:《从实求知录》,北京大学出版社,1998年6月第1版。

费孝通著:《芳草茵茵——田野笔记选录》,山东画报出版社,1999年10月第1版。

费孝通著:《费孝通谈民族和社会》(上下册),学苑出版社,2017年1月第1版。

费孝通著:《六上瑶山》,群言出版社,2015年4月第1版。

费孝通著:《茧》,生活·读书·新知三联书店,2021年1月第1版。

费孝通著:《费孝通文集》第1—14卷,群言出版社,1999年10月第1版。

费孝通著:《费孝通文集》第15卷,群言出版社,2001年12月第1版。

费孝通著:《费孝通文集》第16卷,群言出版社,2004年7月第1版。

张澜著,龙显昭主编:《张澜文集》,四川教育出版社,1991年12月第1版。

郑天挺著:《郑天挺西南联大日记》(全二册),中华书局,2018年1月第1版。

梅贻琦著,黄延复、王小宁整理:《梅贻琦西南联大日记》,中华书局,2018年5月第1版。

潘光旦著,潘乃穆、潘乃和编:《潘光旦日记》,群言出版社2014年12月第1版。

潘光旦著:《政学罪言》,观察社,民国三十七年四月初版。

潘光旦著,潘乃谷、潘乃和编:《潘光旦选集》(全四册),光明日报出版社,1999年8月第1版。

潘光旦、全慰天著:《苏南土地改革访问记》,生活·读书·新知三联书店,1952

年8月初版。

赫胥黎著，潘光旦译：《赫胥黎自由教育论》，商务印书馆，民国三十五年三月初版。

吴景超著：《劫后灾黎》，商务印书馆，中华民国三十六年二月初版。

吴景超著：《第四种国家的出路——吴景超文集》，商务印书馆，2008年12月第1版。

储安平著，张新颖编：《储安平文集》（全两册），东方出版中心，1998年7月第1版。

王奇生著：《革命与反革命：社会文化视野下的民国政治》，社会科学文献出版社，2010年1月第1版。

葛剑雄著：《悠悠长水：谭其骧前传》，华东师范大学出版社，1997年10月第1版。

顾潮：《历劫终教志不灰：我的父亲顾颉刚》，华东师范大学出版社，1997年12月第1版。

郑大华著：《张君劢》，群言出版社，2013年11月第1版。

刘彦章、项国兰、高晓惠编：《斯大林年谱》，人民出版社，2003年7月第1版。

杨奎松著：《忍不住的关怀：1949年前后的书生与政治》，广西师范大学出版社，2013年5月第1版。

潘大逵：《风雨九十年——潘大逵回忆录》，成都出版社1992年6月第1版。

傅国涌著：《1949年：中国知识分子的私人记录》，长江文艺出版社，2005年1月第1版。

韦君宜著：《思痛录》（增订、纪念版），人民文学出版社，2013年1月第1版。

彦奇主编：《中国各民主党派史人物传》（一），华夏出版社1991年7月第1版。

中共中央组织部、中共中央文献研究室编：《知识分子问题文献选编》，人民出版社，1983年5月第1版。

中共中央文献研究室编：《毛泽东年谱（1949—1976）》（全6册），中央文献出版社，2013年12月第1版。

中共中央文献研究室编：《毛泽东年谱（1893—1949）》（全3册），中央文献出版社，1993年12月第1版。

《建国以来毛泽东文稿》第1—3册，中央文献出版社，1987年11月第1版。

《建国以来毛泽东文稿》第4册，中央文献出版社，1990年9月第1版。

《建国以来毛泽东文稿》第5册，中央文献出版社，1991年2月第1版。

《建国以来毛泽东文稿》第6册,中央文献出版社,1992年1月第1版。

中共中央文献研究室编:《建国以来重要文献选编》第1册,中央文献出版社,1992年5月第1版。

中共中央文献研究室编:《邓小平年谱(1975—1997)》(上下卷),中央文献出版社,2004年7月第1版。

马勇主编:《国事全书》第3卷,团结出版社1997年7月第1版。

马勇主编:《国事全书》第4卷,团结出版社1997年7月第1版。

高增德、丁东编:《世纪学人自述》(第一卷),北京十月文艺出版社,2000年1月第1版。

李维汉著:《统一战线问题与民族问题》,人民出版社1981年1月第1版。

于凤政著:《改造》,河南人民出版社,2001年1月第1版。

王亚夫、章恒忠主编:《中国学术界大事记(1919—1985)》,上海社会科学院出版社,1988年9月第1版。

清华大学校史研究室编:《清华大学史料选编》第五卷(上下卷),2015年11月第1版。

裴文中、张治中、吴晗、冯友兰、王芸生、叶浅予、费孝通、罗常培、萧乾、李子英、谢逢我等著:《我的思想是怎样转变过来的》,五十年代出版社(未署出版日期)。沪58001-61000。

钱端升、罗常培、费孝通、陈撷英、卢于道、周培源、梁思成、金岳霖、黄嘉德、郑君里、贺绿汀、熊佛西等著:《批判我的资产阶级思想》,五十年代出版社,1952年7月初版。

黄万纶著:《费孝通"农村调查"的反动本质》,上海人民出版社,1958年11月第1版。

王先明著:《乡路漫漫:20世纪之中国乡村(1901—1949)》(全二册),社会科学文献出版社,2017年10月第1版。

钱成润、史岳灵、杜晋宏著:《费孝通禄村农田五十年》,云南人民出版社,1995年6月第1版。

朱云云、姚富坤著:《江村变迁——江苏开弦弓村调查》,上海人民出版社,2010年10月第1版。

清华大学校史研究室编:《清华大学史料选编》第2卷(上下册),清华大学出版社,1991年3月第1版。

王庆仁、马启成、白振声主编:《吴文藻纪念文集》,中央民族大学出版社1997

年10月第1版。

陈理、郭卫平、王庆仁主编:《潘光旦先生百年诞辰纪念文集》,中央民族大学出版社,2000年11月第1版。

冯远主编:《尺素情怀:清华学人手札展》,清华大学出版社,2016年8月第1版。

闻黎明、侯菊坤编,闻立雕审定:《闻一多年谱长编》,湖北人民出版社1994年7月第1版。

罗平汉著:《"文革"前夜的中国》,人民出版社,2007年12月第1版。

邓云乡著:《文化古城旧事》,中华书局,1995年1月第1版。

罗隆基著:《"和平"的确死了》,中国文史出版社,2012年2月第1版。

陈恒、李文硕主编:《世界历史评论》,2021年夏季号。

张荣华、高拴平编:《怀念费孝通》(民盟中央自印本)。

民盟中央委员会编:《中央盟讯》1980年第6期(总第82期)。

民盟中央委员会编:《中央盟讯》2005年专刊(总第342期)。